Schriften zum Baurecht

Herausgegeben von

Prof. Dr. Christoph Degenhart, Universität Leipzig
Prof. Dr. Wolfgang Durner, Universität Bonn
Prof. Dr. Annette Guckelberger, Universität des Saarlandes
Prof. Dr. Martin Kment, Universität Augsburg
Prof. Dr. Thomas Mann,
    Georg-August-Universität Göttingen
Prof. Dr. Gerd Motzke, Universität Augsburg
Prof. Dr. Stefan Muckel, Universität zu Köln
Prof. Dr. Wolfgang Voit, Philipps-Universität Marburg
Prof. Dr. Heinrich Amadeus Wolff,
    Europa-Universität Viadrina Frankfurt (Oder)
Prof. Dr. Dr. h.c. (NUM) Jan Ziekow, Deutsches
    Forschungsinstitut für öffentliche Verwaltung, Speyer

Band 25

Jannis Matkovic

Die Baubeschreibungspflicht des Unternehmers im neuen Verbraucherbauvertrag

Ein Beitrag zur effektiven Verbesserung des Verbraucherschutzes?

 Nomos

Onlineversion
Nomos eLibrary

Die Deutsche Nationalbibliothek verzeichnet diese Publikation in
der Deutschen Nationalbibliografie; detaillierte bibliografische
Daten sind im Internet über http://dnb.d-nb.de abrufbar.

Zugl.: Marburg, Univ., Diss., 2020

ISBN 978-3-8487-7076-2 (Print)
ISBN 978-3-7489-2466-1 (ePDF)

Meiner Familie

Vorwort

Die vorliegende Arbeit wurde im Wintersemester 2020/2021 vom Fachbereich Rechtswissenschaften der Philipps-Universität Marburg als Dissertation angenommen. Sie entstand während meiner Tätigkeit als Rechtsanwalt. Rechtsprechung und Literatur konnten bis Mai 2020 berücksichtigt werden.

Mein besonderer Dank gilt meinem Doktorvater, Herrn Prof. Dr. Wolfang Voit, für seine stetige Unterstützung, seine Hilfsbereitschaft trotz räumlicher Distanz und die Erweiterung meines Blicks auf das private Baurecht. Er hat mein Interesse an dieser Materie in dogmatischer wie in praktischer Hinsicht erweitert und vertieft. Weiterhin danke ich Herrn Prof. Dr. Sebastian Omlor für die zügige Erstellung des Zweitgutachtens.

Ein großer Dank gilt auch meinen Kollegen Herrn Dr. Günter Bauer, Herrn Dr. Sebastian Bachmann und Herrn Wolfgang Schneider, die mich während der Zeit des Schreibens stets mit fachlichem und menschlichem Rat unterstützt haben und deren umfangreiche praktische Erfahrungen mich nicht nur in meiner anwaltlichen Tätigkeit, sondern auch und vor allem beim Verfassen der Arbeit sehr bereichert haben.

Ganz besonders danken möchte ich schließlich meiner Mutter Petra, meinem Vater Jürgen und meinem Bruder Marian, die mich während meiner juristischen Ausbildung stets bedingungslos unterstützt und mir auch und gerade in schwierigen Phasen Rückhalt gegeben haben. Für ihren immerwährenden Beistand bin ich ihnen zutiefst verbunden. Ihnen ist diese Arbeit gewidmet.

Augsburg, im Dezember 2020   Jannis Matkovic

Inhaltsverzeichnis

Abkürzungsverzeichnis

BeckOGK	Gsell/Krüger/Lorenz/Reymann, Beck´scher Online-Großkommentar Zivilrecht
BeckOK BGB	Bamberger/Roth/Hau/Poseck, Beck´scher Online-Kommentar BGB
BeckOK BauvertrR	Leupertz/Preussner/Sienz, Beck´scher Online-Kommentar Bauvertragsrecht
BFW	Bundesverband Freier Immobilien- und Wohnungsunternehmen e.V.
BMELV	Bundesministerium für Ernährung, Landwirtschaft und Verbraucherschutz
BMJV	Bundesministerium der Justiz und für Verbraucherschutz
BMVBS	Bundesministerium für Verkehr, Bau und Stadtentwicklung
BSB	Bauherren-Schutzbund e.V.
DAV	Deutscher Anwaltverein e.V.
DLOPS	Dammert/Lenkeit/Oberhauser/Pause/Stretz, Das neue Bauvertragsrecht
DNotV	Deutscher Notarverein e.V.
GdW	GdW Bundesverband deutscher Wohnungs- und Immobilienunternehmen e.V.
ibr-OK BauvertrR	ibr-online-Kommentar Bauvertragsrecht
IfB	Institut für Bauforschung e.V.
IfBF	Institut für Baurecht Freiburg im Breisgau e.V.
IPB	Institut Privater Bauherren e.V.
jurisPK	Herberger/Martinek/Rüßmann/Weth/Würdinger, juris Praxiskommentar BGB
LBD	Langen/Berger/Dauner-Lieb, Kommentar zum neuen Bauvertragsrecht

MüKo BGB	Säcker/Rixecker/Oetker/Limperg, Münchener Kommentar zum BGB
RefE	Referentenentwurf des Bundesministeriums der Justiz und für Verbraucherschutz – Entwurf eines Gesetzes zur Reform des Bauvertragsrechts und zur Änderung der kaufrechtlichen Mängelhaftung
RegE	Gesetzesentwurf der Bundesregierung – Entwurf eines Gesetzes zur Reform des Bauvertragsrechts und zur Änderung der kaufrechtlichen Mängelhaftung
VPB	Verband Privater Bauherren e.V.
ZDB	Zentralverband des Deutschen Baugewerbes e.V.
ZDH	Zentralverband des Deutschen Handwerks e.V.

Die Abkürzungen im Übrigen richten sich nach *Kirchner, Hildebert (Begr.)*: Abkürzungsverzeichnis der Rechtsprache, 9. Auflage, Berlin 2018.

Einführung

Viele Menschen treffen nur wenige derart wichtige und in ihren Folgen weitreichende Entscheidungen wie diejenige, ein Haus zu bauen oder ein bestehendes Gebäude grundlegend zu renovieren. Diese Entscheidung wird ihr Leben in aller Regel in mehrerlei Hinsicht maßgeblich beeinflussen und will deshalb sehr gut überlegt sein.[1] Ein dabei besonders wichtiger Faktor ist die „Beschreibung" des zu errichtenden Gebäudes. Sie legt fest, welche Leistungen der potentielle Bauherr von dem Unternehmer erwarten darf, über dessen Beauftragung er nachdenkt.

In der Praxis werden Immobilien auch und gerade für Verbraucher immer wichtiger; sie sollen – so die Wunschvorstellung der Verbraucher – zugleich eigenen Wohnzwecken dienen wie auch der längerfristigen Altersvorsorge und dem Vermögensaufbau.[2] Zu Beginn des Jahres 2018 konnten 48 % aller deutschen Haushalte eine Immobilie ihr Eigen nennen. Dabei ist die mit Abstand häufigste Form des Immobilieneigentums das Einfamilienhaus; 31 % aller deutschen Privathaushalte haben ein solches in ihrem Eigentum.[3]

Obwohl also der „private" Immobiliensektor von enormer Bedeutung ist, gab es bis Ende 2017 keine oder nur unzureichende Normen zur Baubeschreibung.[4] Es fanden insoweit lediglich die allgemeinen Regeln Anwendung, die häufig den Besonderheiten des privaten Hausbaus nicht in hinreichendem Maße gerecht werden. Durch die Einführung des neuen Bauvertragsrechts zum 01.01.2018 und die in diesem Rahmen erfolgte Schaffung der §§ 650i ff. BGB wurden nun für den speziellen Fall des „Verbraucherbauvertrags" in Form der §§ 650j, 650k BGB erstmals im Bürgerlichen Recht spezifische und auch (einseitig) zwingende Regelungen zum Mindestinhalt der Baubeschreibung und zu ihrer Bedeutung für den Vertragsinhalt getroffen. Die vorliegende Untersuchung soll klären, ob diese Normen ihren ambitionierten Zielen gerecht werden können, ob die neu geschaffenen Regelungen zur Baubeschreibungspflicht also tatsächlich zu

---

1 Deutscher Baugerichtstag, Stellungnahme zum RefE, S. 24.
2 *Glöckner*, in: IPB, Schlüsselfertig Bauen, S. 4.
3 Statistisches Bundesamt, Pressemitteilung Nr. 150 vom 16.04.2019.
4 *Burk*, in: Verbraucherzentrale NRW: Kauf eines Reihen- oder Doppelhauses, S. 88.

einer effektiven Verbesserung des Verbraucherschutzes bei Bauverträgen beitragen können.

A. *Bedürfnisse des Verbrauchers vor dem Abschluss eines Bauvertrags*

Eine solche Bewertung kann nur vor dem Hintergrund der Bedürfnisse, die auf Verbraucherseite im Stadium vor dem Abschluss eines Bauvertrags in Bezug auf die Baubeschreibung bestehen, erfolgen.

Der Verbraucher hat zunächst ein Interesse daran, vor Vertragsschluss möglichst umfassend über die angebotenen Leistungen des Unternehmers informiert zu werden. Je umfassender dieses Informationsbedürfnis befriedigt wird, desto besser kann er sich ein Bild davon machen, welches konkrete Bauwerk er für welche Vergütung erwarten darf.

Hieran knüpft unmittelbar das Interesse des Verbrauchers an, Angebote verschiedener Unternehmer zu vergleichen, insbesondere also einen Preis-Leistungs-Vergleich vorzunehmen. Ein solcher wird jedenfalls erheblich erleichtert, wenn die verschiedenen, in den Vergleich einbezogenen Baubeschreibungen den Verbraucher nicht nur ausreichend informieren, sondern auch systematisch ähnlich aufgebaut sind, sodass der Verbraucher einfacher Quervergleiche bezüglich einzelner Leistungen vornehmen und so zu einer wohlüberlegten Vertragsentscheidung gelangen kann.

Schließlich hat der Verbraucher im Hinblick auf die spätere Vertragsdurchführung ein Interesse daran, dass die vom Unternehmer geschuldeten Leistungen möglichst konkret und eindeutig in der Baubeschreibung definiert werden, sodass das Risiko für Streitigkeiten über den Vertragsinhalt, die für den Verbraucher erhebliche finanzielle und organisatorische Risiken bergen, so weit wie möglich minimiert wird.[5]

B. *Risiken unzureichender Baubeschreibungen und Defizite in der Praxis*

Diesen Bedürfnissen des Verbrauchers stehen aufgrund der regelmäßig hohen Investitionen, die mit der Durchführung eines Bauvorhabens verbunden sind, erhebliche Risiken gegenüber. Diese werden im Folgenden – strukturiert nach Risikobereichen und den jeweils drohenden Konsequen-

---

5 Je ungenauer indessen die Leistungsbeschreibung ist, desto höher ist das Risiko für Streitigkeiten in Bezug auf das geschuldete Bausoll, vgl. *Oswald* et al., Bauteilbeschreibungen im Bauträgervertrag, S. 26.

zen – dargestellt. Anschließend wird gezeigt, dass sich diese Risiken häufig auch in der Praxis realisieren, da die im Baugewerbe verwendeten Baubeschreibungen den vorstehend beschriebenen Bedürfnissen des Verbrauchers – wenn überhaupt – nur rudimentär Rechnung tragen.

I. Risiken unzureichender Baubeschreibungen für den Verbraucher

Bauverträge zeichnen sich auch im Bereich des privaten Hausbaus – selbst dann, wenn sie nur einzelne Gewerke betreffen – durch eine gewisse technische Komplexität, die Verwendung bautechnischer Fachtermini und eine Vielschichtigkeit von für den Verbraucher zu beachtenden Faktoren aus. Der Verbraucher ist in aller Regel nicht fachkundig. Er wird daher ohne die Inanspruchnahme von Hilfe meist weder in der Lage dazu sein, bautechnische Fachtermini inhaltlich zu verstehen, noch wird er bis ins Detail überprüfen können, ob die ihm vorliegende Baubeschreibung lückenhaft, unpräzise oder sonst mangelhaft ist. Diese Risiken, die für einen Verbraucher aus solchen im Einzelfall nur sehr schwer zu überblickenden und inhaltlich zu durchdringenden Regelungen resultieren, werden noch erheblich verstärkt aufgrund der Tatsache, dass er für Neu-, aber auch Umbauten regelmäßig einen hohen finanziellen Aufwand erbringen muss, der ihn über viele Jahre hinweg belasten kann.

Verbraucher und Unternehmer agieren aufgrund unterschiedlicher technischer Kenntnisse und unterschiedlicher wirtschaftlicher Stärke nicht auf Augenhöhe.[6] Diese Besonderheit aller Verbraucherverträge kommt beim Bauvertrag ganz besonders stark zum Tragen. Daraus resultiert in diesem Bereich eine außerordentlich hohe Schutzbedürftigkeit des ohnehin im Rechtsverkehr grundsätzlich schützenswerten Verbrauchers. Insbesondere die Baubeschreibung muss angesichts ihrer elementaren Rolle für den Vertragsinhalt dieser besonderen Ausgangslage gerecht werden. Tut sie dies nicht, ist der Verbraucher erheblichen Risiken ausgesetzt. Diese Risiken lassen sich im Wesentlichen in vier Kategorien unterteilen:

Erstens führt eine lückenhafte, ungenaue oder sonst unzulängliche – womöglich sogar in sich widersprüchliche – Baubeschreibung dazu, dass der Verbraucher unterschiedliche Angebote verschiedener Unternehmer nicht in sinnvoller Weise vergleichen kann. Beispielsweise führen ungenaue Angaben zu Beschaffenheit und Qualität einzelner Bauteile dazu, dass der Verbraucher den angebotenen Leistungsinhalt schon nicht genau

---

6 *Billen*, BauR 2016, 1537, 1538.

bewerten, also erst recht das Preis-Leistungs-Verhältnis verschiedener ihm vorliegender Angebote nicht genau qualifizieren kann, was ihm einen Vergleich mit anderen Angeboten unter diesem – in der Regel für den Vertragsschluss maßgeblichen – Gesichtspunkt unmöglich machen wird.[7] Dies kann dazu führen, dass er sich für ein unwirtschaftliches Angebot entscheidet.

Zweitens birgt eine unzulängliche Baubeschreibung ein erhöhtes Kostenrisiko für den Auftraggeber.[8] Denn bei Vereinbarung solcher Baubeschreibungen ist unklar, welche konkreten Leistungen Vertragsbestandteil werden und mit der – eventuell pauschal vereinbarten – Vergütung abgegolten sind und welche nicht, also unter Umständen zusätzlich bezahlt werden müssen. Dies führt dazu, dass der Bauherr entgegen seiner ursprünglichen Planung und Erwartung möglicherweise einige Leistungen entweder in Eigenleistung erbringen oder zusätzlich beauftragen muss, von denen er dachte, dass sie im Bausoll – und in seinem Budget – enthalten seien. Hierdurch entstehen ihm zusätzliche, nicht eingeplante Kosten. Das kann dann, wenn der Auftraggeber sich mit dem Bauvorhaben ohnehin an die Grenze seiner finanziellen Leistungsfähigkeit vorwagt, zu besonders großen Schwierigkeiten führen. Denn in diesen Fällen, in denen der Verbraucher kaum mehr finanziellen Spielraum hat, ist eine Finanzierung der zusätzlich anfallenden Kosten oft nur sehr schwer möglich.

Drittens bergen unklare Baubeschreibungen die Gefahr der Entstehung von Mängeln und gegebenenfalls Mangelfolgeschäden.[9] Ist die Leistungsbeschreibung zum Beispiel hinsichtlich eines Bauteils oder eines Baustoffes zu ungenau, erhöht dies die Wahrscheinlichkeit einer unzureichenden Ausführung und damit einhergehender Folgeschäden. All das kann nicht nur die Fertigstellung des Bauwerks erheblich verzögern, sondern birgt auch ein weiteres Kostenrisiko für den Verbraucher, falls Uneinigkeit über das Vorliegen von Mängeln besteht.

Viertens schließlich gehen mit unpräzisen Baubeschreibungen auch Risiken einher, die sich gar nicht am Bauwerk selbst, sondern nur in von diesem beeinflussten sonstigen Bereichen realisieren. So kann eine ungenaue Baubeschreibung dazu führen, dass der Verbraucher eine projektbezogene Versicherung mit Bezug zu dem von ihm abgeschlossenen Bauvertrag nicht mit einem Inhalt abschließt, der tatsächlich alle daraus für ihn entstehenden Risiken abdeckt, oder dass er die Baustelle nicht ordnungsge-

---

7 BSB/IfB, Analyse von Bau- und Leistungsbeschreibungen, S. 69.
8 BSB/IfB, Analyse von Bau- und Leistungsbeschreibungen, S. 69.
9 BSB/IfB, Analyse von Bau- und Leistungsbeschreibungen, S. 69.

mäß absichert, was in der Folge zu zivil- und sogar strafrechtlichen Konsequenzen führen kann.[10]

Die Risiken und Gefahren, die einem Verbraucher bei der Verwendung einer unzureichenden Baubeschreibung als Vertragsgrundlage drohen, sind also zahlreich und vielschichtig; sie können von einer mangelnden Einschätzbarkeit des Preis-Leistungs-Verhältnisses einzelner Bauleistungen bis hin zur Bedrohung der finanziellen Existenz des Verbrauchers reichen.

II. Defizite von in der Praxis verwendeten Baubeschreibungen

Leider ergibt eine Auswertung der in der Praxis verwendeten Baubeschreibungen, dass hinsichtlich deren Detailliertheit und Klarheit dringender Verbesserungsbedarf besteht. Empirische Grundlage der nachfolgenden Ausführungen sind primär zwei Studien, die verschiedene in der Praxis verwendete Baubeschreibungen evaluierten.

–   Zum einen die „Analyse von Bau- und Leistungsbeschreibungen von Hausanbietern für Ein- und Zweifamilienhäuser", welche als Gemeinschaftsprojekt vom Bauherren-Schutzbund e.V. (im Folgenden: BSB) und dem Institut für Bauforschung e.V. (im Folgenden: IfB) am 15.06.2016 veröffentlicht wurde.
–   Zum anderen die Studie „Schlüsselfertig bauen" des Instituts Privater Bauherren e.V. (im Folgenden: IPB), die im November 2012 veröffentlicht wurde.

Gewiss muss bei der Auswertung beachtet werden, dass hinter diesen beiden Untersuchungen jeweils Vereine stehen, deren Interessen auf Seiten der Verbraucher zu verorten sind. Dies macht die empirisch ermittelten Daten jedoch nicht weniger richtig; lediglich deren Interpretation innerhalb der Untersuchungen muss kritisch hinterfragt und auch im Lichte der berechtigten Interessen der Unternehmer betrachtet werden.

1. Ergebnisse der Analyse von BSB und IfB

Im Rahmen der Analyse von BSB und IfB wurden 100 Bau- und Leistungsbeschreibungen untersucht, die in der Praxis im Rahmen von Angeboten oder Vertragsverhandlungen von Generalunternehmern, Generalübernehmern oder Bauträgern als Vertragspartner bundesweit an potentielle priva-

---

10 BSB/IfB, Analyse von Bau- und Leistungsbeschreibungen, S. 69.

te Kunden übergeben wurden. Insbesondere aufgrund des der Analyse zugrunde liegenden Unternehmer-Verbraucher-Verhältnisses sind deren Ergebnisse also auch für diese Untersuchung repräsentativ und verwertbar. Dieser „Ist-Zustand" wurde verglichen mit den *„Mindestanforderungen an Bau- und Leistungsbeschreibungen für Ein- und Zweifamilienhäuser"*, welche vom Bundesministerium für Verkehr, Bau und Stadtentwicklung im Mai 2007 herausgegeben worden waren. Dieser Vergleichsmaßstab ist zwar ebenfalls verbraucherfreundlich geprägt, da er freilich vom Bundesministerium herausgegeben, aber unter Mitwirkung u.a. des BSB, des Verbands Privater Bauherren (VPB) und dem Verbraucherzentrale-Bundesverband erstellt wurde.

Gleichwohl handelt es sich bei diesen Vorgaben gewiss nicht um eine für die Praxis geradezu utopische „Ideal-Baubeschreibung", sondern lediglich um einen *Mindest*standard. Hinzu kommt, dass die hierin genannten „Mindestanforderungen" schon angesichts ihres Herausgabedatums hinter den aktuellen, deutlich höheren technischen Anforderungen (insbesondere in den Bereichen Energieeffizienz und technischer Gebäudeausstattung) zurückbleiben.

Trotzdem werden von einer Vielzahl der in der Praxis verwendeten Baubeschreibungen nicht einmal sie erfüllt. Auffällig ist dabei, dass die Qualität und Detailliertheit der Baubeschreibungen zwischen einzelnen Bauleistungen variiert und eng mit den zu beschreibenden Gewerken bzw. Einzelleistungen zusammenhängt. Während hinsichtlich einzelner Bereiche und Gewerke ein Großteil der Baubeschreibungen die Mindestanforderungen zumindest weitgehend erfüllt, bestehen hinsichtlich anderer Gewerke und Leistungen große Defizite.

So entsprechen hinsichtlich des Leistungsbestandteils „Planung und Bauleitung" gerade einmal zwei der untersuchten 100 Baubeschreibungen durchgehend den „Mindestanforderungen" aus dem Jahr 2007.[11] Ähnlich desaströse Quoten finden sich in den Bereichen „Baustelleneinrichtung" (12 %)[12], „Außenanlagen" (7 %)[13] und „Übergabe von Unterlagen und technischen Nachweisen" (0 %)[14]. In diesen Bereichen ist ein Großteil der Baubeschreibungen qualitativ unzulänglich, insbesondere fehlen wesentliche Angaben über die zu erbringenden Leistungsinhalte. Ein erheblicher Teil enthält gar überhaupt keine Aussage zu den entsprechenden Leistun-

---

11 BSB/IfB, Analyse von Bau- und Leistungsbeschreibungen, S. 14.
12 BSB/IfB, Analyse von Bau- und Leistungsbeschreibungen, S. 19.
13 BSB/IfB, Analyse von Bau- und Leistungsbeschreibungen, S. 56.
14 BSB/IfB, Analyse von Bau- und Leistungsbeschreibungen, S. 61.

gen. So finden sich zum Leistungsbereich „Übergabe von Unterlagen und technischen Nachweisen" in 13 % der Fälle gar keine (!) Angaben und in weiteren 72 % der Fälle nur solche, die in wesentlichen Punkten lückenhaft sind.[15] Dies ist insbesondere für die eventuell nötige Durchsetzung von Mängelrechten höchst problematisch, denn dafür benötigt der Auftraggeber Definitionen des geschuldeten Leistungssolls, die in solchen Baubeschreibungen häufig nicht auftauchen.

Bei einer Betrachtung nach einzelnen Leistungsbereichen fällt auf, dass die Angaben zum Schallschutz geradezu erschreckend schlecht sind. So fanden sich in 96 % der Fälle zum schallschutztechnischen Standard – welcher im Rahmen der allgemeinen Objektangaben anzugeben ist – entweder gar keine Angaben, oder diese waren in wesentlichen Punkten lückenhaft.[16]

Aber nicht nur solche evident negativ herausstechenden Reglungslücken können zu großen Risiken und Gefahren für den Verbraucher führen. Bei elementar wichtigen Leistungen kann bereits eine einzige unzulängliche Angabe oder Unklarheit ausreichen, um erhebliche Unsicherheiten und – vor allem finanzielle – Risiken herbeizuführen. Dazu zählen allgemeine Angaben zum Objekt (vom Unternehmer herzustellende „Ausbaustufe", aber auch Förderfähigkeit, Energiestandard, Ausschluss oder zwingende Verwendung bestimmter Baustoffe, Einhaltung öffentlich-rechtlicher Vorschriften etc.) und Angaben zum Rohbau. Diesbezüglich unklare Aussagen können sich leicht auf eine Vielzahl anderer Leistungen auswirken. Bezüglich dieser grundlegenden Leistungsinhalte sind deshalb schon punktuell nicht hinreichend detaillierte Baubeschreibungen nicht tolerabel.

Desto unbefriedigender ist es, dass Aussagen zur geschuldeten Ausbaustufe des Gebäudes (z. B. „schlüsselfertig", „bezugsfertig" etc.) in 30 % aller untersuchten Fälle die Beschreibungen als unvollständig oder mangelhaft bewertet wurden.[17] Insoweit stellt bereits <u>eine</u> unklare Aussage ein erhebliches Risiko für den Verbraucher dar. Denn er muss wissen, welchen genauen Zustand das Gebäude nach Abschluss der Bauarbeiten haben wird bzw. jedenfalls ausweislich des vereinbarten Bausolls des Unternehmers haben soll. Kann er unmittelbar nach Abschluss der Arbeiten einziehen, oder muss er auf eigene Kosten noch weitere Arbeiten erbringen bzw. beauftragen, um eine Bezugsfertigkeit herzustellen? Wenn in einer derart ele-

---

15 BSB/IfB, Analyse von Bau- und Leistungsbeschreibungen, S. 61.
16 BSB/IfB, Analyse von Bau- und Leistungsbeschreibungen, S. 12.
17 BSB/IfB, Analyse von Bau- und Leistungsbeschreibungen, S. 11 f.

mentaren und grundlegenden Angabe Unklarheiten bei nahezu jeder dritten Baubeschreibung festzustellen sind, ist dies ein inakzeptabler Zustand, der auf Verbraucherseite gleichermaßen Verwirrung wie auch das Entstehen eines unter Umständen erheblichen Kostenrisikos zur Folge hat.

Aber nicht nur die Analyse der Angaben zu einzelnen Gewerken, sondern auch eine gewerkeübergreifende Gesamtbetrachtung zeigt, dass die in der Praxis verwendeten Baubeschreibungen oft unzureichend sind. Deshalb besteht diesbezüglich dringender Verbesserungsbedarf, wenn die Verbraucher im Rechtsverkehr effektiv geschützt werden sollen.

So ergab die von BSB und IfB durchgeführte Analyse, dass insgesamt 27 % der Leistungsbeschreibungen unvollständig oder nicht eindeutig beschrieben waren. Immerhin war ein mit 72 % sehr hoher Anteil zwar im Wesentlichen vollständig, wenn auch nicht durchgehend korrekt beschrieben. Hingegen erfüllte keine einzige der 100 untersuchten Baubeschreibungen durchgehend die „Mindestanforderungen" aus dem Jahr 2007.[18]

2. Ergebnisse der Studie „Schlüsselfertig Bauen" des IPB

Dieses alarmierende Bild deckt sich auch mit den in der Studie *„Schlüsselfertig Bauen"* durch das IPB ermittelten Ergebnissen. Die Studie des IPB nimmt hierbei allerdings keine nach Einzelangaben getrennte Bewertung vor, sondern konzentriert sich darauf, generelle Unzulänglichkeiten in Baubeschreibungen aufzuzeigen. Hierzu wurden 117 Bauverträge aus dem Zeitraum von Juli 2003 bis Januar 2012 untersucht, die von Unternehmern gegenüber privaten Bauherren verwendet wurden. Zu 71 dieser Verträge lagen auch die beigefügten Baubeschreibungen vor, die ebenfalls im Rahmen der Studie analysiert wurden. Bei den untersuchten Verträgen handelte es sich nur um solche, die das „Bauen aus einer Hand" im Verhältnis zwischen Verbraucher und Unternehmer vorsahen, mithin also um Generalunternehmer-, Generalübernehmer- und Bauträgerverträge[19]; auch die Studie des IPB ist daher eine überaus taugliche empirische Grundlage für diese Untersuchung.

Auch diese Studie bestätigt, dass ein erheblicher Teil der vor der Einführung der Baubeschreibungspflicht in der Praxis verwendeten Baubeschreibungen völlig unzureichend war. So enthielten 86 der untersuchen 117 Verträge (= 74 %) Klauseln, die den Unternehmer berechtigten, nach Ver-

---

18 BSB/IfB, Analyse von Bau- und Leistungsbeschreibungen, S. 66.
19 *Bentrop/Benger*, in: IPB, Schlüsselfertig Bauen, S. 11.

tragsschluss und ohne Zustimmung des Verbrauchers das vertraglich vereinbarte Leistungssoll zu ändern. Solche Klauseln unterliegen – wenn sie,
wie regelmäßig der Fall, als AGB zu qualifizieren sind – der Kontrolle nach
§ 308 Nr. 4 BGB. Nach diesem Maßstab waren 14 der untersuchten Klauseln, mithin 16 % aller Klauseln, die einen Änderungsvorbehalt zulassen
sollten, unwirksam. Zudem ließen Klauseln in 35 Verträgen und somit in
41 % aller untersuchten Kontrakte, die einen Änderungsvorbehalt ermöglichen sollten, nicht in hinreichendem Maße triftige Gründe erkennen, bei
deren Vorliegen dem Unternehmer Änderungen erlaubt sein sollen.[20]

Die Studie macht deutlich, dass eine Vielzahl von Verträgen Änderungs-
vorbehalte vorsieht, die nicht den gesetzlichen Anforderungen der
§§ 307 ff. BGB gerecht werden, und die letztlich unternehmerische Risiken
auf den – häufig den Umfang und die möglichen Auswirkungen des Ände-
rungsvorbehalts gar nicht erkennenden – Verbraucher abwälzen.

Ein ähnlich schlechtes Bild zeichnet die Evaluation der Angaben zu Ter-
minen und Fristen. So sahen nur 20 der 117 untersuchten Verträge
(= 17 %) ein konkretes Fertigstellungsdatum für die zu erbringenden Bauleistungen vor, während immerhin noch weitere 59 Verträge (= 50 %) die
Bauzeit in einer Weise regelten, dass ein Zeitraum nach Monaten oder
Wochen ab Baubeginn vereinbart wurde, innerhalb dessen der Bau fertiggestellt werden soll.[21]

Jedoch sahen 38 Verträge und somit knapp ein Drittel aller untersuchten Kontrakte überhaupt keine Angaben zur Bauzeit vor. Angesichts der
Tatsache, dass derartige Angaben für Verbraucher besonders wichtig sind,
um Planungssicherheit in organisatorischer, beruflicher und familiärer
Hinsicht zu erlangen und Folgeschäden wie eine zu späte Kündigung der
bisher bewohnten Mietwohnung zu vermeiden, ist dieser Anteil erschreckend hoch. Zudem räumten sich die Unternehmer in 46 Verträgen
(= 39 %) unangemessene zeitliche Spielräume auf Kosten des Verbrauchers
ein; derartige Klauseln verstoßen gegen § 307 Abs. 1 S. 2 BGB bzw. gegebenenfalls § 308 Nr. 2 BGB.[22]

Letztlich wurde vom IPB kein einziger der 117 untersuchten Verträge
als „gut" bewertet und gerade einmal vier als „akzeptabel". 113 Verträge
und somit 97 % aller untersuchten Kontrakte wurden als „nicht empfehlenswert" eingestuft.[23] Dies muss umso kritischer betrachtet werden, da es

---

20 *Bentrop/Benger*, in: IPB, Schlüsselfertig Bauen, S. 20.
21 *Bentrop/Benger*, in: IPB, Schlüsselfertig Bauen, S. 22.
22 *Bentrop/Benger*, in: IPB, Schlüsselfertig Bauen, S. 23.
23 *Bentrop/Benger*, in: IPB, Schlüsselfertig Bauen, S. 42.

sich bei den in dieser Untersuchung analysierten Verträgen nicht etwa um „ausgewählt" verbraucherfeindliche Exemplare handelte, sondern vielmehr zum Teil um Kontrakte, die im Rahmen des vom IPB ausgelobten Wettbewerbs „transparenteste Bau- und Leistungsbeschreibung" von Unternehmern selbst eingereicht wurden in dem Glauben, es handele sich hierbei um besonders gute Vertragswerke und Baubeschreibungen. Vor diesem Hintergrund und schon angesichts der schieren Zahl der ausgewerteten Verträge kann nicht die Rede davon sein, dass die bezeichneten Probleme nur auf vereinzelte „schwarze Schafe" zurückgehen.[24]

3. Zwischenergebnis

Die Gesamtschau der detaillierten, nach Gewerken und Einzelbereichen der Baubeschreibung aufgeteilten gemeinsamen Analyse von BSB und IfB sowie der eher an allgemeinen Parametern orientierten Studie des IPB führt demnach zu einem alarmierenden Ergebnis. Baubeschreibungen in der Praxis sind in vielerlei Hinsicht ungenügend und unpräzise. Diese Defizite werden von Unternehmern nicht selten bewusst in die Gestaltung der Baubeschreibung eingearbeitet, um anschließend die mangelnde Sachkunde und die finanzielle Drucksituation des Verbrauchers zur eigenen Gewinnmaximierung auszunutzen.[25] Zahlreiche für die vertragsschließenden Verbraucher besonders wichtige Angaben sind nicht selten schon überhaupt nicht in der Baubeschreibung enthalten. Jedenfalls aber sind die Leistungsbeschreibungen in entscheidenden Punkten häufig extrem unpräzise und schwammig formuliert.

Es ist einigermaßen erstaunlich, dass ein solches Verhalten vom Markt offenbar akzeptiert wird. Eine solche Art der Beschreibung des Vertragsinhalts wäre nämlich bei anderen, auch finanziell für das Leben des Verbrauchers weit weniger bedeutenden Geschäften undenkbar. Wer einen Pkw kauft, weiß bis ins kleinste Detail, welches Modell er in welcher Farbe und welcher Motorisierung erwirbt und kann beim Kauf eines Neuwagens nicht selten auch darüber entscheiden, ob er gerne ein Typenschild am Heck des Pkw angebracht hätte und ob dieses auch einen Hinweis auf die

---

24 *Glöckner*, in: IPB, Schlüsselfertig Bauen, S. 5.
25 *Burk*, in: Verbraucherzentrale NRW: Kauf eines Reihen- oder Doppelhauses, S. 88.

Motorisierung des Fahrzeugs enthalten oder lediglich die Modellreihe bezeichnen soll.[26]

Bei Bauverträgen hingegen könnte die Praxis von einer derart detaillierten, klaren Definition dessen, was der Verbraucher-Kunde für sein Geld erhält, kaum weiter entfernt sein, als sie es jedenfalls vor Inkrafttreten der gesetzlichen Neuregelungen war.

C. Vorvertragliche Informationspflichten für Bauverträge in der Rechtslage bis zum 31.12.2017

Ein Hauptgrund dafür, dass in der Praxis verwendete Baubeschreibungen jedenfalls vor Einführung der Baubeschreibungspflicht den unter A. geschilderten Bedürfnissen des Verbrauchers nicht hinreichend gerecht wurden, sondern vielmehr mit erheblichen Risiken für diesen verbunden waren, liegt in der alten Rechtslage begründet. Bis zum 31.12.2017 hatte die Baubeschreibung mangels spezieller baurechtlicher Regelungen in ihrer Funktion als vorvertragliche Information keine große Bedeutung. Die Bauunternehmer verfügten über große Gestaltungsspielräume bei der Erstellung von Baubeschreibungen. Davon haben sie – wenig überraschend – zu ihren eigenen Gunsten Gebrauch gemacht. Deshalb waren Baubeschreibungen häufig derart unpräzise formuliert, dass ihre Lektüre auch einem informierten und technisch interessierten Verbraucher bestenfalls ein rudimentäres Bild davon verschaffen konnte, welche Leistungen der Unternehmer denn letztlich zu erbringen habe. Aus diesen Unzulänglichkeiten bei der Beschreibung und Definition des geschuldeten Bausolls resultierten für den Verbraucher erhebliche Risiken, welche sich – wie vorstehend gezeigt – auch in der Praxis realisierten.

Um den Zusammenhang zwischen der alten Rechtslage und der Problematik unzureichender Baubeschreibungen in der Praxis zu zeigen, wird im Folgenden anhand der vorvertraglichen Informationspflichten der §§ 312 ff. BGB a.F. in der gebotenen Kürze dargestellt, in welchen Anwendungsfällen und in welchem Umfang vorvertragliche Informationen über das Bauvorhaben schon vor dem 01.01.2018 zu erstellen und dem Verbraucher zur Verfügung zu stellen waren.

---

26 Diesen Vergleich mit dem Kauf eines Automobils in drastischer Weise illustrierend auch *Burk*, in: Verbraucherzentrale NRW: Kauf eines Reihen- oder Doppelhauses, S. 89 f.

Denn bis zum 31.12.2017 erfolgte der Verbraucherschutz beim Abschluss von Verträgen, die Bauleistungen eines Unternehmers zum Gegenstand hatten, ausschließlich nach Maßgabe der allgemeinen Verbraucherschutzvorschriften der §§ 312 ff. BGB. Dort finden sich in § 312a Abs. 2 BGB (i.V.m. Art. 246 EGBGB) sowie § 312d Abs. 1 BGB (i.V.m. Art. 246a EGBGB) immerhin zwei vorvertragliche Informationspflichten des Unternehmers, die im Fall eines Bauvertrages einer Art rudimentären "Ersatz-Baubeschreibung" gleichkamen.

I. Vorvertragliche Informationspflichten gemäß §§ 312 ff. BGB

So besteht grundsätzlich für alle Verträge zwischen einem Unternehmer und einem Verbraucher, die eine entgeltliche Leistung des Unternehmers zum Gegenstand haben, eine Pflicht des Unternehmers, dem Verbraucher vor Vertragsschluss gemäß § 312a Abs. 2 BGB bestimmte Informationen zum Vertragsinhalt zur Verfügung zu stellen. Diese Vorschriften wurden vom Gesetzgeber zur Umsetzung der EU-Richtlinie 2011/83/EU vom 25.10.2011 (im Folgenden: VRRL[27]) in das nationale Recht eingeführt. Ziel des Gesetzgebers war es hierbei, eine richtlinienkonforme Umsetzung zu gewährleisten.[28]

Ausgangspunkt für die Einführung einer allgemeinen vorvertraglichen Informationspflicht, welche nicht an besondere Vertriebsformen anknüpft (wie dies z. B. die für Fernabsatzverträge oder Außergeschäftsraumverträge geltende Informationspflicht des § 312d BGB tut), war Art. 5 VRRL. Dieser sieht einen Katalog an allgemeinen vorvertraglichen Informationspflichten vor, die der Unternehmer einem Verbraucher im Falle eines Verbrauchervertrages zu erteilen hat. Diese Vorgaben hat der deutsche Gesetzgeber durch die Schaffung der §§ 312, 312a Abs. 2 BGB sowie des Art. 246 EGBGB in nationales Recht umgesetzt. Die Informationspflicht soll den Verbraucher in die Lage versetzen, das Vertragsangebot des Unternehmers bewerten und mit anderen Angeboten vergleichen zu können, damit er im Anschluss hieran eine wohl informierte und auf seine Bedürfnisse abgestimmte Entscheidung treffen kann. Diese Intention steckte gleichermaßen

---

27 Kurz für: „Verbraucherrechterichtlinie" – so die allgemeine Bezeichnung der Richtlinie.
28 *Hilbig-Lugani*, ZJS 2013, 441, 445.

hinter der Schaffung des Art. 5 VRRL auf europäischer Ebene[29] wie auch hinter der Einführung der §§ 312, 312a Abs. 2 BGB und des Art. 246 EGBGB durch den deutschen Gesetzgeber.[30]

Zudem ist in § 312d Abs. 1 S. 1 BGB eine weitere Informationspflicht des Unternehmers geregelt. Sie verpflichtet den Unternehmer zur Überlassung der dort beschriebenen Informationen, wenn der mit dem Verbraucher zu schließende Vertrag außerhalb von Geschäftsräumen oder im Wege des Fernabsatzes geschlossen werden soll. § 312d Abs. 1 S. 1 BGB setzt zusammen mit Art. 246a EGBGB die Vorgaben des Art. 6 VRRL um[31] und hat den Zweck, den Verbraucher vor Vertragsschlüssen im Wege von Vertriebsformen zu schützen, bei denen die Gefahr besonders groß ist, dass er überrumpelt wird.[32]

Zwar wurden im Rahmen der Einführung der §§ 650i ff. BGB die Informationspflichten des Unternehmers gegenüber dem Verbraucher im Falle eines Verbraucherbauvertrags neu ins Gesetz aufgenommen. Die §§ 312 Abs. 1, 312a Abs. 2, 312d BGB blieben jedoch von der Gesetzesnovelle zum 01.01.2018 unberührt und gelten daher in gleicher Weise wie bisher fort. Die folgenden Ausführungen beziehen sich daher – soweit nicht Gegenteiliges ausdrücklich betont wird – sowohl für die alte (bis zum 31.12.2017) als auch für die neue (ab 01.01.2018) Rechtslage.

1. Anwendungsbereich der §§ 312 ff. BGB

Die allgemeine vorvertragliche Informationspflicht aus § 312a Abs. 2 BGB und die auf besonderen Vertriebsformen basierende Informationspflicht des § 312d Abs. 1 BGB gelten nur, wenn der durch § 312 Abs. 1 BGB definierte Anwendungsbereich der §§ 312 ff. BGB eröffnet ist. Dies setzt lediglich zweierlei voraus: Der betreffende Vertrag muss erstens einen Verbrauchervertrag darstellen und zweitens eine entgeltliche Leistung des Unternehmers zum Gegenstand haben.

Verbraucherverträge sind – gemäß der Legaldefinition in § 310 Abs. 3 BGB – alle Verträge zwischen einem Verbraucher im Sinne des § 13 BGB und einem Unternehmer im Sinne des § 14 BGB. Eine entgeltliche Leis-

---

29 Vgl. Erwägungsgrund Nr. 34 zur VRRL; *Wendelstein/Zander*, JURA 2014, 1191, 1199.
30 BeckOK BGB/*Martens*, Art. 246 EGBGB, Rn. 1; BT-Drs. 17/13951, S. 79.
31 BeckOK BGB/*Martens*, § 312d BGB, Rn. 1.
32 MüKo BGB/*Wendehorst*, § 312d BGB, Rn. 2.

tung kann jede beliebige Leistung eines Unternehmers sein. Unerheblich ist, ob sich der Vertrag auf Waren, Dienstleistungen oder andere Gegenstände bezieht.[33]

Der Anwendungsbereich des § 312 Abs. 1 BGB war damit vor dem 01.01.2018 für Bauverträge eröffnet, die zwischen einem Verbraucher und einem Unternehmer geschlossen wurden und die Erbringung von Bauleistungen durch den Unternehmer zum Gegenstand hatten.[34] Die in derartigen Verträgen vereinbarten Leistungen sind in aller Regel „entgeltlich", insbesondere wegen der gebotenen weiten Auslegung[35] dieses Merkmals. Denn es ist kaum eine Konstellation denkbar, in der ein Verbraucher einem Unternehmer für die von Letzterem erbrachte Bauleistung keine kausal mit dem Bauvertrag zusammenhängende Leistung zuwendet. Derlei wäre allenfalls bei einem reinen „Freundschaftsdienst" des Bauunternehmers der Fall, also dann, wenn der Unternehmer – aus welchen Beweggründen auch immer – für den Verbraucher die vereinbarte Bauleistung erbringt, ohne dass dieser in irgendeiner Form eine Gegenleistung hierfür erbringt – und sei es auch nur die Eingehung einer nicht mit dem Bauvertrag zusammenhängenden schuldrechtlichen Verpflichtung.[36] Derartige Abläufe sind jedoch fast nur zwischen Privatleuten, nicht aber zwischen einem Verbraucher und einem Unternehmer denkbar. Denn der Unternehmer wird schon zur Deckung seiner eigenen Unkosten jedenfalls eine – wenn auch unter Umständen verhältnismäßig geringe – Gegenleistung des Verbrauchers verlangen.

2. Allgemeine Informationspflicht gemäß § 312a Abs. 2 BGB i.V.m. Art. 246 Abs. 1 EGBGB

Solange kein Ausnahmefall nach § 312 Abs. 2 Nr. 3 BGB a.F. vorlag[37], galten damit bereits vor dem 01.01.2018 für Bauverträge die Informationspflichten des Unternehmers gegenüber dem Verbraucher nach §§ 312 ff.

---

33 BeckOK BGB/*Martens*, § 312 BGB, Rn. 9.
34 OLG Stuttgart, Urteil vom 19.09.2017 – 6 U 76/16, ZfBR 2018, 252, 253.
BGH, Urteil vom 30.08.2018 – VII ZR 243/17, ZfBR 2018, 777 Rn. 16; OLG Köln, Hinweisbeschluss vom 23.03.2017 – 16 U 153/16, BeckRS 2017, 116332 Rn. 5.
35 Näher *Maume*, NJW 2016, 1041, 1042.
36 BGH, Urteil vom 17.05.2017 – VIII ZR 29/16, NJW 2017, 2823 Rn. 13; BeckOK BGB/*Martens*, § 312 Rn. 10.
37 Hierzu sogleich ausführlich unter C.II., S. 39 ff.

BGB. Daran hat sich durch die Einführung der Regeln zum Verbraucherbauvertrag nichts geändert.

In der Praxis ist insbesondere die allgemeine vorvertragliche Informationspflicht des § 312a Abs. 2 BGB i.V.m. Art. 246 Abs. 1 EGBGB wichtig. Diese gilt grundsätzlich – vorbehaltlich der Bereichsausnahme des § 312 Abs. 2 Nr. 3 BGB a.F. – für alle möglichen Verträge mit Ausnahme von Außergeschäftsraumverträgen, Fernabsatzverträgen und Verträgen über Finanzdienstleistungen, § 312a Abs. 2 S. 3 BGB.

Ihr Anwendungsbereich wird nur einerseits durch Art. 246 Abs. 1 EGBGB dergestalt begrenzt, dass eine Informationserteilung nicht notwendig ist, wenn sich die Information bereits aus den Umständen ergibt (was bei Bauverträgen regelmäßig nicht der Fall sein dürfte), sowie andererseits durch Art. 246 Abs. 2 EGBGB für Geschäfte des täglichen Lebens, die bei Vertragsschluss sofort erfüllt werden. In aller Regel werden Bauverträge aber entweder nicht sofort bei Vertragsabschluss erfüllt oder überschreiten schon hinsichtlich ihrer finanziellen Volumina die Grenze des Geschäfts des täglichen Lebens; die Ausnahmevorschrift des Art. 246 Abs. 2 EGBGB spielt daher bei Bauverträgen keine Rolle.[38]

Es galt demnach auch vor dem 01.01.2018 vorbehaltlich der Bereichsausnahme des § 312 Abs. 2 Nr. 3 BGB a.F. eine vorvertragliche Pflicht des (Bau-)Unternehmers, gemäß § 312a Abs. 2 BGB i.V.m. Art. 246 EGBGB den Verbraucher-Kunden vor Vertragsschluss unter anderem über die wesentlichen Eigenschaften der Bauleistung zu informieren. Der genaue Inhalt dieser Informationspflicht wird an späterer Stelle dieser Arbeit untersucht und mit der neu geregelten Baubeschreibungspflicht verglichen.[39]

3. Informationspflicht aus § 312d BGB

Neben der allgemeinen Informationspflicht aus § 312a Abs. 2 BGB war vor Einführung des neuen Bauvertragsrechts noch eine weitere vorvertragliche Informationspflicht für Bauverträge relevant, nämlich die des § 312d Abs. 1 S. 1 BGB. Diese gilt für Fernabsatzgeschäfte und „Außergeschäftsraumverträge" und verdrängt dann die allgemeine Informationspflicht gemäß § 312a Abs. 2 S. 3 BGB.

Die Informationspflicht des § 312d BGB ist für Bauverträge zwar eher selten anwendbar, weil diese überwiegend weder im Wege des Fernabsat-

---

38 *Glöckner*, BauR 2014, 411, 423.
39 Siehe hierzu Teil 3, B.I., S. 342 ff.

zes noch als „Außergeschäftsraumvertrag" abgeschlossen werden.[40] Doch verbleibt eine nicht zu vernachlässigende Anzahl an Fällen, in denen Bauverträge außerhalb der Geschäftsräume des Unternehmers geschlossen werden (etwa direkt auf der Baustelle oder in Räumen des Verbrauchers).[41] Daher kommt dem Widerrufsrecht nach § 312g BGB auch für Bauverträge eigentlich eine große Bedeutung zu[42]; in der Praxis wird hiervon jedoch nur selten Gebrauch gemacht.[43]

So ist es durchaus vorstellbar und auch in der Praxis nicht unüblich, dass zumindest kleinere Zusatzarbeiten oder Umbauarbeiten vom Verbraucher direkt auf der Baustelle in Auftrag gegeben werden.[44] Auch kommt es vor, dass Handwerker Verbraucher direkt an deren Haustür aufsuchen, um sie zur Beauftragung von Reparatur- oder Renovierungsarbeiten zu bewegen.[45] Kommt daraufhin schon an Ort und Stelle ein verbindlicher Vertrag zustande oder gibt der Unternehmer jedenfalls ein verbindliches Vertragsangebot ab, stellt dies zweifelsohne einen Außergeschäftsraumvertrag im Sinne des § 312b Abs. 1 BGB dar.[46]

Der Abschluss von Bauverträgen im Wege des Fernabsatzes dürfte zwar seltener vorkommen[47], ist aber durchaus denkbar. So ist es nicht ausgeschlossen, dass ein Verbraucher beispielsweise ein Fertighaus telefonisch oder per Internet bestellt und den Unternehmer mit dessen Errichtung beauftragt[48] oder in sonstiger Weise ohne eine „physische Begegnung" mit dem Unternehmer Bauleistungen in Auftrag gibt.[49] Mit zunehmender Digitalisierung werden derartige Szenarien gewiss nicht in ihrer Häufigkeit abnehmen, sondern vielmehr immer wichtiger werden.

Fälle, in denen Bauverträge mit Verbraucherbeteiligung als Außergeschäftsraumverträge oder im Wege des Fernabsatzes geschlossen wurden, sind (und waren auch vor dem 01.01.2018) demnach durchaus von praktischer Relevanz. In diesen Fällen galt und gilt die noch über die allgemeine

---

40   ibr-OK BauvertrR/*Retzlaff*, § 650i BGB, Rn. 21 f.; *Illmer*, ZRP 2017, 122, 123.
41   BeckOGK/*Merkle*, § 650i BGB, Rn. 8.
42   *Lenkeit*, BauR 2017, 454.
43   BeckOGK/*Merkle*, § 650i BGB, Rn. 8.
44   Vgl. *Lenkeit*, BauR 2017, 454, 455.
45   BR-Drs. 817/1/12, S. 4.
46   ibr-OK BauvertrR/*Retzlaff*, § 650i BGB, Rn. 21.
47   ibr-OK BauvertrR/*Retzlaff*, § 650i BGB, Rn. 22.
48   So bereits im Jahre 2000 – also zu einem Zeitpunkt, an dem die Digitalisierung weit weniger fortgeschritten war als heute – zum damaligen Fernabsatzgesetz *Härting*, FernAbsG, § 1, Rn. 120.
49   *Lenkeit*, BauR 2017, 454, 463.

Informationspflicht hinausgehende vorvertragliche Informationspflicht des § 312d Abs. 1 S. 1 BGB i.V.m. Art. 246a EGBGB. Auf Einzelheiten und den Vergleich mit der neu geregelten Baubeschreibungspflicht wird in Teil 3, Abschnitt B.I. eingegangen.

II. Die Bereichsausnahme des § 312 Abs. 2 Nr. 3 BGB a.F.

Die vorstehenden Ausführungen unterliegen in Bezug auf die hier unter-suchten Bauverträge – wie bereits mehrfach angedeutet – einer bedeuten-den Einschränkung. Denn § 312 Abs. 2 Nr. 3 BGB a.F. sah vor, dass für be-stimmte Arten von Bauverträgen aus dem Untertitel der §§ 312 ff. BGB le-diglich die Absätze 1, 3, 4 und 6 des § 312a BGB Anwendung fanden, nicht jedoch die allgemeine Informationspflicht aus § 312a Abs. 2 BGB und auch nicht die Informationspflicht gemäß § 312d Abs. 1 BGB.

Von dieser Bereichsausnahme betroffen waren bis 31.12.2017 „Verträge über den Bau von neuen Gebäuden oder erhebliche Umbaumaßnahmen an bestehenden Gebäuden". Seit dem 01.01.2018 gilt sie mit gleicher Wir-kung für „Verbraucherbauverträge" nach § 650i Abs. 1 BGB. Demnach be-stand für diese besonders umfangreichen Bauvorhaben bis zur Einführung des § 650j BGB zum 01.01.2018 gar keine vorvertragliche Informations-pflicht.

1. Umsetzung der Verbraucherrechterichtlinie

Die Regelung des § 312 Abs. 2 Nr. 3 BGB a.F. ist zurückzuführen auf Art. 3 Abs. 3 lit. f) VRRL. Durch diesen werden „*Verträge über den Bau von neuen Gebäuden, erhebliche Umbaumaßnahmen an bestehenden Gebäuden oder die Vermietung von Wohnraum*" vom Geltungsbereich der Richtlinie ausge-nommen. Diesen Wortlaut hat der deutsche Gesetzgeber bei der Schaffung des § 312 Abs. 2 Nr. 3 BGB a.F. – abgesehen von der Vermietung von Wohnraum, welche in § 312 Abs. 4 BGB gesondert geregelt wurde – ohne Änderung übernommen.

Zwar gab es bereits im Rahmen des Gesetzgebungsverfahrens zur Um-setzung der Verbraucherrechterichtlinie in deutsches Recht erhebliche Kritik insbesondere vom Bundesrat.[50] Gleichwohl beschloss der Bundestag das Inkrafttreten des § 312 Abs. 2 Nr. 3 BGB a.F. zum 13.06.2014 in dem Umfang, den auch Art. 3 Abs. 3 lit. f) VRRL für Bauverträge vorsieht. Verbraucher, die derart umfangreiche Bauverträge abschlossen, waren demnach bis zum 31.12.2017 weder durch eine vorvertragliche Informationspflicht des Unternehmers noch durch ein Widerrufsrecht geschützt. Insoweit bestand ein Schutz des Verbrauchers lediglich hinsichtlich einer Klausel- und AGB-Kontrolle, welcher auf europarechtlicher Ebene über die veraltete Verbraucherschutz-Richtlinie 93/13/EWG garantiert und nationalstaatlich über die §§ 305 ff. BGB umgesetzt wurde.[51] Dieses rudimentäre Schutzniveau war aber angesichts der wirtschaftlichen Bedeutung großer Bauverträge für Verbraucher unzureichend.[52]

2. Inhaltlicher Umfang der Bereichsausnahme

Welche Verträge waren nun konkret als *„Verträge über den Bau von neuen Gebäuden oder erhebliche Umbaumaßnahmen an bestehenden Gebäuden"* zu qualifizieren?

a) Erforderlichkeit des „Bauens aus einer Hand"

Die Bereichsausnahme des § 312 Abs. 2 Nr. 3 BGB a.F. fand nach einhelliger Auffassung in Rechtsprechung[53] und Literatur[54] nur Anwendung auf das „Bauen aus einer Hand". Demnach fiel ein Vertrag über Bauleistungen nur eines Gewerks auch dann nicht unter die Bereichsausnahme, wenn die Bauleistungen eines einzelnen Gewerks für die Errichtung eines neuen Gebäudes bestimmt waren. Vielmehr musste hierzu der Bau des gesamten Gebäudes oder die gesamte erhebliche Umbaumaßnahme beauftragt sein. Es musste also für die Anwendung des § 312 Abs. 2 Nr. 3 BGB a.F. die gesamte Neubau- oder erhebliche Umbaumaßnahme in einem Vertrag bei

---

50 Vgl. näher BR-Drs. 817/1/12, S. 4; ebenfalls für eine Streichung der Bereichsausnahme der Änderungsvorschlag der Fraktion BÜNDNIS 90/DIE GRÜNEN, BT-Drs. 17/13951, S. 58.

51 *Wagner*, BauR 2013, 393, 397.

52 *Glöckner*, in: IPB, Schlüsselfertig Bauen, S. 4 f.

53 OLG Köln, Hinweisbeschluss vom 23.03.2017 – 16 U 153/16, BeckRS 2017, 116332, Rn. 5.

54 Fuchs/*Berger*/Seifert, HOAI, Syst A I, Rn. 25; *Glöckner*, BauR 2014, 411, 415.

einem Unternehmer beauftragt werden; der Bauvertrag musste mithin, wie es auch der Wortlaut des § 312 Abs. 2 Nr. 3 BGB a.F. nahe legte, „den Bau von neuen Gebäuden oder erheblichen Umbaumaßnahmen an bestehenden Gebäuden" als ganzheitliche Baumaßnahme zum Gegenstand haben.

Sobald die Beauftragung sich jedoch für einzelne Gewerke auf verschiedene Unternehmer verteilte, waren nur die einzelnen Auftragsverhältnisse für sich zu bewerten, ohne dass hierbei der größere Gesamtkontext – der möglicherweise den Anforderungen der Bereichsausnahme des § 312 Abs. 2 Nr. 3 BGB a.F. genügen würde – Beachtung finden durfte. Ein Bauvertrag über ein einzelnes Gewerk konnte für sich genommen nicht als Neubau oder erhebliche Umbaumaßnahme qualifiziert werden, sei es noch so umfangreich oder wirtschaftlich bedeutsam. Auch Architektenverträge waren aufgrund der Gebotenheit dieser isolierten Betrachtung der Vertragsverhältnisse nicht Gegenstand der Bereichsausnahme.[55] Denn die vertragliche Hauptleistungspflicht des Architekten besteht gerade nicht in der Erstellung des Bauwerks, sondern darin, durch Bauplanung und eine Vielzahl von Einzelleistungen dafür zu sorgen, dass das Bauwerk – durch Andere! – plangerecht und frei von Mängeln entsteht.[56]

Ein solch enges Verständnis der Bereichsausnahme war wegen ihres Charakters als Ausnahmetatbestand von verbraucherschützenden Regelungen und ihrer dadurch bedingten Konsequenz, dass für die in ihren Anwendungsbereich fallenden Verträge der Verbraucher weitestgehend schutzlos gestellt sein würde, auch geboten.

b) Bau neuer Gebäude

Vor diesem Hintergrund fielen unter das Kriterium des „*Baus neuer Gebäude*" alle Baumaßnahmen, die ein Grundstück durch Errichtung eines zuvor nicht existenten Gebäudes wesentlich umgestalteten und damit den klassischen Immobiliengeschäften gleichgestellt werden konnten.[57] Demnach waren typische Fälle des „Baus eines neuen Gebäudes" im Sinne des § 312 Abs. 2 Nr. 3 BGB a.F. der Bau eines Einfamilienhauses sowie eines größe-

---

55 OLG Köln, Hinweisbeschluss vom 23.03.2017 – 16 U 153/16, BeckRS 2017, 116332, Rn. 5.
56 OLG Köln, Hinweisbeschluss vom 23.03.2017 – 16 U 153/16, BeckRS 2017, 116332, Rn. 5; MüKo BGB/*Busche*, § 650p BGB, Rn. 14.
57 MüKo BGB/*Wendehorst*, § 312 BGB, Rn. 59.

ren Hof- und Wirtschaftsgebäudes; entscheidendes Kriterium war die Frage, ob sich durch den Bau das Gepräge des Grundstücks ändert.[58]

Daher fielen – wie bereits der Erwägungsgrund Nr. 26 der VRRL eindeutig bestimmt und auch die Gesetzesbegründung ausdrücklich anordnete[59] – bloße Anbauten oder eigenständige, aber hinsichtlich ihrer Funktion und Größe in ihrer Bedeutung deutlich untergeordnete Bauwerke wie etwa eine Garage, ein Carport oder ein Wintergarten nicht unter diesen Begriff. Verträge über die Errichtung solcher Bauten waren nicht von der Bereichsausnahme umfasst und fielen in den Anwendungsbereich der VRRL sowie der §§ 312 ff. BGB. Dies galt unabhängig davon, ob derartige Bauten freistehend oder als Anbau an ein bestehendes Gebäude errichtet wurden.[60]

Schon qua Begrifflichkeit und aufgrund der engen Auslegung der Bereichsausnahme umfasste diese erst recht nicht den bloßen Kauf von Baumaterialien, die später für die Neuerrichtung eines Gebäudes oder erhebliche Umbaumaßnahmen an einem solchen verwendet wurden. Demnach fiel beispielsweise auch der Kaufvertrag über ein Fertighaus in den Anwendungsbereich der §§ 312 ff. BGB, sofern nicht zugleich dessen Errichtung geschuldet war und beide Teile als Einheit anzusehen waren.[61] Ebenfalls begrifflich nicht dem Bau von neuen Gebäuden zuzuordnen waren bloße Sanierungs- und Erweiterungsmaßnahmen an bestehenden Gebäuden[62]; diese konnten allerdings bei Überschreiten eines gewissen Umfangs „erhebliche Umbaumaßnahmen" darstellen.

c) Erhebliche Umbaumaßnahmen an bestehenden Gebäuden

Der Begriff der *erheblichen Umbaumaßnahmen* ist aufgrund seiner Abstammung aus der VRRL unionsrechtlich autonom auszulegen. Es kommt also weder auf die die Erforderlichkeit einer baurechtlichen Genehmigung der Umbaumaßnahme an noch darauf, ob dem Grundstück ein wesentlicher Teil im Sinne des § 94 BGB hinzugefügt wird.[63]

---

58 MüKo BGB/*Busche*, § 650i BGB, Rn. 6.
59 BT-Drs. 17/12637, S. 46.
60 MüKo BGB/*Busche*, § 650i BGB, Rn. 6.
61 OLG Köln, Hinweisbeschluss vom 23.03.2017 – 16 U 153/16, BeckRS 2017, 116332 Rn. 5; MüKoBGB/*Wendehorst*, § 312 BGB, Rn. 61; schon für das frühere FernAbsG: *Härting*, FernAbsG, § 1 Rn. 120.
62 MüKo BGB/*Busche*, § 650i BGB, Rn. 6.
63 BeckOGK/*Busch*, § 312 BGB, Rn. 34; *von Proff*, ZfIR 2017, 589, 594.

Der Erwägungsgrund Nr. 26 der VRRL stellt bereits klar, dass erhebliche Umbaumaßnahmen im Sinne der Bereichsausnahme des § 3 Abs. 3 lit. f) VRRL – und daher auch im Sinne des § 312 Abs. 2 Nr. 3 BGB a.F. – nur solche Baumaßnahmen sind, die mit dem Bau eines neuen Gebäudes vergleichbar sind, also beispielsweise Baumaßnahmen, bei denen nur die Fassade des alten Gebäudes erhalten bleibt.

Der deutsche Gesetzgeber knüpfte in der Gesetzesbegründung hieran an und führte aus, dass er den Begriff der „erheblichen Umbaumaßnahme" im Sinne des Verbraucherschutzes möglichst eng verstanden wissen will.[64] Zur Entscheidung der Frage, ob eine Umbaumaßnahme „erheblich" im Sinne des § 312 Abs. 2 Nr. 3 BGB ist oder nicht unter diese Bereichsausnahme fällt, sollten Umfang und Komplexität des Eingriffs sowie das Ausmaß des Eingriffs in die bauliche Substanz des Gebäudes maßgeblich sein. Demnach fielen Verträge zur Instandsetzung bzw. Renovierung von Gebäuden nicht unter die Ausnahme, solange sie nicht mit dem Neubau eines Gebäudes vergleichbar waren. Dies sollte beispielsweise gelten, wenn nur das Dach eines Hauses neu gedeckt wird.[65]

Diese im Rahmen des Erwägungsgrunds Nr. 26 der VRRL und in der Gesetzesbegründung aufgestellten Leitlinien wurden nach Inkrafttreten der Vorschrift durch die Rechtsprechung häufig für die Einordnung der in der Praxis auftretenden Einzelfälle herangezogen. Dementsprechend wurde die Regelung des § 312 Abs. 2 Nr. 3 BGB konsequent eng ausgelegt.

Dem Gesamtgebäude untergeordnete Umbaumaßnahmen fielen demnach unabhängig vom damit einhergehenden finanziellen Aufwand für den Verbraucher nicht unter die Bereichsausnahme. So qualifizierte das OLG Stuttgart die Errichtung eines Senkrechtlifts an der Außenfassade eines Wohnhauses – zu einem Gesamtpreis von immerhin 40.600,- € – nicht als erhebliche Umbaumaßnahme.[66] Der BGH hat dies als rechtsfehlerfrei bestätigt.[67]

Auch Arbeiten an Außenanlagen – wie etwa die Gestaltung eines Gartens[68] – fielen grundsätzlich nicht in den Anwendungsbereich der Bereichsausnahme.[69] Gleiches galt für die Beseitigung eines bestehenden Ge-

---

64 BT-Drs. 17/12637, S. 46.
65 BT-Drs. 17/12637, S. 46.
66 OLG Stuttgart, Urteil vom 19.09.2017 – 6 U 76/16, ZfBR 2018, 252, 253.
67 BGH, Urteil vom 30.08.2018 – VII ZR 243/17, ZfBR 2018, 777 Rn. 16.
68 Vgl. zum Begriff der Außenanlage BGH, Beschluss vom 24.02.2005 - VII ZR 86/04, NJW-RR 2005, 750.
69 *Motzke*, NZBau 2017, 515, 518.

bäudes, da eine solche keine (erhebliche) Umbaumaßnahme darstellt.[70] Denn das Wort *Umbau* impliziert, dass ein bestehendes Baukonstrukt umgestaltet wird, also weiterhin fortbesteht. Mit einem Abriss oder einer anderweitigen Beseitigung eines Gebäudes hingegen wird die Existenz des betroffenen Gebäudes auf Dauer vernichtet, sodass hier nicht von einem Umbau gesprochen werden kann.

Es verblieb jedoch die bereits vom Bundesrat erkannte[71] Problematik, dass eine trennscharfe Abgrenzung von „erheblichen" und „nicht erheblichen" Umbaumaßnahmen im Einzelfall Schwierigkeiten bereiten kann. In solchen Zweifelsfällen war aufgrund des für die Bereichsausnahme geltenden Gebots der engen Auslegung das Vorliegen der Voraussetzungen für die Anwendung der Bereichsausnahme zu verneinen. Auch hat der Gesetzgeber in der Gesetzesbegründung der Schaffung des neuen Bauvertragsrechts zumindest in Bezug auf bloße Instandhaltungsarbeiten anklingen lassen, dass derartige Maßnahmen in der Regel nicht die Qualität einer Neubaumaßnahme erreichen, weil sie lediglich der Erhaltung eines schon bestehenden Zustands dienen.[72]

D. Zwischenergebnis und Ziel der Untersuchung

Der bis zum 31.12.2017 bestehende Verbraucherschutz im Hinblick auf die Informationspflichten bei Bauverträgen stellte sich also in mehrerlei Hinsicht als unbefriedigend dar.

Zwar wurde über die allgemeinen Informationspflichten nach § 312a Abs. 2 BGB i.V.m. Art. 246 EGBGB bzw. § 312d BGB i.V.m. Art. 246a EGBGB ein gewisses Mindest-Schutzniveau für Verbraucher festgelegt. Dieses war aber nicht auf die Besonderheiten des Bauvertragsrechts ausgelegt und wurde in der bauvertraglichen Praxis kaum beachtet.[73]

Vor allem aber waren wegen der Bereichsausnahme des § 312 Abs. 2 Nr. 3 BGB a.F. ausgerechnet auf die besonders komplexen, technisch und organisatorisch anspruchsvollen sowie für den Verbraucher mit hohem finanziellem Risiko ausgestatteten „großen" Bauverträge nicht einmal diese – ohnehin schon rudimentär gehaltenen Informationspflichten – und andere Schutzvorschriften aus dem Katalog der §§ 312 ff. BGB anwendbar.

---

70 *Motzke*, NZBau 2017, 515, 519.
71 BR-Drs. 817/1/12, S. 4.
72 Vgl. BT-Drs. 18/8486, S. 53; ähnlich auch *Motzke*, NZBau 2017, 515, 519.
73 *Pause*, Verbraucherschutz im neuen Bauvertragsrecht, in: FS Schulze, S. 485, 493.

Dies führte zu einem enormen Ungleichgewicht im Verbraucherschutz zwischen kleineren Bauverträgen, für die zumindest die in §§ 312 ff. BGB statuierten Informationspflichten der VRRL galten, und größeren, mit einem höheren Risiko für den Verbraucher verbundenen Bauverträgen, für die keinerlei Informationspflichten anwendbar waren. Weiterhin bereitete die Abgrenzung zwischen Verträgen, die unter die Bereichsausnahme fielen, und denen, auf die die §§ 312 ff. BGB uneingeschränkte Anwendung fanden, Schwierigkeiten, was für weitere Unsicherheiten sorgte.

Diese in mehrerlei Hinsicht unbefriedigende Situation in einem so allgegenwärtigen und praxisrelevanten Feld wie dem Hausbau durch Verbraucher erkannte zwischenzeitlich auch der Gesetzgeber[74] und reagierte mit der Einführung der verbraucherschützenden Regelungen der §§ 650i ff. BGB. Die allgemeinen Informationspflichten der §§ 312 ff. BGB konnten in der Praxis nicht in nennenswerter Weise zur ausreichenden Berücksichtigung der eingangs unter A. geschilderten Verbraucherinteressen im Zusammenhang mit der Erstellung einer Baubeschreibung beitragen.

Es ist nun Aufgabe und Ziel dieser Untersuchung, zu klären, ob – und wenn ja, inwieweit – die zum 01.01.2018 eingeführten Regelungen zur Baubeschreibungspflicht diesen Zustand verbessern und einen effektiven Verbraucherschutz gewährleisten können. Dabei konzentriert sich die Untersuchung auf den neu geschaffenen Vertragstyp des „Verbraucherbauvertrags".

---

74 BT-Drs. 18/8486, S. 61.

Teil 1: Anwendungsvoraussetzungen der Baubeschreibungspflicht im Verbraucherbauvertrag

Bevor die inhaltlichen Anforderungen der Baubeschreibungspflicht und die damit einhergehenden Rechtsfolgen untersucht werden können, sind im ersten Teil dieser Arbeit die Voraussetzungen dafür zu analysieren, dass die Baubeschreibungspflicht überhaupt zur Anwendung gelangt. Denn sie gilt schon aufgrund ihrer eindeutigen systematischen Stellung im Gesetz nicht etwa für sämtliche Bauverträge. Vielmehr kommt sie nur für Verbraucherbauverträge im Sinne des § 650i Abs. 1 BGB sowie über die Verweisungsnorm des § 650u Abs. 1 S. 2 BGB für Bauträgerverträge zur Anwendung. Gegenstand dieser Untersuchung ist allein ihre Rolle im zum 01.01.2018 neu geschaffenen Vertragstyp des Verbraucherbauvertrags. Indessen kommt die Baubeschreibungspflicht gemäß § 650j Hs. 2 BGB nicht zur Anwendung, wenn der Verbraucher oder ein von ihm Beauftragter die wesentlichen Planungsvorgaben selbst machen.

In diesem ersten Teil der Untersuchung ist daher zunächst der Anwendungsbereich des § 650i Abs. 1 BGB genauer zu untersuchen. Selbiges gilt für die Ausnahmeregelung des § 650j Hs. 2 BGB. Nur im Lichte des Ergebnisses dieses Teils der Untersuchung lassen sich die anschließend im Rahmen der inhaltlichen Untersuchung des § 650j BGB gewonnenen Erkenntnisse richtig einordnen.

A. Positive Anwendungsvoraussetzung: Eröffnung des Anwendungsbereichs des Verbraucherbauvertrags nach § 650i BGB

Die Bestimmung des Anwendungsbereichs des § 650i BGB erweist sich in mehrerlei Hinsicht als problematisch.

I. Gesetzgeberische Intention bei der Schaffung des § 650i BGB

Für die Klärung der im Folgenden näher untersuchten, für den Anwendungsbereich des Verbraucherbauvertrags virulenten Fragestellungen ist insbesondere die hinter der Schaffung des § 650i Abs. 1 BGB stehende gesetzgeberische Intention entscheidend.

Die Einführung der Vorschrift war primär eine Reaktion auf die unzureichende Gesetzeslage[75], welche durch § 312 Abs. 2 Nr. 3 BGB a.F. geschaffen wurde. Durch die Einführung von Vorschriften zum Schutz von Verbrauchern sollte die als untragbar empfundene Rechtslage beseitigt werden, dass ausgerechnet Verbraucher, die finanziell besonders bedeutsame Bauverträge „aus einer Hand" beauftragen, nur in rudimentärem Maße geschützt sind, während für kleinere Bauverträge wenigstens die §§ 312 ff. BGB Anwendung fanden.[76]

Die Schaffung einer derartigen Regelung wurde bereits im Rahmen des 1. Deutschen Baugerichtstags im Jahre 2006 diskutiert[77], also bereits vor der Zeit der Umsetzung der VRRL in nationales Recht. Die sich insoweit abzeichnende Entwicklung war der Grund dafür, dass der Gesetzgeber von einer anderweitigen Lösung für diese „großen" Bauverträge zunächst absah und stattdessen die Bereichsausnahme des § 312 Abs. 2 Nr. 3 BGB implementierte. Er wollte den eigens für Bauverträge einzuführenden Verbraucherschutzvorschriften nicht vorgreifen.[78]

Mit der nun erfolgten Einführung des § 650i Abs. 1 BGB sollte also in erster Linie die durch § 312 Abs. 2 Nr. 3 BGB entstandene Lücke im Verbraucherschutz gefüllt und eine Verbesserung des Verbraucherschutzes für private Bauherren erreicht werden. Letzteres war auch als Zielsetzung im Koalitionsvertrag der 18. Legislaturperiode zwischen CDU/CSU und SPD festgehalten.[79]

Vor diesem Hintergrund ist nun der Anwendungsbereich des § 650i Abs. 1 BGB zu analysieren.

II. Persönlicher Anwendungsbereich

In persönlicher Hinsicht erfordert § 650i Abs. 1 BGB, dass der Auftraggeber als Verbraucher im Sinne des § 13 BGB und der Auftragnehmer als Unternehmer im Sinne des § 14 BGB zu qualifizieren ist.

---

75 Hierzu s.o. Einführung, D., S. 44.
76 BT-Drs. 18/8486, S. 61.
77 Vgl. *Esser*, 1. Deutscher Baugerichtstag, Empfehlungen und Thesen des Arbeitskreises V, S. 4.
78 *Glöckner*, 5. Deutscher Baugerichtstag, Thesenpapiere der Arbeitskreise, S. 30.
79 Koalitionsvertrag der 18. Legislaturperiode, S. 116.

1. Unternehmer

Unternehmer ist gemäß § 14 BGB jede natürliche oder juristische Person oder rechtsfähige Personengesellschaft, die bei Abschluss des Rechtsgeschäfts in Ausübung ihrer gewerblichen oder selbständigen beruflichen Tätigkeit handelt, also am Markt planmäßig und dauerhaft Leistungen gegen Entgelt anbietet.[80] Demnach sind – dies ist für die hier zu untersuchenden Bauverträge besonders relevant – auch „Handwerker" erfasst.[81]

2. Verbraucher

Verbraucher ist nach § 13 BGB jede natürliche Person, die ein Rechtsgeschäft zu Zwecken abschließt, die überwiegend weder ihrer gewerblichen noch ihrer selbständigen beruflichen Tätigkeit zugeordnet werden können. Im Zusammenhang mit den hier zu untersuchenden Bauverträgen gibt es freilich praktisch sehr relevante Ausnahmen von dem Erfordernis, dass ein Verbraucher nur eine natürliche Person sein kann:

Dies betrifft einerseits die teilrechtsfähige Außen-GbR[82], die einem Verbraucher gleichgestellt ist, solange und soweit sie zu den in § 13 BGB genannten Zwecken handelt und ausschließlich aus natürlichen Personen besteht.[83] Dies ist in der Baupraxis insbesondere bei Verträgen mit einer sogenannten Bauherrengemeinschaft relevant, bei der sich mehrere Bauherren zusammenschließen, um ein gemeinsames Objekt zu realisieren – beispielsweise zur Errichtung eines Mehrparteienhauses.[84]

Außerdem ist auch die WEG jedenfalls dann einem Verbraucher gleichzustellen, wenn ihr wenigstens ein Verbraucher angehört und sie ein Rechtsgeschäft zu einem Zweck abschließt, der weder einer gewerblichen noch einer selbständig beruflichen Tätigkeit dient.[85] Sie ist zwar weder natürliche noch juristische Person; sie ist jedoch wie auch die Außen-GbR

---

80 Palandt/*Ellenberger*, § 14 BGB, Rn. 2.
81 MüKo BGB/*Basedow*, § 310 BGB, Rn. 68; DLOPS/*Stretz*, § 5, Rn. 17.
82 Zur (Teil-)Rechtsfähigkeit der GbR BGH, Urteil vom 29.01.2001 – II ZR 331/00, NJW 2001, 1056.
83 BGH, Urteil vom 23.10.2001 – XI ZR 63/01, NJW 2002, 368, 368 f.; näher DLOPS/*Stretz*, § 5, Rn. 19.
84 DLOPS/*Stretz*, § 5, Rn. 19; jurisPK/*Segger-Piening*, § 650i BGB, Rn. 14.
85 BGH, Urteil vom 25.03.2015 – VIII ZR 243/13, NJW 2015, 3228 Rn. 30; OLG München, Beschluss vom 25.09.2008 – 32 Wx 118/08, NJW 2008, 3574; näher DLOPS/*Stretz*, § 5, Rn. 20 f.

teilrechtsfähig gemäß § 10 Abs. 6 WEG.[86] Im Gegensatz zur GbR verhindert die Mitgliedschaft von juristischen Personen in der Wohnungseigentümergemeinschaft nicht deren Verbrauchereigenschaft, solange ihr zumindest <u>ein</u> zu privaten Zwecken handelnder Verbraucher angehört, da dieses Mitglied es – anders als bei der GbR – nicht in der Hand hat, die Zusammensetzung des Verbands der Wohnungseigentümer zu beeinflussen.[87]

Als Verbraucher handelt darüber hinaus nur, wer einen Vertrag jedenfalls überwiegend zu privaten Zwecken schließt.[88] Bauverträge, die ausschließlich gewerblichen oder selbständigen beruflichen Zwecken des Bauherrn dienen, unterfallen damit von vorneherein nicht den verbraucherschützenden Vorschriften der §§ 312 ff. BGB, während die Verbrauchereigenschaft einer natürlichen Person oder einer dieser gleichgestellten Personengemeinschaft, die einen (Bau-)Vertrag ausschließlich zu privaten Zwecken schließt, problemlos zu bejahen ist.[89]

Problematisch ist der Fall des sogenannten „dual-use", also ein Szenario, in dem die Durchführung des Bauvorhabens sowohl den privaten als auch den gewerblichen oder selbständigen beruflichen Zwecken des Bauherrn dient. In diesen Fällen bleibt es eine mit Unsicherheiten behaftete Frage der Auslegung, wann ein Vertrag *überwiegend* zu gewerblichen oder selbständigen beruflichen Zwecken abgeschlossen wird bzw. bis zu welchem Grad noch ein Überwiegen der privaten Zwecke angenommen werden kann.[90] Wann eine natürliche Person oder eine ihr gleichgestellte Personengemeinschaft als Bauherr beim Abschluss eines Bauvertrags ihre Eigenschaft als Verbraucher verliert, lässt sich deshalb nicht pauschal beurteilen.[91] Für eine Zuordnung in solchen Zweifelsfällen ist jedenfalls nicht der subjektive Wille des Bauherrn, sondern der im jeweiligen Einzelfall durch Auslegung zu ermittelnde Inhalt des Rechtsgeschäfts unter Berücksichtigung der Begleitumstände, mithin die objektiv zu bestimmende Zielrichtung des Vertragsschlusses aus Sicht des Bauherrn, entscheidend.[92] Insbesondere wird man für den Fall, dass ein Bauherr die Errichtung eines Gebäudes beauftragt, welches teils privat und teils gewerblich genutzt werden

---

86 BGH, Beschluss vom 02.06.2005 – V ZB 32/05, NJW 2005, 2061.
87 DLOPS/*Stretz*, § 5, Rn. 21.
88 DLOPS/*Stretz*, § 5, Rn. 22; BeckOGK/*Merkle*, § 650i, Rn. 27.
89 BeckOGK/*Merkle*, § 650i, Rn. 27.
90 *Glöckner*, BauR 2014, 411, 413.
91 *Glöckner*, BauR 2014, 411, 413.
92 BGH, Urteil vom 15.11.2007 – III ZR 295/06, NJW 2008, 435 Rn. 6; BeckOGK/
    Merkle, § 650i, Rn. 28.

soll, als entscheidendes Kriterium auf das Verhältnis der jeweils „privat" genutzten Anteile an Fläche, Baukosten und Wert zu den jeweiligen Gesamtsummen abstellen können.[93] Ist nach einer solchen Prüfung ein Überwiegen der privaten Zwecke anzunehmen und ergibt sich aus dem Inhalt des Rechtsgeschäfts nichts Entgegenstehendes, wird man von einem Handeln als Verbraucher ausgehen können.

Verträge, die die Errichtung eines Mietshauses zum Gegenstand haben, mit welchem der Bauherr Einkünfte zu erzielen beabsichtigt, sind jedenfalls so lange Verbraucherverträge, wie es sich bei der Vermietung noch um private Vermögensverwaltung ohne planmäßigen Geschäftsbetrieb handelt.[94] Insoweit sind nicht etwa die die Größe der Immobilie oder das Investitionsvolumen entscheidend, sondern vielmehr Umfang, Komplexität und Anzahl der mit der Vermietung verbundenen Vorgänge.[95] So wird sich beispielsweise die Vermietung eines ausgedehnten oder sehr wertvollen Objekts an eine geringe Anzahl von Personen im Rahmen der privaten Vermögensverwaltung halten.[96] Dagegen spricht die Ausrichtung auf eine Vielzahl gleichartiger Geschäfte für ein professionelles Vorgehen.[97] Im Ergebnis ist die Frage, wann noch private Vermögensverwaltung anzunehmen ist und ab wann es sich um einen planmäßigen Geschäftsbetrieb handelt, demnach nie pauschal, sondern stets aufgrund der Umstände des jeweiligen Einzelfalls zu beurteilen.[98]

III. Auslegung des § 650i Abs. 1 BGB im Hinblick auf das Erfordernis des „Bauens aus einer Hand"

Bei Vorliegen der Voraussetzungen des persönlichen Anwendungsbereichs stellt sich die Frage, unter welchen sachlichen Voraussetzungen Bauverträge zwischen Unternehmern und Verbrauchern dem § 650i Abs. 1 BGB un-

---

93 *Glöckner*, BauR 2014, 411, 413; DLOPS/*Stretz*, § 5, Rn. 22; BeckOGK/*Merkle*, § 650i, Rn. 28.
94 BGH, Urteil vom 23.10.2001 – XI ZR 63/01, NJW 2002, 368, 369; DLOPS/*Stretz*, § 5, Rn. 22.
95 DLOPS/*Stretz*, § 5, Rn. 22; *Glöckner*, BauR 2014, 411, 414.
96 *Glöckner*, BauR 2014, 411, 414.
97 BGH, Urteil vom 23.10.2001 – XI ZR 63/01, NJW 2002, 368, 369; *Glöckner*, BauR 2014, 411, 414.
98 BeckOGK/*Merkle*, § 650i, Rn. 29; DLOPS/*Stretz*, § 5, Rn. 22; *Glöckner*, BauR 2014, 411, 414.

terfallen. Davon hängt maßgeblich die Reichweite der Baubeschreibungs-pflicht und deren Beitrag zu einem effektiven Verbraucherschutz ab.

Von entscheidender Bedeutung für die Bestimmung des sachlichen Anwendungsbereichs ist die Frage: Betrifft die Vorschrift lediglich Verträge über das „Bauen aus einer Hand", mithin also nur Verträge, mit denen alle erforderlichen Bauleistungen in einem einzigen Vertrag bei einem einzigen Bauunternehmer beauftragt werden? Oder sind auch Verträge über die Ausführung einzelner Verträge – jedenfalls dann, wenn diese im Zusammenhang mit der Errichtung eines neuen Gebäudes oder mit erheblichen Umbaumaßnahmen an einem bestehenden Gebäude beauftragt werden – vom Anwendungsbereich umfasst?

Hinsichtlich der Bereichsausnahme des § 312 Abs. 2 Nr. 3 BGB a.F. herrschte wegen der durch den Charakter als Ausnahmetatbestand stets gebotenen engen Auslegung Einigkeit darüber, dass sie lediglich für das „Bauen aus einer Hand" gelten soll.[99] Bei der Festlegung des Anwendungsbereichs des § 650i Abs. 1 BGB kann jedoch nicht ohne weiteres an dieser Art der Auslegung festgehalten werden. Denn der Verbraucherbauvertrag ist gerade kein Ausnahmefall, für den ein anderweitig geregelter Verbraucherschutzstandard *nicht* gelten soll. Im Gegenteil sollen diejenigen Verträge, die unter § 650i BGB subsumiert werden, nun dem im Vergleich zu den §§ 312 ff. BGB (und damit auch der VRRL) teilweise erhöhten und spezifisch auf Bauverträge zugeschnittenen Verbraucherschutzstandard der §§ 650i ff. BGB unterfallen.[100] § 650i Abs. 1 BGB statuiert einen eigenen Vertragstyp mit eigenen Schutzregelungen. Sein Rechtscharakter ist somit ein völlig anderer als derjenige der Ausnahmeregelung des § 312 Abs. 2 Nr. 3 BGB a.F..

Es ist für § 650i Abs. 1 BGB daher eigenständig zu ermitteln, ob er auch Verträge umfasst, die zwar im Gesamtzusammenhang mit dem Bau eines neuen Gebäudes oder einer erheblichen Umbaumaßnahme stehen, bei denen der Unternehmer aber nur mit der Errichtung eines einzelnen Gewerks innerhalb der gesamten Baumaßnahme beauftragt wird.

---

99 S.o., Einführung C.II.2.a), S. 40.
100 DLOPS/*Stretz*, § 5, Rn. 36 f.

1. Wortlaut

Dabei spricht der Wortlaut dafür, für die Anwendbarkeit der Vorschriften zum Verbraucherbauvertrag weiterhin eine „Gesamterrichtungsverpflichtung" des Unternehmers vorauszusetzen.

Die Formulierung des § 650i Abs. 1 Alt. 1 BGB (*„Verträge [...] zum Bau eines neuen Gebäudes [...]"*) deutet darauf hin, dass nur Verträge umfasst sein sollen, bei denen sämtliche für die Gesamtmaßnahme erforderlichen Arbeiten in „einem" einzigen Vertrag beauftragt werden.[101] Man kann die Verwendung des Wortes „eines" durch den Gesetzgeber nur als eine Art „Komplettheitsklausel" dergestalt interpretieren, dass die Maßnahme den Bau „eines gesamten" neuen Gebäudes umfassen muss. Vertragsgegenstand muss nach dem Gesetzeswortlaut „der Bau eines neuen Gebäudes" sein. Die Leistungsverpflichtung in Verträgen über die Ausführung einzelner Gewerke zielt indessen gerade nicht auf die „komplette" Errichtung eines Gebäudes, sondern auf einzelne dafür nötige Komponenten; der Unternehmer wird gerade nicht „zum Bau eines neuen Gebäudes" verpflichtet, sondern nur zur Erbringung von – für sich genommen – „Stückwerk", beispielsweise also ein Zimmermann zur Errichtung der Dachkonstruktion, ein Elektriker zur Installation elektrischer Anlagen etc..

Wenn der Gesetzgeber auch die gewerkeweise Beauftragung von Baumaßnahmen hätte einbeziehen wollen, hätte er zahlreiche andere, diese Intention verdeutlichende Formulierungen wählen können. Die Problematik der möglicherweise unterschiedlichen Rechtsfolgen von Verträgen, die die komplette Bauleistung aus einer Hand beinhalten, und solchen, die lediglich die Beauftragung einzelner Gewerke vorsehen, muss dem Gesetzgeber bei der Schaffung des Verbraucherbauvertrags bewusst gewesen sein. Sie wurde bereits unmittelbar nach Inkrafttreten des Umsetzungsgesetzes zur Verbraucherrichtlinie von *Glöckner* im Jahre 2014 angesprochen[102], in der Folge auch in der einschlägigen Literatur aufgenommen[103] und sodann im Gesetzgebungsverfahren zu § 650i BGB mehrfach aufgeworfen.[104] So hätte es bei einer Intention des Gesetzgebers, auch die gewerkeweise

---

101 *Kniffka/Retzlaff*, BauR 2017, 1747, 1831; ibr-OK BauvertrR/*Retzlaff*, § 650i BGB, Rn. 8; *Pause*, BauR 2017, 430, 431; *Omlor*, NJW 2018, 817, 818.
102 *Glöckner*, BauR 2014, 411, 415.
103 Vgl. nur Fuchs/*Berger*/Seifert, HOAI, Syst A I, Rn. 25.
104 IfBF, Stellungnahme zum RefE, S. 5; BSB, Stellungnahme zum RegE, S. 8; Deutscher Baugerichtstag, Stellungnahme zum RefE, S. 21, 24.

Beauftragung von Maßnahmen einzubeziehen, nahe gelegen, etwa eine Formulierung wie die folgende zu wählen:

> *„Verbraucherbauverträge sind Verträge, durch die der Unternehmer von einem Verbraucher zu Bauleistungen verpflichtet wird, die mit dem Bau eines neuen Gebäudes oder erheblichen Umbaumaßnahmen an einem bestehenden Gebäude in unmittelbarem Zusammenhang stehen."*

Eine derartige Formulierung wurde jedoch gerade nicht gewählt. Vielmehr hielt der Gesetzgeber in dem Bewusstsein, dass vom Verbraucherbauvertrag bei Beibehaltung der Formulierung des Referenten- und Regierungsentwurfs lediglich das Bauen aus einer Hand erfasst sein würde, am Wortlaut dieser Entwürfe fest und beschloss deren Inkrafttreten in gegenüber dem Regierungsentwurf unveränderter Gestalt. Dies spricht dafür, dass es sich bei der Gestaltung des § 650i Abs. 1 BGB nicht um ein gesetzgeberisches Versehen in Verkennung der hieraus entstehenden Konsequenzen handelt, sondern vielmehr um eine vollkommen bewusste Entscheidung des Gesetzgebers, der lediglich das Bauen aus einer Hand vom Anwendungsbereich des Verbraucherbauvertrags umfassen wollte. Er selbst spricht in der Gesetzesbegründung zum Verbraucherbauvertrag konsequenterweise ausdrücklich von „größeren Bauverträgen", für die die neu geschaffenen Vorschriften der §§ 650i ff. BGB gelten sollen.[105] Es scheint fernliegend, dass der Gesetzgeber diese Formulierung gewählt hätte, wenn er auch Einzelgewerksverträge vom Anwendungsbereich des § 650i Abs. 1 BGB umfasst gesehen haben wollte.

Unterstrichen wird dies durch einen Vergleich mit dem Wortlaut des § 650a BGB.[106] Dieser bezieht in seinen Anwendungsbereich explizit Verträge über *„die Herstellung, die Wiederherstellung, die Beseitigung oder den Umbau eines Teils eines Bauwerks"* mit ein. Wenn der Gesetzgeber dies nun bei § 650a BGB wörtlich so regelt, aber bei § 650i BGB trotz einer Änderung des Wortlauts gegenüber § 312 Abs. 2 Nr. 3 BGB a.F. hierauf verzichtet, spricht dies auch dafür, den Wortlaut des § 650i BGB so zu verstehen, dass dieser nur die Fälle einer Gesamterrichtungsverpflichtung des Unternehmers regelt.[107]

Hingegen liefert der Wortlaut keine Anhaltspunkte dafür, dass – in Anlehnung an § 634a Abs. 1 Nr. 2 BGB – allein ein finaler Bezug zu einem der

---

105 BT-Drs. 18/8486, S. 61.
106 *Omlor*, NJW 2018, 817, 819; hierauf weist auch *Motzke*, NZBau 2017, 515, 518 f., hin.
107 *Pfenning*, RNotZ 2018, 585, 588.

genannten „großen" Bauvorhaben ausreichen soll.[108] § 634a Abs. 1 Nr. 2 BGB weist erstens in seiner Formulierung keine hinreichenden Ähnlichkeiten mit § 650i Abs. 1 BGB auf und verfolgt zweitens einen ganz anderen Regelungszweck, nämlich die Verlängerung der Verjährungsfrist für Werkmängel an Bauwerken. Demgegenüber sieht der Gesetzgeber das wesentliche Ziel des § 650i BGB darin, die durch § 312 Abs. 2 Nr. 3 BGB a.F. entstandene Lücke im Verbraucherschutz zu füllen und den Schutz gerade des Verbrauchers bei größeren Bauvorhaben zu verbessern. Während § 634a Abs. 1 Nr. 2 BGB also in seinem Kern dem werkvertraglichen Gewährleistungsrecht zuzuordnen ist, ist § 650i Abs. 1 BGB primär eine Verbraucherschutzregelung. Deshalb erscheint eine identische Auslegung der Anwendungsbereiche beider Vorschriften sehr weit hergeholt.

Der Wortlaut des § 650i Abs. 1 BGB spricht daher im Ergebnis dafür, die Vorschrift nicht auf Verträge über einzelne Gewerke, sondern nur auf Verträge über das „Bauen aus einer Hand" anzuwenden.[109]

2. Historische Entwicklung

Die historische Auslegung unterstreicht dieses Verständnis.

Durch die Schaffung der Bereichsausnahme des Art. 3 Abs. 3 lit. f) VRRL auf europäischer Ebene wurde zunächst seitens des europäischen Gesetzgebers der Wille kundgetan, die dort genannten Vertragstypen vom Schutz der VRRL auszunehmen. Diese Bereichsausnahme ist jedoch sowohl nach allgemeinen Grundsätzen als auch unter Zugrundelegung des in Erwägungsgrund Nr. 26 der VRRL zum Ausdruck gebrachten Willens eng auszulegen.[110] In Form des § 312 Abs. 2 Nr. 3 BGB a.F. wurde diese Bereichsausnahme nahezu wortlautgleich in das deutsche Recht übernommen; hierbei sollte die Richtlinie möglichst vollumfänglich umgesetzt[111] und die Bereichsausnahme ebenfalls eng ausgelegt werden.[112]

Der Gesetzgeber wollte mit der Schaffung des § 650i Abs. 1 BGB ein Verbraucherschutzniveau für genau die Fälle etablieren, die durch die Be-

---

108 So aber *Glöckner*, VuR 2016, 123, 126.
109 So im Ergebnis auch *Pause*, BauR 2017, 430, 431; BeckOK BauvertrR/*Langjahr*, § 650i BGB, Rn. 14; jurisPK/*Segger-Piening*, § 650i BGB, Rn. 19; Erman/*Schwenker/Rodemann*, § 650i BGB, Rn. 3; *Pfenning*, RNotZ 2018, 585, 587 f.; Deutscher Baugerichtstag, Stellungnahme zum RefE, S. 24.
110 S.o., Einführung C.II.2.a), S. 41.
111 Vgl. BR-Drs. 817/12, S. 50 f.; *Hilbig-Lugani*, ZJS 2013, 441 (445).
112 *Brönneke/Schmidt*, VuR 2014, 3, 6.

reichsausnahme des § 312 Abs. 2 Nr. 3 BGB a.F. von der Geltung der §§ 312 ff. BGB ausgenommen waren.[113] Denn es sollte insoweit lediglich das durch § 312 Abs. 2 Nr. 3 BGB a.F. entstandene Ungleichgewicht im Verbraucherschutzniveau bei Bauverträgen ins Lot gebracht werden.[114] Ziel war es hingegen explizit nicht, den Anwendungsbereich des § 312 Abs. 2 Nr. 3 BGB n.F. und somit auch den des § 650i BGB im Vergleich zu dem des § 312 Abs. 2 Nr. 3 BGB a.F. zu erweitern oder einzuschränken, sondern vielmehr einen Gleichlauf ihrer Anwendungsbereiche herzustellen.[115] Hierfür spricht auch, dass der Gesetzgeber die Formulierung *„Verträge über den Bau von neuen Gebäudes oder erhebliche Umbaumaßnahmen an bestehenden Gebäuden"* aus § 312 Abs. 2 Nr. 3 BGB a.F. im Rahmen der Gesetzesnovelle zum 01.01.2018 mit der Einführung des § 650i BGB in § 312 Abs. 2 Nr. 3 BGB n.F. schlicht durch die Formulierung *„Verbraucherbauverträge nach § 650i Absatz 1"* ersetzt hat. Dies sollte lediglich einer semantischen Vereinfachung der alten Fassung dienen, jedoch keine inhaltliche Änderung bezwecken.[116]

§ 312 Abs. 2 Nr. 3 BGB a.F. wurde durchgehend so verstanden, dass er nur Fälle des Bauens „aus einer Hand" erfasste.[117] Deshalb spricht auch der historische Hintergrund der Neuregelung des § 650i BGB dafür, an diesem Erfordernis für seine Anwendbarkeit festzuhalten.

Unterstrichen wird dies durch die „Verschiebung" der Vertragserfüllungssicherheit des Verbrauchers von § 632a Abs. 3 BGB a.F. in den neuen § 650m Abs. 2 BGB. Nach altem Recht war unstreitig, dass der Anwendungsbereich für die Pflicht des Unternehmers zur Sicherheitsleistung gemäß § 632a Abs. 3 BGB a.F. nur für Bauträgerverträge, Generalunternehmer-/Generalübernehmerverträge und ähnliche Verträge mit Gesamterrichtungsverpflichtung, mithin das Bauen aus einer Hand gelten sollte. Dies ergab sich zum einen aus dem eindeutigen Wortlaut der Norm, der dem damaligen § 632a Abs. 2 BGB a.F. bzw. § 1 HausbauV (und damit auch § 650u Abs. 1 S. 2 BGB) entspricht und damit auf den bauvertraglichen Teil von Bauträgerverträgen abstellt, deren Wesen es gerade ist, dass die Bauleistungen aus einer Hand erbracht werden. Zum anderen wurden

---

113 So auch *von Proff*, ZfIR 2017, 589, 594; *Pfenning*, RNotZ 2018, 585, 588.
114 BT-Drs. 18/8486, S. 61.
115 BT-Drs. 18/8486, S. 38.
116 BT-Drs. 18/8486, S. 38.
117 OLG Köln, Hinweisbeschluss vom 23.03.2017 – 16 U 153/16, BeckRS 2017, 116332, Rn. 5; Fuchs/*Berger*/Seifert, HOAI, Syst A I, Rn. 25; *Glöckner*, BauR 2014, 411, 415.

in der Gesetzesbegründung lediglich der Bauträgervertrag sowie der Generalübernehmervertrag als Anwendungsfälle genannt.[118]

Diese nur auf das Bauen aus einer Hand anwendbare Regelung des § 632a Abs. 2 BGB wurde im Rahmen der Einführung des neuen Bauvertragsrechts nun in § 650m Abs. 2 BGB und somit im Anwendungsbereich des Verbraucherbauvertrags normiert, wobei der Gesetzgeber ausdrücklich betonte, dass sich hierdurch *„in der Praxis [...] keine wesentlichen Veränderungen ergeben"* dürften.[119] Auch dies spricht dafür, dass für Verbraucherbauverträge das Erfordernis des Bauens aus einer Hand gilt.

3. Systematik

Der Gesetzgeber will explizit die Bereichsausnahme des § 312 Abs. 2 Nr. 3 BGB n.F. genauso verstanden wissen wie die alte Fassung.[120] Da die Definition der Bereichsausnahme in der neuen Fassung allein über eine Bezugnahme auf § 650i BGB erfolgt, ließe sich der Umkehrschluss ziehen, dass auch § 650i BGB denselben Umfang haben soll wie die Bereichsausnahme in der alten Fassung.

Allerdings käme ein solcher Schluss vom Umfang der Bereichsausnahme der alten Fassung auf den Umfang der Bereichsausnahme der neuen Fassung und hiervon dann auf den Umfang des § 650i BGB einer methodisch unzulässigen *petitio principii*[121] gleich. Zwar ist es systematisch zwingend erforderlich, § 650i Abs. 1 BGB und die Bereichsausnahme des § 312 Abs. 2 Nr. 3 BGB n.F. inhaltsgleich auszulegen; denn nur so kann gewährleistet werden, dass diejenigen Fälle, die nicht unter § 650i BGB fallen, jedenfalls dem Schutz der §§ 312 ff. BGB unterliegen et vice versa. Originär muss allerdings der Anwendungsbereich des § 650i Abs. 1 BGB bestimmt werden; erst ausgehend hiervon kann auf den Anwendungsbereich des § 312 Abs. 2 Nr. 3 BGB n.F. geschlossen werden, der seinerseits auf § 650i BGB Bezug nimmt. Hingegen ist es kaum vertretbar, allein aufgrund der Gesetzesbegründung initial den Anwendungsbereich einer Ausnahmeregelung (§ 312 Abs. 2 Nr. 3 BGB n.F.) festzulegen, wenn diese Ausnahmevorschrift vollumfänglich auf eine andere Norm (§ 650i BGB) Bezug nimmt, und hiervon ausgehend dann auf den Anwendungsbereich dieser in Bezug

---

118 BT-Drs. 16/511, S. 16.
119 BT-Drs. 18/8486, S. 64.
120 BT-Drs. 18/8486, S. 38.
121 Hierzu *Möllers*, Juristische Methodenlehre, S. 160 f.

genommenen anderen Norm zu schließen. *Rein systematisch* verbietet sich deshalb ein Rückschluss vom Inhalt der Bereichsausnahme der neuen Fassung auf den Umfang des § 650i BGB.

Allerdings spricht die Vorschrift des § 650j BGB i.V.m. Art. 249 § 2 EGBGB dafür, dass Verbraucherbauverträge nur solche Bauverträge sind, mit denen der Verbraucher den Unternehmer aus einer Hand mit der Durchführung eines der in § 650i Abs. 1 BGB genannten Bauvorhaben beauftragt. Zum einen sind die Katalogangaben des Art. 249 § 2 Abs. 1 S. 2 EGBGB geradezu maßgeschneidert auf das Bauen aus einer Hand[122]; so lässt sich insbesondere die von Art. 249 § 2 Abs. 1 S. 2 Nr. 1 EGBGB geforderte, in jedem Fall zwingend in die Baubeschreibung aufzunehmende[123] Angabe zur *„allgemeinen Beschreibung des herzustellenden Gebäudes"* in sinnvoller Weise nur für Generalübernehmer, Generalunternehmer und sonstige „Komplettpaket-Anbieter" erfüllen, während diese Parameter für Einzelgewerke völlig unpassend sind. Auch Art. 249 § 2 Abs. 1 S. 2 Nr. 5 EGBGB (*„Angaben zur Beschreibung der Baukonstruktionen aller wesentlichen Gewerke"*) unterstreicht dies.[124]

Zudem spricht auch die Ausnahmeregelung des § 650j Hs. 2 BGB – präziser: das hierdurch konstituierte Regel-Ausnahme-Verhältnis – für das Erfordernis des Bauens aus einer Hand.[125] Ein Verbraucher, der eines der in § 650i Abs. 1 BGB genannten Bauvorhaben im Wege der Einzelgewerksvergabe durchführen lässt, wird hierzu in aller Regel einen Planer beauftragen (müssen), um die für die einzelnen Gewerke notwendigen Planungsvorgaben zu erarbeiten.[126] Demgegenüber ist es gerade ein typisches (wenn auch kein zwingendes) Merkmal des Bauens aus einer Hand, dass der Unternehmer nicht nur die zur Umsetzung des Vorhabens erforderlichen Bauleistungen, sondern auch die Planungsleistungen erbringt. In der Tat hat § 650j Hs. 2 BGB daher keinen großen praktischen Anwendungsbe-

---

122 So bereits *Glöckner*, 5. Deutscher Baugerichtstag, Thesenpapiere der Arbeitskreise, S. 31 zum damals schon vorliegenden Abschlussbericht der Arbeitsgruppe Bauvertragsrecht.

123 Näher hierzu Teil 2, D.I.1.b) aa), S. 130.

124 Kniffka/Koeble/*Jurgeleit*/Sacher, Kompendium des Baurechts, 2. Teil, Rn. 49.

125 Aus der Existenz des § 650j Hs. 2 BGB unter Verweis auf dessen ansonsten drohende praktische Bedeutungslosigkeit den gegenteiligen Schluss – Anwendung auch auf Einzelgewerksverträge – ziehend BeckOK BGB/*Voit*, § 650i BGB, Rn. 4; jurisPK/*Segger-Piening*, § 650i BGB, Rn. 20.

126 BeckOK BGB/*Voit*, § 650i BGB, Rn. 4; jurisPK/*Segger-Piening*, § 650i BGB, Rn. 20 unter Verweis auf § 34 Abs. 3 Nr. 6 HOAI.

reich, wenn man Einzelgewerksverträge aus dem Anwendungsbereich des § 650i Abs. 1 BGB exkludiert.[127]

Die Formulierung des § 650j Hs. 2 BGB (*„es sei denn"*) bringt allerdings gerade zum Ausdruck, dass bei einem Verbraucherbauvertrag im Regelfall die Planungsvorgaben durch den Unternehmer gemacht werden und nur ausnahmsweise, nämlich bei Erbringung der Planungsleistungen in der Sphäre des Verbrauchers selbst, die Baubeschreibungspflicht entfallen soll. Dies entspricht eben der Situation des Bauens aus einer Hand, wo es nur höchst selten dazu kommt, dass der Verbraucher die Planung stellt; bei Einzelgewerksverträgen verhielte es sich genau andersherum. Dies deutet aus systematischer Sicht darauf hin, dass nur das Bauen aus einer Hand unter § 650i Abs. 1 BGB fallen soll.

4. Telos

Während Wortlaut, historische Betrachtung und Systematik ein Festhalten am Erfordernis des Bauens aus einer Hand auch im Rahmen des § 650i BGB nahelegen, bestehen vor dem Hintergrund der Zielsetzung, die der Gesetzgeber mit der Einführung der Vorschrift verfolgt hat, Bedenken gegen ein derartiges Verständnis.

a) Weite Auslegung aus Verbraucherschutzgründen

Unter der Rechtslage bis zum 31.12.2017 war eine enge Auslegung der Bereichsausnahme des § 312 Abs. 2 Nr. 3 BGB a.F. aus Verbraucherschutzgesichtspunkten geboten, um möglichst viele Fälle in den Schutzbereich der §§ 312 ff. BGB einzubeziehen. Denn bei allen Verträgen, die unter die Bereichsausnahme zu subsumieren waren, wurde der Verbraucher weder über vorvertragliche Informationspflichten noch über Widerrufsrechte geschützt; er war vielmehr weitestgehend schutzlos gestellt.[128]

Mit der Einführung der Vorschriften über den Verbraucherbauvertrag führt diese Art der Auslegung zu genau gegenteiligen Folgen. Denn das Schutzniveau, das dem Verbraucher durch die §§ 650i ff. BGB gewährleis-

---

127 Vgl. sogleich B.IV.3., S. 93.
128 S.o. Einführung, D., S. 44.

tet wird, ist – jedenfalls über weite Strecken[129] – höher als das der §§ 312 ff. BGB.[130] Dies hat zur Folge, dass nach der neuen Rechtslage die Subsumtion eines Bauvertrages unter die Bereichsausnahme des § 312 Abs. 2 Nr. 3 BGB n.F. für den Verbraucher überaus günstig ist, da er dann automatisch den umfangreicheren Schutz der §§ 650i ff. BGB erhält. Die Beibehaltung einer engen Auslegung würde damit zu einem im Vergleich zur vorherigen Rechtslage geradezu konträren Ergebnis führen.[131]

Ließ sich für eine enge Auslegung des § 312 Abs. 2 Nr. 3 BGB a.F. noch anführen, dass ein derartiges Verständnis aus Verbraucherschutzgesichtspunkten geboten sei, hat sich diese Argumentation nun also ins genaue Gegenteil verkehrt.[132] Eine enge Auslegung würde nach der Schaffung der §§ 650i ff. BGB dazu führen, dass im Zweifel weniger Verbraucher in den Schutzbereich der §§ 650i ff. BGB fallen. Will man also am Ziel größtmöglichen Verbraucherschutzes festhalten, müsste man nun den Anwendungsbereich des § 650i BGB möglichst weit auslegen, mithin also auf das Erfordernis einer Gesamterrichtungsverpflichtung verzichten.

b) Gesamterrichtungsverpflichtung als untaugliches Abgrenzungskriterium

Die Differenzierung zwischen der Beauftragung eines Bauvorhabens „aus einer Hand" einerseits und im Wege der Vergabe von Einzelgewerken andererseits ist darüber hinaus – zumal im Hinblick auf die Schutzbedürftigkeit des Verbrauchers – kein taugliches Abgrenzungskriterium für die Anwendung oder Nichtanwendung der §§ 650i ff. BGB.[133] Denn auch Generalunternehmer und insbesondere Generalübernehmer erbringen ihrerseits die Bauleistung (zu erheblichen Teilen) nicht selbst, sondern tun in der Regel nichts anderes, als einzelne oder sogar alle ausführenden Gewerke an Nachunternehmer zu vergeben.[134] Es ist nicht erkennbar, wo im Er-

---

129 Ausführlich zur Gegenüberstellung der verschiedenen Informationspflichten unten Teil 3, B., S. 341 ff.
130 DLOPS/*Stretz*, § 5, Rn. 36; Kniffka/Koeble/*Jurgeleit*/Sacher, Kompendium des Baurechts, 2. Teil, Rn. 49.
131 Ähnlich *Pfenning*, RNotZ 2018, 585, 587.
132 DLOPS/*Stretz*, § 5, Rn. 36.
133 *Omlor*, NJW 2018, 817, 818 f.
134 Messerschmidt/Voit/*Lenkeit*, § 650i BGB, Rn. 23.

gebnis der Unterschied zur Einzelvergabe der Gewerke durch den Verbraucher selbst liegt.[135]

Es kann deshalb für die Schutzwürdigkeit des Verbrauchers keinen Unterschied machen, ob er eine Baumaßnahme aus einer Hand beauftragt oder im Wege der Einzelvergabe.[136] Das gilt jedenfalls, solange die einzeln vergebenen Leistungen in ihrer Gesamtheit zum Bau eines neuen Gebäudes oder zu erheblichen Umbaumaßnahmen führen bzw. mit einem solchen Werkerfolg in einem engen sachlichen, zeitlichen und funktionalen Zusammenhang stehen und Letzteres für den Unternehmer bei Abschluss des Vertrages klar erkennbar war.[137] Insbesondere im Hinblick auf die finanzielle Bedeutung und die technische Komplexität der Verträge ist der Verbraucher dann bei einer Einzelgewerksvergabe genauso schutzbedürftig wie bei einer Beauftragung der Leistungen aus einer Hand.[138]

Die Gesamterrichtungsverpflichtung eignet sich daher in Bezug auf die Schutzwürdigkeit der privaten Bauherren nicht als Abgrenzungskriterium für die Bestimmung des Anwendungsbereichs des 650i Abs. 1 BGB. Die Errichtung eines neuen Gebäudes durch einen Generalunternehmer, einen Generalübernehmer oder ein Fertighausunternehmen ist letztlich nur ein Ausschnitt aus der Realität des privaten Baurechts. Es gibt darüber hinaus weitere Arten von Bauverträgen, in denen ein vergleichbares Schutzbedürfnis des Verbrauchers besteht.[139]

c) Missbrauchsgefahr

Ferner bestünde im Falle des Festhaltens am Erfordernis der Gesamterrichtungsverpflichtung die Gefahr, dass dem Missbrauch durch Unternehmer Tür und Tor geöffnet wird. Denn dies könnte dazu führen, dass Generalunternehmer, Generalübernehmer und Fertighaushersteller ihre Leistungen bei einer Beauftragung durch einen Verbraucher gewissermaßen

---

135 jurisPK/*Segger-Piening*, § 650i BGB, Rn. 20.

136 *Motzke*, NZBau 2017, 515, 519; DLOPS/*Stretz*, § 5, Rn. 27; BeckOGK/*Merkle*, § 650i BGB, Rn. 37.

137 DLOPS/*Stretz*, § 5, Rn. 27; jurisPK/*Segger-Piening*, § 650i BGB, Rn. 20.

138 So auch *Omlor*, NJW 2018, 817, 818 f.; ähnlich *Pause/Vogel*, NZBau 2015, 667, 668.

139 DNotV, Stellungnahme zum RefE, S. 13.

künstlich in einzelne Bauverträge über gegebenenfalls mehrere einzelne Gewerke aufspalten.[140]

So könnte ein Generalunternehmer auf die Idee kommen, seine Leistungen auf mehrere Einzelverträge zu verteilen oder dem Verbraucher zu raten, einzelne Gewerke bei einem anderen Unternehmer zu beauftragen. Wenn z. B. die Errichtung der Bodenplatte und des Rohbaus in einem Vertrag („Rohbauvertrag"), der Ausbau im Übrigen aber in einem anderen Vertrag („Ausbauvertrag") vereinbart wird, läge – den jeweiligen Vertrag einzeln betrachtet – keine Gesamterrichtungsverpflichtung vor.[141] Der Unternehmer könnte sich auf diese Weise ohne nennenswerten Aufwand seinen Pflichten aus den §§ 650i ff. BGB entziehen. Der Verbraucher würde den damit verbundenen Verlust seiner Rechte in den meisten Fällen wohl nicht einmal bemerken, sondern von einem anderen, möglicherweise technischen Grund für die Aufteilung der Errichtungsverpflichtung in zwei oder mehr Verträge ausgehen. Diese Missbrauchsgefahr durch Unternehmer würde das gesetzgeberische Ziel der §§ 650i ff. BGB – nämlich die Gewährleistung eines effektiven Verbraucherschutzes auch und gerade bei „großen" Bauverträgen – vielfach vereiteln.

Zwar werden derartige Gestaltungsvarianten dem Umgehungsverbot des § 650o BGB unterfallen.[142] Das stellt aber keinen ausreichenden Schutz des Verbrauchers dar.

Erstens ist keineswegs sichergestellt, dass ein Verbraucher, der zwei getrennte Verträge unterschreibt, überhaupt bemerkt, dass eine Umgehung vorliegt und dass ihm richtigerweise die Rechte nach den §§ 650i ff. BGB zustünden; denn hätte er Kenntnis von diesen Schutzregelungen gehabt bzw. sich vor Vertragsschluss über die ihm zustehenden Rechte informiert, hätte er kaum für ein einheitliches Bauprojekt zwei oder mehr separate Verträge unterschrieben.

Zweitens wird der Verbraucher die Umgehung oft erst nach Beginn der Baumaßnahmen bemerken. Dies kann etwa der Fall sein, wenn der Unternehmer nach Baubeginn eine Sicherheit nach § 650f BGB fordert. Wenn der Verbraucher daraufhin skeptisch wird und (nach Inanspruchnahme einer rechtlichen Beratung) bemerkt, dass er zu einer derartigen Sicher-

---

140 Bereits während des Gesetzgebungsverfahrens wurde diese Gefahr erkannt und benannt, vgl.: BSB, Stellungnahme zum RegE, S. 9; ebenso Messerschmidt/Voit/ *Lenkeit*, § 650i BGB, Rn. 25.

141 Messerschmidt/Voit/*Lenkeit*, § 650i BGB, Rn. 25.

142 Messerschmidt/Voit/*Lenkeit*, § 650o BGB, Rn. 38; hierzu ausführlich in Teil 2, Abschnitt B.II., S. 98.

heitsleistung nach § 650f Abs. 6 S. 1 Nr. 2 BGB womöglich gar nicht verpflichtet ist, kann der Schutzzweck der Baubeschreibungspflicht kaum
mehr erreicht werden, da mit den Bauleistungen bereits begonnen wurde.
Je nach Fortschritt der Baumaßnahmen wäre auch die Rückabwicklung
des Bauvertrags mit enormen Risiken für den Verbraucher verbunden.

Im Ergebnis vermag demnach auch die Subsumtion der vorstehend beschriebenen Aufteilung eines Verbraucherbauvertrags in Verträge über verschiedene Gewerke unter § 650o BGB die bestehende Missbrauchsgefahr
nicht zu entschärfen. Vielmehr schafft der Gesetzgeber mit der Definition
in § 650i BGB geradezu Anreize für eine solche Vorgehensweise.[143]

d) Ungewollte Auswirkungen einer engen Auslegung auf Regelungen außerhalb der §§ 650i ff. BGB

Ferner könnte die Nichtanwendung des § 650i BGB auf Einzelgewerksverträge im Zusammenhang mit der Errichtung eines neuen Gebäudes oder
erheblichen Umbaumaßnahmen an einem bestehenden Gebäude auch außerhalb der Regelungen des Verbraucherbauvertrags zu vom Gesetzgeber
nicht gewollten Ergebnissen führen.

aa) Bauhandwerkersicherung, § 650f BGB

So sollte § 650f BGB – bis auf *„geringfügige redaktionelle Änderungen"* – den
Inhalt der bis zum 31.12.2017 geltenden Fassung des § 648a BGB überneh-
men.[144] Der Anwendungsbereich des zuvor in § 648a Abs. 6 Nr. 2 BGB a.F.
geregelten Verbraucherprivilegs sollte nach dem Willen des Gesetzgebers
im neuen § 650f Abs. 6 S. 1 Nr. 2 BGB sogar noch geringfügig ausgeweitet
werden, indem zusätzlich auch der Bau eines Mehrfamilienhauses durch
einen Verbraucher umfasst werden sollte[145], während sich das Verbraucherprivileg des § 648a Abs. 6 Nr. 2 BGB lediglich auf Bauarbeiten an Ein-
familienhäusern beschränkte.

Bezöge man nun aber Einzelgewerksverträge, die zum Zwecke der
Durchführung eines der in § 650i Abs. 1 BGB genannten Bauvorhaben abgeschlossen werden, nicht in den Anwendungsbereich des § 650i Abs. 1

---

143 Vgl. BSB, Stellungnahme zum RegE, S. 9.
144 BT-Drs. 18/8486, S. 58.
145 BT-Drs. 18/8486, S. 58 f.

BGB ein, würde für sie wegen der Verweisung auf den Anwendungsbereich des § 650i BGB auch das Verbraucherprivileg hinsichtlich der Bauhandwerkersicherung nicht mehr gelten. Ein Verbraucher, der die Errichtung eines Einfamilienhauses nicht „aus einer Hand", sondern im Wege der Einzelvergabe der Gewerke bei verschiedenen Unternehmern beauftragt, müsste dem Unternehmer also gemäß § 650f Abs. 1 S. 1 BGB Sicherheit in Höhe von bis zu 110 % der noch nicht über Abschlagszahlungen realisierten Gesamtvergütung einschließlich der für Nachträge angefallenen Zusatzvergütung leisten. Berücksichtigt man die Tatsache, dass der Verbraucher ohnehin schon den Kredit bei seiner finanzierenden Bank absichern muss und zusätzlich dann noch sämtliche offene Vergütungsansprüche des Unternehmers mit einem pauschalierten Nebenforderungszuschlag von 10 % abzusichern hätte, ergäbe sich im Extremfall ein Absicherungsbedürfnis in Höhe von 210 %; es ist jedenfalls zweifelhaft, ob private Bauherren in der Praxis dies leisten können.[146]

Zu einer solchen Bauhandwerkersicherung war der Verbraucher im Rahmen des alten § 648a Abs. 6 Nr. 2 BGB im selben Fall nicht verpflichtet. Denn § 648a Abs. 6 Nr. 2 BGB a.F. umfasste unstreitig auch die Beauftragung eines Unternehmers mit einem Einzelgewerk, solange dieses nur der Herstellung oder Instandsetzung eines Einfamilienhauses diente.[147] Damit waren auch z. B. bloße Renovierungsarbeiten an der Fassade eines Hauses von § 648a Abs. 6 Nr. 2 BGB a.F. umfasst.

Beschränkte man den Anwendungsbereich des § 650i Abs. 1 BGB auf das Bauen aus einer Hand – wie Wortlaut und Historie dies nahelegen –, würde damit entgegen der Absicht des Gesetzgebers der Anwendungsbereich des Verbraucherprivilegs des § 650f Abs. 6 S. 1 Nr. 2 BGB gegenüber der Vorgängerregelung des § 648a Abs. 6 Nr. 2 BGB a.F. empfindlich beschnitten; dieses Ergebnis kann vom Gesetzgeber so nicht gewollt gewesen sein.[148] Vielmehr stünde es dem Ziel, den Verbraucherschutz mit dem neuen Bauvertragsrecht zu erhöhen, geradezu konträr gegenüber.[149] Es ist mangels sachlicher und nachvollziehbarer Gründe auch nicht einzusehen, weshalb der Verbraucher bei gewerkeweiser Vergabe Sicherheit nach

---

146 VPB, Pressemitteilung vom 12.09.2018.
147 Messerschmidt/Voit/*Lenkeit*, § 650i BGB, Rn. 24.
148 Deutscher Baugerichtstag, Stellungnahme zum RefE, S. 21.
149 VPB, Stellungnahme zum RefE, S. 6.

§ 650f BGB stellen muss, bei Beauftragung derselben Leistungen aus einer Hand aber nicht.[150]

bb) Unterlassungsanspruch nach dem UKlaG

Weiterhin hätte eine enge Auslegung des § 650i Abs. 1 BGB in Bezug auf das Erfordernis des Bauens aus einer Hand zu Folge, dass auch der Anwendungsbereich des Unterlassungsanspruchs nach § 2 Abs. 1, Abs. 2 S. 1 Nr. 1 f) UKlaG eingeschränkt wird.[151]

Mit der Einführung des neuen Bauvertragsrechts ins BGB hat der Gesetzgeber zeitgleich in den Katalog des § 2 Abs. 2 S. 1 Nr. 1 UKlaG in Form des lit. f) auch Bauverträge zwischen Verbrauchern und Unternehmern aufgenommen, um klarzustellen, dass auch Verstöße gegen die §§ 650i ff. BGB von Verbraucherschutzverbänden und anderen nach dem UKlaG berechtigten Stellen geltend gemacht werden können. Trotz des misslungenen, da missverständlichen Wortlauts des § 2 Abs. 2 S. 1 Nr. 1 f) UKlaG („Vorschriften des Bürgerlichen Rechts, die für *Bauverträge* zwischen einem Unternehmer und einem Verbraucher gelten") sind mit der Vorschrift lediglich die Vorschriften der §§ 650i ff. BGB, also jene zum „*Verbraucher*bauvertrag", gemeint und nicht die Vorschriften zum „Bauvertrag" gemäß § 650a BGB. Insoweit ist davon auszugehen, dass es sich um ein redaktionelles Versehen handelt.[152]

Bezieht man nun im Rahmen einer engen Auslegung des § 650i Abs. 1 BGB Verträge über Einzelgewerke nicht mit ein, sondern hält insoweit am Erfordernis des Bauens aus einer Hand fest, beschränkt man gleichzeitig auch den Anwendungsbereich eines Unterlassungsanspruchs nach dem UKlaG. Baut der Verbraucher daher mit einem freien Architekten und vergibt die erforderlichen Bauleistungen getrennt nach Einzelgewerken an mehrere Unternehmer, steht im Hinblick auf diese Einzelverträge Verbraucherschutzverbänden und anderen nach dem UKlaG berechtigten Stellen nicht die Möglichkeit zur Verfügung, einen Unterlassungsanspruch nach § 2 UKlaG geltend zu machen. Jene anspruchsberechtigten Stellen

---

150 *Wellensiek*, BauR 2018, 314, 317; Messerschmidt/Voit/*Lenkeit*, § 650i BGB, Rn. 20.
151 Zum Unterlassungsanspruch als Rechtsfolge eines Verstoßes gegen die Baubeschreibungspflicht näher unten Teil 2, F.II., S. 336.
152 Vgl. die Ausführungen des Gesetzgebers selbst, der die Einführung des § 2 Abs. 2 S. 1 Nr. 1 f) UKlaG ausdrücklich auf Verstöße gegen die §§ 650i ff. BGB bezieht, BT-Drs. 18/8486, S. 74.

könnten dann lediglich gemäß § 1 UKlaG die Unterlassung der Verwendung von wegen Verstoßes gegen §§ 307-309 BGB unwirksamen AGB verlangen.

cc) Zwischenergebnis

Die teleologischen Bedenken, die sich schon innerhalb des § 650i Abs. 1 BGB selbst ergeben, wenn man ihn nur auf das „Bauen aus einer Hand" anwendet, setzen sich demnach auch außerhalb der Vorschriften zum Verbraucherbauvertrag fort.

Insbesondere die Beschränkung des Verbraucherprivilegs des § 650f Abs. 6 S. 1 Nr. 2 BGB gegenüber der Vorgängerregelung des § 648a Abs. 6 Nr. 2 BGB a.F. hat durchaus erhebliche Konsequenzen für die Praxis und bedeutet bei einem engen Verständnis des sachlichen Anwendungsbereichs des Verbraucherbauvertrags eine spürbare Einschränkung des Verbraucherschutzes, die so vom Gesetzgeber nicht gewollt gewesen sein kann. Diese Problematik ließe sich aber durch eine teleologische Extension des Anwendungsbereichs des § 650f Abs. 6 S. 1 Nr. 2 BGB auch auf im Zusammenhang mit Neubau- oder erheblichen Umbaumaßnahmen stehende Einzelgewerksverträge, die in aller Regel solide finanziert sind[153] und daher dem Regelungszweck des Verbraucherprivilegs[154] gerecht werden, entschärfen.

Indessen ist der Schutz über § 2 UKlaG für den Verbraucher nicht von entscheidender Bedeutung; sein Verlust führt nicht im Ansatz zu untragbaren Ergebnissen, die in ihren Auswirkungen derart schwer wiegen, dass Einzelgewerksverträge aus diesem Grund zwingend unter den Anwendungsbereich des Verbraucherbauvertrags subsumiert werden müssten.

e) Drohende Überlastung der Unternehmer

Demgegenüber darf bei einer teleologischen Betrachtung nicht außer Betracht gelassen werden, welche Auswirkungen ein Einbezug von Einzelgewerksverträgen in den Anwendungsbereich des § 650i Abs. 1 BGB auf die Unternehmer in der Praxis hätte. Denn erklärtes gesetzgeberisches Ziel insbesondere der hier zu untersuchenden Baubeschreibungspflicht ist nicht

---

153 Vgl. Messerschmidt/Voit/*Lenkeit*, § 650i BGB, Rn. 23.
154 BT-Drs. 18/8486, S. 59.

nur eine Verbesserung des Verbraucherschutzes, sondern auch der Schutz des Wettbewerbs.[155]

Ein Einbezug von Einzelgewerken in den Anwendungsbereich des § 650i Abs. 1 BGB würde bedeuten, dass jeder einzelne Unternehmer, der irgendwelche Bauleistungen – und seien sie im Verhältnis zum Gesamtprojekt noch so untergeordnet – im Zusammenhang mit einem der in § 650i Abs. 1 BGB genannten Bauvorhaben erbringt, den Pflichten der §§ 650i ff. BGB unterworfen ist und so beispielsweise den Verbraucher über sein Widerrufsrecht zu belehren sowie ihm eine Baubeschreibung auszuhändigen hat. Zudem gälten für Abschlagszahlungen die Einschränkungen des § 650m BGB.

Dies würde in der Praxis viele Unternehmer, insbesondere kleinere Betriebe, überfordern und faktisch aus dem Wettbewerb drängen.[156] Diese mögen handwerklich kompetent sein, verfügen jedoch nicht über eine hinreichende organisatorische Struktur und juristisches Fachwissen, um die Einhaltung der Verbraucherrechte der §§ 650i ff. BGB durchgehend sicherzustellen.[157] Die Nichteinhaltung der durch diese Vorschriften geregelten Anforderungen an den Verbraucherschutz ginge mit erheblichen Risiken und einschneidenden Rechtsfolgen für den Unternehmer einher, welche sich bis zur Gefährdung seiner wirtschaftlichen Existenz auswirken können. So kann die Verletzung der Baubeschreibungspflicht zu – unter Umständen sehr hohen – Schadensersatzansprüchen des Verbrauchers gegen den Unternehmer führen.[158]

Noch viel größer wären aber die Risiken für den Unternehmer im Zusammenhang mit dem Widerrufsrecht des § 650l BGB. Wenn es der Unternehmer in Ermangelung einer hinreichenden Organisationsstruktur versäumt, den Verbraucher über sein Widerrufsrecht entsprechend der Vorgaben des Art. 249 § 3 EGBGB zu belehren, beginnt gemäß § 356e BGB die Widerrufsfrist nicht zu laufen und das Widerrufsrecht des Verbrauchers erlischt erst zwölf Monate und 14 Tage nach Vertragsschluss – und somit freilich zu einem Zeitpunkt, zu welchem der Bau üblicherweise schon weit fortgeschritten oder sogar fertiggestellt ist, was eine enorme Belastung des Unternehmers im Rahmen der Rückabwicklung bedeutet. Hinzu kommt die Gefahr von Unterlassungsklagen nach § 2 Abs. 1, Abs. 2 Nr. 1 f) UKlaG durch Verbraucherverbände und sonstige nach dem UKlaG berech-

---

155 BT-Drs. 18/8486, S. 62.
156 Diese Problematik erkennend auch jurisPK/*Segger-Piening*, § 650i BGB, Rn. 22.
157 *Glöckner*, BauR 2014, 411, 423 f.
158 Näher hierzu Teil 2, Abschnitt F.I., S. 286.

tigte Stellen sowie nach § 8 UWG durch andere Mitbewerber, welche schon allein durch die anfallenden Prozesskosten eine erhebliche finanzielle Belastung darstellt.[159]

Nicht nur erfordert die Einhaltung der Vorgaben der §§ 650i ff. BGB in der Praxis eine organisatorische Struktur der Baubetriebe in einem Umfang, wie sie insbesondere bei Kleinbetrieben häufig nicht existiert und auch praktisch nicht darstellbar ist. Gleichzeitig kann die Missachtung dieser Vorgaben durch den Unternehmer zu erheblichem wirtschaftlichem Schaden und somit im Extremfall bis in die Insolvenz führen. Diese Situation macht es erforderlich, den Anwendungsbereich des § 650i Abs. 1 BGB mit großem Bedacht und trotz der (berechtigten) Bestrebung der Verbesserung des Verbraucherschutzes auch unter Rücksicht auch auf die Interessen der (vor allem kleineren) Unternehmer zu bestimmen.

Die an die Unternehmer gestellten Anforderungen dürfen demnach nicht überstrapaziert werden, da ansonsten ein Szenario droht, welches im Einzelhandel bereits seit mehreren Jahren Einzug gehalten hat: Wenige große Unternehmer, die über die erforderlichen Strukturen und Personalressourcen zur Einhaltung der Verbraucherschutzvorschriften verfügen, werden immer stärker und drängen die kleineren Wettbewerber aus dem Markt. Dies kann auch der Gesetzgeber nicht gewollt haben.[160]

Die Beschränkung des Anwendungsbereichs des § 650i Abs. 1 BGB auf das Bauen aus einer Hand ist somit auch aus teleologischen Erwägungen nicht völlig sinnfremd, sondern im Gegenteil im Hinblick auf die Wahrung einer angemessenen Balance der Interessen von Verbrauchern und Unternehmern sinnvoll und begrüßenswert.

f) Zwischenergebnis

Bei einer isolierten Betrachtung rein aus Sicht des Verbraucherschutzes sprächen demnach zwar gute teleologische Argumente dafür, dass auch Bauverträge, bei denen die einzelnen Gewerke vom Verbraucher separat beauftragt werden, in den Anwendungsbereich fallen, wenn

---

159 Näher hierzu Teil 2, Abschnitt F.II., S. 336.
160 Ähnlich *Glöckner*, VuR 2016, 123, 126, wonach eine Beschränkung des Anwendungsbereichs des Verbraucherbauvertrags erforderlich ist, um „die Praxis nicht übermäßig zu belasten"; *Pfenning*, RNotZ 2018, 585, 588.

– die Einzelaufträge in ihrer Gesamtheit dem Bau eines neuen Gebäudes oder der Durchführung einer erheblichen Umbaumaßnahme an einem bestehenden Gebäude dienen und

– dies für den Unternehmer bei Vertragsschluss erkennbar ist.[161]

Das – an sich berechtigte und begrüßenswerte – Ziel des Verbraucherschutzes kann und darf jedoch nicht separat betrachtet werden. Vielmehr ist dieses bestmöglich in Einklang mit den bestehenden Strukturen der Marktrealität und der dort herrschenden Gesamtinteressenlage zu bringen, wobei auch die (berechtigten) Interessen der Unternehmer zu berücksichtigen sind.

Im Rahmen einer solchen Bewertung der verschiedenen Belange sprechen die Interessen der Unternehmer, für die eine Ausweitung des Anwendungsbereichs des § 650i Abs. 1 BGB in der Konsequenz zu einer Verdrängung vieler kleinerer Unternehmer aus dem Markt des privaten Hausbaus führen würde, für ein Festhalten am Erfordernis des Bauens aus einer Hand. Eine teleologische Auslegung des § 650i Abs. 1 BGB vermag demnach kein anderes Ergebnis zu begründen als jenes, welches sich bereits aus dem Wortlaut der Norm ergibt.

5. Europarechtskonforme Auslegung

Für dieses Ergebnis spricht auch eine europarechtskonforme Auslegung. § 650i Abs. 1 BGB hat insoweit einen europarechtlichen Hintergrund, als Art. 3 Abs. 3 lit. f) VRRL vom deutschen Gesetzgeber in Form des § 312 Abs. 2 Nr. 3 BGB a.F. in nationales Recht übernommen wurde, wodurch eine Lücke im Verbraucherschutz entstand, die durch § 650i BGB geschlossen werden sollte.[162]

Deshalb ist die Norm nicht nur anhand von Wortlaut, Historie, Systematik und Telos, sondern auch in unionsrechtskonformer Weise so auszulegen, dass ein Widerspruch zu europarechtlichen Vorgaben, insbesondere solchen der VRRL, vermieden wird. Damit das gelingt, bedarf es zunächst einer Darstellung des Harmonisierungskonzepts der Richtlinie und seiner Konsequenzen. Anschließend ist zu ermitteln, ob und in welchen konkreten Punkten Konfliktpotential besteht und hiervon ausgehend zu bestimmen, wie § 650i Abs. 1 BGB ausgelegt werden muss, um nicht in Widerspruch zum höherrangigen Unionsrecht zu geraten.

---

161 Vgl. DLOPS/*Stretz*, 5, Rn. 37; jurisPK/*Segger-Piening*, § 650i BGB, Rn. 20.
162 S.o., A.I., S. 46.

a) Harmonisierungskonzept der VRRL

Die VRRL ist gemäß ihres Art. 4 als grundsätzlich vollharmonisierende Richtlinie ausgestaltet. Von dem durch die Richtlinie definierten Umfang des Verbraucherschutzes dürfen die Mitgliedsstaaten im Rahmen der Umsetzung in nationales Recht daher weder nach oben noch nach unten abweichen, sofern nicht die VRRL selbst etwas anderes bestimmt. Insbesondere ist es den Mitgliedsstaaten – anders als bei mindestharmonisierenden Richtlinien – auch untersagt, einen höheren Schutzstandard zu implementieren.[163]

Abweichungen von den Regelungen der VRRL sind demnach innerhalb ihres Anwendungsbereichs nur dort möglich, wo der europäische Gesetzgeber in Ausnahme vom Grundsatz der Vollharmonisierung bestimmte Öffnungsklauseln vorgesehen hat, die als „mindestharmonisierende Inseln" innerhalb des „vollharmonisierenden Ozeans" der Richtlinie fungieren. Derartige Öffnungsklauseln enthält die VRRL beispielsweise in den Artikeln 3 Abs. 4, 7 Abs. 4, 9 Abs. 3 oder 6 Abs. 7.[164] Grundsätzlich blieb es aber bei der durch den Vollharmonisierungsgrundsatz bedingten Bindungswirkung der Richtlinie.

Hierdurch versuchte der europäische Gesetzgeber, der durch zahlreiche mindestharmonisierende Richtlinien entstandenen Zersplitterung[165] des Verbraucherschutzes innerhalb der Union entgegenzuwirken und das Verbraucherschutzniveau unionsweit zu vereinheitlichen, damit sowohl Unternehmer als auch Verbraucher bei grenzüberschreitenden Sachverhalten Rechtssicherheit hinsichtlich der einzuhaltenden Verbraucherschutzstandards haben; hiervon erhoffte man sich eine Stärkung des Binnenmarktes auf einem einheitlich hohen Verbraucherschutzniveau, in dem die Kosten für grenzüberschreitend tätige Unternehmer gesenkt und das Vertrauen der Verbraucher in den grenzüberschreitenden Handel gestärkt wird.[166]

Zwar sollte die VRRL ursprünglich als komplett vollharmonisierende Richtlinie ohne Ausnahmetatbestände umgesetzt werden[167], was an politi-

---

163 Ausführlich zur Definition der Vollharmonisierung *Mittwoch*, Vollharmonisierung und Europäisches Privatrecht, S. 29 f.

164 Näher *Mittwoch*, Vollharmonisierung und Europäisches Privatrecht, S. 82 f.

165 *Mittwoch*, Vollharmonisierung und Europäisches Privatrecht, S. 53; Bittner/*Clausnitzer*/Föhlisch, Das neue Verbrauchervertragsrecht, Rn. 13.

166 *Unger*, ZEuP 2012, 270, 273; Vorschlag über eine Richtlinie des Europäischen Parlaments und des Rates über Rechte der Verbraucher, KOM (2008) 614 endgültig, S. 2.

167 *Mittwoch*, Vollharmonisierung und Europäisches Privatrecht, S. 79 m.w.N.

schen Widerständen insbesondere größerer Mitgliedsstaaten gegen einen solch umfänglichen Eingriff in ihre nationalen Rechtsordnungen scheiterte.[168] Als Ergebnis zahlreicher und langwieriger Diskussionen konnte dann jedoch eine Einigung darüber erzielt werden, dass die VRRL als grundsätzlich vollharmonisierende Richtlinie mit einigen mindestharmonisierenden Öffnungsklauseln in Kraft treten soll.[169]

Dass letztendlich trotz dieses von Widerständen und Diskussionen geprägten Prozesses eine Einigung gefunden wurde, wonach die meisten der in der VRRL getroffenen Regelungen für die Umsetzung in den Mitgliedsstaaten bindend sind, zeigt, wie groß der Wille auf europäischer Ebene war, eine Vereinheitlichung des Verbraucherrechts herbeizuführen. Bei einer Auslegung der VRRL ist daher als enorm wichtiges Motiv nicht nur die Schaffung eines hohen Verbraucherschutzniveaus zu beachten. Ein mindestens genauso wichtiges Ziel war dessen mitgliedsstaatenübergreifende Einheitlichkeit. Es ging dem Europäischen Parlament bei der Schaffung der VRRL gerade nicht nur um die Regelungen selbst, sondern auch um deren möglichst flächendeckende und gleichmäßige Umsetzung.[170]

b) Einfluss auf § 650i BGB

Dieser Charakter der VRRL als grundsätzlich vollharmonisierende Richtlinie ist für die Auslegung des Anwendungsbereichs des § 650i Abs. 1 BGB von großer Wichtigkeit. Soweit kein Fall der Bereichsausnahmen des Art. 3 Abs. 3 VRRL gegeben ist, ist es den nationalen Gesetzgebern damit grundsätzlich nicht erlaubt, vom Verbraucherschutzniveau der VRRL abweichende Regelungen zu treffen. Anderes gilt nur dann, wenn eine Regelung in der VRRL dies ausdrücklich erlaubt.

Eine Kollision deutscher Regelungen mit europäischem Recht droht demnach überall dort, wo der deutsche Gesetzgeber bei der Normierung von Verbraucherverträgen von den Regelungen der VRRL abweicht, indem er entweder ein höheres oder ein niedrigeres Verbraucherschutzniveau vorsieht. Dies ist bei einigen Regelungen der §§ 650i ff. BGB – jeden-

---

168 Näher *Unger*, ZEuP 2012, 270, 273; hierzu auch *Schmidt-Kessel*, GPR 2010, 129, 129 f.; *Micklitz*, The Targeted Full Harmonisation Approach, in: Howells/Schulze, Modernising and Harmonising Consumer Contract Law, S. 47, 49.

169 Detailliert hierzu *Unger*, ZEuP 2012, 270, 273 ff.

170 *Unger*, ZEuP 2012, 270, 274; *Micklitz*, The Targeted Full Harmonisation Approach, in: Howells/Schulze, Modernising and Harmonising Consumer Contract Law, S. 47, 48.

falls teilweise – unstreitig der Fall.[171] So sieht § 650l BGB für Verbraucher-bauverträge ein von der Art und Weise des Vertragsschlusses unabhängiges Widerrufsrecht vor und geht schon insoweit über den durch Art. 14 VRRL statuierten Standard im Hinblick auf Widerrufsrechte hinaus. Die Baubeschreibungspflicht des Unternehmers aus § 650j BGB i.V.m. Art. 249 EGBGB überschreitet zudem hinsichtlich der ausdrücklich angeordneten Textform sowie hinsichtlich ihrer Tiefe und Detailliertheit zumindest teil-weise die im Rahmen der allgemeinen Informationspflicht nach Art. 5 VRRL sowie der Informationspflicht im Falle von Außergeschäftsraum- und Fernabsatzverträgen nach Art. 6 VRRL festgelegten Verbraucher-schutzstandards im Hinblick auf vorvertragliche Information, bleibt aber auch teilweise hinter den dort vorgesehenen Mindestinformationen zu-rück.[172]

Wegen des grundsätzlich vollharmonisierenden Charakters der VRRL läge daher eine Kollision der §§ 650i ff. BGB mit der VRRL, also übergeordnetem europäischem Recht, vor, wenn sich deren Anwendungs-bereiche überschnitten. Eine solche Kollision ist durch eine möglichst uni-onsrechtskonforme Auslegung des § 650i Abs. 1 BGB zu vermeiden; unter dessen Anwendungsbereich können demnach nur diejenigen Verträge fal-len, die nicht Gegenstand des Anwendungsbereichs der VRRL sind. Dies sind nach Art. 3 Abs. 3 lit. f) VRRL „Verträge über den Bau von neuen Ge-bäuden und erhebliche Umbaumaßnahmen an bestehenden Gebäuden".

c) Anwendbarkeit der VRRL auf Verträge über Einzelgewerke

Entscheidend für die europarechtskonforme Auslegung des § 650i Abs. 1 BGB ist somit, ob Verträge über Einzelgewerke von der Bereichsausnahme des Art. 3 Abs. 3 lit. f) VRRL umfasst sind, oder ob sich diese Ausnahme-gelung lediglich auf das Bauen aus einer Hand bezieht.

Der Wortlaut der Bereichsausnahme in Art. 3 Abs. 3 lit. f) VRRL weist große Ähnlichkeiten mit dem des § 650i Abs. 1 BGB auf; in der Richtlinie wird von Verträgen über den *„Bau von neuen Gebäuden"* oder *„erhebliche Umbaumaßnahmen an bestehenden Gebäuden"* gesprochen. Diese Formulie-rung der Bereichsausnahme deutet stark darauf hin, dass sie lediglich das Bauen aus einer Hand umfassen soll. Denn auch hier ist sie so zu verste-

---

171 DLOPS/*Stretz*, § 5, Rn. 38; *Pause*, in: FS Schulze, 485, 493.
172 DLOPS/*Stretz*, § 5, Rn. 71; *Pause*, in: FS Schulze, 485, 492; ausführlich zu den Unterschieden zwischen den Informationspflichten Teil 3, B., S. 341 ff.

hen, dass Vertragsgegenstand gerade der Bau eines Gebäudes als Ganzer bzw. die erhebliche Umbaumaßnahme als Ganze sein muss und nicht nur ein Fragment der hierzu erforderlichen Arbeiten. Insoweit kann auf die Ausführungen im Rahmen der grammatikalischen Auslegung des § 650i Abs. 1 BGB verwiesen werden.[173]

Hinzu kommt im Rahmen der Auslegung der Bereichsausnahme der Richtlinie erstens noch, dass diese als Ausnahmetatbestand einer verbraucherschützenden Richtlinie schon grundsätzlich eng auszulegen ist.[174] Demnach muss für eine europarechtskonforme Auslegung entgegen der gesetzgeberischen Zielrichtung der Vorschrift auch § 650i Abs. 1 BGB eng ausgelegt werden, da dieser – auch nach dem Willen des deutschen Gesetzgebers – nur jene Sachverhalte regeln soll, die durch Art. 3 Abs. 3 lit. f) VRRL von der Geltung der Richtlinie ausgenommen sind.

Zweitens hat der europäische Gesetzgeber mit seinen Ausführungen zum Begriff der *erheblichen Umbaumaßnahme* im Rahmen des Erwägungsgrunds Nr. 26 der VRRL zu verstehen gegeben, dass er lediglich besonders große, umfangreiche Bauverträge, deren Leistungssoll mit dem eines Neubaus zumindest vergleichbar ist, vom Anwendungsbereich ausschließen wollte.[175] Die Beauftragung lediglich eines einzelnen Gewerks kann vor diesem Hintergrund nicht unter die Bereichsausnahme des Art. 3 Abs. 3 lit. f) VRRL subsumiert werden – auch dann nicht, wenn der betreffende Vertrag im „Zusammenwirken" mit anderen Verträgen „mittelbar" auf die Durchführung eines Neubau-Projekts oder einer erheblichen Umbaumaßnahme abzielt.[176]

Dieses enge Verständnis der Bereichsausnahme war – wie gezeigt[177] – vor Einführung des neuen Bauvertragsrechts auch absolut unstreitig. Es wäre schlicht inkonsequent und dogmatisch bedenklich, aufgrund einer Änderung des deutschen nationalen Rechts nun ein anderes Verständnis der übergeordneten gemeinschaftsrechtlichen Regelung, welche derzeit für 27 Staaten gilt, zu postulieren.

---

173 S.o., A.III.1., S. 52.
174 Vgl. *Möllers*, Juristische Methodenlehre, § 4, Rn. 140 ff. m.w.N.; siehe bereits Einführung, C.II.2.a), S. 41.
175 *Glöckner*, VuR 2016, 123, 126.
176 *Omlor*, NJW 2018, 817, 819; MüKo BGB/*Busche*, § 650i BGB, Rn. 4; die Vereinbarkeit einer extensiven Auslegung des § 650i BGB mit den Vorgaben der VRRL als „problematisch" bezeichnend Kniffka/Koeble/*Jurgeleit*/Sacher, Kompendium des Baurechts, 2. Teil, Rn. 47.
177 S.o., Einführung, C.II.2.a), S. 40.

d) Zwischenergebnis

Mit einer Anwendung der Regelungen zum Verbraucherbauvertrag auch auf andere Verträge als das Bauen aus einer Hand ginge die Bundesrepublik Deutschland demnach zumindest das Risiko eines Vertragsverletzungsverfahren ein.

Um insoweit möglichst zeitnah endgültige Klarheit zu schaffen, ohne derlei zu riskieren, wäre es wünschenswert, dass ein deutsches Gericht im Wege des Vorabentscheidungsverfahrens gemäß Art. 267 AEUV dem EuGH die Frage der Auslegung und Reichweite des Art. 3 Abs. 3 lit. f) VRRL zur Beantwortung vorlegt, wenn diese für den jeweiligen Fall streitentscheidend ist.[178] Gemäß Art. 267 Abs. 2 AEUV steht jedem deutschen Gericht die Möglichkeit einer Vorlage an den EuGH über die Auslegung des Art. 3 Abs. 3 lit. f) VRRL offen. Liegt eine solche Streitfrage dem BGH vor und hat dieser Zweifel an der Auslegung der Bereichsausnahme, ist dieser als letztinstanzliches Gericht gemäß Art. 267 Abs. 3 AEUV sogar zur Vorlage an den EuGH verpflichtet. Im Interesse einer möglichst zeitnahen Schaffung von Rechtssicherheit wäre es wünschenswert, ein solches Vorabentscheidungsverfahren zeitnah zu initiieren.

Für den Moment ist es aber zur Vermeidung des Risikos einer Verletzung europäischen Rechts geboten, § 650i BGB europarechtskonform dahingehend auszulegen, dass er nur Verträge des Bauens aus einer Hand umfasst. Es war gerade Zielsetzung und besondere Aufgabe der VRRL, ein einheitliches Verbraucherschutzniveau in allen Mitgliedsstaaten hinsichtlich des Geltungsbereichs der Richtlinie zu garantieren. Nur aus diesem Grund wurde Art. 4 VRRL in die Richtlinie aufgenommen. Es liefe dieser Bestrebung des europäischen Gesetzgebers zuwider, nun auf mitgliedsstaatlicher Ebene ein zu weites Verständnis der Bereichsausnahmen zuzulassen und auf diese Weise unterschiedliche Verbraucherschutzniveaus in den einzelnen Mitgliedsstaaten zu schaffen. Um dies zu verhindern, sollten die insoweit bestehende Einschätzungsprärogative des europäischen Gesetzgebers sowie dessen Motive zur Schaffung eines einheitlichen Verbraucherschutzniveaus respektiert und daher weiterhin am Erfordernis des Bauens aus einer Hand festgehalten werden. Ein weiteres Verständnis des § 650i Abs. 1 BGB ginge über die durch die VRRL festgelegten Grenzen hinaus.[179]

---

178 *Lenkeit*, PiG 106, S. 81, 84.
179 So im Ergebnis auch *Omlor*, NJW 2018, 817, 819; *Vels*, NJW 2018, 3397.

6. Fazit

Im Ergebnis lässt sich somit festhalten, dass zwar unter dem Blickwinkel eines effektiven Verbraucherschutzes durchaus für sich genommen stichhaltige teleologische Argumente dafür existieren, die §§ 650i ff. BGB auch auf Verträge anzuwenden, die nicht das „Bauen aus einer Hand" zum Gegenstand haben. Insbesondere Verbraucherschutzgesichtspunkte und die im Ergebnis teils wenig überzeugende Differenzierung zwischen Verträgen mit Gesamterrichtungsverpflichtung und solchen, die bei gewerkeweiser Einzelbeauftragung im Gesamtzusammenhang mit einem in § 650i Abs. 1 BGB genannten Vorhaben stehen, sprechen für ein weiteres Verständnis als noch im Rahmen des § 312 Abs. 2 Nr. 3 BGB a.F.. Demgegenüber darf nicht vergessen werden, dass einer Erstreckung der §§ 650i ff. BGB auch auf Einzelgewerksverträge das Risiko einer übermäßigen Belastung der Unternehmer innewohnt.[180]

Vor allem aber sprechen Wortlaut und gesetzgeberischer Wille eindeutig dafür, lediglich die Fälle des Bauens aus einer Hand in den Anwendungsbereich des § 650i Abs. 1 BGB einzubeziehen; diese bilden auch die Grenze der (verfassungskonformen) Auslegung[181], sodass eine teleologische Extension des Anwendungsbereichs nicht in Betracht kommt.[182] Dies gilt umso mehr, da auch eine europarechtskonforme Auslegung das Erfordernis des Bauens aus einer Hand nahelegt.

Von diesem engen Verständnis des § 650i BGB geht auch die Baupraxis aus. Der „*Zentralverband Deutsches Baugewerbe*" (ZDB) hat in Zusammenarbeit mit dem Eigentümerverband „*Haus & Grund*" einen Mustervertrag für Verbraucherbauverträge veröffentlicht. Im zugehörigen „Infoblatt" findet sich der Hinweis, dass ein Verbraucherbauvertrag nur bei Leistungen vorliege, die aus einer Hand erbracht werden, aber nicht bei der gewerkeweisen Beauftragung mehrerer Unternehmer oder der Erbringung erheblicher Eigenleistungen durch den Bauherrn.[183]

---

180 S.o., A.III.4.e), S. 65.
181 BVerfG, Urteil vom 30.03.2004 – 2 BvR 1520/01 u. 2 BvR 1521/01, NJW 2004, 1305, 1311; BVerfG, Beschluss vom 24.05.1995 – 2 BvF 1/92, NVwZ 1996, 574, 578; BVerfG, Beschluss vom 26.04.1994 – 1 BvR 1299/89, 1 BvL 6/90, NJW 1994, 2475, 2576.
182 So im Ergebnis auch *Omlor*, NJW 2018, 817, 819; *Motzke*, NZBau 2017, 515, 519.
183 ZDB, Muster-Verbraucherbauvertrag, S. 8.

Der unmittelbare Anwendungsbereich der §§ 650i ff. BGB ist also in der Baupraxis nicht allzu groß.[184] Allerdings gilt der Großteil der Regelungen der §§ 650i ff. BGB auch für Bauträgerverträge mit Verbraucherbeteiligung, welche in der Praxis von erheblicher Bedeutung sind.

Es ist nicht zu verkennen, dass die Einführung der §§ 650i ff. BGB auch dann, wenn man sie nur im vorstehend definierten Umfang anwendet, eine erhebliche Verbesserung des Schutzniveaus von Verbrauchern im Zusammenhang mit Bauverträgen bewirkt: Bisher bestand bei Bauverträgen mit Verbraucherbeteiligung ein grobes Ungleichgewicht dergestalt, dass Verbraucher, die kleinere und weniger umfangreiche Bauverträge abschlossen, über die §§ 312 ff. BGB geschützt waren, wohingegen jene, die größere und wirtschaftlich bedeutendere Bauvorhaben in Auftrag gaben, von nahezu jeglichem Verbraucherschutz ausgenommen waren. Nunmehr ist der Verbraucher in jedem Fall zumindest über die §§ 312 ff. BGB geschützt und zusätzlich beim Bauen aus einer Hand über die §§ 650i ff. BGB.

7. Abgrenzung zum schlüsselfertigen Bauen

Das Erfordernis des Bauens aus einer Hand bedeutet aber nicht, dass Inhalt eines Verbraucherbauvertrags nur Verträge sein können, die eine *vollständige schlüsselfertige* Errichtung eines Gebäudes vorsehen, ohne dass hierzu noch weitere Leistungen erforderlich sind. Ein solches Erfordernis lässt sich einerseits dem Gesetz nicht entnehmen und würde andererseits die bereits angesprochene Missbrauchsgefahr[185] auf ein nicht hinnehmbares Maß ansteigen lassen.

a) Ausreichend: „Hauptvertrag" ohne Beauftragung untergeordneter Restleistungen

Vielmehr muss § 650i BGB auch für Verträge einschlägig sein, in denen der Verbraucher einzelne untergeordnete Bauleistungen selbst übernimmt oder an Fachunternehmer vergibt.[186] Auch dann bleibt der Vertrag, in

---

184 *Ehrl*, DStR 2017, 2395, 2398.
185 Hierzu s. o., A.III.4.c), S. 60.
186 Messerschmidt/Voit/*Lenkeit*, § 650i BGB, Rn. 22; *Lenkeit*, PiG 106, S. 81, 84; Kniffka/Koeble/ *Jurgeleit*/Sacher, Kompendium des Baurechts, 2. Teil, Rn. 50;

dem die wesentlichen Leistungen der „Gesamtmaßnahme" beauftragt werden, ein „Verbraucherbauvertrag". Die Schutzvorschriften der §§ 650i ff. BGB entfallen lediglich für die untergeordneten (Ausbau-)Leistungen, die der Verbraucher an Dritte beauftragt.

Die Abgrenzung, welche Leistungen als „untergeordnet" im vorstehend definierten Sinne zu verstehen sind, lässt sich dem Katalog des Art. 249 § 2 Abs. 1 S. 2 EGBGB entnehmen. Denn dieser Katalog sieht bestimmte Mindestinhalte vor, die die gemäß § 650j BGB dem Verbraucher zur Verfügung zu stellende Baubeschreibung stets zwingend enthalten muss. Diese Leistungen betrachtet der Gesetzgeber demnach als so wichtig, dass sie genau beschrieben werden müssen.

Einige Informationsparameter sind in Art. 249 § 2 Abs. 1 S. 2 EGBGB mit dem Präfix „gegebenenfalls" versehen, was bedeutet, dass diese lediglich für den Fall zu beschreiben sind, dass diese auch Vertragsinhalt sind. E contrario geht der Gesetzgeber also davon aus, dass ein wirksamer Verbraucherbauvertrag auch geschlossen werden kann, ohne dass die nur „gegebenenfalls" zu beschreibenden Informationen Vertragsgegenstand wurden. Hierbei handelt es sich insbesondere um die Mindestinformationen in den Ziffern 6, 7 und 9, also die Angaben zu Innenausbau, gebäudetechnischen Anlagen, Sanitärobjekten, Armaturen, Elektroanlage, Installationen, Informationstechnologie und Außenanlagen.

Ein Verbraucherbauvertrag kann demnach auch vorliegen, wenn diese Leistungen nicht Gegenstand des Bausolls des Unternehmers sind. Folglich muss der aus einer Hand zu beauftragende „Hauptvertrag" lediglich als Mindestvoraussetzung einen mit einem fertigen Dach sowie eingebauten Fenstern und Außentüren versehenen Rohbau samt Isolation zum Gegenstand haben, um als Verbraucherbauvertrag qualifiziert werden zu können.[187] Alle weiteren Leistungen kann der Verbraucher dann wahlweise selbst erbringen oder in gesonderten, nicht den §§ 650i ff. BGB unterfallenden Verträgen an andere Unternehmer vergeben.

Pfenning, RNotZ 2018, 585, 588, wonach auch ein „Bündel beauftragter Gewerke" ausreichen kann, wenn es mit einem Neubau vergleichbar ist.

187 Dies entspricht auch dem Anwendungsbereich des im französischen Recht geregelten *contrat de construction d'une maison individuelle* gemäß Art. L. 232-1 des „code de la construction et de l'habitation", für den ebenfalls über die VRRL hinausgehende Verbraucherschutzrechte wie besondere Informationspflichten und ein Widerrufsrecht gelten; vgl. *Rohlfing-Dijoux*, in: BMELV – Angewandte Wissenschaft, Heft 520, S. 253 u. 256 f.

b) Sonderfall: Fertighausverträge mit Errichtungsverpflichtung

Einen Sonderfall stellen Fertighausverträge mit Errichtungsverpflichtung dar. Diese werden zwar in der Literatur einhellig als vom Anwendungsbereich des § 650i Abs. 1 BGB umfasst angesehen.[188] Derart klar ist dies aber vor dem Hintergrund der vorstehenden Ausführungen keineswegs. Denn in der Praxis beinhalten Fertighauserrichtungsverträge häufig nur die Leistungen „oberhalb Oberkante Bodenplatte" bzw. „ab Kellerdecke"; zusätzliche Arbeiten wie etwa Vermessung, Erdarbeiten, Verlegen der Versorgungsleitungen und eben der Bau eines Kellers oder einer Bodenplatte sind dann nicht im Leistungsumfang des Fertighausunternehmers enthalten.[189]

Orientiert man sich streng am Wortlaut des Art. 249 § 2 Abs. 1 S. 1 EGBGB, könnten diese Leistungen nicht als „untergeordnet" im vorgenannten Sinne bezeichnet werden. Allerdings brachte der Gesetzgeber bei der Schaffung des Verbraucherbauvertrags klar zum Ausdruck, dass zwischen § 312 Abs. 2 Nr. 3 BGB a.F. und dem neu geschaffenen Verbraucherbauvertrag eine inhaltliche Kongruenz bestehen soll.[190] Im Rahmen der Bereichsausnahme des § 312 Abs. 2 Nr. 3 BGB a.F. war anerkannt, dass trotz der gebotenen engen Auslegung der Bereichsausnahme auch Fertighauserrichtungsverträge hierunter zu subsumieren sind.[191] Dieser Ansicht schloss sich auch die Rechtsprechung an.[192]

Auch jetzt sprechen gute Gründe dafür, Fertighauserrichtungsverträge in den Anwendungsbereich der §§ 650i ff. BGB einzubeziehen. Denn diese stellen gerade den typischen Fall dar, den der Gesetzgeber bei der Schaffung dieser Vorschriften im Blick hatte – nämlich den Hausbau durch einen Verbraucher. Unter den Wortlaut „*Verträge, durch die sich der Unternehmer zum Bau eines neuen Gebäudes verpflichtet*" ist die Errichtung eines Fertighauses auch erst „ab Oberkante Bodenplatte" problemlos zu subsu-

---

188 Messerschmidt/Voit/*Lenkeit*, § 650i BGB, Rn. 21; BeckOGK/*Merkle*, § 650i, Rn. 36; *Glöckner*, VuR 2016, 123, 126; DLOPS/*Stretz*, § 5, Rn. 28.

189 Bundesverband Deutscher Fertigbau, Moderne Fertighäuser, S. 196; vgl. die Fallkonstellationen bei OLG Frankfurt, Urteil vom 23.06.2005 – 23 U 10/98, NJOZ 2005, 3932; OLG Frankfurt, Urteil vom 09.05.2005 – 1 U 97/04, BeckRS 2005, 9604.

190 S.o., A.III.2, S. 54.

191 MüKo BGB/*Wendehorst*, § 312 BGB, Rn. 61; schon für das frühere FernAbsG: *Härting*, FernAbsG, § 1 Rn. 120.

192 OLG Köln, Hinweisbeschluss vom 23.03.2017 – 16 U 153/16, BeckRS 2017, 116332, Rn. 5.

mieren. Denn den absolut wesentlichen Teil der Baumaßnahme – nämlich den Bau „des Gebäudes" selbst – leistet der Fertighausunternehmer „aus einer Hand".

Wie der Gesetzgeber mit der Schaffung des § 650o BGB gezeigt hat, will er verhindern, dass durch die Aufteilung eines einheitlichen Bauvorhabens in zwei oder mehr Einzelverträge – selbst wenn diese Aufteilung einen sachlichen Grund haben mag wie beispielsweise den, dass ein Fertighausersteller kein technisches Knowhow bezüglich der vorstehend genannten Leistungen besitzt und nicht am Ort des Bauvorhabens über (entsprechend geschulte) Mitarbeiter und Geräte verfügt – die §§ 650i ff. BGB keine Anwendung finden und der Verbraucher schutzlos gestellt ist. Auch, wenn ein Fertighausersteller wichtige Komponenten der Gesamt-Bauleistung nicht selbst ausführt, sind demnach zwischen einem Verbraucher und einem Unternehmer geschlossene Fertighauserrichtungsverträge Verbraucherbauverträge im Sinne des § 650i Abs. 1 BGB.

IV. Bau eines neuen Gebäudes

Nachdem geklärt wurde, dass sämtliche in § 650i Abs. 1 BGB genannten Bauvorhaben in einem Vertrag bei einem Unternehmer – mithin aus einer Hand – beauftragt werden müssen, damit ein Verbraucherbauvertrag vorliegt, kann nun näher auf die Anforderungen eingegangen werden, die hinsichtlich des Umfangs der Baumaßnahme an das Vorliegen eines solchen zu stellen sind.

Für die Auslegung des Begriffs „Bau eines neuen Gebäudes" in § 650i BGB können die bereits für § 312 Abs. 2 Nr. 3 BGB a.F. erarbeiteten Erkenntnisse herangezogen werden.[193] Umfasst sind demnach Verträge, die die Errichtung eines eigenständigen Gebäudes zum Gegenstand haben. Anbauten an bestehende Bauwerke oder hinsichtlich ihrer Funktion und Größe untergeordnete Bauwerke – wie etwa eine Garage – fallen nicht unter diesen Begriff.[194]

Es wird allerdings – in Einschränkung des Verständnisses im Rahmen des § 312 Abs. 2 Nr. 3 BGB a.F. – die Ansicht vertreten, dass die §§ 650i ff. BGB nur auf neu errichtete *Wohn*gebäude anzuwenden seien.[195] Eine sol-

---

193 BeckOGK/*Merkle*, § 650i BGB, Rn. 33; Erman/*Schwenker/Rodemann*, § 650i BGB, Rn. 3; *Wessel/Schwenker*, MDR 2017, 1218, 1219.
194 S.o., Einleitung C.II.2.b), S. 41.
195 BeckOGK/*Merkle*, § 650i BGB, Rn. 34.

che Einschränkung findet aber keinerlei Stütze im Wortlaut des § 650i Abs. 1 BGB und es sind auch keine anderen Umstände ersichtlich, die ein solches rein auf Wohngebäude beschränktes Verständnis begründen würden.[196] Anders als etwa § 648a Abs. 6 Nr. 2 BGB a.F. stellt § 650i Abs. 1 BGB für die Eröffnung seines Anwendungsbereichs gerade nicht nur auf eine bestimmte Gebäudeart ab, sondern knüpft primär an die Art des Vertragspartners (Verbraucher) an und will sämtliche Baumaßnahmen über einen Neubau oder einen mit einem solchen im Umfang vergleichbaren Umbau, die von dieser Art von Vertragspartnern aus einer Hand beauftragt werden, seinem Schutz unterwerfen. Für eine Differenzierung zwischen Wohngebäuden und Nicht-Wohngebäuden findet sich in den §§ 650i ff. BGB keinerlei Anhaltspunkt. Der Gesetzgeber zeigt etwa mit den Vorschriften der §§ 549 ff. BGB über „Wohnraummietverhältnisse", dass er eine solche Differenzierung auch terminologisch eindeutig vornehmen würde, wenn sie gewollt wäre. Der Terminologie des § 650i Abs. 1 BGB lässt sich eine Beschränkung auf Wohngebäude hingegen nicht entnehmen.

V. Erhebliche Umbaumaßnahme an einem bestehenden Gebäude

Der Begriff der „erheblichen Umbaumaßnahme" entspricht in § 650i Abs. 1 BGB inhaltlich seinen wortlautgleichen Pendants aus Art. 3 Abs. 3 lit. f) VRRL[197] und somit auch § 312 Abs. 2 Nr. 3 BGB a.F..[198] Die betreffende Baumaßnahme muss daher auch im Rahmen des § 650i Abs. 1 BGB nach Art und Umfang einem Neubau gleichstehen; maßgeblich sind mithin Umfang und Komplexität des Eingriffs sowie das Ausmaß des Eingriffs in die bauliche Substanz des Gebäudes.[199] Demnach liegt eine erhebliche Umbaumaßnahme vor bei einer Kernsanierung[200], aber nicht bei der bloßen Neueindeckung eines Dachs[201] oder der Renovierung einer Innentreppe.[202]

---

196 So auch *Pause*, BauR 2017, 430, 431; *Omlor*, NJW 2018, 817, 819; DLOPS/*Stretz*, § 5, Rn. 26; *Lenkeit*, PiG 106, S. 81, 83.
197 BT-Drs. 18/8486, S. 61.
198 Hierzu s.o. Einleitung C.III.2.c), S. 42.
199 BT-Drs. 18/8486, S. 61.
200 *Karczewski*, NZBau 2018, 328, 330.
201 *Pause*, BauR 2017, 430, 431.
202 AG Bad Segeberg, Urteil vom 13.04.2015 – 17 C 230/14, NJW-RR 2015, 921, 922.

Wie auch schon im Rahmen des §§ 312 Abs. 2 Nr. 3 BGB a.F. ist jedoch die Befürchtung nicht von der Hand zu weisen, dass durch den unbestimmten Rechtsbegriff der erheblichen Umbaumaßnahme die Einführung des neuen Verbraucherbauvertrags nicht zu weniger, sondern zu erheblich mehr juristischen Auseinandersetzungen führen wird.[203] Diese Rechtsunsicherheit ist insbesondere vor dem Hintergrund, dass eine solch große Umbaumaßnahme nicht selten die größte Investition eines Verbrauchers in seinem Leben darstellt, kritisch zu sehen.[204]

Ihr lässt sich aber dadurch begegnen, dass zur Einordnung praktischer Fallkonstellationen auf bereits bestehende und in der Praxis etablierte Kasuistik zurückgegriffen wird. Als solche Orientierungshilfe bietet sich die über Jahre hinweg gefestigte und durch höchstrichterliche Rechtsprechung geklärte Abgrenzung zwischen einer umfassenden Kernsanierung („Neubau hinter historischer Fassade"[205]) und einer lediglich punktuellen Sanierung beim Bauträgervertrag an.[206] Diese Abgrenzung ist im Rahmen des Bauträgervertrags für den Umfang der Gewährleistung entscheidend. Wird eine Sanierungsmaßnahme als Kernsanierung qualifiziert, rechtfertigt dies die Anwendung von Werkvertragsrecht auf Mängel der gesamten Bausubstanz[207]; wird diese Schwelle jedoch nicht erreicht, bestehen werkvertragsrechtliche Mängelrechte auch nur hinsichtlich derjenigen Bauteile, welche tatsächlich von der Herstellungsverpflichtung des Auftragnehmers berührt sind.[208] Diese Abgrenzung aus dem Bereich des Bauträgervertrags ist für die Einordnung praktischer Fallkonstellationen in Bezug auf den Begriff der erheblichen Umbaumaßnahme vor allem deshalb naheliegend und geeignet, weil die Rechtsprechung auch dort im Ergebnis auf die – für das Vorliegen einer erheblichen Umbaumaßnahme gerade entscheidende – Frage abstellt, ob die baulichen Maßnahmen einer Neuherstellung des Gebäudes gleichkommen oder nicht.[209]

---

203 ZDH, Stellungnahme zum RefE, S. 7.
204 DAV, Stellungnahme zum RegE, S. 18 f.
205 Vgl. BGH, Urteil vom 07.05.1987 – VII ZR 366/85, NJW 1988, 490, 492.
206 So auch *Pause*, BauR 2017, 430, 431; DLOPS/*Stretz*, § 5, Rn. 33; *Pause/Vogel*, NZBau 2015, 667, 668.
207 BGH, Urteil vom 16.12.2004 – VII ZR 257/03, NJW 2005, 1115, 1116 m.w.N.; BGH, Urteil vom 07.05.1987 – VII ZR 366/85, NJW 1988, 490, 492.
208 BGH, Urteil vom 06.10.2005 – VII ZR 117/04, NJW 2006, 214 Rn. 16.
209 Erstmals: BGH, Urteil vom 07.05.1987 – VII ZR 366/85, NJW 1988, 490, 492; später BGH, Urteil vom 16.12.2004 – VII ZR 257/03, NJW 2005, 1115; BGH, Urteil vom 06.10.2005 – VII ZR 117/04, NJW 2006, 214, Rn. 27; BGH, Urteil vom 08.03.2007 – VII ZR 130/05, NZBau 2007, 371 Rn. 23; BGH, Urteil vom 26.04.2007 – VII ZR 210/05, NJW 2007, 3275 Rn. 16.

Wenn eine Umbaumaßnahme nach der Rechtsprechung zur Kernsanierung bei Bauträgerverträgen als mit einem Neubau vergleichbar zu qualifizieren ist, ist sie demnach auch „erheblich" im Sinne des § 650i Abs. 1 BGB. Andererseits fehlt es an der Erheblichkeit der Umbaumaßnahme, wenn nach den zum Bauträgervertrag entwickelten Grundsätzen eine Vergleichbarkeit mit einem Neubau nicht besteht.

Dies führt dazu, dass die Hürden für die Erheblichkeit einer Umbaumaßnahme sehr hoch sind. Bloße Instandhaltungen und Instandsetzungen – mögen diese auch noch so umfangreich und kostenaufwändig sein – sind damit nicht vom Anwendungsbereich des § 650i Abs. 1 BGB umfasst. Selbst eine von einer WEG beauftragte umfassende Fassadensanierung mit einer Auftragssumme von 1 Mio. € ist demnach kein Verbraucherbauvertrag. Hingegen liegt ein solcher vor, wenn Boden- und Wandbeläge, der Außenputz sowie der Anstrich erneuert, die Wasser- und Elektroleistungen ausgetauscht, eine Gasheizung eingebaut, neue Innentreppen und Türen angefertigt sowie ein Teil der Fenster und der Dacheindeckung erneuert werden.[210]

Es mag zwar bei wertender Betrachtung im Einzelfall bezweifelt werden, ob dieses enge Verständnis des Begriffs der erheblichen Umbaumaßnahme – insbesondere mit Blick auf die damit einhergehende Exklusion auch wirtschaftlich aufwändiger Instandsetzungsarbeiten – sachgerecht ist.[211] De lege lata ist dieses Verständnis aber die einzige Möglichkeit, eine auf Basis der Grundsätze jahrzehntelanger Rechtsprechung trennscharfe und rechtssichere Definition des Begriffs der erheblichen Umbaumaßnahme erreichen. Vor allem aber ist dieses Verständnis zur Vermeidung eines Konflikts mit europäischem Recht geboten, da aus Erwägungsgrund Nr. 26 der VRRL eindeutig das Erfordernis der Vergleichbarkeit mit einem Neubau hervorgeht. Der europäische Gesetzgeber hat damit deutlich gemacht, dass nur besonders weitreichende und tiefgreifende Umbaumaßnahmen als Ausnahmefall nicht der Richtlinie unterfallen sollen. Hingegen sind bloße Instandhaltungsarbeiten – unabhängig von ihrem finanziellen Ausmaß – vom Anwendungsbereich der VRRL umfasst, sodass es eine Verletzung übergeordneten Rechts bedeuten würde, diese unter § 650i Abs. 1 BGB zu subsumieren.

---

210 So die Konstellation bei BGH, Urteil vom 16.12.2004 – VII ZR 257/03, NJW 2005, 1115; *Pause*, Bauträgerkauf und Baumodelle, Rn. 634; DLOPS/*Stretz*, § 5, Rn. 33.
211 Vgl. *Pause/Vogel*, NZBau 2015, 667, 668.

VI. Zwischenergebnis

Beim Bauen auf eigenem Grund und Boden des Verbrauchers kommt die Baubeschreibungspflicht gemäß § 650j BGB vor dem Hintergrund der in diesem Kapitel gefundenen Ergebnisse zum Anwendungsbereich des § 650i Abs. 1 BGB nur zur Anwendung, wenn der Verbraucher die Baumaßnahme aus einer Hand beauftragt. Sie wird daher – vorbehaltlich ihrer erheblichen Relevanz bei Bauträgerverträgen mit Verbraucherbeteiligung, welche nicht Gegenstand dieser Untersuchung sind – ausschließlich bei Generalunternehmer-, Generalübernehmer- und Fertighausverträgen sowie ähnlichen Vertragskonstruktionen mit Gesamterrichtungsverpflichtung des Unternehmers zur (direkten) Anwendung kommen. Vor diesem Hintergrund wäre eine Bezeichnung des durch § 650i Abs. 1 BGB definierten Vertragstyps als „Verbrauchergebäudeerrichtungsvertrag" – wenn auch sprachlich wenig elegant – inhaltlich treffender gewesen als die etwas irreführende Begrifflichkeit des „Verbraucherbauvertrags".[212] Inwiefern eine analoge Anwendung der Baubeschreibungspflicht des Unternehmers auch auf Einzelgewerksverträge in Betracht kommt, wird an späterer Stelle in Teil 3 dieser Untersuchung geprüft.

Sachlich ist die Baubeschreibungspflicht in ihrer Reichweite dem Anwendungsbereich des § 650i Abs. 1 BGB folgend dahingehend eingeschränkt, dass sie nur bei Neubauten sowie wirklich weitreichend und umfänglich in die bauliche Substanz des bestehenden Gebäudes eingreifenden Umbaumaßnahmen und nicht etwa auch bei bloßen Instandsetzungs- und Modernisierungsmaßnahmen zum Zuge kommt. Sie bleibt aber dennoch von hoher Relevanz, da gerade bei umfangreichen Bauvorhaben mit Gesamterrichtungsverpflichtung die Reichweite der technischen und funktionalen Alternativen, Notwendigkeiten und Gestaltungsmöglichkeiten für den Verbraucher nur schwer zu überblicken ist. Gerade hier benötigt er einen unterstützenden Rahmen, an dem er sich orientieren kann.

---

212 *Glöckner*, VuR 2016, 123, 126 unter treffendem Hinweis darauf, dass auch im Kaufrecht nicht von einem „Verbraucherkaufvertrag", sondern von einem „Verbrauchsgüterkaufvertrag" die Rede ist; *Zander*, BWNotZ 2017, 115, 120; *Pfenning*, RNotZ 2018, 585, 587.

B. Negative Anwendungsvoraussetzung: Keine Freistellung des Unternehmers von der Baubeschreibungspflicht, § 650j Hs. 2 BGB

Jedoch ist der Unternehmer nicht bei jedem Verbraucherbauvertrag verpflichtet, dem Verbraucher eine Baubeschreibung zur Verfügung zu stellen – nämlich gemäß § 650j Hs. 2 BGB dann nicht, wenn der Verbraucher oder ein von ihm Beauftragter (regelmäßig ein Architekt) *„die wesentlichen Planungsvorgaben"* macht.

I. Hintergrund der Freistellungsregelung

Denn der Gesetzgeber geht davon aus, dass für den Verbraucher in diesem Fall aufgrund eigener Sachkunde und/oder Information durch den von ihm beauftragten Dritten kein besonderes Informationsbedürfnis besteht. Dies ist nachvollziehbar, da der Verbraucher sowohl dann, wenn er genügend Sachkunde besitzt, um selbst eine Planung zu erstellen, als auch dann, wenn er sich diese Sachkunde durch die Beauftragung eines Planers verschafft, letztlich die „Herrschaft über die Planungsgrundlagen" und somit auch Kenntnis von deren Inhalt hat.[213] In diesen Fällen liegen ihm die nötigen Informationen vor, er kann ihre Tragweite beurteilen und bedarf nicht des vom Gesetz angestrebten Schutzes in Form diesbezüglicher Erläuterungen.[214] Es wäre dann regelrecht treuwidrig, vom Unternehmer zu verlangen, dass er diese nicht von ihm entwickelten Planungsgrundlagen beschreibt.[215] Denn die Schutzbedürftigkeit des Verbrauchers entfällt, wenn ihm die nötigen Informationen bereits vorliegen.[216]

Allerdings muss für den Unternehmer erkennbar sein, dass der Verbraucher kein Informationsbedürfnis hat. Davon ist auszugehen, wenn durch das Verhalten des Verbrauchers oder des von ihm mit der Planung Beauftragten deutlich wird, dass die Baumaßnahme bereits in den wesentlichen Punkten ausgearbeitet ist. Das kann sich aus Erklärungen des Verbrauchers oder seines Beauftragten ergeben, aber auch aus der Vorlage von Angaben und Plänen zum Bauvorhaben, die den Anforderungen des Art. 249 § 2 EGBGB entsprechen[217], durch den Verbraucher oder seinen Planer.

---

213 *Hödl*, Das neue Bauvertragsrecht, Rn. 300.
214 Vygen/*Wirth/Schmidt*, Bauvertragsrecht Praxiswissen, Rn. 165.
215 MüKo BGB/*Busche*, § 650j BGB, Rn. 19.
216 Vygen/*Wirth/Schmidt*, Bauvertragsrecht Praxiswissen, Rn. 165.
217 MüKo BGB/*Busche*, § 650j BGB, Rn. 20.

II. Erstellung der wesentlichen Planungsvorgaben in der Sphäre des Verbrauchers

Der Ausnahmetatbestand in § 650j Hs. 2 BGB sieht zwei Alternativen vor: Die Erbringung der wesentlichen Planungsvorgaben durch den Verbraucher selbst sowie durch einen vom Verbraucher beauftragten Architekten oder sonstigen Planungsfachmann. Während beim Bauträgervertrag die Planung in aller Regel durch den Unternehmer erfolgt[218], sodass dort ein Entfall der Baubeschreibungspflicht gemäß § 650j Hs. 2 BGB kaum denkbar ist, spielt dieser Ausnahmetatbestand beim hier untersuchten Verbraucherbauvertrag durchaus eine praktische Rolle.

Die erste Alternative des § 650i Abs. 1 BGB dürfte aber auch dort in der Praxis kaum vorkommen – nämlich nur dann, wenn der Verbraucher selbst fachkundig – in der Regel also Architekt – ist.

Die zweite Alternative, dass der Verbraucher einen Fachmann mit der Erstellung der Planung beauftragt, kommt indessen häufig vor. Denn oftmals legen (auch private) Bauherren Wert darauf, ihre individuellen Vorstellungen beim Bauen – zumal selbst genutzter – Gebäude möglichst umfassend zu verwirklichen. Das ist sehr viel leichter möglich, wenn zunächst ein Planer ausschließlich damit befasst ist, diese Vorstellungen zu konkretisieren, als wenn unmittelbar ein Bauunternehmer – Generalunternehmer, Generalübernehmer oder Fertighaushersteller – beauftragt wird. Dieser setzt typischerweise standardisierte planerische Vorgaben um, auf deren Entstehung der Bauherr keinen Einfluss hatte, und die er oft nur marginal oder gar nicht an seine eigenen Wünsche anpassen lassen kann.[219] Vielfach hat er nur die Möglichkeit, an diesen festen Vorgaben noch kleinere Änderungen vornehmen zu lassen.

Zwar ließe sich daraus die Vermutung ableiten, dass auch die zweite Alternative des § 650j BGB in der Praxis nicht oft zum Tragen kommen wird, weil viele Unternehmer, die das „Bauen aus einer Hand" im Sinne des § 650i BGB anbieten, auch selber planen – oder, noch häufiger, standardisierte Pläne verwenden – wollen[220], sodass die Fälle, in denen der Verbraucher für Bauvorhaben, die er aus einer Hand errichten lassen will, die Pla-

---

218 Vgl. ibr-OK BauvertrR/*Pause/Vogel*, § 650u BGB, Rn. 40; BeckOGK/*Molt*, § 650u BGB, Rn. 58.
219 Vgl. DLOPS/*Stretz*, § 5, Rn. 88.
220 So auch *Hödl*, Das neue Bauvertragsrecht, Rn. 300.

nung von einem Architekten erstellen lässt, seltener werden.[221] Es ist aber davon auszugehen, dass es weiterhin Verbraucher gibt, die zwar die vor allem organisatorischen Mühen einer gewerkeweisen Vergabe scheuen, aber Wert auf eine individuelle Planung legen. § 650j BGB wird also durchaus eine gewisse praktische Bedeutung erhalten.

III. Wesentliche Planungsvorgaben

In diesen Fällen wird dann vielfach zu klären sein, unter welchen Voraussetzungen im Einzelfall eine Freistellung des Unternehmers von der Baubeschreibungspflicht gemäß § 650j Hs. 2 BGB anzunehmen ist. Entscheidend für die Beantwortung dieser Frage ist die Definition des Begriffs der *„wesentlichen Planungsvorgaben"*.

Klar ist jedenfalls, dass dieser im weitesten Sinne als Verweisung auf Art. 249 EGBGB zu verstehen ist.[222] Denn der Unternehmer hat gemäß § 650j Hs. 1 BGB *„den Verbraucher über die sich aus Art. 249 EGBGB ergebenden Einzelheiten in der dort vorgesehenen Form zu unterrichten"*. Nach dieser Formulierung des ersten Satzteils kann die anschließende tatbestandliche Ausnahme *„[...] es sei denn, der Verbraucher oder ein von ihm Beauftragter macht die wesentlichen Planungsvorgaben"* nur so verstanden werden, dass die „wesentlichen Planungsvorgaben" inhaltlich zumindest teiläquivalent mit denjenigen Informationen sein müssen, zu deren Weitergabe an den Verbraucher der Unternehmer im ersten Satzteil verpflichtet wird, mithin also mit den in Art. 249 § 2 EGBGB genannten Angaben.[223]

Indessen bezieht sich der Begriff der „wesentlichen Planungsvorgaben" nicht auf den kompletten § 2 des Art. 249 EGBGB, sondern nur auf dessen ersten Absatz.[224] Zwar sind vor dem Hintergrund der in der Gesetzesbegründung erfolgten Hervorhebung der Angaben in zeitlicher Hinsicht – also jenen des Art. 249 § 2 Abs. 2 EGBGB – diese Informationen als beson-

---

221 Vygen/*Wirth/Schmidt*, Bauvertragsrecht Praxiswissen, Rn. 165; Messerschmidt/ Voit/*Lenkeit*, § 650i BGB, Rn. 42 spricht davon, dass beim Bauen aus einer Hand die Planung „regelmäßig" vom Unternehmer übernommen wird.

222 MüKo BGB/*Busche*, § 650j BGB, Rn. 20.

223 So im Ergebnis auch LBD/*Rücker*t, § 650j BGB, Rn. 9.

224 Kniffka/Koeble/*Jurgeleit*/Sacher, Kompendium des Baurechts, 2. Teil, Rn. 82; so wohl auch BeckOK BGB/*Voit*, § 650j BGB, Rn. 4; a.A. (Verweis auch auf die Angaben des Art. 249 § 2 Abs. 2 EGBGB): Messerschmidt/Voit/*Lenkeit*, § 650j BGB, Rn. 8; BeckOGK/*Merkle*, § 650j BGB, Rn. 5; wohl auch LBD/*Rücker*t, § 650j BGB, Rn. 9.

ders wichtig[225] anzusehen; es steht im Konflikt mit dieser grundsätzlichen Zielsetzung des Verbraucherschutzes, dass derjenige Verbraucher, der die Planung selbst erbringt oder von einem Dritten vornehmen lässt, im Ergebnis dann nur die Angaben nach Art. 249 § 2 Abs. 1 EGBGB erhielte und gerade nicht die besonders wichtigen Angaben in zeitlicher Hinsicht. Es ist nicht ersichtlich, weshalb derjenige Verbraucher, der zunächst einen Architekten beauftragt und einen Unternehmer sodann mit der Ausführung „aus einer Hand" beauftragt, insoweit schlechter stehen soll als derjenige, der sowohl Planungs- als auch Bauleistungen beim Unternehmer beauftragt. Denn auch Ersterer hat ein nachvollziehbares Interesse daran, vorab über den Zeitpunkt der Beendigung der Baumaßnahme informiert zu werden.[226] Das Fachwissen eines Architekten oder Planers vermag diese Information im Einzelfall nicht zu ersetzen.[227]

Allerdings hätte die Freistellungsregelung des § 650j Hs. 2 BGB gar keinen praktischen Anwendungsbereich mehr, wenn man die Verweisung auf den gesamten § 2 des Art. 249 EGBGB und somit auch auf die Angaben zur Bauzeit im zweiten Absatz bezöge. Denn derartige Angaben über Fertigstellungszeitpunkt oder Dauer der baulichen Maßnahmen wird ein vom Verbraucher beauftragter Planer in aller Regel nicht machen können.[228] Nur der letztlich mit der Ausführung beauftragte Unternehmer kann einschätzen und festlegen, wie lange er für die Umsetzung des Bauvorhabens benötigen wird und so ausgehend von einem festgelegten Baubeginn das Datum für das Ende der Baumaßnahme errechnen. Denn der vom Verbraucher beauftragte Planer weiß zwar, welche Leistungen für die Erstellung des Bauvorhabens erforderlich sind. Er kann aber mangels Kenntnis der Personal- und Zeitressourcen, der Arbeitsweise und der finanziellen Kapazitäten des mit der Ausführung beauftragten Unternehmers nicht wissen, wie lange genau dieser Unternehmer zur Durchführung der ausgewiesenen Leistungen benötigen wird.

Würde man auch die Angaben nach Art. 249 § 2 Abs. 2 EGBGB unter den Begriff der „wesentlichen Planungsvorgaben" subsumieren, hieße dies im Ergebnis, dass ein vom Verbraucher beauftragter Planer diese Vorgaben gar nie vollständig machen kann; die Freistellung des Unternehmers nach

---

225 BT-Drs. 18/8486, S. 62; Messerschmidt/Voit/*Lenkeit*, § 650j BGB, Rn. 8.
226 Messerschmidt/Voit/*Lenkeit*, § 650j BGB, Rn. 8; BeckOGK/*Merkle*, § 650j BGB, Rn. 5.
227 Messerschmidt/Voit/*Lenkeit*, § 650j BGB, Rn. 8; BeckOGK/*Merkle*, § 650j BGB, Rn. 5.
228 So wohl auch *Orlowski*, ZfBR 2016, 419, 430.

§ 650j Hs. 2 BGB käme demnach nie zur Anwendung, weil dem Verbraucher jedenfalls die bauzeitbezogenen Informationen fehlen. Dies kann nicht die Absicht des Gesetzgebers gewesen sein.

Dies unterstreicht auch eine nähere Betrachtung des Gesetzgebungsverfahrens. Hier hatte der Bundesrat in seiner Stellungnahme zum Regierungsentwurf des § 650j BGB folgende Formulierung vorgeschlagen:

> *„Der Unternehmer hat den Verbraucher über die sich aus Art. 249 EGBGB ergebenden Einzelheiten in der dort vorgesehenen Form zu unterrichten. Auf die Baubeschreibung kann verzichtet werden, soweit die wesentlichen Eigenschaften des Werks und der durchzuführenden Arbeiten in Planungsvorgaben des Verbrauchers oder eines von ihm Beauftragten in Textform niedergelegt sind.“*[229]

Aus dieser Formulierung geht eindeutig hervor, dass bei Planung durch den Verbraucher oder einen von ihm beauftragten Fachmann lediglich die Angaben gemäß Art. 249 § 2 Abs. 1 EGBGB die Baubeschreibungspflicht entfallen lassen, da hierfür nur „die wesentlichen Eigenschaften des Werks und der durchzuführenden Arbeiten“ niedergelegt sein müssen. Von zeitlichen Angaben ist hier keine Rede.

Zwar wurde die konkrete Formulierung von der Bundesregierung abgelehnt und stattdessen an § 650j BGB in seiner jetzigen Fassung festgehalten. Diese Ablehnung wurde allerdings ausschließlich auf das Wort „kann“ gestützt, da eine solche Ermessensentscheidung über die Erteilung einer Baubeschreibung kaum sachlich zu begründen sei.[230] E contrario ist dem zu entnehmen, dass auch der Gesetzgeber selbst den Begriff der wesentlichen Planungsvorgaben so versteht, wie dieser vom Bundesrat präzisiert wurde, nämlich im Sinne der Angaben nach Art. 249 § 2 Abs. 1 EGBGB. Diese werden in Anbetracht der durch den Katalog des Art. 249 § 2 Abs. 1 S. 2 EGBGB geforderten Mindestinformationen erst nach Vorliegen der Ergebnisse der Ausführungsplanung vorliegen; eine bloße Genehmigungsplanung wird hierzu in der Regel nicht ausreichen.[231]

Dies bedeutet aber gleichzeitig, dass derjenige Verbraucher-Bauherr, der in eigener Verantwortung Planungsleistungen erbringt bzw. erbringen lässt und auf Basis dieser Planung dann einen Unternehmer mit der Durchführung der Arbeiten aus einer Hand beauftragt, im Ergebnis

---

229 BT-Drs. 18/8486, S. 91.
230 BT-Drs. 18/8486, S. 100.
231 BeckOGK/*Merkle*, § 650j BGB, Rn. 5; BeckOK BauVertrR/*Langjahr*, § 650j BGB, Rn. 5.

schlechter steht als derjenige, der sämtliche Arbeiten inklusive der Planung beim Unternehmer beauftragt. Ersterer hat vorvertraglich keinen Anspruch auf Zurverfügungstellung von Angaben zum zeitlichen Horizont des Bauvorhabens. Insbesondere in Anbetracht der Tatsache, dass der Gesetzgeber den Verbraucher in Bezug auf diese Angaben als besonders schutzwürdig einstuft, gibt die konkrete Ausgestaltung des § 650j Hs. 2 BGB daher Anlass zur Kritik und ist als misslungen zu bezeichnen; dies gilt umso mehr, da die hiermit verbundenen Problematiken bereits im Gesetzgebungsverfahren angesprochen wurden[232] und insbesondere die Streitanfälligkeit des Begriffs der „wesentlichen Planungsvorgaben" samt den in der Praxis daraus resultierenden Auslegungsschwierigkeiten hervorgehoben wurde.[233]

Gleichwohl sind auch dann, wenn die Baubeschreibungspflicht gemäß § 650j Hs. 2 BGB entfällt, die Angaben in zeitlicher Hinsicht gemäß § 650k Abs. 3 S. 1 BGB als verbindlicher Vertragsinhalt aufzunehmen, sodass insoweit ein Mindestschutz des Verbrauchers auch dann gewährleistet bleibt, wenn er selbst die wesentlichen Planungsvorgaben macht.

IV. Fortbestehen der Baubeschreibungspflicht des Unternehmers bei unzureichenden Planungsvorgaben des Verbrauchers

Entscheidet sich der Verbraucher trotz der hiermit verbundenen Nachteile und Unsicherheiten dafür, die wesentlichen Planungsleistungen selbst zu erbringen oder hiermit einen eigenen Planer zu beauftragen, ist fraglich, inwieweit den (ausführenden) Unternehmer dennoch eine Informationspflicht nach § 650j BGB i.V.m. Art. 249 EGBGB trifft, wenn der beauftragende Verbraucher zwar die Planung selbst erbringt bzw. von einem von ihm beauftragten Planer vornehmen lässt, diese Planung jedoch unzureichend ist, mithin also die „wesentlichen Planungsvorgaben" dem Verbraucher nur teilweise vorliegen.

1. Auslegung

§ 650j Hs. 2 BGB trifft für diesen Fall keine ausdrückliche Regelung. Eine Auslegung der Vorschrift führt aber zu dem Ergebnis, dass die Baube-

---

232 *Orlowski*, ZfBR 2016, 419, 430.
233 DNotV, Stellungnahme zum RefE, S. 11.

schreibungspflicht auch dann fortbesteht, wenn die dem Verbraucher vorliegenden Planungsvorgaben unzureichend sind.

a) Wortlaut

Hierfür spricht zunächst der eindeutige Wortlaut des § 650j BGB. Die Baubeschreibungspflicht des Unternehmers soll demnach nur dann entfallen, wenn der vom Verbraucher beauftragte Planer „die wesentlichen Planungsvorgaben" macht – dies sind, wie vorstehend gezeigt, *alle* gemäß Art. 249 § 2 Abs. 1 EGBGB zu erteilenden Mindestinformationen. Liegt eine der hiernach erforderlichen Informationen dem Verbraucher nicht vor, sind bei strengem Verständnis des Wortlauts auch die Voraussetzungen des § 650j Hs. 2 BGB nicht erfüllt. Es liegen dem Verbraucher dann zwar Planungsunterlagen vor; da aber sein Informationsinteresse jedenfalls teilweise fortbesteht, sind diese Informationen nicht die „wesentlichen Planungsvorgaben" i.S.d. § 650j Hs. 2 BGB.[234] Es verbleibt demnach bei der Informationspflicht des Unternehmers.[235]

b) Telos

Für dieses Ergebnis spricht vor allem auch das Telos des § 650j BGB. Die Vorschrift soll in erster Linie sicherstellen, dass der Verbraucher die Entscheidung über die Umsetzung eines für ihn in der Regel finanziell sehr aufwändigen Bauvorhabens in gut informiertem Zustand trifft. Zu diesem Zweck gewährleistet § 650j BGB i.V.m. Art. 249 § 2 EGBGB die Übergabe von (Mindest-)Informationen an den Verbraucher.[236]

Oberste Priorität muss es demnach haben, im Ergebnis sicherzustellen, dass der Verbraucher rechtzeitig vor Beauftragung des Unternehmers alle in Art. 249 § 2 Abs. 1 EGBGB aufgeführten Informationen hat. Ob diese Informationen am Ende durch den Unternehmer oder einen beauftragten Planer bereitgestellt werden, ist sekundär; wichtig ist nur, dass alle erforderlichen Angaben dem Verbraucher zur Verfügung gestellt werden, sodass dieser eine informierte Entscheidung treffen kann und nicht während

---

234 MüKo BGB/*Busche*, § 650j BGB, Rn. 21.
235 Messerschmidt/Voit/*Lenkeit*, § 650j BGB, Rn. 7.
236 BT-Drs. 18/8486, S. 62; ausführlich zum Telos der Baubeschreibungspflicht sogleich in Teil 2, A., S. 94 ff.

des Bauvorhabens vertraglichen und finanziellen Risiken ausgesetzt wird. Ein anderes Ergebnis widerspräche dem Regelungskanon der §§ 650i-650l BGB, von dem gemäß § 650o BGB nicht zulasten des Verbrauchers abgewichen werden darf. Es soll durch die Gesamtheit dieser Normen sowie die Festlegung, dass eine Abweichung hiervon zulasten des Verbrauchers nicht zulässig ist, sichergestellt werden, dass der Verbraucher sich in jedem Fall auf den Schutz der jeweiligen Regelungen berufen kann. Dies würde unterlaufen, wenn man ihm diesen Schutz für den Fall einer unzureichenden Information durch einen beauftragten Planer entziehen würde.

Das gilt umso mehr, da § 650j Hs. 2 BGB als Ausnahmeregelung von einer verbraucherschützenden Regelung eng auszulegen ist.[237] Bei der gebotenen engen Betrachtung kann ein Entfallen der Informationspflicht nur dann angenommen werden, wenn dem Verbraucher bereits alle wesentlichen Planungsvorgaben, mithin also alle nach Art. 249 § 2 Abs. 1 EGBGB ansonsten vom Unternehmer bereitzustellende Informationen, vorliegen. Ist dies jedoch nicht in vollem Umfang der Fall, verbleibt es bei der Baubeschreibungspflicht des Unternehmers.

Es ist darüber hinaus bei wertender Betrachtung auch nicht ersichtlich, weshalb derjenige Verbraucher, der zunächst einen Planer beauftragt und einen Unternehmer lediglich mit der Ausführung dieser zuvor erstellten Planung betraut, weniger Schutz genießen sollte als derjenige, der neben der Ausführung auch die Planung beim Unternehmer beauftragt. Auch ein beauftragter Planer wird nicht (primär) als beratender Freund des Verbrauchers, sondern in allererster Linie als mit Gewinnerzielungsabsicht handelnder Fachmann tätig. Der Verbraucher muss daher auch in diesem Szenario auf seinen über § 650j BGB garantierten Schutz vertrauen können.

c) Ergebnis und Auswirkungen

Dieses im Wege der Auslegung und strengen Gesetzesanwendung gefundene Ergebnis führt zu mehreren Auswirkungen, die aus Unternehmersicht zwar unerfreulich, jedoch aus den vorgenannten Gründen zum Zwecke des Verbraucherschutzes in Kauf zu nehmen sind.

So muss der Unternehmer – um einschätzen zu können, ob er seinerseits zur Zurverfügungstellung einer Baubeschreibung verpflichtet ist – prüfen, welche Angaben dem Verbraucher bereits gemacht wurden und

---

237 LBD/*Rückert*, § 650j BGB, Rn. 8.

diese mit den Mindestvorgaben des Art. 249 § 2 Abs. 1 EGBGB abgleichen. Allerdings hat der Unternehmer ohnehin – auch im BGB-Vertrag – die Pflicht zur Prüfung, ob seine Leistung aufbauend auf der Planung und den Vorgaben des Auftraggebers mangelfrei erstellt werden kann.[238] Insoweit wird er also nicht erheblich stärker belastet als schon nach alter Rechtslage, wenn er auf Grundlage einer vom Verbraucher eingebrachten Planung Leistungen erbringen will.

Hinzu kommt noch, dass die Beweislast dafür, dass der Verbraucher oder ein von ihm Beauftragter die wesentlichen Planungsgrundlagen gemacht haben, ebenfalls beim Unternehmer liegt.[239] Dieser müsste also in dem Fall, dass der Verbraucher ihm gegenüber Ansprüche wegen einer nicht oder nicht ausreichend erteilten vorvertraglichen Information durch Zurverfügungstellung einer Baubeschreibung gemäß § 650j BGB geltend macht, genau darlegen und gegebenenfalls beweisen, dass die Voraussetzungen der Freistellung gemäß § 650j Hs. 2 BGB vorliegen. Er hätte also darzutun, dass und in welchem Umfang dem Verbraucher bereits vor Vertragsschluss entsprechende Angaben vorlagen; dies wird ihm regelmäßig große Schwierigkeiten bereiten.

2. Keine „teilweise" Baubeschreibungspflicht

Falls dem Verbraucher trotz Beauftragung eines Planers nicht alle wesentlichen Planungsvorgaben vorliegen, besteht die Baubeschreibungspflicht des Unternehmers nicht nur teilweise – etwa, soweit dem Verbraucher die nach Art. 249 § 2 EGBGB erforderlichen Informationen nicht vorliegen –, sondern vielmehr in ihrem vollen, ursprünglichen Umfang fort.[240]

Hierfür spricht zunächst der Wortlaut des § 650j BGB. Dieser sieht keine teilweise Informationserteilung durch den Unternehmer vor. Entweder, dieser hat – so der Grundsatz – dem Verbraucher alle erforderlichen Informationen zur Verfügung zu stellen. Oder aber, diese Pflicht entfällt gänzlich, § 650j Hs. 2 BGB. Eine Aufteilung der Informationspflicht dergestalt, dass der Verbraucher einige der erforderlichen Informationen von dem

---

238 BGH, Urteil vom 23.10.1986 – VII ZR 48/85, NJW 1987, 643; KG, Urteil vom 09.01.2015 – 7 U 227/03, BeckRS 2015, 118954, Rn. 63 ff.

239 Messerschmidt/Voit/*Lenkeit*, § 650j BGB, Rn. 55. LBD/*Rückert*, § 650j BGB, Rn. 9.

240 A.A. Messerschmidt/Voit/*Lenkeit*, § 650j BGB, Rn. 7; BeckOGK/*Merkle*, § 650j BGB, Rn. 5.1.

von ihm beauftragten Planer und die übrigen, noch fehlenden Informationen dann im Anschluss vom Unternehmer erteilt bekommt, sieht die Norm nicht vor. Eine hierfür typische Vokabel im Gesetzestext, wie z. B. die Verwendung des Wortes „soweit" fehlt im Wortlaut des § 650j BGB.

Eine Aufteilung der Informationspflicht widerspräche darüber hinaus auch dem mit § 650j BGB bezweckten Ziel des Verbraucherschutzes. Eine umfassende und gründliche Information des Verbrauchers mit dem Zweck, diesem eine Kenntnisnahme von den wesentlichen Vertragsinhalten sowie einen Vergleich mit anderen Angeboten zu ermöglichen, kann nicht effektiv gewährleistet werden, wenn dieser von verschiedenen Vertragspartnern jeweils zahlreiche Einzelinformationen erhält, die er sich dann selbst gleich einem informationstechnischen Flickenteppich zusammenfügen und in Einklang bringen muss.

Das durch § 650j BGB verfolgte Ziel kann vielmehr nur dann erreicht werden, wenn dem Verbraucher in einer einzigen Baubeschreibung die erforderlichen Informationen alle auf einmal übermittelt werden, sodass dieser sich auf einen Blick ein Gesamtbild von der Baumaßnahme machen kann.[241] Schon aus Beweisgründen muss auch der ausführende Unternehmer ein Interesse an einem solchen Vorgehen haben.[242] Zudem würde bei einer nur teilweisen, ergänzenden Beschreibung durch den Unternehmer der Formzweck des Art. 249 § 1 EGBGB bzw. des § 650i Abs. 2 BGB verfehlt. Auch deshalb muss der Verbraucher in diesem Fall eine vollständige Baubeschreibung durch den Unternehmer verlangen können.[243]

Im Ergebnis besteht also die Baubeschreibungspflicht des Unternehmers auch dann in vollem Umfang, wenn der Verbraucher zwar selbst einen Planer beauftragt, von diesem aber nicht alle nach Art. 249 § 2 Abs. 1 EGBGB erforderlichen Informationen erhalten hat. Der beauftragte Unternehmer wird daher auch bei Fehlen nur einer einzelnen wesentlichen Eigenschaft dem Verbraucher nochmals alle Mindestinformationen zur Verfügung stellen müssen.

---

241 So auch Messerschmidt/Voit/*Lenkeit*, § 650j BGB, Rn. 7, Fn. 5, der zwar grundsätzlich die Möglichkeit einer teilweisen Baubeschreibungspflicht des Unternehmers bejaht, unter anderem aus dem bezeichneten Grund aber dennoch die Übergabe einer vollständigen Beschreibung durch den Unternehmer empfiehlt.

242 MüKo BGB/*Busche*, § 650j BGB, Rn. 21; Messerschmidt/Voit/*Lenkeit*, § 650j BGB, Rn. 7, Fn. 5.

243 Palandt/*Sprau*, § 650j BGB, Rn. 2.

3. Zwischenergebnis

Es ist vor diesem Hintergrund davon auszugehen, dass das Interesse von Generalunternehmern und Generalübernehmern daran, auf Grundlage vom Verbraucher gestellter Planungsvorgaben ein Bauvorhaben aus einer Hand umzusetzen, durch die Einführung der Baubeschreibungspflicht sinken wird. Will ein Verbraucher dennoch ein Gebäude nach eigener Planung errichten lassen und hierbei auf die Vorzüge des „Bauens aus einer Hand" nicht verzichten, wird er dieses gesunkene Interesse des Unternehmers durch eine erhöhte Vergütung ausgleichen müssen – dies gilt jedenfalls dann, wenn der Unternehmer gewillt ist, die geltenden Verbraucherschutzvorschriften zu beachten. Vor diesem Hintergrund dürfte § 650j Hs. 2 BGB nur eine geringe praktische Bedeutung zukommen.[244]

---

[244] So im Ergebnis auch *Pause*, Bauträgerkauf und Baumodelle, Rn. 442; *Pfenning*, RNotZ 2018, 585, 592.

Teil 2: Die Baubeschreibungspflicht im Verbraucherbauvertrag nach § 650j BGB

Ob die Baubeschreibungspflicht für die Fälle ihrer Anwendbarkeit auch inhaltlich und in Bezug auf die mit ihr verknüpften Rechtsfolgen geeignet ist, zu einer Verbesserung des Verbraucherschutzes beizutragen, wird im folgenden Hauptabschnitt der Arbeit untersucht.

A. Zielsetzung und Anlass der Baubeschreibungspflicht

Aufgrund der bereits dargestellten Probleme für einen bauwilligen Verbraucher, angesichts der technischen Komplexität von Baubeschreibungen das vereinbarte Vertragssoll überblicken und inhaltlich nachvollziehen zu können, bestand die Notwendigkeit, eine gesetzliche Regelung zu treffen, die zumindest die Aufnahme gewisser Eckdaten in die Baubeschreibung vorschreibt, welche den Verbrauchern ein bessere Entscheidungsgrundlage verschaffen sollen.

I. Schutz des Verbrauchers

Die Baubeschreibungspflicht soll gewährleisten, dass Verbraucher möglichst detaillierte und verlässliche Informationen über die geplante Baumaßnahme erhalten, die es ihnen ermöglichen, die von einem bestimmten Unternehmer angebotene Leistung – bei Bedarf mit Hilfe eines Fachmanns – mit anderen Angeboten zu vergleichen, sodass sie die Art und Weise der angebotenen Arbeiten und den zeitlichen und insbesondere finanziellen Umfang der angedachten Baumaßnahme vor Vertragsabschluss überblicken können.[245] Auf diese Weise sollen die aufgrund der Vertragsverhandlungen entstandenen, gerechtfertigten Erwartungen des Verbrauchers als Besteller geschützt werden.[246]

---

245 BT-Drs. 18/8486, S. 62; BeckOGK/*Merkle*, § 650j BGB, Rn. 3.
246 BT-Drs. 18/8486, S. 62.

Hierbei hat der Gesetzgeber die typische Situation im Blick: Der bauwillige Verbraucher ist technischer Laie und hat daher ein Informationsdefizit gegenüber dem fachkundigen Unternehmer.[247] Das Baurecht ist parallel zur stetigen Weiterentwicklung der Bautechnik zu einer komplexen Spezialmaterie geworden, die für den durchschnittlichen Verbraucher kaum noch zu überblicken ist.[248] Dieses Informationsdefizit soll durch die Informationspflicht nach § 650j BGB i.V.m. Art. 249 EGBGB zumindest teilweise kompensiert werden.[249]

Zwar haben bereits vor der Einführung des § 650j BGB Bauunternehmer in der Praxis im Vorfeld von Vertragsabschlüssen den potentiellen Bauherren Baubeschreibungen zur Verfügung gestellt.[250] Diese enthielten aber häufig unvollständige, unklare und mehrdeutige Regelungen[251], was zu großen Unsicherheiten bei der Vertragsauslegung hinsichtlich der vom Unternehmer geschuldeten Leistung führte.[252] Dies wiederum resultierte oft während der Bauausführung im Streit zwischen den Vertragsparteien. Weil die vom Unternehmer vorgegebenen „Beschreibungen" häufig dessen Sichtweise stützten, befand sich der Verbraucher als bautechnischer und rechtlicher Laie oft in einer schwächeren Position und stand vor der wenig erfreulichen Wahl, sich entweder einer (unter Umständen auch gerichtlichen) kosten- und zeitintensiven Auseinandersetzung mit dem Unternehmer mit ungewissem Ausgang zu stellen oder nachzugeben und eine Auslegung der unklaren Leistungsbeschreibung zu seinen Lasten hinzunehmen.[253] Die unzureichenden Baubeschreibungen gepaart mit dem strukturellen Informationsdefizit der Verbraucher gegenüber den Unternehmern führten dazu, dass vor Vertragsschluss eine Überprüfung der in der Baubeschreibung festgelegten Leistungspflichten und insbesondere ein Vergleich unterschiedlicher Angebote mehrerer Unternehmer nur schwer möglich war und es nicht selten zu übereilten Vertragsschlüssen kam.[254]

Dieser Zustand sollte durch die Regelung des § 650j BGB korrigiert und dahingehend abgeändert werden, dass sich Verbraucher auf eine hinreichend klare und die Leistungspflichten der Unternehmer eindeutig defi-

---

247 *Billen*, BauR 2016, 2537, 2539.
248 Messerschmidt/Voit/*Lenkeit*, § 650i BGB, Rn. 3.
249 BeckOGK/*Merkle*, § 650j BGB, Rn. 3.
250 BFW, Stellungnahme zum RefE, S. 6.
251 Vgl. Einführung, B.II., S. 27 ff.
252 *Schmid*, Das neue gesetzliche Bauvertragsrecht, Rn. 257 bezeichnet diesen Zustand der unklaren Baubeschreibungen gar als „Krebsübel".
253 *Glöckner*, VuR 2016, 123, 126; *Billen*, BauR 2016, 1537, 1538.
254 Deutscher Baugerichtstag, Stellungnahme zum RefE, S. 24.

nierende Baubeschreibung berufen können.[255] Die neue Vorschrift soll effektiv die Risiken entschärfen, die daraus resultieren, dass der Verbraucher in der Praxis regelmäßig nicht die Verhandlungsmacht und das technische Wissen hat, um für sich günstige Vertragsbedingungen auszuhandeln.[256] Die Bedeutung der Baubeschreibungspflicht für den Schutz des Verbrauchers ist daher sehr hoch einzuschätzen.[257]

II. Förderung des Wettbewerbs

Durch die aufgrund der Baubeschreibungspflicht für den Verbraucher ermöglichte Überprüfung der angebotenen Leistung – auch durch einen sachverständigen Dritten – und die dadurch eröffnete Möglichkeit eines Preis-Leistungs-Vergleichs mit anderen Angeboten soll nach dem Willen des Gesetzgebers auch der Wettbewerb gefördert werden.[258] Auch dieser Gedanke scheint durchaus plausibel. Gerade in Zeiten eines „Anbieter"-Markts für Bauleistungen, der den Wettbewerb stark einschränkt[259], liegt die Bestrebung, diese Wettbewerbssituation zu verbessern, nahe.

Denn das bisherige Fehlen einer gesetzlichen Regelung zur Baubeschreibungspflicht trug dazu bei, einheitliche Wettbewerbsbedingungen zu verhindern und Wettbewerbsverfälschungen durch „schwarze Schafe" zu erleichtern.[260] Durch die Regelung des Mindestinhalts von Baubeschreibungen und die hierdurch zu erwartende Erleichterung ihrer Vergleichbarkeit soll es Unternehmern erschwert werden, bewusst Unklarheiten in ihre Bauverträge einzubauen, um diese später zu ihren Gunsten nutzen zu können. Die bisher häufige Verwendung unklarer oder lückenhafter Baubeschreibungen hat verschiedene Ursachen. Vielfach mag das schlicht der Unachtsamkeit mancher Unternehmer geschuldet gewesen sein.[261] Aber es ist keineswegs auszuschließen, dass unredliche Unternehmer ganz bewusst mangelhafte Baubeschreibungen verwendeten, um hieraus später selbst einen Vorteil ziehen zu können. Solchen Praktiken soll durch die neu ge-

---

255 *Schmid*, Das neue gesetzliche Bauvertragsrecht, Rn. 257.
256 RefE, S. 22.
257 Vygen/*Wirth*/*Schmidt*, Bauvertragsrecht Praxiswissen, Rn. 166; MüKo BGB/*Busche*, § 650j BGB, Rn. 1.
258 BT-Drs. 18/8486, S. 62.
259 *Glöckner*, VuR 2016, 163, 165.
260 *Glöckner*, 5. Deutscher Baugerichtstag, Thesenpapiere der Arbeitskreise, S. 30.
261 *Schmid*, Das neue gesetzliche Bauvertragsrecht, Rn. 257.

schaffenen Regelungen zur Baubeschreibungspflicht Einhalt geboten werden.

Es wird für die Unternehmer schwieriger werden, den genauen Umfang der von ihnen zu erbringenden Leistungen zu verschleiern und sich hierdurch Vorteile gegenüber Konkurrenten zu verschaffen. Gleichzeitig dürfte der Wettbewerb zwischen Bauunternehmern davon profitieren, wenn potentielle Kunden deutlich besser erkennen können, bei welchem Unternehmer sie welche Leistungen für welchen Preis erhalten.

Leistungsstarke, seriös arbeitende Unternehmer hatten auch vor Einführung des § 650j BGB kein Problem damit, eine qualitativ hochwertige Baubeschreibung als Grundlage für Vertragsverhandlungen und Verträge zu erstellen.[262] Sie müssen aufgrund der Einführung der Baubeschreibungspflicht ihr Geschäftsgebaren nicht nennenswert ändern.[263] Unternehmer hingegen, die zur Erlangung von Aufträgen zur Anwendung unlauterer Mittel bereit waren oder die Erstellung einer detaillierten Baubeschreibung schlicht für überflüssig hielten, werden nun umdenken müssen.[264] Die Einführung der Baubeschreibungspflicht jedenfalls in Verbraucherverträgen wird deshalb zu einem fairen und funktionierenden Wettbewerb seriöser Unternehmer beitragen.[265]

Dieser Schutz des Wettbewerbs wird noch dadurch forciert, dass zeitgleich mit der Einführung des neuen Bauvertragsrechts gemäß § 2 Abs. 2 S. 1 Nr. 1 f) UKlaG die Regelungen der §§ 650i ff. BGB als Verbraucherschutzgesetze im Sinne des UKlaG deklariert wurden. Bei einer Verletzung der Baubeschreibungspflicht, welche eine vorvertragliche Informationspflicht darstellt, kann ein Unternehmer demnach mittels eines Unterlassungsanspruchs gemäß § 2 UKlaG auf Unterlassung dieser verbraucherrechtswidrigen Praktik in Anspruch genommen werden[266], und unter Umständen droht ihm eine Inanspruchnahme auf Schadensersatz nach §§ 8 ff. UKlaG.[267] Verwendet ein Unternehmer von den §§ 650i ff. BGB zu Lasten des Verbrauchers abweichende und damit unwirksame Klauseln, erwecken diese den Anschein von Allgemeinen Geschäftsbedingungen und können deshalb von nach § 4 UKlaG befugten Verbänden abgemahnt und gericht-

---

262 *Billen*, BauR 2016, 1537, 1540.
263 BFW, Stellungnahme zum RefE, S. 3.
264 *Billen*, BauR 2016, 1537, 1540.
265 So auch: VBP, Stellungnahme zum RefE, S. 6 u. S. 10; Deutscher Baugerichtstag, Stellungnahme zum RefE, S. 25.
266 Messerschmidt/Voit/*Lenkeit*, § 650j BGB, Rn. 53.
267 Messerschmidt/Voit/*Lenkeit*, § 650j BGB, Rn. 53.

lich verfolgt werden.[268] Auch dies trägt zur Förderung eines fairen Wettbewerbs bei, da der gegen die Baubeschreibungspflicht verstoßende Unternehmer sich somit zusätzlichen, teilweise (finanziell) empfindlichen Konsequenzen ausgesetzt sieht.

B. Rechtscharakter der Baubeschreibungspflicht

Vor diesem Hintergrund ist nun der Rechtscharakter der Baubeschreibung zu ermitteln.

I. Qualifikation als nicht-leistungsbezogene Nebenpflicht

Ihrer Rechtsnatur nach ist die Baubeschreibungspflicht nach § 650j BGB eine vorvertragliche und somit nicht leistungsbezogene Nebenpflicht im Sinne des § 241 Abs. 2 BGB.[269] Derartige Nebenpflichten geben keine einklagbaren Rechte.[270] Der Verbraucher kann also nicht auf Erstellung und Herausgabe einer Baubeschreibung klagen.[271]

Teilweise wird die Baubeschreibungspflicht als leistungsbezogene Nebenpflicht gemäß § 241 Abs. 1 BGB eingeordnet und dem Verbraucher konsequenterweise ein einklagbarer Erfüllungsanspruch gewährt.[272] Dem ist entgegenzuhalten, dass der Unternehmer seiner Informationsverpflichtung *vor* Vertragsschluss nachkommen muss, vgl. Art. 249 § 1 EGBGB. Zu diesem Zeitpunkt ist zwischen den Parteien jedoch weder eine vertragliche Beziehung begründet noch wurden gegenseitige Leistungspflichten vereinbart.[273] Ein Unternehmer, mit dem kein Vertragsverhältnis besteht, kann nicht klageweise auf die Erstellung und Übergabe einer Baubeschreibung in Anspruch genommen werden. Sonst wäre der Willkür einzelner Verbraucher im Anwendungsbereich des Gesetzes Tür und Tor geöffnet; auch diejenigen, die an einem Vertragsabschluss mit dem konkreten Unternehmer gar kein Interesse haben, könnten von ihm zeitaufwändige Leistungen fordern, nur weil sie mit ihm verhandeln.

---

268 Messerschmidt/Voit/*Lenkeit*, § 650j BGB, Rn. 53.
269 DLOPS/*Stretz*, § 5, Rn. 124; BeckOGK/*Merkle*, § 650j BGB, Rn. 33; LBD/*Rückert*, § 650j BGB, Rn. 9.
270 Palandt/*Grüneberg*, § 241 BGB, Rn. 7 sowie § 242 BGB, Rn. 25.
271 DLOPS/*Stretz*, § 5, Rn. 124; BeckOGK/*Merkle*, § 650j BGB, Rn. 33.
272 MüKo BGB/*Busche*, § 650j BGB, Rn. 18; BeckOK BGB/*Voit*, § 650j BGB, Rn. 2.
273 DLOPS/*Stretz*, § 5, Rn. 124.

Auch § 312a Abs. 2 BGB wird als nicht-leistungsbezogene Nebenpflicht eingeordnet.[274] Da sich § 650j BGB an dieser allgemeinen Informationspflicht des § 312a Abs. 2 BGB orientiert[275], ist die Qualifikation der aus § 312a Abs. 2 BGB resultierenden Pflichten auf die Baubeschreibungspflicht übertragbar.

Dass das deutsche Verbraucherrecht einen einklagbaren Anspruch während des vorvertraglichen Stadiums systematisch nicht kennt, zeigt die dogmatische Einordnung des § 311 Abs. 2 BGB deutlich; hiernach können vor Vertragsabschluss lediglich Pflichten nach § 241 Abs. 2 BGB entstehen.[276] Der Gesetzgeber selbst machte in der Gesetzesbegründung unmissverständlich deutlich, dass er die Baubeschreibungspflicht des § 650j BGB als eben jenem Bereich des § 311 Abs. 2 BGB zugehörig begreift. Denn er nennt als Anspruchsgrundlage für einen Schadenersatzanspruch beim Fehlen einer Baubeschreibung explizit die §§ 311 Abs. 2, 280 Abs. 1 BGB.[277]

II. Garantie der Baubeschreibungspflicht über § 650o BGB

Gemäß § 650o BGB kann der Unternehmer von der Baubeschreibungspflicht des § 650j BGB durch Vertragsgestaltung nicht zum Nachteil des Verbrauchers abweichen oder diese durch eine anderweitige Gestaltung umgehen – weder durch individualvertragliche Vereinbarung noch durch AGB.[278] Es handelt sich hierbei um halbzwingendes Recht zugunsten des Verbrauchers[279]:

Soweit es um die Wahrung seines Anspruchs auf eine Baubeschreibung geht, ist § 650j BGB zwingendes Recht.[280]

Eine Abweichung von dieser Vorschrift ausschließlich zu seinen Gunsten ist jedoch zulässig.[281] Insbesondere können weitere Informationen, et-

---

274 *Glöckner*, BauR 2014, 411, 426.

275 Palandt/*Sprau*, § 650j BGB, Rn. 2; *Ring*, Das neue Bauvertragsrecht in der anwaltlichen Praxis, § 3, Rn. 37.

276 So bereits zu § 312a Abs. 2 BGB: *Glöckner*, BauR 2014, 411, 426; Leinemann/Kues/*Abu Saris*, § 650j BGB, Rn. 6.

277 BT-Drs. 18/8486, S. 63.

278 *Ring*, Das neue Bauvertragsrecht in der anwaltlichen Praxis, § 3, Rn. 179.

279 jurisPK/*Segger-Piening*, § 650o BGB, Rn. 1; Messerschmidt/Voit/*Lenkeit*, § 650o BGB, Rn. 26.

280 Messerschmidt/Voit/*Lenkeit*, § 650o BGB, Rn. 26.

281 LBD/*Rückert*, § 650o BGB, Rn. 1; Messerschmidt/Voit/*Lenkeit*, § 650j BGB, Rn. 63.

wa solche aus dem Katalog der Art. 246 Abs. 1, 246a § 1 Abs. 1 S. 1 EGBGB, zusätzlich zu denen des Art. 249 EGBGB erteilt werden, wenn hierdurch nicht der Eindruck erweckt wird, dass nur diese allgemeinen Informationen geschuldet sind.[282]

1. Abweichungsverbot

Eine Abweichung von der gesetzlichen Vorgabe liegt vor, wenn für einen konkreten Lebenssachverhalt Rechtsfolgen vereinbart werden, die sich von denen der gesetzlichen Vorgabe unterscheiden.[283] Für die Frage, ob der Vertrag eine Abweichung von § 650j BGB zum Nachteil des Verbrauchers enthält, ist nicht etwa eine wertende Gesamtschau aller vertraglichen Abreden vorzunehmen; vielmehr genügt hierfür schon eine einzige, isoliert betrachtet zu einer Schlechterstellung des Verbrauchers im Vergleich zu einer gesetzlichen Verbraucherschutzregelung führende vertragliche Regelung.[284] Dies gilt selbst dann, wenn der Verbraucher durch weitere vertragliche Abreden mit dem Unternehmer insgesamt besser gestellt wird.

Unerheblich ist außerdem, ob die Abweichung vom Unternehmer oder vom Verbraucher selbst initiiert wurde.[285] Dies mag zwar die Privatautonomie des Verbrauchers beschränken; der Gesetzeswortlaut ist jedoch insoweit eindeutig und lässt eine teleologische Reduktion nicht zu.[286]

a) Einbeziehung auch des Art. 249 EGBGB in die von § 650o BGB umfassten Regelungen

Von dieser Schutzwirkung des § 650o BGB umfasst sind nicht nur die wörtlich genannten §§ 650i-650l, 650n BGB, sondern auch die den § 650j BGB ausfüllende Norm des Art. 249 EGBGB.[287]

---

282 Messerschmidt/Voit/*Lenkeit*, § 650j BGB, Rn. 63.
283 Messerschmidt/Voit/*Lenkeit*, § 650o BGB, Rn. 22.
284 MüKo BGB/*Busche*, § 650o BGB, Rn. 1; jurisPK/*Segger-Piening*, § 650o BGB, Rn. 6; Messerschmidt/Voit/*Lenkeit*, § 650o BGB, Rn. 22.
285 Messerschmidt/Voit/*Lenkeit*, § 650o BGB, Rn. 42.
286 Messerschmidt/Voit/*Lenkeit*, § 650o BGB, Rn. 23; BeckOK BGB/*Maume*, § 312k BGB, Rn. 4.
287 *Ring*, Das neue Bauvertragsrecht in der anwaltlichen Praxis, § 3, Rn. 180; BeckOGK/*Merkle*, Art. 249 § 1 EGBGB, Rn. 9; Palandt/*Sprau*, § 650o BGB, Rn. 1.

Dieses Verständnis ist angesichts des Regelungszwecks des § 650o BGB unerlässlich. Die zwingende Geltung des § 650j BGB kann nicht sichergestellt werden, ohne dass gleichzeitig auch der Inhalt des Art. 249 EGBGB, der qua Verweisung einen entscheidenden Teil seines Regelungsgehalts darstellt, zwingendes Recht ist. Dies wird umso deutlicher, da auch § 650l BGB auf Art. 249 EGBGB verweist. Auch das Widerrufsrecht würde entgegen der Absicht des § 650o BGB ausgehöhlt, wenn nicht die Pflicht zu einer Belehrung des Verbrauchers nach Art. 249 § 3 EGBGB ebenfalls obligatorisch wäre. Dass Art. 249 EGBGB in § 650o BGB nicht ausdrücklich genannt wird, ist mutmaßlich der Tatsache zuzuschreiben, dass er lediglich die §§ 650j und 650l BGB in deren Regelungsgehalt ausfüllt, nicht aber eigenständige Regelungen trifft. Er ist daher als gewissermaßen fester Bestandteil der §§ 650j, 650l BGB trotzdem als zwingendes Recht anzusehen.

Hierfür spricht auch, dass mit § 312k BGB eine mit dem § 650o BGB strukturell nahezu identische Regelung[288] ebenfalls nur auf die darin genannten Regelungen im BGB, nicht aber auf die EGBGB-Vorschriften Bezug nimmt. Auch § 312k BGB wird so verstanden, dass sich das Abweichungsverbot gleichfalls auf diejenigen Vorschriften des EGBGB bezieht, auf die innerhalb der §§ 312 ff. BGB verwiesen wird[289] – insbesondere also die vorvertraglichen Informationspflichten der § 312a Abs. 2 BGB i.V.m. Art. 246 EGBGB sowie § 312d Abs. 1 S. 1 BGB i.V.m. Art. 246a EGBGB. Für Art. 249 EGBGB, auf den § 650j BGB „systemgleich" verweist, kann nichts anderes gelten.

Demgegenüber sind von der Wirkung des § 650o BGB andere, nur mittelbar in Bezug genommene Vorschriften – so insbesondere die über § 650i Abs. 3 BGB geltenden Vorschriften des allgemeinen Werkvertragsrechts – ausgenommen.[290] Von diesen, insbesondere von § 632a BGB[291], darf daher zum Nachteil des Verbrauchers individualvertraglich und unter Einhaltung der Grenzen der §§ 305 ff. BGB auch durch AGB abgewichen werden.

b) Arten der Abweichung

Eine Abweichung von den in § 650o BGB genannten Regelungen ist auf unterschiedliche Weise denkbar.

---

288 *Lenkeit*, BauR 2017, 615, 625.
289 E contrario MüKo BGB/*Wendehorst*, § 312k BGB, Rn. 4.
290 Palandt/*Sprau*, § 650o BGB, Rn. 1.
291 *Ring*, Das neue Bauvertragsrecht in der anwaltlichen Praxis, § 3, Rn. 180.

Sie ist nicht nur – wie die amtliche Überschrift des § 650o BGB impliziert – in Form einer Vereinbarung der Parteien ausgeschlossen, sondern auch durch einseitigen Verzicht des Verbrauchers.[292] Denn der Wortlaut des § 650o BGB spricht trotz der missverständlichen Überschrift nicht etwa von Vereinbarungen, sondern statuiert ein allgemeines Verbot, von den dort genannten Vorschriften zum Nachteil des Verbrauchers „abzuweichen". Eine solche Abweichung kann jedoch zweifellos auch durch einen einseitigen Verzicht erfolgen[293]; beides betrifft die Rechtsstellung des Verbrauchers in gleicher Weise.[294] Deshalb ist es auch unerheblich, ob der Verbraucher auf eine Baubeschreibung oder Teile davon bewusst oder unbewusst verzichtet. Wird durch § 650o BGB schon der bewusste Verzicht erfasst, muss dies auch und erst recht für den unbewussten Verzicht gelten.[295] Diese Auslegung ist auch für die Parallelvorschrift des § 312k BGB anerkannt.[296]

Unwirksam ist der Verzicht auch dann, wenn der Unternehmer vom Verbraucher ein deklaratorisches Schuldanerkenntnis verlangt und erhält, obwohl der Verbraucher gesetzlich nicht dazu verpflichtet wäre.[297] Denn es widerspräche dem Sinn und Zweck des § 650o BGB, die Geltung zwingenden Verbraucherrechts aufgrund eines Schuldanerkenntnisses entfallen zu lassen. Die Kombination dieser Regelungen soll sicherstellen, dass zwingend der durch die §§ 650i-650l, 650n BGB definierte Mindeststandard an Verbraucherschutz gewährleistet ist, also nicht durch Vereinbarungen oder Erklärungen welcher Art auch immer ausgehöhlt werden kann.[298] Ließe man zu, dass der Verbraucher durch ein bei oder nach Vertragsschluss erklärtes Schuldanerkenntnis im Ergebnis auf seine Rechte aus § 650j BGB verzichten kann, würde dieser absolut konzipierte Schutz kompromittiert; „kreativer" Vertragsgestaltung durch unredliche Unternehmer wäre Tür und Tor geöffnet. Unwirksam ist vor diesem Hintergrund auch eine „Vereinbarung", in welcher der Verbraucher erklärt, seinen Anspruch

---

292 jurisPK/*Segger-Piening*, § 650o BGB, Rn. 5; Messerschmidt/Voit/*Lenkeit*, § 650j BGB, Rn. 63.
293 Messerschmidt/Voit/*Lenkeit*, § 650o BGB, Rn. 17 f.
294 LBD/*Rückert*, § 650o BGB, Rn. 1.
295 LG Bonn, Urteil vom 06.05.2016 – 17 O 187/15, BeckRS 2016, 17645; Messerschmidt/Voit/ *Lenkeit*, § 650o BGB, Rn. 22.
296 MüKo BGB/*Wendehorst*, § 312k BGB, Rn. 3.
297 *Lenkeit*, BauR 2017, 615, 625; Messerschmidt/Voit/*Lenkeit*, § 650j BGB, Rn. 63.
298 jurisPK/*Segger-Piening*, § 650o BGB, Rn. 3; MüKo BGB/*Wendehorst*, § 312k BGB, Rn. 1.

auf Erstellung und Herausgabe der Baubeschreibung nicht ausüben zu wollen.[299]

Selbiges gilt grundsätzlich auch für den Fall eines gerichtlichen oder außergerichtlichen Vergleichs, in welchem der Verbraucher im Wege des gegenseitigen Nachgebens auf einen Teil seiner Rechte verzichtet.[300]Allerdings kann dieser Grundsatz nicht pauschal und ausnahmslos gelten.[301] Es muss dem Verbraucher jedenfalls dann, wenn Streit oder Ungewissheit über die zur Ausübung des Rechts maßgeblichen Tatsachen herrscht oder die rechtliche Beurteilung eines Sachverhalts unklar bleibt, möglich sein, im Wege des gegenseitigen Nachgebens und in dem wohlverstandenen Interesse, eine mit Risiken behaftete streitige Auseinandersetzung zu beenden, auch auf zwingendes Verbraucherrecht zu verzichten.[302] Dies gilt nicht nur, wenn die in Streit stehenden Tatsachen nicht der Beweislast des Unternehmers unterliegen.[303] Vielmehr ist es ausreichend, wenn bei Streit über Tatsachen oder Unklarheit der Rechtslage unabhängig von etwaigen Beweislasterleichterungen zugunsten des Verbrauchers dieser ein sachliches Interesse am Abschluss eines Vergleichs hat.[304] Denn zum einen können tatsächliche Unklarheiten nicht nur entstehen, soweit der Verbraucher die Beweislast trägt; vor allem dürfen Vorschriften, die allein dem Schutz des Verbrauchers (auch vor wirtschaftlichen Risiken) dienen, nicht so ausgelegt werden, dass sie ihn daran hindern, konkret – im Rahmen einer bereits begonnenen streitigen Auseinandersetzung – bestehende wirtschaftliche Risiken ganz bewusst abzugelten.

Könnte der Verbraucher in diesen Fällen keinen wirksamen Vergleich abschließen unter Verzicht auch auf ihm zustehende, vom Gesetzgeber zu seinen Gunsten zwingend ausgestaltete Rechte, stünde er unter Umständen schlechter, als wenn die Rechte, auf die er verzichtet, gar nicht zwingend ausgestaltet wären. Denn er würde dann in die wenig erfreuliche Wahl gezwungen, entweder einen möglicherweise aussichtslosen (und teu-

---

299 Messerschmidt/Voit/*Lenkeit*, § 650j BGB, Rn. 63.

300 Palandt/*Sprau*, § 779 BGB, Rn. 6; Messerschmidt/Voit/*Lenkeit*, § 650o BGB, Rn. 41; MüKo BGB/*Habersack*, § 779 BGB, Rn. 11.

301 Vgl. für § 312k BGB MüKo BGB/*Wendehorst*, § 312k BGB, Rn. 5 f.

302 So für Sozialplananprüche BAG, Urteil vom 31.07.1996 – 10 AZR 138/96, NZA 1997, 167; Palandt/*Sprau*, § 779 BGB, Rn. 6; Messerschmidt/Voit/*Lenkeit*, § 650o BGB, Rn. 42.

303 So aber jurisPK/*Segger-Piening*, § 650o BGB, Rn. 5; MüKo BGB/*Wendehorst*, § 312k BGB, Rn. 6.

304 So auch Messerschmidt/Voit/*Lenkeit*, § 650o BGB, Rn. 42; MüKo BGB/*Habersack*, § 779 BGB, Rn. 11.

ren) Rechtsstreit zu führen oder sich von vornherein vollumfänglich der Position des Unternehmers zu beugen.[305] Dies würde ihm gewiss nicht zum Vorteil gereichen und somit auch dem mit § 650o BGB verfolgten Zweck zuwiderlaufen.

Jedenfalls in diesen Fällen ist ein Vergleich zwischen Verbraucher und Unternehmer auch insoweit wirksam, als darin der Verbraucher auf zu seinen Gunsten geltendes zwingendes Verbraucherrecht verzichtet – aber nur, wenn ihm vor und bei Abschluss des Vergleichs bekannt und bewusst ist, dass er über gesetzliche Verbraucherschutzrechte – also etwa jenes auf Erteilung einer den gesetzlichen Vorschriften entsprechenden Baubeschreibung – (noch) verfügt.[306] Denn nur dann kann er abwägen, ob ihm die bedingungslose Durchsetzung solcher (möglicherweise) bestehenden Rechte wichtiger ist als eine in der Regel schnellere und kostengünstigere vergleichsweise Lösung unter Verzicht auf solche Rechte.

2. Umgehungsverbot

Gemäß § 650o S. 2 BGB ist auch die Umgehung der in § 650o S. 1 BGB aufgestellten Anforderungen „durch anderweitige Gestaltungen" unzulässig. Die vermeintlich umgangenen Regelungen finden dann dennoch Anwendung.

Die Umgehung einer gesetzlichen Vorschrift ist nach der Rechtsprechung des BGH dann anzunehmen, wenn die Ausgestaltung eines Rechtsgeschäfts objektiv den Zweck hat, den Eintritt einer Rechtsfolge zu verhindern, die das Gesetz für derartige Geschäfte vorsieht.[307] Eine solche liegt bezogen auf die Baubeschreibungspflicht also vor, wenn die gewählte Gestaltung dazu dient, die Anwendung des §§ 650j BGB entgegen der mit dieser Vorschrift bezweckten Verbraucherschutzzielen einzuschränken oder auszuschließen.[308] Eine diesbezügliche Absicht des Unternehmers ist nicht erforderlich.[309]

---

305 MüKo BGB/*Wendehorst*, § 312k BGB, Rn. 5; ähnlich jurisPK/*Segger-Piening*, § 650o BGB, Rn. 5.
306 Messerschmidt/Voit/*Lenkeit*, § 650o BGB, Rn. 44.
307 BGH, Urteil vom 21.12.2005 – VIII ZR 85/05, NJW 2006, 1066 Rn. 13.
308 Messerschmidt/Voit/*Lenkeit*, § 650o BGB, Rn. 35.
309 BGH, Urteil vom 21.12.2005 – VIII ZR 85/05, NJW 2006, 1066 Rn. 13; jurisPK/*Segger-Piening*, § 650o BGB, Rn. 9; LBD/*Rückert*, § 650o BGB, Rn. 4.

a) Tatbestandsvermeidung, insbesondere: Aufteilung einer
   Gesamtregelung auf mehrere Verträge

Die Umgehung einer gesetzlichen Regelung kann zum einen durch eine
„Tatbestandsvermeidung" erfolgen; dies ist der Fall, wenn eine vertragliche
Regelung die Anwendungsvoraussetzungen einer gesetzlichen Bestimmung zwar bei rein formaler Betrachtung ihres Wortlauts nicht erfüllt, bei
wertender und wirtschaftlicher Gesamtbetrachtung aber schon.[310] Grundsätzlich ist es den Vertragsparteien auch im Hinblick auf Verbraucherbauverträge gestattet, ihre Rechtsbeziehungen frei zu gestalten.[311] Die Grenze
dieser Gestaltungsfreiheit liegt dort, wo die Parteien versuchen, einen gesetzlich beschriebenen Tatbestand im Ergebnis zu verwirklichen, obwohl
sie formal etwas anderes vertraglich regeln; ist diese Grenze überschritten,
liegt eine Umgehung der auf diesen Tatbestand anwendbaren Norm
vor.[312] Entscheidendes Kriterium ist der Schutzzweck der „vermiedenen"
Norm, welcher anhand einer objektiven Betrachtungsweise zu ermitteln
ist.[313]

In Bezug auf § 650o BGB kommt eine solche „Tatbestandsvermeidung"
insbesondere dergestalt in Betracht, dass versucht wird, durch eine künstliche Aufspaltung eines Bauvertrags in mehrere Verträge – beispielsweise in
einen jeweils gesondert abgeschlossenen Rohbauvertrag und einen Ausbauvertrag[314] oder in mehrere Einzelgewerksverträge[315] – die Anwendungsvoraussetzungen des § 650i Abs. 1 BGB zu umgehen, obwohl wirtschaftlich gesehen ein einheitlich auf den Bau eines Hauses gerichteter
Vertrag vorliegt.[316] Eine solche Gestaltung ist jedoch insofern unwirksam,
als damit versucht werden soll, die Anwendung zwingender Verbraucherschutzvorschriften zu umgehen; der wirtschaftlich einheitlich auf den Bau
eines Hauses gerichtete und mit einem einzigen Unternehmer abgeschlossene Vertrag bleibt ein Verbraucherbauvertrag[317], und die in den

---

310 Messerschmidt/Voit/*Lenkeit*, § 650o BGB, Rn. 37; MüKo BGB/*Wendehorst*,
     § 312k BGB, Rn. 11.
311 Messerschmidt/Voit/*Lenkeit*, § 650o BGB, Rn. 38.
312 Messerschmidt/Voit/*Lenkeit*, § 650o BGB, Rn. 38; BeckOGK/*Rosenkranz*, § 361
     BGB, Rn. 26.
313 Messerschmidt/Voit/*Lenkeit*, § 650o BGB, Rn. 38.
314 Messerschmidt/Voit/*Lenkeit*, § 650o BGB, Rn. 38.
315 jurisPK/*Segger-Piening*, § 650o BGB, Rn. 11.
316 Messerschmidt/Voit/*Lenkeit*, § 650o BGB, Rn. 37.
317 Messerschmidt/Voit/*Lenkeit*, § 650o BGB, Rn. 37.

§§ 650j-650l, 650n BGB statuierten Rechte stehen dem Verbraucher ohne weiteres zu.

Zusätzlich setzt sich der Unternehmer Schadenersatzansprüchen des Verbrauchers aus, wenn er diesem nicht oder nicht rechtzeitig die gemäß § 650j BGB i.V.m. Art. 249 §§ 1, 2 EGBGB vorgeschriebene Baubeschreibung zur Verfügung stellt, weil er davon ausgeht, aufgrund der Aufspaltung in mehrere Einzelverträge hierzu nicht verpflichtet zu sein.[318] Darüber hinaus beginnt die zweiwöchige Frist für einen Widerruf nach § 650l BGB gemäß § 356e BGB mangels einer Belehrung des Verbrauchers nach Art. 249 § 3 EGBGB nicht zu laufen, sodass er noch zwölf Monate und 14 Tage nach Vertragsschuss den Bauvertrag widerrufen kann. Angesichts dieser empfindlichen Konsequenzen ist es für Unternehmer nicht ratsam zu versuchen, wirtschaftlich als einheitlich zu betrachtende Bauverträge, die in den sachlichen Anwendungsbereich des § 650i Abs. 1 BGB fallen, auf mehrere Einzelverträge aufzuteilen. Diese Erkenntnis ist in der Praxis freilich noch nicht angekommen.[319]

b) Tatbestandserschleichung

Zum anderen kann eine Umgehung in Form einer „Tatbestandserschleichung" erfolgen, nämlich dann, wenn eine Vertragsgestaltung für den Unternehmer günstige Ausnahmetatbestände rein formell erfüllt, aber eine wertende Gesamtschau des Vertragswerks deutlich werden lässt, dass das tatsächlich doch nicht der Fall ist.[320] Oft werden dabei objektiv sachwidrige oder unnötige Tatsachen überhaupt erst geschaffen,[321] beispielsweise dergestalt, dass der Unternehmer das Widerrufsrecht gemäß § 650l S. 1 Hs. 2 BGB mittels einer notariellen Beurkundung ausschließen will und gleichzeitig die zweiwöchige Frist des § 17 Abs. 2a S. 2 Nr. 2 BeurkG nicht eingehalten wird.[322]

Im Zusammenhang mit der Baubeschreibungspflicht ist insbesondere der Fall denkbar, dass ein unredlicher Unternehmer im Hinblick auf § 650j Hs. 2 BGB versucht, seiner Baubeschreibungspflicht dadurch zu ent-

---

318 Ausführlich hierzu unten F.I., S. 286 ff.
319 VPB, Pressemitteilung vom 18.04.2018; Messerschmidt/Voit/*Lenkeit*, § 650i BGB, Rn. 25, Fn. 42.
320 MüKo BGB/*Wendehorst*, § 312k BGB, Rn. 12.
321 Messerschmidt/Voit/*Lenkeit*, § 650o BGB, Rn. 39; MüKo BGB/*Wendehorst*, § 312k BGB, Rn. 12.
322 jurisPK/*Segger-Piening*, § 650o BGB, Rn. 12.

gehen, dass er die Planung des Bauvorhabens vom Bauvertrag explizit aus-
nimmt und dafür sorgt, dass der Kunde mit einem bei ihm beschäftigten
oder sonst in seinem Einflussbereich stehenden Architekten oder Inge-
nieur einen separaten Planer-Vertrag über die „wesentlichen Planungsvorgaben" nach Art. 249 § 2 Abs. 1 EGBGB abschließt. Bei wertender Gesamtbetrachtung würden in einem solchen Szenario freilich sowohl die Bau- als
auch die Planungsleistung aus der Sphäre des Unternehmers erbracht bzw.
die Planung nur „pro forma" aus dem Leistungssoll des Unternehmers ausgenommen. Vor diesem Hintergrund könnte man bereits bei weiter teleologischer Auslegung des § 650j BGB dessen Voraussetzungen als gegeben
ansehen.[323] Jedenfalls aber würde ein solches Konstrukt eine gemäß § 650o
S. 2 BGB unzulässige Umgehung des § 650j BGB darstellen.

3. Rechtsfolgen bei Verstoß

Wird entgegen § 650o BGB von den dort genannten Vorschriften zum
Nachteil des Verbrauchers abgewichen oder werden diese Vorschriften
durch anderweitige Gestaltungen umgangen, hat dies die Unwirksamkeit
(nur!) der nachteiligen Abweichung zur Folge.[324] Die verbraucherschützenden Vorschriften, von denen abgewichen wurde bzw. die umgangen
werden sollten, finden entgegen der Vereinbarung Anwendung[325], der
Vertrag im Übrigen bleibt jedoch wirksam.[326] Dies gibt der Wortlaut des
§ 650o BGB unmissverständlich vor und ergibt sich auch bei einer teleologischen Auslegung der Vorschrift.[327]

Die Nichtigkeit der abweichenden Vereinbarung ergibt sich aus § 650o
S. 1 i.V.m. § 134 BGB,[328] nicht etwa aus § 138 BGB. Denn § 650o BGB beinhaltet ein „gesetzliches Verbot" im Sinne von § 134 BGB[329] und soll gera-

---

323 Messerschmidt/Voit/*Lenkeit*, § 650o BGB, Rn. 39.

324 Messerschmidt/Voit/*Lenkeit*, § 650o BGB, Rn. 45; jurisPK/*Segger-Piening*, § 650o
BGB, Rn. 17.

325 So bereits BGH, Urteil vom 9.3.1977 – VIII ZR 192/75, NJW 1977, 1058, 1059;
MüKo BGB/*Wendehorst*, § 312k BGB, Rn. 9; Messerschmidt/Voit/*Lenkeit*, § 650o
BGB, Rn. 45.

326 BeckOGK/*Merkle*, § 650o BGB, Rn. 19.

327 jurisPK/*Segger-Piening*, § 650o BGB, Rn. 18; MüKo BGB/*Wendehorst*, § 312k
BGB, Rn. 14; Messerschmidt/Voit/*Lenkeit*, § 650o BGB, Rn. 39.

328 MüKo BGB/*Busche*, § 650o BGB, Rn. 1; Messerschmidt/Voit/*Lenkeit*, § 650o
BGB, Rn. 46.

329 Messerschmidt/Voit/*Lenkeit*, § 650o BGB, Rn. 46.

de die Rechtsfolge sicherstellen, dass eine von den dort genannten Vorschriften abweichende Vereinbarung im Ergebnis verboten ist.

Diese Nichtigkeit der abweichenden Vereinbarung hat aber nicht gemäß § 139 BGB die Nichtigkeit des gesamten Vertrags zur Folge.[330] Die Annahme einer vollständigen Unwirksamkeit des Vertrages verbietet sich schon deshalb, weil § 650o BGB den Schutz des Verbrauchers bezweckt und somit diesem nicht die Vorteile eines Vertrages, an dem er im Übrigen festhalten will, ohne weiteres entziehen darf.[331]

Auch ein Verstoß gegen §§ 650o S. 2 BGB hat – wie der Wortlaut unmissverständlich nahelegt – zur Folge, dass die umgangene Vorschrift Anwendung findet.[332] Dies kann in aller Regel bereits durch eine teleologische Auslegung der umgangenen Vorschrift erreicht werden.[333]

Daneben kommen auch bei einem Verstoß gegen § 650o BGB Schadenersatzansprüche des Verbrauchers aus §§ 280 Abs. 1, 241 Abs. 2, 311 Abs. 2 BGB in Betracht, wenn dieser die mit dem Unternehmer getroffene Gestaltung irrigerweise für wirksam hält und hierdurch Nachteile erleidet.[334]

4. Spezifische Auswirkungen auf die Baubeschreibungspflicht und deren Bewertung

Durch die Vorschrift des § 650o BGB wird damit die Anwendbarkeit der §§ 650j, 650k BGB in der Praxis effektiv gewährleistet. Es wird dem Unternehmer kaum möglich sein, die durch diese Regelungen normierten Vorgaben zu unterminieren. Diese zwingende Geltung der Regelungen des Verbraucherbauvertrags ist auch und gerade im Hinblick auf die Baubeschreibungspflicht und deren Folgen für den Vertragsinhalt begrüßenswert.[335]

Zwar führt die obligatorische Verpflichtung des Unternehmers zur Erstellung einer Baubeschreibung mit einem gewissen Detailgrad bereits in

---

330 BeckOGK/*Merkle*, § 650o BGB, Rn. 19.

331 MüKo BGB/*Wendehorst*, § 312k BGB, Rn. 9; Messerschmidt/Voit/*Lenkeit*, § 650o BGB, Rn. 45.

332 jurisPK/*Segger-Piening*, § 650o BGB, Rn. 18.

333 jurisPK/*Segger-Piening*, § 650o BGB, Rn. 18; MüKo BGB/*Wendehorst*, § 312k BGB, Rn. 14; Messerschmidt/Voit/*Lenkeit*, § 650o BGB, Rn. 39.

334 Messerschmidt/Voit/*Lenkeit*, § 650o BGB, Rn. 47; im Einzelnen zu den Rechtsfolgen s.u. F., S. 285 ff.

335 A.A. Deutscher Baugerichtstag, Stellungnahme zum RefE, S. 31; DNotV, Stellungnahme zum RefE, S. 2 f.; Messerschmidt/Voit/*Lenkeit*, § 650o BGB, Rn. 6.

einem sehr frühen Stadium des Bauprojekts zu einer gewissen Verengung des Anpassungsprozesses, der während eines Bauvorhabens stets stattfindet und von ständigen gegenseitigen Abstimmungen der Vertragsparteien hinsichtlich der qualitativen, (sicherheits-)technischen, öffentlich-rechtlichen und finanziellen Aspekte des Bauwerks im Rahmen eines bestehenden Verhandlungsspielraums geprägt ist. Dies führt aber nicht dazu, dass die gesetzlichen Vorgaben der §§ 650j, 650k BGB *„deutlich zu starr und unter Umständen gänzlich ungeeignet"*[336] sind.

Im Gegenteil: Die in § 650o BGB vorgesehene zwingende Anwendung der §§ 650j, 650k BGB ist unbedingt erforderlich, um die mit der neu geregelten Baubeschreibungspflicht verfolgten Ziele effektiv umzusetzen. Denn gerade der Praxis der Vertragsanpassung und -konkretisierung nach Vertragsschluss wollte der Gesetzgeber durch die Einführung der zwingenden Baubeschreibungspflicht ganz bewusst ein Ende setzen. Dieses Gebaren des „baubegleitenden (Um)Planens", das auch im Bereich des privaten Bauens mehr und mehr Einzug gehalten hatte, birgt für Verbraucher zahlreiche Risiken. Es kann die Dauer des Bauvorhabens zwar im Idealfall verkürzen, erhöht aber die Gesamtkosten im Vergleich zur Variante des Bauens mit abgeschlossener Planung um bis zu 30 %, führt fast unausweichlich zu Störungen im Bauablauf[337] und sehr häufig zu Auseinandersetzungen. Je weniger detailliert eine Baubeschreibung ist, desto mehr Streit wird während des Bauvorhabens zwischen den Vertragsparteien über die vom Unternehmer geschuldete Soll-Beschaffenheit entstehen.[338] Da der Unternehmer einem Verbraucher in aller Regel hinsichtlich Fachwissen, (Bau-)Erfahrung und wirtschaftlicher Stärke überlegen ist[339], wird dieser Streit häufig zu Lasten des Verbrauchers gehen.

Den Verbraucher vor derlei Schwierigkeiten und Risiken zu bewahren, war gerade das erklärte Ziel der Einführung der vorvertraglichen Baubeschreibungspflicht des Unternehmers. Sie soll sicherstellen, dass der Verbraucher *zum Zeitpunkt des Vertragsschlusses* möglichst genau weiß, welche Leistungen er für sein Geld erwarten kann und dass er sich darauf bei der Umsetzung des Bauvorhabens verlassen kann.[340] Ihm soll möglichst umfas-

---

336 So Messerschmidt/Voit/*Lenkeit*, § 650o BGB, Rn. 6.
337 Vgl. die Aussagen von *Rath*, zitiert in: ARGE Baurecht, Pressemitteilung vom 19.06.2012.
338 Vgl. *Oswald et al.*, Bauteilbeschreibungen im Bauträgervertrag, S. 26, Abbildung 1.
339 *Billen*, BauR 2016, 1537, 1538.
340 Nur so können die Ausführungen der Gesetzesbegründung verstanden werden, vgl. BT-Drs. 18/8486, S. 62.

sende Planungssicherheit verschafft werden bis hin zur ebenfalls verpflichtenden Angabe eines Fertigstellungsdatums gemäß Art. 249 § 2 Abs. 2 EGBGB. Insbesondere soll verhindert werden, dass der Verbraucher – der ohnehin bei der Finanzierung des Bauvorhabens nicht selten an seine finanziellen Grenzen geht – nach Vertragsabschluss gegen zusätzliche, oft nicht budgetierte Vergütung, weitere Leistungen beauftragen muss, weil die Baubeschreibung in einigen Punkten ungenau war oder schlicht gar keine Angaben enthielt.

Eine hinreichende Planungs- und Kostensicherheit lässt sich nur mit einer vor Baubeginn abgeschlossenen Planung gewährleisten.[341] Für die große Mehrheit der Verbraucher dürfte die Kostensicherheit ihres Bauvorhabens das entscheidende Kriterium bei ihrer Entscheidung zum Bau sein. Sie werden viel lieber akzeptieren, dass der Bauvertrag später abgeschlossen wird, dafür aber gut vorbereitet und mit verlässlichen und belastbaren Inhalten[342], als dass sie wegen einer Verkürzung der Bauzeit erhebliche wirtschaftliche Risiken eingehen.

Die Problematik, dass eine frühzeitige, hinreichend detaillierte Planung sich schwierig gestaltet, besteht in der Praxis ohnehin primär beim Bauträgervertrag, wo der Vertragsschluss häufig lange vor dem beabsichtigten Baubeginn liegt, weil es gerade in urbanen Gebieten nicht selten zu einem Wettlauf der (potentiellen) Erwerber dahingehend kommt, sich eine bestimmte Lage zu „sichern".[343] Beim Verbraucherbauvertrag hingegen – also beim Bauen auf eigenem Grund – kann in aller Regel eine dem Detailliertheitsgrad des Art. 249 § 2 EGBGB entsprechende Baubeschreibung vor Vertragsschluss angefertigt werden, da alle hierfür benötigten Parameter zur Verfügung stehen.

Und selbst in den Fällen, in denen vorvertraglich hinreichend genaue Angaben noch nicht gemacht werden können oder sollen, besteht die Möglichkeit, gemäß § 650k Abs. 1 Hs. 2 BGB ausdrücklich zu vereinbaren, dass eine – auch in diesen Fällen trotzdem zunächst korrekt zu erstellende – Baubeschreibung ganz oder teilweise nicht Vertragsinhalt werden soll. Damit eine solche Regelung nicht als Umgehung im Sinne des § 650o BGB zu betrachten ist, sollte ihr konkreter Anlass im Vertrag ausdrücklich beschrieben werden. Diejenigen Punkte, für die die Parteien sich noch Spielraum für erst im Laufe des Bauprozesses zu treffende Entscheidungen

---

341 *Rath*, zitiert in: ARGE Baurecht, Pressemitteilung vom 19.06.2012.
342 Diese Verzögerung als Kritikpunkt anbringend aber GdW, Stellungnahme zum RefE, S. 7.
343 BFW, Stellungnahme zum RefE, S. 6 f.; DNotV, Stellungnahme zum RefE S. 2 f.

wünschen, müssen im Vertragstext ausdrücklich vereinbart werden.[344] Auf diese Weise ist auch sichergestellt, dass der Verbraucher sich darüber bewusst ist, dass ein gewisses Kostenrisiko verbleibt, welches er bei seiner Finanzierung zu berücksichtigen hat.

Die in § 650o BGB geregelte zwingende Geltung der Baubeschreibungspflicht führt also weder für Verbraucher noch für Unternehmer zu untragbaren Nachteilen. Erst recht ist die Erfüllung dieser vorvertraglichen Pflichten dem Unternehmer nicht unmöglich[345]; er muss sich nur die Mühe machen, Planungs-Überlegungen, die er während der Durchführung des Bauvorhabens (schon zur Vermeidung von Mängeln, aber auch von Streitigkeiten) ohnehin anstellen muss, vor Vertragsabschluss durchzuführen und seinem Kunden zu erläutern.

Die Ausgestaltung der §§ 650j, 650k BGB als zugunsten des Verbrauchers zwingendes Recht ist im Gegenteil unverzichtbar und notwendig, um den intendierten Verbraucherschutz effektiv gewährleisten zu können. Würde § 650o BGB – wie *Lenkeit* dies fordert[346] – hinsichtlich der Baubeschreibungspflicht aufgelockert oder diese gar ganz von der zwingenden Wirkung des § 650o BGB ausgenommen, könnte die vom Gesetzgeber angestrebte Schaffung von mehr Klarheit und Kostensicherheit für Verbraucher nicht hinreichend sicher erreicht werden.

C. Modalitäten der Zurverfügungstellung

Um der Zielsetzung des effektiven Verbraucherschutzes gerecht zu werden, regelt Art. 249 § 1 EGBGB bestimmte Anforderungen an die Art und Weise, in der die Baubeschreibung dem Verbraucher zur Verfügung gestellt werden muss.

I. Zeitpunkt der Zurverfügungstellung

Gemäß Art. 249 § 1 EGBGB ist der *„Unternehmer [...] nach § 650j des Bürgerlichen Gesetzbuchs verpflichtet, dem Verbraucher rechtzeitig vor Abgabe von dessen Vertragserklärung eine Baubeschreibung [...] zur Verfügung zu stellen"*. Dies wirft zwei Fragen auf.

---

344 Zu den Anforderungen einer ausdrücklichen Vereinbarung s.u. E.II.2., S. 229 ff.
345 So aber BFW, Stellungnahme zum RefE, S. 6.
346 Messerschmidt/Voit/*Lenkeit*, § 650o BGB, Rn. 6.

Erstens: Wann ist eine Baubeschreibung dem Verbraucher „rechtzeitig" zur Verfügung gestellt? Und zweitens: Erfordert das Merkmal der Rechtzeitigkeit zwingend, dass der hierdurch definierte Zeitraum abgelaufen sein muss, bevor es zum Vertragsschluss kommt?

1. „Rechtzeitig" im Sinne des Art. 249 § 1 EGBGB

Das Wort „rechtzeitig" stellt zwar keine konkrete Zeitangabe dar; auch findet sich eine solche nicht in der Gesetzesbegründung.[347] Jedoch soll durch dieses Erfordernis sichergestellt werden, dass sich der Verbraucher vor Vertragsabschluss in Ruhe ein realistisches Bild von seinem Bauvorhaben, insbesondere auch im Hinblick auf die damit verbundenen wirtschaftlichen und technischen Risiken machen kann.[348] Laut Gesetzesbegründung ist der Begriff „rechtzeitig" deshalb dahingehend auszulegen, dass dem Verbraucher vor dem Vertragsschluss ausreichend Zeit zu einer Überprüfung der angebotenen Leistung, gegebenenfalls auch unter Hinzuziehung eines sachverständigen Dritten, und zu einem Preis-Leistungs-Vergleich mit anderen Angeboten bleiben muss.[349]

Die konkret erforderliche Zeitspanne lässt sich naturgemäß nicht pauschal festlegen.[350] Vielmehr ist eine einzelfallbezogene Bewertung vorzunehmen, bei welcher die Besonderheiten des jeweiligen Bauwerks maßgeblich zu berücksichtigen sind.[351]

a) Kein Abstellen auf die Zwei-Wochen-Frist des § 17 Abs. 2a S. 2 Nr. 2 BeurkG

Teilweise wird zur Konkretisierung des Begriffs der Rechtzeitigkeit auf die Zwei-Wochen-Frist des § 17 Abs. 2a S. 2 Nr. 2 BeurkG abgestellt.[352] Dies wird damit begründet, dass diese Vorschrift auch für Bauträgerverträge gel-

---

347 DLOPS/*Stretz*, § 5, Rn. 93; BeckOGK/*Merkle*, § 650j BGB, Rn. 12.
348 Messerschmidt/Voit/*Lenkeit*, § 650j BGB, Rn. 39.
349 BT-Drs. 18/8486, S. 73.
350 MüKo BGB/*Busche*, § 650j BGB, Rn. 16.
351 jurisPK/*Segger-Piening*, § 650j BGB, Rn. 10; Messerschmidt/Voit/*Lenkeit*, § 650j BGB, Rn. 39; *Hebel*, Das neue BGB-Bauvertragsrecht, S. 210.
352 DLOPS/*Stretz*, § 5, Rn. 94; *Pause/Vogel*, NZBau 2015, 667, 668; *Pfenning*, RNotZ 2018, 585, 590; ähnlich *Glöckner*, in: FS Koeble, S. 271, 184, der das aus dem Transparenzgebot resultierende Gebot der Rechtzeitigkeit durch Einhaltung der

te, bei welchen die Baubeschreibung als wesentlicher Vertragsbestandteil beurkundet werden muss.[353] Diese Situation sei mit der des Abschlusses eines reinen Bauvertrages durchaus vergleichbar.[354]

Allerdings gilt gemäß § 650u BGB die Vorschrift des Art. 249 § 1 EGBGB über die Verweisung des § 650j BGB auch für Bauträgerverträge. Unabhängig von den Pflichten *des Notars* nach § 17 Abs. 2a S. 2 Nr. 2 BeurkG und zusätzlich zu diesen Vorgaben stellt also auch für Bauträgerverträge das neue Recht hinsichtlich der Zurverfügungstellung der Baubeschreibung durch *den Unternehmer* die Anforderung der Rechtzeitigkeit i.S.d. Art. 249 § 1 EGBGB. Die beiden Verpflichtungen richten sich mithin an unterschiedliche Adressaten und haben auch verschiedene Inhalte. Vor allem aber spricht die Tatsache, dass der Gesetzgeber in Art. 249 § 1 EGBGB gerade nicht die altbekannte Zwei-Wochen-Frist des BeurkG übernommen hat, dafür, dass auch seiner Meinung nach der Begriff der „Rechtzeitigkeit" im neuen Art. 249 § 1 EGBGB einzelfallbezogen auszulegen sein sollte.

Hinzu kommt, dass gemäß § 17 Abs. 2a S. 2 Nr. 2 BeurkG lediglich „der beabsichtigte Text des Vertragsgeschäfts" an den Verbraucher zu übermitteln ist, während Art. 249 § 1 EGBGB die Zurverfügungstellung der „Baubeschreibung" fordert. Zum Mindestinhalt dieser „Baubeschreibung" gehören gemäß Art. 249 § 2 Abs. 1 S. 2 Nr. 3 EGBGB verpflichtend Pläne mit Raum- und Flächenangaben, Ansichten, Grundrisse und Schnitte. Derlei planerische oder bildliche Anlagen des (späteren) Vertragstexts sind indessen kein „beabsichtigter Text des Vertragsgeschäfts" im Sinne des § 17 Abs. 2a S. 2 Nr. 2 BeurkG und müssen daher vom Notar nicht zwingend dem Verbraucher zur Verfügung gestellt werden.[355] Die gemäß § 17 Abs. 2a S. 2 Nr. 2 BeurkG dem Verbraucher zu übermittelnden Unterlagen sind folglich insoweit weniger umfangreich als der in Erfüllung der Baubeschreibungspflicht zur Verfügung zu stellende Kanon an Unterlagen. Gerade die Prüfung der Pläne und Grundrisse ist aber für den Verbraucher besonders wichtig und kann zeitintensiv sein. Schon daher verbietet sich ein pauschales Abstellen auf die Zwei-Wochen-Frist des § 17 Abs. 2a S. 2 Nr. 2 BeurkG im Rahmen der Auslegung des Merkmals der Rechtzeitigkeit gemäß Art. 249 § 1 EGBGB.

Zwei-Wochen-Frist des § 17 Abs. 2a S. 2 Nr. 2 BeurkG ohne weitere Differenzierung als gewahrt ansieht.

353 *Pause*, Bauträgerkauf und Baumodelle, Rn. 92.
354 So DLOPS/*Stretz*, § 5, Rn. 94; *Ring*, Das neue Bauvertragsrecht in der anwaltlichen Praxis, § 3, Rn. 46.
355 BeckOGK/*Regler*, § 17 BeurkG, Rn. 203.

Im Übrigen ist auch im Rahmen des § 17 Abs. 2a S. 2 Nr. 2 BeurkG eine Einzelfallprüfung erforderlich. Die dort genannte Zwei-Wochen-Frist ist lediglich eine Regelfrist, die im Einzelfall unterschritten werden kann (z. B. bei gesichert feststehender Kenntnisnahme des Verbrauchers vom Vertragsinhalt[356]), aber auch zu überschreiten sein kann (z. B., wenn bei umfangreichen Geschäften weitergehende Prüfungen anzustellen sind).[357] Auch diese Frist ist also nicht starr.

Die Gesetzesbegründung zur Baubeschreibungspflicht des Unternehmers legt nahe, dass auch diesbezüglich ein gewisser Spielraum bestehen bleiben muss. Zwar mag wegen der Vergleichbarkeit der Situationen, in denen sich ein Verbraucher vor dem Abschluss eines Bauträger- und eines Verbraucherbauvertrages befindet, und wegen der – im Hinblick auf den Verbraucher – gleichen Schutzfunktionen beider Vorschriften häufig die Einhaltung der Zwei-Wochen-Frist des § 17 Abs. 2a S. 2 Nr. 2 BeurkG auch eine rechtzeitige Zurverfügungstellung im Sinne des Art. 249 § 1 EGBGB darstellen.[358] Aber im Einzelfall, insbesondere bei halbwegs komplexen Bauvorhaben mit einer entsprechend umfangreichen Baubeschreibung, ist es gut möglich, dass eine Frist von zwei Wochen zu knapp bemessen ist.[359] Wenn der Verbraucher für seine Entscheidung über den Abschluss des wirtschaftlich bedeutsamen Vertrages eine verlässliche Grundlage haben will – und genau das will ihm das Gesetz ermöglichen – muss er sich, da technischer Laie, von einem Fachmann beraten lassen. Eine solche Beratung durch einen „sachverständigen Dritten" sinnt ihm der Gesetzgeber höchstselbst in der Gesetzesbegründung an.[360]

Der Sachverständige hat sich in der Regel noch nicht vorab mit der vom Unternehmer erstellten Planung beschäftigt, braucht also seinerseits eine gewisse Einarbeitungszeit. Der Verbraucher sollte Wert darauf legen, eine solche Stellungnahme schriftlich zu erhalten – schon um für einen potentiellen Streitfall dokumentieren zu können, dass sie unzutreffend war. Auch die Ausarbeitung solch eines – auch kurzen – Gutachtens braucht Zeit. Und erst nach Vorliegen dieses Beratungsergebnisses beginnt die

---

356 Vgl. BGH, Urteil vom 23.08.2018 – III ZR 506/16, NJW-RR 2018, 1531 Rn. 18 ff.
357 BT-Drs. 14/9266, S. 51.
358 Leinemann/Kues/*Abu Saris*, § 650j BGB, Rn. 7.
359 BeckOGK/*Merkle*, § 650j BGB, Rn. 12; Messerschmidt/Voit/*Lenkeit*, § 650j BGB, Rn. 40; Kniffka/Koeble/*Jurgeleit*/Sacher, Kompendium des Baurechts, 2. Teil, Rn. 68; Leinemann/ Kues/*Abu Saris*, § 650j BGB, Rn. 7; a.A. BeckOK BGB/*Voit*, § 650j BGB, Rn. 3.
360 BT-Drs. 18/8486, S. 62.

Phase, in der der Verbraucher Für und Wider der Annahme des vom Unternehmer unterbreiteten Angebots – oft mit Familienmitgliedern – abwägen kann. Bedenkt man dann noch, dass heute die weitaus meisten Neubau-Vorhaben eine beträchtliche technische Komplexität und vielfach auch unterschiedliche Lösungsmöglichkeiten für einzelne bauliche und wirtschaftliche Anforderungen (Baumaterialien, Energiekonzepte, Fördermöglichkeiten) beinhalten, wird rasch deutlich, dass bei vielen Verbraucherbauverträgen eine Frist von nur zwei Wochen zwischen Erhalt der Baubeschreibung und Vertragsschluss zu kurz sein kann.

Wegen des je nach Einzelfall sehr unterschiedlichen Beratungsbedarfs der Verbraucher kann demnach die Frage, wann eine Baubeschreibung „rechtzeitig" zur Verfügung gestellt wurde, nur für jeden Einzelfall unter Berücksichtigung der Besonderheiten und des Umfangs des konkreten Bauvorhabens beantwortet werden.[361] Die Zwei-Wochen-Frist des § 17 Abs. 2a S. 2 Nr. 2 BeurkG kann allenfalls innerhalb dieser Einzelfallprüfung einen Anhaltspunkt für die *Mindest*dauer einer „rechtzeitigen" Zurverfügungstellung darstellen. Eine Unterschreitung dieser Frist dürfte demnach zumindest ein Indiz dafür darstellen, dass die Zurverfügungstellung nicht rechtzeitig erfolgte. Unternehmern ist daher zu empfehlen, jedenfalls diese Frist von 14 Tagen nicht zu unterschreiten.[362] Generell gilt: Je kürzer die Frist ist, desto mehr Wert sollte der Unternehmer darauf legen, sich vom Verbraucher bestätigen zu lassen, dass dieser auf eine längere Frist keinen Wert legt – beispielsweise, weil er sich selbst für sachkundig hält und auf eine Beratung durch Dritte verzichten will.

b) Gebot und effektive Funktion einer einzelfallbezogenen Prüfung

Teilweise wird befürchtet, dass bei nur einzelfallbezogener Auslegung des Begriffs der Rechtzeitigkeit ohne die Normierung einer konkreten Vorlagefrist ein Leerlauf der Baubeschreibungspflicht drohe.[363]

Zwar hätte nichts dagegen gesprochen, zusätzlich zum Merkmal der Rechtzeitigkeit eine *Mindest*frist in den Gesetzestext zu aufzunehmen (z. B. *„Der Unternehmer ist [...] verpflichtet, dem Verbraucher rechtzeitig, mindestens*

---

361 Im Ergebnis ähnlich: jurisPK/*Segger-Piening*, § 650j BGB, Rn. 10; BeckOGK/*Merkle*, § 650j BGB, Rn. 12.

362 Leinemann/Kues/*Abu Saris*, § 650j BGB, Rn. 7.

363 So aber *Pause/Vogel*, NZBau 2015, 667, 668; BeckOGK/*Merkle*, § 650j BGB, Rn. 12.

aber zwei Wochen vor Abgabe von dessen Vertragserklärung eine Baubeschreibung [...] zur Verfügung zu stellen. "). Aber auch eine solche Formulierung hätte aus den genannten Gründen eine jeweils einzelfallbezogene Auslegung nicht entbehrlich gemacht. Im Übrigen wird der Begriff der „Rechtzeitigkeit" in Bezug auf eine Informationspflicht im Verbraucherschutzrecht auch in anderen Normen verwendet (Art. 246b § 1 Abs. 1, § 2 Abs. 1, Art. 247 § 1 Abs. 2, § 2 Abs. 1, § 13 Abs. 2, Art. 248 § 4 Abs. 1 EGBGB)[364] und wird auch dort einzelfallbezogen ausgelegt.[365] Diese Regelungen laufen trotzdem nicht leer, sondern entfalten auch in der Praxis die mit ihnen verfolgte Schutzwirkung zugunsten des Verbrauchers.

Entscheidend im Rahmen der Einzelfallprüfung ist es, dass der mit dem Erfordernis der Rechtzeitigkeit verfolgte Zweck sichergestellt wird, nämlich, dass dem Verbraucher ausreichend Zeit und somit die Möglichkeit zu einer Überprüfung der angebotenen Leistung, gegebenenfalls auch unter Hinzuziehung eines sachverständigen Dritten, und zu einem Preis-Leistungs-Vergleich mit anderen Angeboten eingeräumt wird.[366]

Hieran fehlt es, wenn diese Möglichkeit für den Verbraucher aufgrund bestimmter äußerer Zwänge nicht besteht. Dies kann beispielsweise der Fall sein, wenn der Vertragsabschluss zu einem bestimmten Zeitpunkt zur Sicherung der Baufinanzierung oder von Fördermitteln erforderlich ist. Der Gesetzgeber selbst nennt weiterhin im Rahmen der Begründung zu § 650l BGB das Beispiel, dass der Verbraucher mit einem zeitlich begrenzten Rabattangebot des Unternehmers zu einem schnellen Vertragsschluss gedrängt wird.[367] Unter diesen Umständen wäre es nicht ausreichend, wenn der Unternehmer dem Verbraucher die Baubeschreibung erst kurzfristig vor Vertragsabschluss oder gar erst bei Vertragsschluss zur Verfügung stellt[368] bzw. sein Angebot mit einer Bindungsfrist versieht, die dem Verbraucher nicht die Möglichkeit einer hinreichenden und gegebenenfalls unter sachverständiger Hilfe vorgenommenen Überprüfung der Baubeschreibung ermöglicht. Denn in diesen Fällen hat der Verbraucher gerade nicht die Möglichkeit, ohne durch externe Faktoren bedingten Zeitdruck eine angemessene Prüfungs- und Vergleichsphase wahrzunehmen;

---

364 Auf das Bestehen dieser Formulierung im geltenden Recht abstellend auch BT-Drs. 18/8486, S. 73.
365 Statt aller: BeckOGK/*Busch*, Art. 246b § 1 EGBGB, Rn. 4.
366 BT-Drs. 18/8486, S. 73.
367 BT-Drs. 18/8486, S. 63.
368 MüKo BGB/*Busche*, § 650j BGB, Rn. 16; Messerschmidt/Voit/*Lenkeit*, § 650j BGB, Rn. 41.

eine rechtzeitige Zurverfügungstellung der Baubeschreibung liegt dann nicht vor.

Freilich darf der Unternehmer mit Zurverfügungstellung der Baubeschreibung bereits ein verbindliches Angebot abgeben und dieses auch mit einer Bindungsfrist versehen. Nur darf diese Bindungsfrist den Verbraucher nicht der Prüfungs- und Vergleichsmöglichkeit berauben oder ihn hierin beschneiden, indem zeitlicher Druck ausgeübt wird. Solche Bindungsfristen sind also aus Unternehmersicht zur Absicherung im Zweifel verhältnismäßig lang zu wählen.

Neben dem Umfang und der Komplexität des konkreten Bauvorhabens ebenfalls in die Einzelfallprüfung einzubeziehen ist der jeweilige Erfahrungshorizont des Verbrauchers.[369] Denn dem Zweck des Rechtzeitigkeitserfordernisses, dem Verbraucher ausreichend Zeit und somit die Möglichkeit zu einer Überprüfung der angebotenen Leistung und zu einem Preis-Leistungs-Vergleich mit anderen Angeboten einzuräumen, wird ein starres Abstellen auf einen Durchschnittsverbraucher nicht gerecht. Entscheidend ist allein, dass die Zeit zwischen Zurverfügungstellung der Baubeschreibung und Vertragsschluss für den konkreten Verbraucher im Einzelfall hierzu ausreicht. Ist dieser selbst Fachmann (z. B. Architekt oder Handwerker), kann für dieselbe Baubeschreibung der Zeitraum der Rechtzeitigkeit daher kürzer zu bemessen sein als für den Fall, dass der Verbraucher-Bauherr technischer Laie ist. Auch im Rahmen des § 17 Abs. 2a S. 2 Nr. 2 BeurkG ist anerkannt, dass die Regelfrist von zwei Wochen unterschritten werden darf, wenn wegen der Geschäftserfahrenheit und/oder anderen Umständen in der Person des Verbrauchers feststeht, dass dieser auch in kürzerer Zeit den Vertragsinhalt in ausreichender Weise zur Kenntnis nehmen und inhaltlich rezipieren konnte.[370] Dies muss in gleicher Weise für das Erfordernis der Rechtzeitigkeit bei Art. 249 § 1 EGBGB gelten.

Hierbei ist der zeitliche Rahmen aber nach oben hin durch den Maßstab eines normal informierten, angemessen aufmerksamen und verständigen Durchschnittsverbrauchers ohne Spezialwissen[371] begrenzt. Der Zeitraum der Rechtzeitigkeit kann also nicht denjenigen Zeitraum übersteigen, den ein solcher durchschnittlich verständiger Verbraucher benötigt, um die angebotene Leistung unter Hinzuziehung eines Fachmanns zu überprüfen

---

369 jurisPK/*Segger-Piening*, § 650j BGB, Rn. 10; zum ebenfalls das Erfordernis einer rechtzeitigen Informationserteilung vorsehenden Art. 247 EGBGB genauso Staudinger/*Kessal-Wulf*, § 491a BGB, Rn. 9.
370 BGH, Urteil vom 23.08.2018 – III ZR 506/16, NJW-RR 2018, 1531 Rn. 18 ff.
371 EuGH, Urteil vom 30.04.2014 – C-26/13, NJW 2014, 2335 Rn. 74.

und mit anderen Angeboten zu vergleichen. Denn das Risiko eines unter-durchschnittlich verständigen Verbrauchers, der übermäßig lang zur Über-prüfung der Baubeschreibung benötigt, kann nicht der Unternehmer zu tragen haben; dies würde den durch die Baubeschreibungspflicht ohnehin schon strapazierten Unternehmer über Gebühr belasten. Er muss sich bei der Einschätzung der Rechtzeitigkeit daher zumindest am Maßstab des Durchschnittsverbrauchers ohne Fachwissen orientieren dürfen. Eine Zeit-spanne, die es einem solchen Verbraucher ermöglicht, die Baubeschrei-bung einem Fachmann vorzulegen und einen Vergleich mit anderen An-geboten durchzuführen, ist daher ausreichend.

An ihr sollte sich der Unternehmer in der Praxis auch orientieren, da er hiermit stets „auf der sicheren Seite" ist. Wenn er aber der Meinung ist, dass im konkreten Einzelfall auch eine kürzere Frist ausreichend sei, liegt es in einer Verantwortung und seinem Risikobereich, die Voraussetzungen hierfür zu recherchieren und zu dokumentieren. Insbesondere Letzteres ist von großer Wichtigkeit zu seiner eigenen Absicherung, wenn er vom Re-gelfall, nämlich dem Maßstab des durchschnittlich verständigen Verbrau-chers, abweichen will, da er die Voraussetzungen für die Zulässigkeit einer solchen Verkürzung der durch die Rechtzeitigkeit vorgeschriebenen Zeit-spanne im Streitfalle darlegen und beweisen muss.

2. Möglichkeit eines Vertragsschlusses vor Ablauf des durch die „Rechtzeitigkeit" definierten Zeitraums

In der Praxis dürfte die Frage der Rechtzeitigkeit der Informationsertei-lung jedenfalls dann nicht zu Schwierigkeiten führen, wenn der Verbrau-cher frei darüber entscheiden kann, ob und wann er den Vertrag schließen will.[372] Er kann dann schon bald nach Erhalt der Baubeschreibung und so-mit vor Ablauf der nach dem Merkmal der „Rechtzeitigkeit" eigentlich er-forderlichen Zeitspanne einen Bauvertrag abschließen, wenn er von sich aus die Initiative für diese Entscheidung ergreift, diese also ohne äußere Zwänge und vor allem nicht auf Druck des Unternehmers trifft. Denn dann war er im Zweifel nicht gezwungen, bei einer – bezogen auf den Zeitpunkt seiner Vertragserklärung – zu spät übergebenen Baubeschrei-bung den Vertrag ohne Prüfphase zu schließen.[373] Damit sie in solchen

---

372 MüKo BGB/*Busche*, § 650j BGB, Rn. 16; Messerschmidt/Voit/*Lenkeit*, § 650j BGB, Rn. 41.
373 *Kniffka/Retzlaff*, BauR 2017, 1747, 1834.

Fällen nicht die erheblichen Risiken eingehen, die die Unterschreitung der im konkreten Fall gebotenen Prüffrist mit sich bringt[374], sollten Unternehmer großen Wert darauf legen, die Umstände zu dokumentieren, aus denen deutlich wird, dass der Verbraucher die Prüffrist freiwillig verkürzt hat – beispielsweise die Tatsache, dass er es ist, der den (frühen) Termin für die Unterzeichnung des Vertrages vorschlägt und idealer Weise, dass er an einem solchen Vorschlag auch auf die Nachfrage des Unternehmers hin festhält, ob er denn nicht noch Zeit brauche, die Baubeschreibung zu prüfen oder prüfen zu lassen.

Wenn die „Freiwilligkeit" des Verzichts dokumentiert ist, besteht keine Notwendigkeit, es dem Unternehmer vor Ablauf der Frist generell zu untersagen, einen Vertrag abzuschließen oder gar zu fordern, dass er dies aktiv verhindern müsse.[375] Gegen eine solche Forderung spricht e contrario bereits der eindeutige Wortlaut des Art. 249 § 1 EGBGB.[376] Dieser stellt in Bezug auf die Rechtzeitigkeit explizit und allein auf die Abgabe der Vertragserklärung des Verbrauchers ab. Er trifft aber keine Aussage dahingehend, dass auch die Erklärung des Unternehmers erst nach Ablauf einer bestimmten Zeitspanne ab Übergabe der Baubeschreibung erfolgen darf.[377] Weiterhin spricht auch das Telos des Art. 249 § 1 EGBGB gegen ein Verständnis der Norm dergestalt, dass auch der Unternehmer vor Ablauf der Prüfungs- und Vergleichsphase eine bindende Vertragserklärung nicht abgeben dürfe.[378] Denn die Informationspflicht soll lediglich dem Verbraucherschutz durch Information dienen, ihn aber nicht dazu zwingen, sich zu informieren und so den Vertragsschluss erschweren.[379] Ausreichend ist es vielmehr, dem Verbraucher die zeitlich ausreichende *Möglichkeit* einer hinreichenden Prüfung zu verschaffen.[380] Ob er diese auch ausschöpft oder

---

374 Hierzu siehe unten Teil 3, F., insbesondere F.I.3.b) bb) (2), S. 329.

375 So aber DLOPS/*Stretz*, § 5, Rn. 95 f.

376 jurisPK/*Segger-Piening*, § 650j BGB, Rn. 11.

377 Vgl. im Gegensatz dazu Art. 247 § 13 Abs. 2 EGBGB, der als Anknüpfungspunkt der Rechtzeitigkeit nicht die Vertragserklärung des Verbrauchers, sondern den Vertragsschluss selbst nennt.

378 jurisPK/*Segger-Piening*, § 650j BGB, Rn. 11.

379 jurisPK/*Segger-Piening*, § 650j BGB, Rn. 11; für den ebenfalls das Erfordernis der Rechtzeitigkeit enthaltenden Art. 247 EGBGB genauso MüKo BGB/*Schürnbrand/Weber*, § 491a BGB, Rn. 8.

380 So ausdrücklich die Gesetzesbegründung zum insoweit wortlautgleichen Art. 247 § 2 EGBGB, BT-Drs. 16/11643, S. 121 f., auf welche die Gesetzesbegründung zu Art. 249 § 1 EGBGB verweist, indem sie anführt, die Formulierung fände sich auch in anderen Vorschriften, vgl. BT-Drs. 18/8486, S. 73; so auch jurisPK/*Segger-Piening*, § 650j BGB, Rn. 11.

sich aus freien Stücken schon vorher zum Vertragsabschluss entscheidet, ist demnach nicht entscheidend.

Für den Fall, dass der Unternehmer bereits mit Zurverfügungstellung der Baubeschreibung ein verbindliches Vertragsangebot abgibt, wird unter Berücksichtigung von § 147 Abs. 2 BGB zu prüfen sein, bis zu welchem Zeitpunkt er den Eingang einer Antwort erwarten darf.[381] Macht er selbst hierzu keine Angaben (auf die Risiken zu kurzer Bindungsfristen wurde vorstehend hingewiesen), wird es den „regelmäßigen Umständen" im Sinne des § 147 Abs. 2 BGB entsprechen, dass das Angebot jedenfalls so lange angenommen werden kann, bis der Adressat ausreichend Zeit zur Überprüfung und zum Vergleich mit anderen Angeboten hatte. Alles andere wäre aus dem objektiven Empfängerhorizont des Verbrauchers und auch in Anbetracht der Baubeschreibungspflicht sinnwidrig, da Art. 249 § 1 EGBGB diesem ja gerade eine solche Zeitspanne vor Vertragsschluss garantieren will.

II. Form der Informationserteilung

Korrespondierend mit § 650i Abs. 2 BGB, welcher für den Abschluss eines Verbraucherbauvertrags die Einhaltung der Textform vorsieht, ist gemäß Art. 249 § 1 EGBGB auch die vorvertragliche Baubeschreibung dem Verbraucher in Textform zur Verfügung zu stellen. Gemäß § 126b BGB muss sie daher lesbar sein und die Person des Unternehmers nennen, wobei die Informationserteilung mittels eines dauerhaften Datenträgers im Sinne des § 126b S. 2 BGB zu erfolgen hat. Derartige Datenträger sind insbesondere Papier, eine CD-ROM, eine Speicherkarte, ein Computerfax, eine Festplatte, E-Mails oder ein USB-Stick.[382] Zwar erfordert die Textform keine Unterschrift des Unternehmers. Sie muss aber das Ende der Erklärung – in diesem Fall der Baubeschreibung – erkennen lassen.[383]

Sinn und Zweck dieses Textformerfordernisses ist es, den Verbraucher vor Beweisschwierigkeiten zu bewahren, die sich im Falle einer nur mündlichen Erteilung der Baubeschreibung ergäben.[384] Aus diesem Grund muss

---

381 BeckOGK/Merkle, § 650j BGB, Rn. 12; Messerschmidt/Voit/*Lenkeit*, § 650j BGB, Rn. 42; Leinemann/Kues/*Abu Saris*, § 650j BGB, Rn. 8.

382 DLOPS/*Stretz*, § 5, Rn. 45; BeckOGK/*Merkle*, § 650j BGB, Rn. 11.

383 DLOPS/*Stretz*, § 5, Rn. 45; Messerschmidt/Voit/*Lenkeit*, § 650j BGB, Rn. 44; *Pfenning*, RNotZ 2018, 585, 590.

384 MüKo BGB/*Busche*, § 650j BGB, Rn. 17; Messerschmidt/Voit/*Lenkeit*, § 650j BGB, Rn. 44.

die Baubeschreibung insgesamt der Textform genügen; nicht ausreichend ist es demnach, in Textform nur eine (Kurz-)Zusammenfassung der Baubeschreibung zu übergeben und die detaillierten Angaben nur mündlich zu kommunizieren.[385]

Auch bedeutet dies, dass alle Anlagen der Baubeschreibung – wie z. B. die von Art. 249 § 2 Abs. 1 S. 2 Nr. 3 EGBGB geforderten Pläne – dem Verbraucher in Textform zur Verfügung gestellt werden müssen. Eine einheitliche Zurverfügungstellung der Anlagen gemeinsam mit der Baubeschreibung gewissermaßen als „ein einziges Dokument" fordert das Textformerfordernis jedoch nicht zwingend. Die Zurverfügungstellung der Anlagen kann daher grundsätzlich auch in separaten Dokumenten erfolgen, wobei der (willkürlichen) Aufteilung verschiedener Bestandteile der Baubeschreibung durch das Klarheitsgebot des Art. 249 § 2 Abs. 1 EGBGB Grenzen gesetzt sind.[386]

D. Anforderungen an den Inhalt einer Baubeschreibung nach § 650j BGB i.V.m. Art. 249 § 2 EGBGB

Nach Klärung der Fragen, unter welchen Voraussetzungen, wann und in welcher äußeren Form der Unternehmer dem Verbraucher eine Baubeschreibung zur Verfügung zu stellen hat, wird nun näher untersucht, welchen inhaltlichen (Mindest-)Anforderungen eine solche Baubeschreibung genügen muss. Maßgebend hierfür ist Art. 249 § 2 EGBGB, auf den § 650j BGB verweist.

I. Angaben zur Bauausführung, Art. 249 § 2 Abs. 1 EGBGB

Art. 249 § 2 Abs. 1 EGBGB enthält diverse Vorgaben zur inhaltlichen Ausgestaltung von Baubeschreibungen. Diese beziehen sich sowohl auf mitzuteilende (Mindest-) Informationen als auch auf die Art und Weise der Darstellung dieser Informationen.

---

385 MüKo BGB/*Busche*, § 650j BGB, Rn. 17; Messerschmidt/Voit/*Lenkeit*, § 650j BGB, Rn. 44.
386 *Pfenning*, RNotZ 2018, 585, 590.

1. Mindestinformationen

Durch die Festlegung von Mindestinformationen werden Anforderungen an den Inhalt der Baubeschreibung in Bezug auf die bauspezifisch-technischen Informationen, die dem Verbraucher zur Verfügung zu stellen sind, definiert.

a) Regelungstechnik und Begriff der „wesentlichen Eigenschaften des angebotenen Werks"

Die Regelung dieser das Bausoll beschreibenden Angaben ist innerhalb des Art. 249 § 2 Abs. 1 EGBGB auf zwei Sätze aufgeteilt, deren Verhältnis und Zusammenspiel im Folgenden näher erörtert wird.

aa) Unterteilung in übergeordnete Generalklausel und katalogisierte Mindestangaben

Der Gesetzgeber bedient sich einer Regelungstechnik, die für verbraucherschützende Informationspflichten ansonsten außergewöhnlich ist: In Art. 249 § 2 Abs. 1 S. 1 EGBGB wird zunächst allgemein im Wege einer als Auffangtatbestand[387] fungierenden „Generalklausel"[388] geregelt, dass die Baubeschreibung die wesentlichen Eigenschaften des angebotenen (Bau-)Werks darzustellen hat; im anschließenden Art. 249 § 2 Abs. 1 S. 2 EGBGB werden sodann bestimmte typisierte Mindestinformationen katalogartig in neun Einzelpunkten aufgelistet.

Dies ist in der Gegenüberstellung mit vergleichbaren Informationspflichten vor allem deshalb bemerkenswert, weil etwa bei den Regelungen der Art. 246 Abs. 1, 246a § 1 Abs. 1 S. 1, 247 § 3 Abs. 1, 248 § 4 Abs. 1, 250 § 3 EGBGB eine Darstellung der erforderlichen Angaben nur und ausschließlich mittels einer Aufzählung von Mindestangaben innerhalb eines Katalogs erfolgt. Ein vorangestelltes, übergeordnetes und unabhängig von den „Katalog-Tatbeständen" zu wahrendes Erfordernis im Sinne einer Generalklausel findet sich dort nicht. Zwar findet der Begriff der „wesentlichen Eigenschaften" auch in Art. 246 Abs. 1 Nr. 1 EGBGB sowie in

---

387 Vgl. *Pfenning*, RNotZ 2018, 585, 591.
388 BT-Drs. 18/8486, S. 73.

Art. 246a § 1 Abs. 1 S. 1 Nr. 1 EGBGB Verwendung.[389] Dort jedoch wird er – anders als in Art. 249 § 2 Abs. 1 S. 2 EGBGB – nicht näher konkretisiert. Im Rahmen der vorvertraglichen Informationspflicht des Art. 250 § 3 Nr. 1 EGBGB wird der Begriff der „wesentlichen Eigenschaften" zwar in Bezug auf Reiseleistungen durch eine anschließende Aufzählung ausgestaltet. Hierbei handelt es sich jedoch nicht um eine Aufzählung bestimmter Mindesteigenschaften, die jedenfalls als wesentlich anzusehen sind, sondern vielmehr um eine abschließende Definition des Begriffs der wesentlichen Eigenschaften in Bezug auf Reiseleistungen. Das stellt der Wortlaut durch die Formulierung *„die wesentlichen Eigenschaften [...], und zwar a)[...]-j)[...]"* unmissverständlich klar.[390]

Dies ist im Rahmen des Art. 249 § 2 Abs. 1 EGBGB anders: Er fordert in Satz 1 – gewissermaßen in einem „Obersatz"[391] – generell die Information des Verbrauchers über die „wesentlichen Eigenschaften des angebotenen Werks". Dieser Begriff wird durch die in Satz 2 folgende Aufzählung bestimmter Mindestangaben lediglich beispielhaft konkretisiert[392], nicht jedoch – wie etwa in Art. 250 § 3 Nr. 1 EGBGB – abschließend und erschöpfend definiert.[393]

Je nach dem im konkreten Einzelfall zu errichtenden Bauwerk kann eine Baubeschreibung, die nur schematisch die in Art. 249 § 2 Abs. 1 S. 2 EGBGB katalogisierten Einzelpunkte abarbeitet, daher nicht ausreichend sein.[394] Umfasst ein angebotenes Werk Eigenschaften, die nicht unter die Aufzählung des Satzes 2 fallen, aber als wesentlich (zu diesem Begriff sogleich) anzusehen sind, so sind diese ebenfalls in die Baubeschreibung mit aufzunehmen.[395] Der Ersteller einer Baubeschreibung muss also für jedes konkrete Bauvorhaben im Einzelfall prüfen, welche von dessen Eigenschaften „wesentlich" sind und sie alle in die Baubeschreibung aufnehmen.

---

389 Dies feststellend auch *Glöckner*, VuR 2016, 163, 165; *Hödl*, Das neue Bauvertragsrecht, Rn. 299; *Pause*, BauR 2017, 430, 433; näher zum Begriff der wesentlichen Eigenschaften in Art. 246, 246a EGBGB in Teil 3, B.I.1., S. 342 ff.

390 Vgl. Erwägungsgrund Nr. 27 der EU-Richtlinie 2015/2302 („Pauschalreise-RL"); BeckOGK/*Alexander*, Art. 250 § 3 EGBGB, Rn. 8.

391 So *Pause*, BauR 2017, 430, 434.

392 *Glöckner*, VuR 2016, 163, 165.

393 BT-Drs. 18/8486, S. 73; BeckOGK/*Merkle*, § 650j BGB, Rn. 15; Messerschmidt/Voit/*Lenkeit*, § 650j BGB, Rn. 21.

394 Messerschmidt/Voit/*Lenkeit*, § 650j BGB, Rn. 19; DLOPS/*Stretz*, § 5, Rn. 74; BeckOGK/*Merkle*, Art. 249 § 2 EGBGB, Rn. 5.

395 So wörtlich BT-Drs. 18/8486, S. 73.

Genau diese einzelfallbezogene Formulierung von Baubeschreibungen strebt der Gesetzgeber mit der Ausgestaltung des Art. 249 § 2 EGBGB an. Die Generalklausel des Satzes 1 ist als Auffangtatbestand für all jene „wesentlichen" Eigenschaften eines Bauwerks nötig, die nicht von den Angaben des Katalogs in Satz 2 umfasst sind. Gegenstand eines Verbraucherbauvertrages können unterschiedlichste Bauvorhaben sein. Diese sind in technischer Hinsicht ständigen Neuerungen unterworfen. Das Gesetz muss also auch Sachverhalte erfassen und als „vertragswesentlich" definieren, die bei seinem Inkrafttreten, also bei der Formulierung des Kataloges in Satz 2, noch nicht bekannt waren. Deshalb ist es nicht möglich, eine abschließende Auflistung des notwendigen Inhalts einer Baubeschreibung im Gesetzestext, insbesondere im Katalog des Satzes 2, zu formulieren[396]; vielmehr war die Implementierung eines vergleichsweise weit und abstrakt formulierten Auffangtatbestands notwendig, um dieser Besonderheit der technischen Komplexität und Diversität unterschiedlicher Bauvorhaben gerecht zu werden.[397] Denn das Informationsbedürfnis des Bestellers orientiert sich stets an Art und Umfang des jeweiligen Bauvorhabens; eine konkrete gesetzliche Definition des Umfangs einer Baubeschreibung, die jedem Einzelfall gerecht wird, ist deshalb nicht möglich.[398]

bb) Wesentliche Eigenschaften

Welche Eigenschaften eines Werks „wesentlich" sind, lässt sich demnach nicht abstrakt, sondern nur unter Zugrundelegung des konkreten Bauvorhabens im Einzelfall durch Auslegung ermitteln.[399]

(1) Maßstäbe für die Auslegung des Begriffs

Der Begriff der „wesentlichen Eigenschaften" bedarf als unbestimmter Rechtsbegriff der Auslegung.[400] Bereits aus der Formulierung der *„wesentlichen Eigenschaften"* geht e contrario hervor, dass jedenfalls nicht alle Eigenschaften eines Werks „wesentlich" und somit in die Baubeschreibung auf-

---

396 BT-Drs. 18/8486, S. 73.
397 BeckOGK/*Merkle*, Art. 249 § 2 EGBGB, Rn. 5.
398 Messerschmidt/Voit/*Lenkeit*, § 650j BGB, Rn. 19.
399 MüKo BGB/*Busche*, § 650j BGB, Rn. 3; BeckOGK/*Merkle*, § 650j BGB, Rn. 26.
400 jurisPK/*Segger-Piening*, § 650j BGB, Rn. 15.

zunehmen sind.[401] Durch Auslegung zu ermitteln ist demnach, welche Eigenschaften die Schwelle der „Wesentlichkeit" überschreiten.

Als Maßstab dieser Auslegung ist nicht etwa auf das individuelle Informationsbedürfnis des jeweiligen Verbrauchers im konkreten Einzelfall abzustellen, sondern darauf, welche Informationen im objektiven Interesse eines verständigen Durchschnittsverbrauchers liegen.[402] Denn anders als der Begriff der „Rechtzeitigkeit", welcher auch abhängig vom Kenntnisstand des konkreten Verbrauchers im Einzelfall ist[403], muss der Begriff der wesentlichen Eigenschaft eines Werks objektiv bestimmbar sein; zwei vollkommen baugleiche Häuser müssen denknotwendig unabhängig von der Person des Auftraggebers auch dieselben wesentlichen Eigenschaften aufweisen. Die charakteristischen Attribute eines Gegenstands hängen nicht davon ab, wer Auftraggeber der Errichtung dieses Gegenstands oder dessen Eigentümer ist. Der Begriff der „Eigenschaften" entspricht letztlich den „Beschaffenheiten", die gemäß § 633 Abs. 2 S. 1 BGB für die Beurteilung der Vertragsgemäßheit maßgeblich sind.[404] Dazu zählt nicht die Person des Auftraggebers. Dies wird bereits dadurch deutlich, dass der Wortlaut ausdrücklich die Darstellung der *„wesentlichen Eigenschaften des angebotenen Werks"* fordert; der Begriff der wesentlichen Eigenschaft ist daher objektiviert und ohne Rücksicht auf die Person des Auftraggebers zu verstehen.

Seine Auslegung im jeweiligen Einzelfall hat deshalb unter Zugrundelegung des Kenntnisstands eines nicht fachkundigen, durchschnittlich verständigen Verbrauchers zu erfolgen. Wichtigster Anknüpfungspunkt ist dabei zunächst der Zweck der gesetzlichen Fixierung des (Mindest-)Inhalts einer Baubeschreibung[405], nämlich, die vertraglich geschuldete Leistung zu fixieren und so die im Rahmen der Vertragsverhandlung geweckten Erwartungen des Verbrauchers zu schützen und ihm die Überprüfung der angebotenen Leistung – auch durch einen sachverständigen Dritten – und einen Preis-Leistungs-Vergleich mit anderen Angeboten zu ermöglichen.[406] Die Baubeschreibung muss den Verbraucher also in die Lage versetzen, eine fundierte Entscheidung über das Ob und das Wie der Durch-

---

401 MüKo BGB/*Busche*, § 650j BGB, Rn. 3; Messerschmidt/Voit/*Lenkeit*, § 650j BGB, Rn. 20.

402 DLOPS/*Stretz*, § 5, Rn. 76; BeckOGK/*Merkle*, § 650j BGB, Rn. 26.

403 Hierzu s.o. C.I.1.b), S. 117.

404 *Pause*, Bauträgerkauf und Baumodelle, Rn. 442a; *Pfenning*, RNotZ 2018, 585, 592, Fn. 64.

405 jurisPK/*Segger-Piening*, § 650j BGB, Rn. 16; *Pfenning*, RNotZ 2018, 585, 592.

406 siehe hierzu bereits oben C.I.1., S. 112; BT-Drs. 18/8486, S. 62.

führung des Verbraucherbauvertrags treffen zu können.[407] „Wesentliche Eigenschaften" des Bauwerks im Sinne des Art. 249 § 2 Abs. 1 S. 1 EGBGB sind demnach alle Angaben, die der Verbraucher zu diesem Zweck benötigt.[408]

Außerdem ist im Rahmen der Auslegung des Begriffs der wesentlichen Eigenschaften das Regelungsumfeld innerhalb des Art. 249 § 2 Abs. 1 EGBGB zur systematischen Einordnung des Terminus heranzuziehen.[409] Die in Satz 2 aufgelisteten Einzelangaben bieten jedenfalls einen – wenn auch gewiss nicht abschließenden – Anhaltspunkt dafür, welche Art von Angaben der Gesetzgeber beim Begriff der wesentlichen Eigenschaften im Sinne hatte.[410] Aus der Gesamtheit der in Satz 2 genannten neun Einzelpunkte lässt sich durchaus ein gewisses Verständnis dafür entwickeln, welche Eigenschaften je nach Art und Umfang des konkreten Vertragsgegenstandes über die im Katalog genannten Angaben hinaus noch als wesentlich anzusehen sein können.

(2) Konkret: Bestimmung der „wesentlichen Eigenschaften" eines Bauwerks

Anhand der vorgenannten Auslegungskriterien ist jeweils für das konkrete Bauvorhaben im Einzelfall zu ermitteln, welche Eigenschaften als wesentlich zu betrachten sind und demnach Eingang in die Baubeschreibung zu finden haben. Mit Rücksicht auf den teleologischen Hintergrund der Regelung sind Eigenschaften der Leistung des Unternehmers jedenfalls insoweit „wesentlich" und deshalb konkret zu definieren, als die Fixierung des (späteren) Vertragsinhalts ausgehend von der Perspektive eines verständigen Durchschnittsverbrauchers das erfordert. „Wesentliche Eigenschaft" ist in diesen Fällen dann nur und ausschließlich die konkret anzugebende, detaillierte Beschreibung und nicht etwa eine übergeordnete, weitere Begrifflichkeit. Ein solches Erfordernis ergibt sich vor allem in drei Szenarien:

Erstens dann, wenn im Hinblick auf die Bauteileigenschaften verschiedene Qualitätsniveaus üblich sind.[411] Derartige Qualitätsabstufungen sind etwa bei der Elektroausstattung oder den Widerstandsklassen einbruch-

---

407 DLOPS/*Stretz*, § 5, Rn. 77; BeckOGK/*Merkle*, § 650j BGB, Rn. 26.
408 BeckOGK/*Merkle*, § 650j BGB, Rn. 26.
409 jurisPK/*Segger-Piening*, § 650j BGB, Rn. 21.
410 *Pfenning*, RNotZ 2018, 585, 591 f.; IfBF, Stellungnahme zum RefE, S. 15, Rn. 76.
411 *Oswald* et al., Bauteilbeschreibungen im Bauträgervertrag, S. 18, 28.

hemmender Rollläden gang und gäbe.[412] In diesen Fällen erfordert die Angabe der wesentlichen Eigenschaften des entsprechenden Bauteils die genaue Angabe des jeweiligen Qualitätsstandards unter Verwendung der branchenüblichen Abstufungen. So wäre etwa die bloße Angabe „einbruchhemmende Rollläden" nicht ausreichend. Vielmehr müsste zusätzlich eine konkrete Angabe der jeweiligen Widerstandsklasse (es existieren deren sechs[413]) erfolgen, um dem Zweck des Art. 249 § 2 EGBGB gerecht zu werden.

Zweitens erfordert die Fixierung des Vertragsinhalts dann eine konkrete Angabe in der Baubeschreibung, wenn die übliche Beschaffenheit oder die gewöhnliche Verwendung des betreffenden Bauteils erfahrungsgemäß unklar oder umstritten ist und sich insbesondere nicht aus den vorliegenden Regelwerken präzise ermitteln lässt.[414] Dies ist beispielsweise der Fall bei neuen Bauweisen, die noch nicht langzeiterprobt sind, sowie bei besonders risikoträchtigen Bauweisen.[415] Im Zusammenhang mit jenem zweiten Szenario der „umstrittenen üblichen Beschaffenheit" eines Bauteils oder einer Bauleistung steht auch die explizite Vorgabe der Gesetzesbegründung, dass es in der Baubeschreibung zum Ausdruck zu bringen ist, wenn bestimmte Unwägbarkeiten oder Risiken bei der angebotenen Leistung nicht berücksichtigt und mit dem angebotenen Preis nicht abgegolten sind.[416] Trägt demnach etwa der Verbraucher das Risiko der Beschaffenheit des Baugrundes, ist dies ausdrücklich in der Baubeschreibung niederzulegen.[417]

Drittens bedarf es einer möglichst konkreten Fixierung in der Baubeschreibung bei Ausstattungsdetails, die nicht durch Regelwerke definiert sind oder die abweichend von „üblichen Beschaffenheiten" nach Wunsch des Verbrauchers definiert werden sollen, mithin also bei konkreten Beschaffenheitsvereinbarungen.[418] Fordert dieser etwa ein bestimmtes Ausstattungsmerkmal, Produkt oder Material, ist dieses mit einer möglichst

---

412 Vgl. hierzu Verbraucherzentrale NRW, Die Muster-Baubeschreibung, S. E94, E128 ff.; jurisPK/ *Segger-Piening*, § 650j BGB, Rn. 16.

413 Im Einzelnen: Verbraucherzentrale NRW, Die Muster-Baubeschreibung, S. E94.

414 *Oswald* et al., Bauteilbeschreibungen im Bauträgervertrag, S. 17 f., 28; jurisPK/ *Segger-Piening*, § 650j BGB, Rn. 17.

415 *Oswald* et al., Bauteilbeschreibungen im Bauträgervertrag, S. 17 f.

416 BT-Drs. 18/8486, S. 73; so bereits auch die Forderung im Abschlussbericht der Arbeitsgruppe Bauvertragsrecht beim BMJV, S. 15.

417 jurisPK/*Segger-Piening*, § 650j BGB, Rn. 19; BT-Drs. 18/8486, S. 73; a.A. BeckOK/ *Voit*, § 650j BGB, Rn. 2.

418 *Oswald* et al., Bauteilbeschreibungen im Bauträgervertrag, S. 18, 25 f., 28; jurisPK/*Segger-Piening*, § 650j BGB, Rn. 18.

klaren Bezeichnung in der Baubeschreibung niederzulegen.[419] Um die Verbindlichkeit dieses Besteller-Wunsches zu unterstreichen, kann diese Angabe idealerweise noch mit folgender, klarstellender Klausel ergänzt werden: „Gleichwertige Produkte anderer Hersteller sind nicht zulässig".[420]

Denn fänden subjektive Besteller-Wünsche keinen Eingang in die Baubeschreibung, erfolgte keine ordnungsgemäße Fixierung der subjektiven Leistungsanforderungen. Dies hätte zur Folge, dass eine Vergleichbarkeit mehrerer eingeholter Baubeschreibungen für den Verbraucher nur in eingeschränktem Umfang gewährleistet wäre, da mehrere Angebote erst vergleichbar sind, wenn sie die subjektiven Vorgaben des Verbrauchers beinhalten.[421]

Solche Klarstellungen sind nicht nur wichtig, wenn der Verbraucher Anforderungen stellt, die die „üblichen" Beschaffenheiten qualitativ überschreiten (Beispiel: besonderer Schallschutz für ein Arbeits- oder Musikzimmer), sondern auch dann, wenn er sich – vor allem aus Kostengründen – mit niedrigeren als „üblichen" Beschaffenheiten zufrieden gibt (z. B.: Unterschreitung der eigentlich üblichen Schallschutz-Anforderungen in einem Zweifamilienhaus mit der Begründung, es werde letztlich von nur einer Familie bewohnt). In diesen Fällen muss der Unternehmer zur Vermeidung einer Mängelhaftung den Verbraucher spätestens in der Baubeschreibung darauf hinweisen, dass mit der von diesem gewünschten Ausführung die „übliche Beschaffenheit" nicht erreicht wird, und welche Folgen das haben kann.[422]

(3) Zwischenergebnis

Die Qualifikation der Eigenschaft eines Bauwerks als „wesentlich" ist demnach nicht nur im Hinblick auf die Frage, welche Bauteile oder Anforderungen an das Gebäude als „wesentlich" anzusehen sind, sondern auch im Hinblick auf die Frage, welche Einzeleigenschaften dieses Bauteils oder dieser Anforderungen „wesentlich" sind, zu beurteilen. Legt sich der Un-

---

419 jurisPK/*Segger-Piening*, § 650j BGB, Rn. 18; *Oswald* et al., Bauteilbeschreibungen im Bauträgervertrag, S. 25 f.
420 Vgl. das Beispiel bei *Oswald* et al., Bauteilbeschreibungen im Bauträgervertrag, S. 26.
421 jurisPK/*Segger-Piening*, § 650j BGB, Rn. 18.
422 BGH, Urteil vom 04.06.2009 – VII ZR 54/07, NJW 2009, 2439 Rn. 14 f.

ternehmer hinsichtlich einer dieser beiden Fragen falsch fest und verzichtet auf detaillierte Angaben, enthält die Baubeschreibung nicht alle wesentlichen Eigenschaften des Bauwerks und ist unvollständig.

Dies kann einerseits z. B. der Fall sein, wenn überhaupt keine Angabe zum Schallschutz oder der zu verbauenden Sanitärausstattung erfolgt. Zum anderen kann ein solcher Fehler vorliegen, wenn zwar Angaben zur Sanitärausstattung erfolgen, diese aber nur mit „Ideal Standard" beschrieben wird, obwohl der Verbraucher spezifische Armaturen mit besonderen Eigenschaften wünscht.

Deshalb verbietet sich die Verwendung von formularmäßigen, gewissermaßen (vermeintlich!) vollumfänglich vorformulierten Baubeschreibungen. Gewiss spricht nichts gegen die Verwendung eines Musters, welches Bauteile und Anforderungen aufführt, die typischerweise in nahezu jedem Bauvorhaben wesentliche Eigenschaften darstellen; im Gegenteil ist die Etablierung einer solchen „Muster-Baubeschreibung" letztlich sogar vom Gesetzgeber gewollt, da diese die Vergleichbarkeit der Baubeschreibungen verschiedener Anbieter miteinander für den Verbraucher deutlich verbessert. Jedoch muss beim Ausfüllen solcher Mustertexte – wie auch bei Vertragsmustern – den Anforderungen und Besonderheiten des konkreten Einzelfalls penibel Rechnung getragen werden.

b) Die einzelnen Angaben im Katalog des Art. 249 § 2 Abs. 1 S. 2 EGBGB

Einen Anhaltspunkt dafür, welche Angaben der Gesetzgeber als „wesentlich" betrachtet, liefert der Katalog des Art. 249 § 2 Abs. 1 S. 2 EGBGB.[423] Dieser regelt in neun Einzelpunkten Informationen im Hinblick auf das Bauwerk, die dem Verbraucher „mindestens" zur Verfügung zu stellen sind.

aa) Bedeutung des Begriffs „gegebenenfalls"

Dabei ist „mindestens" nicht so zu verstehen, dass zwingend jede Baubeschreibung auch tatsächlich Angaben zu allen der neun Einzelpunkte ent-

---

423 MüKo BGB/*Busche*, § 650j BGB, Rn. 3.

halten muss.[424] Dies kommt durch die mehrfache Verwendung des Wortes „gegebenenfalls" im Katalog des Satzes 2 zum Ausdruck.[425]

Hinsichtlich aller mit dieser Einschränkung versehenen Einzelinformationen ist eine Angabe in der Baubeschreibung nur dann zu machen, wenn im konkreten Bauvorhaben tatsächlich Leistungen ausgeführt werden sollen, die die entsprechende Katalogangabe betreffen[426], mithin also dann, wenn sie bei der Durchführung der konkreten Baumaßnahme tatsächlich relevant werden.[427] Da es sich bei dem Begriff „gegebenenfalls" spätestens seit Erlass der VRRL und deren Umsetzung in nationales Recht um einen im deutschen wie im europäischen Recht etablierten Rechtsbegriff handelt, und auch weil er sich vom natürlichen Sprachverständnis her unzweideutig erschließt im Sinne von „soweit erforderlich", bedurfte es im Rahmen der Baubeschreibungspflicht keiner gesonderten Klarstellung des Gesetzgebers, was hierunter zu verstehen ist.[428] Denn auch in den Informationspflicht-Katalogen der Art. 246 Abs. 1, 246a § 1 Abs. 1 S. 1 EGBGB, die die Umsetzung der Art. 5, 6 VRRL darstellen, findet sich in gleicher Weise vor zahlreichen Einzelangaben diese Einschränkung, obwohl auch die dort genannten Informationen als verpflichtende Mindestangaben geregelt sind.[429]

Alle Katalogangaben, die ohne diese Einschränkung aufgelistet werden, sind hingegen ohne jeden Spielraum für den Unternehmer stets zwingend und unabhängig von ihrer Relevanz für das konkrete Bauvorhaben als Mindestangaben in die Baubeschreibung aufzunehmen.[430] Der klare Wortlaut des Gesetzes lässt es nicht zu, auch diese Angaben nur dann zu machen, wenn der Unternehmer die damit in Zusammenhang stehenden Leistungen auch ausführen soll.[431]

Es ist deshalb denjenigen, die öfter Baubeschreibungen erstellen, die Verwendung einer „Musterbeschreibung" zu empfehlen, die auszufüllende Felder für alle in Art. 249 § 2 Abs. 1 S. 2 EGBGB aufgelisteten Details ent-

---

424 BeckOGK/*Merkle*, § 650j BGB, Rn. 15; Messerschmidt/Voit/*Lenkeit*, § 650j BGB, Rn. 21.

425 jurisPK/*Segger-Piening*, § 650j BGB, Rn. 29; BeckOGK/*Merkle*, § 650j BGB, Rn. 15.

426 Messerschmidt/Voit/*Lenkeit*, § 650j BGB, Rn. 21.

427 BeckOGK/*Merkle*, Art. 249 § 2 EGBGB, Rn. 9; *Pfenning*, RNotZ 2018, 585, 596.

428 Dies forderten vergeblich *Pause/Vogel*, NZBau 2015, 667, 668.

429 Einen Vergleich zum Inhalt des Art. 246 Abs. 1 EGBGB ziehend auch *Hödl*, Das neue Bauvertragsrecht, Rn. 299; *Pause*, BauR 2017, 430, 433.

430 Leinemann/Kues/*Abu Saris*, § 650j BGB, Rn. 17; *Orlowski*, ZfBR 2016, 419, 430.

431 So aber BeckOGK/*Merkle*, § 650j BGB, Rn. 24.

hält – möglicherweise mit einer unterschiedlichen Darstellung der immer auszufüllenden Felder und derjenigen, zu denen „gegebenenfalls" (ausnahmsweise!) keine Angaben erforderlich sind.[432] Denn auch die gegenwärtige Fassung des Art. 249 § 2 Abs. 1 S. 2 EGBGB verbietet es keineswegs, alle Katalogangaben unabhängig davon zu machen, ob sie für den konkreten Fall relevant sind oder nicht. Dies dürfte schon deshalb (auch) im Interesse des Unternehmers liegen, weil er dann nicht für jedes Bauvorhaben einen eigenständigen Katalog erstellen und ausgestalten muss, sondern nur in einen ihm von Struktur und Inhalt her bereits bekannten Katalog die jeweils nötigen Angaben einzufügen hat. Für den Verbraucher jedenfalls entsteht dadurch, dass manche Angaben nur „gegebenenfalls" zu machen sind, kein Nachteil.

bb) Die Katalogangaben im Einzelnen

Im Folgenden werden die einzelnen, im Katalog des Art. 249 § 2 Abs. 1 S. 2 EGBGB aufgezählten Einzelangaben hinsichtlich ihres möglichen Inhalts untersucht. Die jeweils zu erfüllenden Anforderungen ergeben sich aus den vorstehend im Zusammenhang mit der Definition des Begriffs der „wesentlichen Eigenschaften"[433] gemachten Ausführungen. Diese gelten denklogisch auch für die diesen Begriff lediglich konkretisierenden Katalogangaben des Satzes 2.

Der Katalog des Art. 249 § 2 Abs. 1 S. 2 EGBGB folgt – im Groben – dem Schema, dass in den ersten Katalognummern eher allgemeine Angaben gefordert werden und mit steigender Gliederungsziffer die Konkretheit und Besonderheit der verlangten Informationen zunimmt. Es kann daher vorkommen, dass bestimmte zu beschreibende Leistungen dem Wortlaut nach unter verschiedene Mindestinformationen bzw. Katalogziffern zu subsumieren sind. So kann die Installation von Kabeln sowohl unter Nr. 7 („gebäudetechnische Anlagen") als auch unter Nr. 9 („Elektroanlage") zu subsumieren sein. Die Anbringung des Estrichs könnte sowohl unter Nr. 5 („Baukonstruktionen") als auch unter Nr. 6 („Innenausbau") gefasst werden. Derlei kann aber häufig nicht schlicht dahinstehen, da einige Angaben nur „gegebenenfalls" zu machen sind und andere in jedem Fall. Es kann also für die Gesetzeskonformität der Baubeschreibung entscheidend

---

432 Für eine solche umfassende Liste LBD/*Rückert*, Art. 249 EGBGB, Rn. 7; *Pause*, BauR 2017, 430, 434.
433 S.o., D.I.1.a) bb), S. 124 ff.

sein, unter welche Katalogziffer und welche konkrete Information eine Leistung des Unternehmers fällt.

Es ist daher geboten, zwischen den einzelnen Informationen möglichst trennscharf zu unterscheiden, um inhaltliche Überschneidungen und die daraus resultierenden Unklarheiten so gut wie möglich zu vermeiden. Voraussetzung hierfür ist die Herausarbeitung möglichst griffiger Definitionen und Fallgruppen für die einzelnen Katalogangaben, sodass diese möglichst gut voneinander abgegrenzt werden können. Dies wird im Folgenden versucht. Verbleiben auch dann hinsichtlich bestimmter Leistungen noch Zweifel, unter welche Angabe diese zu subsumieren sind, sind sie – in entsprechender Anwendung des Grundsatzes *„lex specialis derogat legi generali"* – der spezielleren, mithin der höheren Katalognummer zuzuordnen.

(1) Allgemeine Beschreibung (Nr. 1)

Die erste Ziffer des Katalogs fordert als Mindestangaben Informationen zur allgemeinen Beschreibung des herzustellenden Gebäudes oder der vorzunehmenden Umbauten als Inhalt der Baubeschreibung. Hiermit will der Gesetzgeber erreichen, dass zunächst als gewissermaßen übergeordnetes Kriterium die Kategorie der zu erbringenden Bauleistung festgelegt wird.[434]

In diesem Zusammenhang sind gegebenenfalls – also, wenn derartige Informationen im Einzelfall für das Bauvorhaben relevant sind – Angaben zu Haustyp und Bauweise gefordert; das Wort „gegebenenfalls" bezieht sich dabei auf beide nachfolgend genannten Substantive, also nicht nur auf den Begriff „Haustyp", vor welchem das Wort „gegebenenfalls" unmittelbar platziert ist. Es ist nahezu kein Fall denkbar, in welchem derartige Angaben für das konkrete Bauvorhaben nicht von Bedeutung sind; auch dann, wenn keine schlüsselfertige Errichtung des Gebäudes geschuldet wird, kann eine Baumaßnahme denknotwendig nicht begonnen werden, wenn nicht feststeht, in welcher Bauweise sie zu erfolgen hat.

Unter der „allgemeinen Beschreibung des herzustellenden Gebäudes" wird man Informationen darüber zu verstehen haben, ob die Baumaßnahme sich auf ein Ein- oder ein Mehrfamilienhaus bezieht, ob es sich hierbei um eine Garage, eine Werkshalle, ein Stallgebäude oder eine Scheune, ein

---

434 MüKo BGB/*Busche*, § 650j BGB, Rn. 4.

Haus im Bungalow-Stil oder ein mehrstöckiges Gebäude handelt.[435] Ebenfalls sollten die Zahl der Stockwerke und die – unter Umständen je nach Stockwerk unterschiedliche – Anzahl der Räume beschrieben sein.[436] Sinnvoll sind weiterhin Angaben zu Dachform, Unterkellerung und Funktion des Gebäudes, soweit sich diese nicht ohnehin aus dem Gesamtzusammenhang ergibt.[437]

Nicht erforderlich im Rahmen der „allgemeinen Beschreibung des herzustellenden Gebäudes", also der Katalogziffer 1, ist die Darstellung des Objektes durch Gesamtansichten, Grundrisse und Schnitte.[438] Derlei fällt unter die (insoweit speziellere) Katalogziffer 3 und ist daher zwar auf anderem Wege, aber im Ergebnis dennoch in die Baubeschreibung aufzunehmen.

Zu den Angaben zum Haustyp gehören Informationen zur energetischen Effizienz des Gebäudes, soweit diese sich als „Haustyp" darstellen lassen (z. B. „KfW-Effizienzhaus 55"), sowie zu nutzergruppengerechten Lösungen (z. B. „barrierefreies Haus", gegebenenfalls mit Konkretisierung der so gestalteten Bereiche), soweit dies im konkreten Bauvorhaben von Relevanz ist.[439]

Bei den Informationen zur Bauweise ist anzugeben, ob das Gebäude in konventioneller Bauweise oder in Fertigbauweise[440] bzw. in Massiv- oder Leichtbauweise[441] errichtet wird. Gerade bei umfänglichen Umbauten können komplexe oder ungewöhnliche Ausführungsweisen – beispielsweise die Kombination von Massiv- und aus statischen Gründen Holz- oder Leichtbau – zur Ausführung kommen, welche dann möglichst präzise im Rahmen der Angaben zur Bauweise zu definieren sind.

Bei Umbauarbeiten ist mindestens anzugeben, welche Bauteile eines Gebäudes sie betreffen und welchem Zweck sie dienen (beispielsweise: Erweiterung der Nutzfläche, funktionale Umgestaltung der betreffenden Bautei-

---

435 MüKo BGB/*Busche*, § 650j BGB, Rn. 4; BeckOGK/Merkle, Art. 249 § 2 EGBGB, Rn. 12; Messerschmidt/Voit/*Lenkeit*, § 650j BGB, Rn. 23.

436 Messerschmidt/Voit/*Lenkeit*, § 650j BGB, Rn. 23; LBD/*Rückert*, Art. 249 EGBGB, Rn. 6, Fn. 15.

437 MüKo BGB/*Busche*, § 650j BGB, Rn. 4.

438 Dies im Rahmen der Katalogziffer 1 aber zumindest als „nützlich" bezeichnend Messerschmidt/ Voit/*Lenkeit*, § 650j BGB, Rn. 23.

439 LBD/*Rückert*, Art. 249 EGBGB, Rn. 6, Fn. 17; Messerschmidt/Voit/*Lenkeit*, § 650j BGB, Rn. 23.

440 Messerschmidt/Voit/*Lenkeit*, § 650j BGB, Rn. 23.

441 jurisPK/*Segger-Piening*, § 650j BGB, Rn. 31; näher hierzu Verbraucherzentrale NRW, Die Muster-Baubeschreibung, S. E 23 ff.

le, Verbesserung der Energieeffizienz, Zusammenlegung oder Teilung von Nutzungseinheiten).[442]

(2) Art und Umfang der angebotenen Leistung (Nr. 2)

Mit Art. 249 § 2 Abs. 1 S. 2 Nr. 2 EGBGB soll der Unternehmer dazu angehalten werden, Art und Umfang der angebotenen Leistungen näher zu spezifizieren.[443] Hierzu gehört auch deren Vorbereitung und Absicherung (z. B. Versicherungsschutz während und nach der Bauphase).[444] In diesem Zusammenhang sind „gegebenenfalls" – also dann, wenn der Unternehmer derlei ausführen soll – auch Angaben zu Planung und Bauleitung, Arbeiten am Grundstück, der Baustelleneinrichtung sowie der Ausbaustufe zu machen.[445]

Insbesondere erfordert Nr. 2 wegen des am Ende der Katalognummer platzierten Begriffs der „Ausbaustufe" also die Angabe, ob das Bauwerk „schlüsselfertig", (teil-)bezugsfertig oder etwa nur als Rohbau- oder Ausbauhaus errichtet wird.[446] Insoweit ist die Verwendung des Begriffs „gegebenenfalls" zu kritisieren, der sich eindeutig auch auf die Ausbaustufe des Gebäudes bezieht. Es ist – wie bereits bei den Angaben zum Haustyp im Rahmen der Nr. 1 – kein Fall denkbar, in dem die Ausbaustufe des Gebäudes für das konkrete Bauvorhaben nicht von Relevanz ist. Sowohl bei schlüsselfertiger Errichtung als auch bei einem Ausbauhaus ist für den Verbraucher die Information überaus relevant, in welchem Zustand er das Haus nach Erbringung des vereinbarten Bausolls durch den Unternehmer erwarten kann und darf.

Da es für die vorgenannten Begrifflichkeiten („schlüsselfertig", „Ausbauhaus" etc.) keine gesetzliche oder sonst allgemein gültige, hinreichend präzise und rechtssichere Definition gibt, ist es für den Unternehmer – um dem Klarheitsgebot des Art. 249 § 1 EGBGB zu genügen – ratsam, die Ausbaustufe nicht nur mit einem der vorgenannten Schlagworte, sondern durch textliche Präzisierung konkret zu beschreiben.[447] Weiterhin ist – wenn nicht gerade ohnehin eine vollumfänglich schlüssel- oder bezugsfer-

---

442 Messerschmidt/Voit/*Lenkeit*, § 650j BGB, Rn. 23.
443 MüKo BGB/*Busche*, § 650j BGB, Rn. 5.
444 Messerschmidt/Voit/*Lenkeit*, § 650j BGB, Rn. 24, Fn. 28.
445 BeckOGK/*Merkle*, § 650j BGB, Rn. 17; Leinemann/Kues/*Abu Saris*, § 650j BGB, Rn. 19.
446 Messerschmidt/Voit/*Lenkeit*, § 650j BGB, Rn. 24.
447 *Pfenning*, RNotZ 2018, 585, 597.

tige Errichtung des Gebäudes geschuldet wird – im Einzelnen anzugeben, welche bestimmten Gewerke oder Teilleistungen (Innenausbau, Hauselektrik, Sanitärleistungen) nicht erbracht werden.[448] Begriffe wie „schlüsselfertig" oder „Rohbauhaus" werden zwar in der Praxis zuhauf verwendet und sind daher auch Gegenstand von Diskussionen und Definitionsversuchen in Rechtsprechung und Literatur.[449] Eine einheitliche Definition des jeweils hiervon umfassten Leistungsumfangs – auch und gerade in Detailfragen – gibt es jedoch nicht.[450]

Um Streitigkeiten über den Umfang der vom Unternehmer zu erbringenden Leistungen zu vermeiden, erfordert deshalb Nr. 2 auch die Angabe gegebenenfalls vom Verbraucher zu erbringender „Eigenleistungen" in Form eines Negativkatalogs.[451] Gerade bei komplexen Vertragsinhalten – wie sie die Anwendung des § 650j BGB voraussetzt – sind das nicht nur sinnvolle, sondern gesetzlich gebotene Angaben.[452] Die „Abgrenzung" zu Gewerken und Teilleistungen, die „bauseits", also durch den Bauherrn selbst in „echter Eigenleistung" oder durch von ihm beauftragte andere Unternehmer erbracht werden, ist eine häufige Ursache von Meinungsverschiedenheiten. Deshalb ist nicht nur genau anzugeben, welche konkreten Gewerke oder Teilleistungen einzelner Gewerke (Innenausbau – Böden, Trockenbau, Malerarbeiten, Fliesen, Elektro- oder Sanitärinstallation) der Unternehmer nicht ausführt[453], sondern auch, in welchem Zustand er die von ihm auszuführenden Leistungen für Folgegewerke zu hinterlassen hat (Anschlüsse, Belagreife, „malerfertige" Untergründe etc.). Ebenso wichtig ist eine detaillierte Vereinbarung, welche Leistungen vom Verbraucher (oder einem von ihm beauftragten anderen Unternehmer) einerseits und vom Unternehmer andererseits bis zu welchen Zeitpunkten erbracht werden müssen.[454]

---

448 BeckOGK/*Merkle*, § 650j BGB, Rn. 17.
449 so z. B. zum Begriff der Schlüsselfertigkeit BGH, Urteil vom 10.05.2001 – VII ZR 248/00, NJW 2001, 2167; OLG Nürnberg Urteil vom 11.02.1999 – 2 U 3110/98, BeckRS 1999, 30859971; *Oswald* et al., Bauteilbeschreibungen im Bauträgervertrag, S. 29; *Basty*, Der Bauträgervertrag, Rn. 862 f.
450 So auch Verbraucherzentrale NRW, Die Muster-Baubeschreibung, S. E26.
451 Messerschmidt/Voit/*Lenkeit*, § 650j BGB, Rn. 24 u. 37; jurisPK/*Segger-Piening*, § 650j BGB, Rn. 32.
452 Messerschmidt/Voit/*Lenkeit*, § 650j BGB, Rn. 37.
453 *Oswald* et al., Bauteilbeschreibungen im Bauträgervertrag, S. 49.
454 Für eine detaillierte Darstellung der Eigenleistungen auch Messerschmidt/Voit/*Lenkeit*, § 650j BGB, Rn. 37.

Keinesfalls ausreichend ist die bloße allgemeine Regelung, dass *„nur die in dieser Baubeschreibung ausdrücklich aufgeführten Leistungen geschuldet"* werden; im Gegenteil führt dies nur zu weiteren Missverständnissen, weil Leistungen zur Erreichung des funktionalen Werkerfolgs auch dann geschuldet sind, wenn sie nicht ausdrücklich beschrieben sind.[455] Ein solches Risiko besteht umso mehr, wenn man sich – wie in solchen oberflächlich gestalteten Verträgen üblich – auch zur Frage, was denn der funktionale Werkerfolg sei, ebenfalls nicht äußert.

Weiterhin verlangt Nr. 2 Angaben zu bauvorbereitenden Maßnahmen, auf die sich die vom Unternehmer geschuldete Leistung bezieht. Denn nur so kann der Verbraucher absehen, welche Leistungen er selbst zu erbringen hat und welche durch den Unternehmer erbracht werden. Aufgrund der Gefahr von Friktionen an der Schnittstelle zwischen vom Verbraucher in eigener Verantwortung zu erbringenden Leistungen und dem vertraglich geschuldeten Bausoll sind daher bei nicht schlüsselfertigen Vorhaben Angaben zur Gründung, zur Erstellung des Rohbaus und der Innenausbauten oder allgemeine Angaben zum Standard der Gebäudeausrüstung zu machen.[456]

Zudem erfordert Nr. 2 auch Angaben zur Absicherung der angebotenen Leistung. Denn auch dies charakterisiert „Art und Umfang der angebotenen Leistungen" und ermöglicht es dem Verbraucher, Umfang und Qualitätsniveau des angebotenen Bausolls zu beurteilen. Ohne derartige Angaben wäre auch ein Vergleich verschiedener Baubeschreibungen untereinander – welcher dem Verbraucher durch die Baubeschreibungspflicht gerade ermöglicht werden soll – verzerrt. Angaben zur Absicherung der angebotenen Leistung können außerdem etwa Informationen zum Versicherungsschutz während und nach der Bauphase erforderlich machen.[457] Der Wortlaut (*„Art und Umfang der angebotenen Leistungen"*) ist insoweit gerade nicht auf *„Bau*leistungen" beschränkt, sondern spricht allgemein von „Leistungen". Es sind daher sämtliche im Zusammenhang mit dem Bauvorhaben vom Unternehmer zu erbringende Leistungen zu beschreiben; hierzu zählen – wenn angeboten – auch bestimmte Versicherungen oder Kostenübernahmen für vom Verbraucher abzuschließende Versicherungen. Erforderlich sind daher auch Angaben, ob und in welchem Umfang

---

455 Messerschmidt/Voit/*Lenkeit*, § 650j BGB, Rn. 37; *Basty*, Der Bauträgervertrag, Rn. 893.

456 MüKo BGB/*Busche*, § 650j BGB, Rn. 5; Messerschmidt/Voit/*Lenkeit*, § 650j BGB, Rn. 24.

457 Messerschmidt/Voit/*Lenkeit*, § 650j BGB, Rn. 24, Fn. 28.

der Unternehmer mit dem Bau zusammenhängende Versicherungen wie etwa eine Bauherrenhaftpflichtversicherung, Bauleistungsversicherung oder Wohngebäudeversicherung abschließt, ob er die Kosten dafür übernimmt und wie hoch die jeweils vereinbarte Versicherungssumme ist.[458]

Sofern eine solche nicht zur Abgrenzung von Leistungen, die der Unternehmer nicht erbringen will (wie vorstehend dargelegt), erforderlich ist, fordert Nr. 2 keine detaillierte Leistungsbeschreibung der Leistungen des Unternehmers.[459] Derlei würde letztlich zu erheblichen Überschneidungen mit den übrigen Katalogangaben sowie sonstigen aufzulistenden „wesentlichen Eigenschaften" führen.[460]

„Gegebenenfalls" sind auch Angaben zu Planung und Bauleitung zu machen. Hierunter ist insbesondere vor dem Hintergrund der vorstehenden Formulierung („Art und Umfang der angebotenen Leistungen") die Information zu verstehen, inwiefern Planung und Bauüberwachung durch den Unternehmer übernommen werden. Dies bedeutet auch, dass anzugeben ist, inwiefern nach Vertragsschluss noch weitere Planungsleistungen durch den Unternehmer zur Herbeiführung des Werkerfolgs zu erfolgen haben. So ist es denkbar, dass zur Zeit des Vertragsschlusses zwar die Genehmigungsplanung vorliegt, aber die Ausführungsplanung (zumindest in Teilen) noch fehlt und erst sukzessive im Laufe des Bauvorhabens erfolgt; dann ist in der Baubeschreibung klarzustellen, dass der Unternehmer auch alle weiteren Planungsleistungen übernimmt, die im Anschluss an den Planungsstand zum Zeitpunkt des Vertragsschlusses zur mangelfreien Umsetzung des Bauvorhabens noch erforderlich sind.[461]

Wichtig ist vor allem eine Klarstellung, ob und gegebenenfalls in welchem Umfang der Unternehmer auch die Planung oder Bauleitung (einschließlich zeitlicher Koordination) für eventuelle „Eigenleistungen" des Verbrauchers übernimmt; derlei ist häufig Anlass von Meinungsverschiedenheiten[462] und deshalb wohl durchaus eine „wesentliche" Eigenschaft der Leistung des Unternehmers mit der Folge, dass diese Information in die Baubeschreibung aufzunehmen ist.[463]

---

458   Vgl. hierzu Verbraucherzentrale NRW, Die Muster-Baubeschreibung, S. F91.

459   A.A. LBD/*Rückert*, Art. 249 EGBGB, Rn. 6, Fn. 19.

460   Dies auch erkennend, wenn auch keine Schlüsse hieraus ziehend LBD/*Rückert*, Art. 249 EGBGB, Rn. 6, Fn. 19.

461   *Pfenning*, RNotZ 2018, 585, 597.

462   Vgl. OLG Hamm, Beschluss vom 12.10.2010 – 19 W 33/10, NJW 2011, 237; LG Mainz, Urteil vom 11.05.2011 – 3 S 143/10, IBRRS 2012, 3300.

463   Formulierungsbeispiel bei *Oswald* et al., Bauteilbeschreibungen im Bauträgervertrag, S. 72.

Dies liegt auch im Interesse des Unternehmers; denn unterlässt er eine solche Klarstellung, läuft er Gefahr, für in Eigenleistung des Verbrauchers ausgeführte Leistungen zu haften. Der Unternehmer hat nämlich Bauherren, welche in Eigenleistung Arbeiten durchführen wollen, die handwerkliche Fähigkeiten und Spezialkenntnisse voraussetzen, über die jedenfalls nicht selbstverständlich jeder Laie verfügt und bei deren Kenntnis gleichwohl handwerkliche Ausführungsfehler auftreten können, auf diese fachliche Schwierigkeit hinzuweisen; dies gilt insbesondere, wenn von den in Eigenleistung vorzunehmenden Arbeiten ein wichtiger Bauabschnitt betroffen ist, von dessen fachgerechter Ausführung das Gelingen des Gesamtwerks entscheidend abhängt.[464] Ist nichts Näheres vereinbart und bleibt der Unternehmer schlicht untätig und hätte er erkennen können, dass die vom Bauherrn durchgeführte Eigenleistung zu einem Mangel führt, ist er für diesen auch haftbar.[465] Es muss daher auch und gerade dem Unternehmer ein Anliegen sein, im Rahmen der Baubeschreibung detailliert und ausdrücklich klarzustellen, ob und in welchem Umfang er Planungs- und/ oder Überwachungsleistungen auch in Bezug auf die Eigenleistungen des Bauherrn erbringt oder ob er dies nicht tut.

Möglich ist es auch, dass der Unternehmer nur bestimmte Leistungsphasen der Planung übernimmt, also beispielsweise nur bis einschließlich der Ausführungsplanung, aber die Bauüberwachung vom Verbraucher an einen Dritten übertragen wird. Auch derlei ist gemäß Nr. 2 ausdrücklich in der Baubeschreibung anzugeben.[466]

Weiterhin ist die Verantwortlichkeit als Bauleiter nach der Landesbauordnung anzugeben und klarzustellen, ob der Unternehmer die Aufgaben des SiGeKo übernimmt.[467] Gegebenenfalls ist auch die Einschaltung von Sonderfachleuten wie Tragwerksplaner, Vermesser, Bodengutachter, Fachplaner für Haustechnik etc. und deren genauer Aufgabenbereich anzugeben.[468]

Schließlich nennt Nr. 2 als Mindestangaben „gegebenenfalls" auch Informationen zu Art und Umfang der Arbeiten am Grundstück und der Baustelleneinrichtung. Angaben zu Arbeiten am Grundstück werden etwa bezüglich der Erstellung der Baugrube oder der Außenanlagen erforder-

---

464 OLG Hamm, Beschluss vom 12.10.2010 – 19 W 33/10, NJW 2011, 237, 238 f.
465 OLG Hamm, Beschluss vom 12.10.2010 – 19 W 33/10, NJW 2011, 237, 238 f.;
     LG Mainz, Urteil vom 11.05.2011 – 3 S 143/10, IBRRS 2012, 3300.
466 Messerschmidt/Voit/*Lenkeit*, § 650j BGB, Rn. 24, Fn. 29.
467 Messerschmidt/Voit/*Lenkeit*, § 650j BGB, Rn. 24, Fn. 30.
468 Messerschmidt/Voit/*Lenkeit*, § 650j BGB, Rn. 24, Fn. 31.

lich sein.[469] Angaben zur Baustelleneinrichtung machen Informationen zu Baustrom und Bauwasser, Bauzaun, Toilette, Baucontainer, Kran etc. notwendig.[470]

Durch die Nummer 2 des Katalogs wird also ein mannigfaltiges Spektrum an Angaben als immer oder zumindest oftmals („gegebenenfalls") notwendig deklariert. Für eine Regelung, die den übergeordneten, unbestimmten Rechtsbegriff „wesentliche Eigenschaften" konkretisieren soll, ist Nr. 2 beinahe schon zu abstrakt und umfangreich. Andererseits wäre angesichts der Unterschiedlichkeit der umfassten Angaben eine engere Formulierung nicht möglich gewesen. Letztlich ermöglicht diese Katalogziffer ein hinreichend konkretes Verständnis dessen, was von den dort genannten Mindestangaben konkret umfasst sein soll. Vor diesem Hintergrund kann davon ausgegangen werden, dass die insoweit noch bestehenden Detailfragen im Einzelfall durch von der Rechtsprechung entwickelte Grundsätze und deren Etablierung in der Praxis geklärt werden können.

(3) Gebäudedaten und Pläne (Nr. 3)

Gemäß Art. 249 § 2 Abs. 1 S. 2 Nr. 3 EGBGB sind in die Baubeschreibung Gebäudedaten, Pläne mit Raum- und Flächenangaben sowie Ansichten, Grundrisse und Schnitte als Mindestinhalt aufzunehmen.

Unter „Gebäudedaten" sind alle Angaben zu verstehen, die das zu errichtende Gebäude oder die Umbaumaßnahmen charakterisieren. Dies sind insbesondere Angaben zur umbauten Fläche, zur Wohn- und Nutzfläche sowie zu den – möglicherweise unterschiedlichen – Höhen der einzelnen Räume.[471] Erforderlich sind – soweit sie schon bekannt sind – möglichst konkrete Maßangaben und nicht bloße circa-Angaben.[472] Denn der Zusatz „circa" birgt unnötiges Streitpotential, und solche Streitigkeiten sollen durch die Baubeschreibung gerade verhindert werden.

---

469 BeckOGK/*Merkle*, Art. 249 § 2 EGBGB, Rn. 15; LBD/*Rückert*, Art. 249 EGBGB, Rn. 6, Fn. 22.

470 LBD/*Rückert*, Art. 249 EGBGB, Rn. 6, Fn. 23; im Einzelnen hierzu: Verbraucherzentrale NRW, Die Muster-Baubeschreibung, S. E17, Muster bei S. F8.

471 MüKo BGB/*Busche*, § 650j BGB, Rn. 6; Messerschmidt/Voit/*Lenkeit*, § 650j BGB, Rn. 25.

472 So auch Verbraucherzentrale NRW, Die Muster-Baubeschreibung, S. E30; a.A. *Oswald* et al., Bauteilbeschreibungen im Bauträgervertrag, S. 31 (nicht ausreichend daher die dortigen Beispiele auf S. 78 und S. 175).

Da das Gesetz ausdrücklich „Raum- und Flächenangaben" fordert, genügt insoweit ein lediglich mit Maßketten versehener Grundrissplan, aus dem sich der Verbraucher dann selbst den umbauten Raum sowie Flächen errechnen kann, den Anforderungen des Art. 249 § 2 Abs. 1 S. 2 Nr. 3 EGBGB nicht. Der ausdrückliche Wortlaut fordert eine klare und für den Verbraucher ohne Weiteres nachvollziehbare Angabe der Fläche.[473]

Soweit zur Ermittlung der Werte unterschiedliche Methoden anerkannt und gängig sind, ist auch deutlich zu machen, welche Methode für die Ermittlung eines konkret angegebenen Wertes verwendet wurde. So kann eine Wohnflächenberechnung entweder auf der Basis der DIN 277 („Grundflächen und Rauminhalte von Bauwerken") oder der Wohnflächenverordnung erfolgen. Zwischen beiden Berechnungsmöglichkeiten ergeben sich Unterschiede unter anderem bei der Berücksichtigung von Balkonflächen, Dachschrägen oder Vorratsräumen im Kellergeschoss, sodass sich hier für ein und dasselbe Bauwerk je nach Methode unterschiedliche Werte ergeben können.[474] Der Unternehmer muss also klarstellen, nach welcher Berechnungsmethode er die Wohnfläche ermittelt hat; im Bereich des privaten Wohnungsbaus wird dies häufig die Wohnflächenverordnung sein, da diese für öffentliche Fördermittel zugrunde gelegt wird. Weiterhin ist angesichts der geringen zulässigen Toleranzen bei der Angabe von Wohnflächen (vgl. z. B. DIN 18202) unbedingt anzugeben, ob die Flächen durch Aufmaß oder durch Berechnung nach den aus Plänen entnommenen Rohbaumaßen ermittelt wurden[475]; beispielsweise aus den Bauantragsplänen, die üblicherweise im Maßstab 1:100 erstellt werden.[476]

Eine Einschränkung der Nr. 3 nach deren Sinn und Zweck dahingehend, dass diese technischen Angaben nur dann erforderlich sein sollen, wenn sie zur Beschreibung gerade der vertraglichen Leistung im Hinblick auf das Informationsinteresse nötig sind[477], lässt sich der Regelung nicht entnehmen.[478] Eine derartige Einschränkung scheitert schon daran, dass

---

473 *Basty*, Der Bauträgervertrag, Rn. 900; *Pfenning*, RNotZ 2018, 585, 597.
474 Im Einzelnen hierzu Verbraucherzentrale NRW, Die Muster-Baubeschreibung, S. E15, Muster bei S. F14 f.; *Oswald* et al., Bauteilbeschreibungen im Bauträgervertrag, S. 30 f.
475 *Oswald* et al., Bauteilbeschreibungen im Bauträgervertrag, S. 78.
476 Vgl. das Beispiel bei *Oswald* et al., Bauteilbeschreibungen im Bauträgervertrag, S. 175.
477 So BeckOGK/*Merkle*, § 650j BGB, Rn. 18.
478 Leinemann/Kues/*Abu Saris*, § 650j BGB, Rn. 20.

Nr. 3 eine der wenigen Katalogziffern ist, in denen der Begriff „gegebenen-falls" überhaupt nicht vorkommt.[479]

Nr. 3 fordert, dass Grundrisspläne mit Raum- und Flächenangaben *Teil der* dem Verbraucher zu übergebenden *Baubeschreibung* sein müssen. Dies kann insbesondere dadurch geschehen, dass sie ihr als Anlage beigefügt und so zum späteren Vertragsinhalt gemacht werden.[480] Dies hat zwei Vorteile:

Erstens sind die Lage der Räume zueinander und ihre Zuschnitte sowie die Lage von Fenstern und Türen, aber auch Stufen, Vormauerungen und andere für die spätere Möblierung und Nutzung sehr wichtige Details für den Verbraucher besser nachzuvollziehen und vor dem Hintergrund seiner Bedürfnisse und Anforderungen zu würdigen, wenn sie in eine maßstabsgetreue Skizze eingearbeitet sind; derartige Informationen lassen sich nur schwer in Worte fassen.[481] Zweitens kann auf diese Weise eine gesonderte Auflistung aller Einzeldaten getrennt nach Räumen im Text der Baubeschreibung vermieden werden, soweit sich diese ohne weiteres aus den Plänen entnehmen lassen.[482]

Schließlich erfordert Nr. 3 auch die Aufnahme von Grundrissen und Schnitten in die Baubeschreibung. Auch insoweit genügt die bloße Übergabe der Unterlagen nicht; diese müssen vielmehr – etwa als Anlage, auf die im Text verwiesen wird – Teil der Baubeschreibung sein. Es bietet sich der Maßstab 1:100 für das Bauwerk an, für Lagepläne der Maßstab 1:500.[483] Pläne, Grundrisse und Schnitte haben für den Fall, dass sie als AGB zu qualifizieren sind, eine Legende für darin verwendete Abkürzungen, Symbole und Fachtermini zu enthalten, die auf den verständigen Durchschnittsverbraucher zugeschnitten ist; ansonsten droht die Unwirksamkeit solcher nicht erläuterter Angaben wegen eines Verstoßes gegen das Transparenzgebot[484] und damit einhergehend eine Verletzung der Baubeschreibungspflicht, welche insbesondere zu Schadensersatzansprüchen gegen den Unternehmer führen kann. Eine solche Legende hat auch

---

479 Leinemann/Kues/*Abu Saris*, § 650j BGB, Rn. 20.
480 jurisPK/*Segger-Piening*, § 650j BGB, Rn. 33; Beispiel bei *Oswald* et al., Bauteilbeschreibungen im Bauträgervertrag, S. 184 ff.
481 *Oswald* et al., Bauteilbeschreibungen im Bauträgervertrag, S. 72.
482 MüKo BGB/*Busche*, § 650j BGB, Rn. 6; Messerschmidt/Voit/*Lenkeit*, § 650j BGB, Rn. 24.
483 *Oswald* et al., Bauteilbeschreibungen im Bauträgervertrag, S. 184 ff.; LBD/*Rückert*, Art. 249 EGBGB, Rn. 6, Fn. 27.
484 *Pause*, in: FS Thode, S. 275, 282; näher hierzu sogleich unter D.I.2.b) bb), S. 170 ff.

Angaben darüber zu enthalten, welche Schraffur/Darstellung für welche Ausführungsart oder welches Baumaterial steht, sofern dies nicht auch für einen nicht fachkundigen, durchschnittlichen Verbraucher ohne weiteres erkennbar ist.[485]

Außerdem sind die Pläne mit dem vorbeschriebenen Inhalt als dort „in klarer Weise" – also unmissverständlich, beispielsweise durch laufende Nummerierung – in Bezug genommene Anlagen zur Baubeschreibung zu nehmen.[486]

(4) Schutzstandards und Bauphysik (Nr. 4)

Katalogziffer 4 fordert Angaben zu Energie-, Brandschutz- und Schallschutzstandard sowie zur Bauphysik, soweit diese Angaben für das jeweilige Bauvorhaben und die beauftragten Leistungen relevant sind („gegebenenfalls").

(a) Energiestandard

Der Energiestandard eines Hauses ergibt sich aus dem gemäß der EnEV zu erstellenden Energieausweis und/oder aus der Bezeichnung als Passivhaus, Niedrigenergiehaus, Plusenergiehaus oder KfW-Effizienzhaus (mit genauer Bezeichnung des Effizienz-Standards).[487] Die bloße Bezeichnung als „Niedrigenergiehaus" ist in Baubeschreibungen aber jedenfalls für Neubauten unzulänglich; insoweit besteht ohnehin eine gesetzliche Verpflichtung zur Einhaltung der durch den aktuellen Stand der EnEV festgelegten Werte.[488] Eine gesetzliche oder andere genaue Definition des Energiestandards, ab dessen Einhaltung ein Haus als „Niedrigenergiehaus" bezeichnet werden kann, existiert nämlich nicht. Der Begriff kann daher zwar in Baubeschreibungen aufgenommen werden, ist aber allein keineswegs ausreichend zur Angabe des Energiestandards. Sinnvoller und unmissverständlicher, vor allem aber ohnehin gesetzlich zwingend ist die Angabe, dass das Vorhaben

---

485 *Pause*, in: FS Thode, S. 275, 282.
486 Beispiel bei *Oswald* et al., Bauteilbeschreibungen im Bauträgervertrag, S. 184 ff.
487 BeckOGK/*Merkle*, Art. 249 § 2 EGBGB, Rn. 18; MüKo BGB/*Busche*, § 650j BGB, Rn. 7.
488 *Oswald* et al., Bauteilbeschreibungen im Bauträgervertrag, S. 43; *Pfenning*, RNotZ 2018, 585, 598.

entsprechend der EnEV 2016 (bzw. der jeweils aktuell gültigen Fassung) ausgeführt wird.[489]

Ein Energieausweis nach EnEV ist dem Bauherrn – sofern dieser zugleich Eigentümer des Gebäudes ist, ansonsten dem Eigentümer – gemäß § 16 EnEV vom Unternehmer auszustellen. Die Anlage 6 zu § 16 EnEV gibt für den Energieausweis für Wohngebäude ein Muster vor. Gemäß §§ 17 ff. EnEV muss der Energieausweis auf der Grundlage entweder des Energiebedarfs oder des Energieverbrauchs ausgestellt werden. Die hierzu erforderlichen Berechnungen kann der Unternehmer nur dann bereits vor Vertragsschluss – also bis zu dem Zeitpunkt, in dem der die Baubeschreibung übergeben muss – vornehmen, wenn das zu errichtende Gebäude schon hinreichend weit geplant ist.[490] Dies ist bei Generalunternehmer-, Generalübernehmer- und Fertighausverträgen in aller Regel der Fall.

Soweit der Unternehmer nur ein „Ausbauhaus" errichten soll – beispielsweise, weil gerade die für den „Energiestandard" maßgeblichen Gewerke „in Eigenleistung" erstellt werden sollen – ist er zu den nach EnEV erforderlichen Berechnungen nur in der Lage, wenn der Auftraggeber ihm diesbezügliche Details nennt. Dann kann er auf dieser Grundlage – in Verbindungen mit den energierelevanten Parametern seiner Vertragsleistungen – solche Berechnungen erstellen. Im Übrigen wird er – siehe die Einschränkung „gegebenenfalls" in Nr. 4 – dazu nicht verpflichtet sein. Er sollte aber darauf hinweisen, warum er dazu nicht in der Lage ist.

Die in einem Energieausweis enthaltenen Daten sind überaus wichtig für den Verbraucher, um den Vergleich mit anderen Angeboten zu ermöglichen.[491] Gerade die möglichst gute Vergleichbarkeit verschiedener Angebote für den Verbraucher ist eines der primären Ziele der Baubeschreibungspflicht.[492] Vor diesem Hintergrund wird man es im Rahmen der Katalogziffer 4 als Mindestangabe anzusehen haben, dem Verbraucher bereits mit der Baubeschreibung die im Energieausweis enthaltenen Daten mitzuteilen, soweit der Unternehmer in der Lage ist, einen solchen zu erstellen.

Ist er das, muss der Energieausweis als solcher zum Inhalt der Baubeschreibung gemacht und dem Verbraucher gemeinsam mit dieser rechtzeitig vor Vertragsschluss zur Verfügung gestellt werden.[493] Idealer Weise

---

489 LBD/*Rückert*, Art. 249 EGBGB, Rn. 6, Fn. 28.
490 Verbraucherzentrale NRW, Die Muster-Baubeschreibung, S. E33.
491 Verbraucherzentrale NRW, Die Muster-Baubeschreibung, S. E33.
492 BT-Drs. 18/8486, S. 62.
493 Für eine Übergabe vor Vertragsschluss auch: Verbraucherzentrale NRW, Die Muster-Baubeschreibung, S. E33.

wird der Energieausweis wiederum als „klar" in Bezug genommene Anlage der Baubeschreibung beigefügt. Alternativ können die darin enthaltenen Daten – bei Ausstellung auf der Basis des Energieverbrauchs sind dies insbesondere der Jahres-Primärenergiebedarf des Gebäudes in kWh/(m² x a) und der Transmissionswärmeverlust – im Text der Baubeschreibung angegeben werden. Dann allerdings ist ein Hinweis in die Baubeschreibung aufzunehmen, dass der Verbraucher nach Fertigstellung des Gebäudes einen Energieausweis erhalten wird.[494]

Anzugeben ist weiterhin, ob das Haus Anforderungen von Förderprogrammen – insbesondere der KfW – erfüllt. Wenn ja, ist die genaue Bezeichnung des – beispielsweise – „KfW-Effizienzhauses", dessen Effizienzgrad das konkrete Vorhaben erfüllen soll, in die Baubeschreibung aufzunehmen.[495]

Zu vermeiden sind technische Einzelangaben, die für den Verbraucher im konkreten Fall nicht relevant sind. So ist die Einhaltung bestimmter Normen oder Förderwerte sowie eine möglichst gute Vergleichbarkeit verschiedener Baubeschreibungen wichtig; welche darüber hinausgehenden technischen Einzelkennwerte[496] das Vorhaben aufweist, ist hingegen weder für seine Entscheidung zum Vertragsschluss relevant noch verbessert derlei die Vergleichbarkeit verschiedener Angebote. Derartige Angaben sind demnach nur ausnahmsweise dann erforderlich, wenn es dem Verbraucher im Einzelfall erkennbar auf sie ankommt.

(b) Brandschutz- und Schallschutzstandard sowie Bauphysik

Detaillierte Angaben zum Brandschutzstandard haben grundsätzlich nur dann zu erfolgen, wenn dieser über die durch die jeweilige Landesbauordnung geregelten baurechtlichen Mindestanforderungen hinausgeht.[497] Ansonsten genügt die schlichte klarstellende Angabe, dass über diese Mindestanforderungen hinausgehende Brandschutzmaßnahmen nicht vorgesehen sind bzw. dass ein Brandschutz entsprechend den Mindestanforderun-

---

494 So auch *Oswald* et al., Bauteilbeschreibungen im Bauträgervertrag, S. 199.
495 Verbraucherzentrale NRW, Die Muster-Baubeschreibung, S. F15 f.
496 Messerschmidt/Voit/*Lenkeit*, § 650j BGB, Rn. 26 nennt in Fn. 37 etwa die Kompaktheit (= Verhältnis der wärmeübertragenden Umfassungsfläche A in m² zum beheizten Bauwerksvolumen V in m³) oder den Wärmedurchgangswert.
497 *Oswald* et al., Bauteilbeschreibungen im Bauträgervertrag, S. 37, 79.

gen der Landesbauordnung implementiert wird.[498] Soweit nach der jeweils anzuwendenden Landesbauordnung auch die Anbringung von Rauchmeldern gesetzlich vorgesehen ist (in der überwiegenden Mehrzahl der Bundesländer ist dies bereits der Fall), ist insoweit auch die klarstellende Angabe, dass die Rauchmelder vom Unternehmer eingebaut werden, ausreichend.[499] Soll der Einbau durch den Verbraucher erfolgen, muss in der Baubeschreibung einerseits klargestellt werden, dass der Einbau nicht zum unternehmerischen Leistungssoll gehört; andererseits wird man einen Hinweis dahingehend verlangen müssen, dass allein durch Erbringung des unternehmerischen Leistungssolls die öffentlich-rechtlichen Mindestanforderungen nicht erreicht werden.

Soll ein erhöhter Standard vereinbart werden, kann dies durch die Einbeziehung technischer Normen erfolgen.[500] Eine Definition des erhöhten Standards kann dann insbesondere dadurch erfolgen, dass für die einzelnen Bauteile des Gebäudes Feuerwiderstandsklassen nach der DIN 4102 (F30, F60, F90, F120) sowie die Brandschutzklassen der verwendeten Baustoffe angegeben werden.[501] Ist nach der Landesbauordnung die Anbringung von Rauchmeldern nicht verpflichtend oder sollen Rauchmelder über den vorgeschriebenen Mindeststandard hinaus installiert werden, ist im Einzelnen anzugeben, in welchen Räumen Rauchmelder vom Unternehmer installiert werden.[502]

Auch Angaben zum Schallschutz haben durch die Bezugnahme auf technische Normen zu erfolgen. Zu unterscheiden sind drei unterschiedliche Arten des Schallschutzes: erstens der Schallschutz innerhalb des Gebäudes gegenüber fremden Wohneinheiten, zweitens der Schallschutz innerhalb der vertragsgegenständlichen Wohneinheit und drittens der Schallschutz gegenüber Außenlärm. Die Baubeschreibung sollte idealer Weise zu allen drei Punkten Angaben enthalten.[503]

---

498 Verbraucherzentrale NRW, Die Muster-Baubeschreibung, S. F21; LBD/*Rückert*, Art. 249 EGBGB, Rn. 6, Fn. 29.

499 Verbraucherzentrale NRW, Die Muster-Baubeschreibung, S. F21.

500 MüKo BGB/*Busche*, § 650j BGB, Rn. 7; BeckOGK/Merkle, Art. 249 § 2 EGBGB, Rn. 19; LBD/ *Rückert*, Art. 249 EGBGB, Rn. 6, Fn. 29; derlei verstößt für den Fall, dass die Baubeschreibung als AGB zu qualifizieren ist, auch nicht gegen das Transparenzgebot, vgl. sogleich D.I.2.b) bb), S. 170 ff.

501 Im Einzelnen hierzu Verbraucherzentrale NRW, Die Muster-Baubeschreibung, S. E49 ff., Muster bei S. F21.

502 *Oswald* et al., Bauteilbeschreibungen im Bauträgervertrag, S. 79.

503 Zur Regelung des Schallschutzes im Einzelnen, insbesondere zur Vorzugswürdigkeit der Inbezugnahme der VDI-Richtlinie 4100 *Oswald* et al., Bauteilbeschreibungen im Bauträgervertrag, S. 38 ff.; diese wird auch vom BGH nahege-

Angaben zur Bauphysik weisen eine erhebliche Schnittmenge mit jenen zu den vorstehend näher beschriebenen Schutzstandards auf. Zusätzliche Regelungen können aber erforderlich sein, wenn die Bauleistung gerade darauf ausgerichtet ist, durch bestimmte bauphysikalische Maßnahmen, zum Beispiel durch Einsatz bestimmter Baustoffe oder eine spezielle Bauweise, den Wärme- oder Schallschutz zu verbessern.[504] Dann hat der Unternehmer nicht nur in die Baubeschreibung aufzunehmen, welche Standards „im Ergebnis" eingehalten werden, sondern auch die dafür nötigen „Einzelschritte" wie Baustoffe oder Ausführungsdetails konkret zu benennen. Im Rahmen der Informationen zur Bauphysik hat schließlich eine Angabe zu erfolgen, ob, in welcher Form und von wem die Luftdichtigkeit der Gebäudehülle geprüft wird und welche Anforderungen sie gegebenenfalls erfüllen muss.[505]

(5) Beschreibung der Baukonstruktionen aller wesentlichen Gewerke (Nr. 5)

Nach Art. 249 § 2 Abs. 1 S. 2 Nr. 5 EGBGB hat der Unternehmer als Mindestinhalt der Baubeschreibung Angaben zur „Beschreibung der Baukonstruktionen aller wesentlichen Gewerke" zu machen. „Baukonstruktion" meint den detaillierten Entwurf von Bauteilen und Bauwerken unter Berücksichtigung komplexer Anforderungen der Bauphysik, der Statik, der Nutzung und der Ästhetik.[506] Vereinfacht ließe sich der Begriff auch als Art und Weise der Errichtung sowie der Fügung der Bauteile definieren.[507] Er umfasst also ein großes Spektrum an Bauteilen, in welchem sich auch Schnittmengen mit anderen Katalogziffern, insbesondere der Nr. 6 (etwa in Bezug auf Bodenbeläge oder Innentreppen) ergeben. Unter Nr. 5 fallen – wegen der gebotenen Vermeidung der inhaltlichen Überschneidung einzelner Katalogziffern[508] – also nur Angaben, die nicht schon zu anderen, spezielleren Katalogziffern erforderlich sind.

---

legt, vgl. BGH, Urteil vom 04.06.2009 – VII ZR 54/07, NJW 2009, 2439 Rn. 12; BGH, Urteil vom 14.06.2007 – VII ZR 45/06, NJW 2007, 2983 Rn. 25, 28.

504 Messerschmidt/Voit/*Lenkeit*, § 650j BGB, Rn. 26; MüKo BGB/*Busche*, § 650j BGB, Rn. 7.

505 Messerschmidt/Voit/*Lenkeit*, § 650j BGB, Rn. 26; im Einzelnen hierzu Verbraucherzentrale NRW, Die Muster-Baubeschreibung, S. E44 f., Muster bei S. F19.

506 *Wormuth/Schneider*, Baulexikon, S. 29.

507 jurisPK/*Segger-Piening*, § 650j BGB, Rn. 35.

508 Hierzu bereits näher oben D.I.1.b) bb), S. 132.

Obwohl Nr. 5 als zwingende Mindestangabe, also ohne die Einschränkung „gegebenenfalls" formuliert ist, sind Baukonstruktionen (natürlich) nur zu beschreiben, soweit sie auch tatsächlich ausgeführt werden sollen, also Bestandteil der vertraglichen Leistung sind.[509] Es wäre nicht möglich, die Baukonstruktion eines Gewerks zu umschreiben, das nicht Vertragsinhalt ist, dessen Ausführung der Unternehmer also auch nicht plant und folglich nicht beschreiben <u>kann</u>. Insoweit kann und muss in der Baubeschreibung lediglich der klarstellende Hinweis erfolgen, dass die entsprechende Leistung nicht Teil des vertraglich vereinbarten Bausolls ist. Dieser Hinweis hat aber bereits im Rahmen der Beschreibung von Art und Umfang der angebotenen Leistung, also nach der Katalogziffer 2, zu erfolgen.[510]

„Wesentliche Gewerke" im Sinne der Nr. 5 sind insbesondere Erd-, Maurer-, Beton- und Stahlarbeiten, Dachkonstruktion sowie Fenster.[511] Konkret fallen unter die Nr. 5 daher Angaben zu Material und Ausführung
– des Kellers samt Angaben zur Gebäudegründung und zur Abdichtung,
– der Außen- und Innenwände,
– der Geschoßdecken und der Fußböden,
– des Dachs,
– von Balkonen und Terrassen
– sowie der Fenster und der Außentüren.[512]
Auch Treppen fallen unter Nr. 5[513]; anderes gilt nur für den Ausbau von Rohbau-Innentreppen (Nr. 6).

Dabei ist jeweils zu beschreiben, welchen konstruktiven Anforderungen diese Bauteile genügen müssen. Dafür dürfen – und sollten der Klarheit halber – einschlägige technische Regelwerke und die anerkannten Regeln der Technik in Bezug genommen werden[514], ebenso bauspezifische Fachbegriffe, die von Fachleuten einheitlich verstanden werden (z. B. „Dampfsperre"). Zu beschreiben sind auch die jeweils konkret zu verbauenden

---

509 BeckOGK/*Merkle*, § 650j BGB, Rn. 20; a.A. Leinemann/Kues/*Abu Saris*, § 650j BGB, Rn. 22, Fn. 26.
510 Dort u.U. im Rahmen eines Negativkatalogs, s.o. D.I.1.b) bb) (2), S. 135.
511 Messerschmidt/Voit/*Lenkeit*, § 650j BGB, Rn. 27; MüKo BGB/*Busche*, § 650j BGB, Rn. 8.
512 Vgl. im Einzelnen die diesbezüglichen Angaben bei *Oswald* et al., Bauteilbeschreibungen im Bauträgervertrag, S. 176 ff.; LBD/*Rückert*, Art. 249 EGBGB, Rn. 6, Fn. 32.
513 Messerschmidt/Voit/*Lenkeit*, § 650j BGB, Rn. 27.
514 jurisPK/*Segger-Piening*, § 650j BGB, Rn. 35; *Oswald* et al., Bauteilbeschreibungen im Bauträgervertrag, S. 44; MüKo BGB/*Busche*, § 650j BGB, Rn. 8.

Materialien einschließlich deren konkreter Verarbeitung und Positionierung („Bauteilschichten"), soweit diese Information für den Verbraucher im konkreten Fall wesentlich ist. Besonders wichtig sind Angaben zu möglichen Gebrauchseinschränkungen der Konstruktionen, so z. B. die eingeschränkte Befestigungsmöglichkeit an Gipskartonständerwänden oder -dachschrägen.[515]

Die erhebliche Bandbreite an Informationen, die nach Nr. 5 im Einzelfall als Mindestinhalt erforderlich sein können, macht eine abschließende Darstellung unmöglich. Anhaltspunkte bietet die Muster-Baubeschreibung der Verbraucherzentrale NRW[516]; ansonsten gelten – wie bei allen Katalogangaben des Art. 249 § 2 EGBGB – die „Faustregeln":

1. Abweichungen von „üblichen", insbesondere nach den Regeln der Technik erwartbaren Beschaffenheiten sowie Funktionseinschränkungen jeglicher Art sind zwingend detailliert zu beschreiben.

2. Je genauer und umfänglicher die Baubeschreibung – und damit gegebenenfalls der Vertragsinhalt – formuliert ist, desto geringer ist das Risiko späterer kostenträchtiger Auseinandersetzungen über die vereinbarte Soll-Beschaffenheit.

Unter Katalogziffer 5 werden somit letztlich die in Nrn. 1 bis 4 aufgelisteten Vorgaben, Kategorien und Standards für das gesamte Bauvorhaben konkret „mit Leben gefüllt", soweit nicht der Innenausbau, die gebäudetechnischen Anlagen oder die unter Nr. 9 genannten Angaben betroffen sind. Die im Rahmen der Nr. 5 zu erteilenden Informationen werden rein vom Umfang her innerhalb der Mindestangaben den größten Teil der Baubeschreibung einnehmen. Dabei wird je nach Einzelfall zu entscheiden sein, ob die Baubeschreibung sich in ihrer Struktur insgesamt, also gewerke- und bauteilübergreifend, an den durch Art. 249 § 2 Abs. 1 S. 2 Nrn. 1 bis 9 EGBGB vorgegebenen Gliederungen und Mindestangaben orientiert, oder ob eine solche Auflistung getrennt nach einzelnen Gewerken oder sogar Bauteilen sinnvoller ist.[517]

---

515 *Oswald* et al., Bauteilbeschreibungen im Bauträgervertrag, S. 44; jurisPK/*Segger-Piening*, § 650j BGB, Rn. 35.

516 Verbraucherzentrale NRW, Die Muster-Baubeschreibung, Formulierungsbeispiel bei S. F24 ff. mit Erläuterungen bei S. E54-E119; hier sind jedoch auch einzelne Angaben, die unter Katalogziffer 6 zu subsumieren sind (z. B. zum Estrich oder Trockenbau), enthalten.

517 Messerschmidt/Voit/*Lenkeit*, § 650j BGB, Rn. 27, Fn. 40.

(6) Innenausbau (Nr. 6)

„Gegebenenfalls" hat die Baubeschreibung gemäß Art. 249 § 2 Abs. 1 S. 2 Nr. 6 EGBGB auch Angaben zum Innenausbau zu enthalten. Verbraucherbauverträge können zwar auch vorliegen, wenn der Innenausbau nicht Vertragsgegenstand ist[518]; regelmäßig werden aber bei diesem Vertragstyp auch Arbeiten zum Innenausbau beauftragt sein, sodass entsprechende Angaben zu machen sind.[519] Zum Innenausbau zählen insbesondere Estricharbeiten, Innenputzarbeiten, Bodenbelagsarbeiten, Fliesenarbeiten, Maler- und Lackierarbeiten, Tischlerarbeiten, Trockenbau, Innentüren und der Ausbau von Innentreppen.[520]

Die Anforderungen zu den einzelnen Angaben entsprechen den zu Nr. 5 beschriebenen. Besonderes Augenmerk ist auf die Beschreibung von „Schnittstellen" zu „Eigenleistungen" legen, also zu Arbeiten, die der Verbraucher selbst ausführt oder durch andere Unternehmer ausführen lässt.[521] Derlei ist im Bereich des Innenausbaus durchaus häufig.

(7) Gebäudetechnische Anlagen (Nr. 7)

Ebenfalls nur „gegebenenfalls", also nur, soweit derlei Bestandteil seines Leistungssolls werden soll, hat der Unternehmer gemäß Katalogziffer 7 Angaben zu den gebäudetechnischen Anlagen zu machen. Das sind

– Heizungs- und sonstige wärmetechnische Anlagen, insbesondere Gasanlagen, Sanitär-, Klima- und Lüftungsanlagen,
– Anlagen zur Energieversorgung und zur Klimatisierung und Belüftung,
– Elektroanlagen,
– Anlagen zur Wasserversorgung und Abwasserentsorgung,
– Beförderungsanlagen, insbesondere Aufzüge,
– Anlagen zur Entsorgung von Abfall,
– sowie gegebenenfalls Anlagen zur Wasseraufbereitung
– oder Solaranlagen.[522]

---

518 S.o., Teil 1, A.III.7.a), S. 75.
519 Messerschmidt/Voit/*Lenkeit*, § 650j BGB, Rn. 28.
520 Messerschmidt/Voit/*Lenkeit*, § 650j BGB, Rn. 28; LBD/*Rückert*, Art. 249 EGBGB, Rn. 6, Fn. 33; MüKo BGB/*Busche*, § 650j BGB, Rn. 9; *Pfenning*, RNotZ 2018, 585, 598.
521 jurisPK/*Segger-Piening*, § 650j BGB, Rn. 36; näher zur Regelung dieser Schnittstelle s.o. D.I.1.b) bb) (2), S. 135.
522 Messerschmidt/Voit/*Lenkeit*, § 650j BGB, Rn. 29.

Ebenfalls nach Nr. 7 zu beschreiben sind auch nutzerspezifische Anlagen wie z. B. eine Alarmanlage oder sonstige Einrichtungen zur Sicherung des Gebäudes (Videoüberwachung etc.) oder übergeordnete Angaben zu Standards der digitalen Steuerung (z. B. Smart Home).[523]

Wie diese Aufzählung zeigt, ergeben sich erhebliche Schnittmengen mit dem Inhalt der Katalogziffer 9[524]; in der Praxis dürfte es daher oft Sinn machen, die nach diesen beiden Nummern gleichermaßen vorzunehmenden Pflichtangaben in der Baubeschreibung unter dem gemeinsamen Oberpunkt „Haustechnik" zusammenzufassen.[525] Eine genaue, trennscharfe Abgrenzung, wird bei bestimmten Gewerken ohnehin nur schwer möglich sein.[526] Dies ist jedoch in diesem Fall nicht weiter problematisch, da sowohl die Angaben nach Nr. 7 als auch jene nach Nr. 9 nur „gegebenenfalls" zu machen sind und daher letztlich dahinstehen kann, nach welcher Nummer die erforderlichen Angaben zu machen sind. Sie sind in jedem Fall vorzunehmen, wenn sie für das konkrete Bauvorhaben von Relevanz sind.

Als grobe Richtlinie zur Unterscheidung lässt sich indessen festhalten, dass Angaben nach Nr. 7 sich auf die grundlegende Installation der Anlagen beziehen, welche überwiegend im Rohbaustadium stattfindet, während die Angaben nach Nr. 9 auf diese bereits als implementiert vorausgesetzten Installationen aufbauen und letztlich Teile des Innenausbaus betreffen; dies kommt letztlich der Differenzierung zwischen Roh- und Endinstallation im Rahmen des § 3 Abs. 2 S. 2 Nr. 2 MaBV nahe.[527] Diese Unterscheidung illustriert auch die Muster-Baubeschreibung der Verbraucherzentrale NRW, welche die Angaben nach Nr. 7 bei den „Angaben zum Gebäude" unter dem Punkt „Haustechnik"[528] und die Angaben nach Nr. 9 beim „Innenausbau" aufführt.[529] Will man die Angaben der Katalognummern 7 und 9 streng voneinander trennen, bietet die dort gewählte Aufteilung einen Anhaltspunkt.

---

523 Messerschmidt/Voit/*Lenkeit*, § 650j BGB, Rn. 29.

524 jurisPK/*Segger-Piening*, § 650j BGB, Rn. 37.

525 Vgl. *Oswald* et al., Bauteilbeschreibungen im Bauträgervertrag, S. 179 ff.; jurisPK/*Segger-Piening*, § 650j BGB, Rn. 38; ähnlich BMVBS, Mindestanforderungen an Bau- und Leistungsbeschreibungen für Ein- und Zweifamilienhäuser, S. 13 ff.

526 Hierzu bereits ausführlich eingangs dieses Kapitels unter D.I.1.b) bb), S. 132.

527 Hierzu BeckOGK/*Matkovic*, § 650v BGB, Rn. 78.

528 Verbraucherzentrale NRW, Die Muster-Baubeschreibung, S. E98 ff., F52 ff.

529 Verbraucherzentrale NRW, Die Muster-Baubeschreibung, S. E120 ff., F63 ff.

(8) Qualitätsmerkmale (Nr. 8)

In jedem Fall hat der Unternehmer gemäß Art. 249 § 2 Abs. 1 S. 2 Nr. 8 EGBGB Angaben zu Qualitätsmerkmalen zu machen, denen das Gebäude oder der Umbau genügen muss. Das meint insbesondere Angaben zum Qualitäts- und Komfortstandard, dem das konkrete Bauvorhaben gerecht werden muss. Diese Angaben sind für die Festlegung des Leistungssolls des Unternehmers von erheblicher Bedeutung, insbesondere dann, wenn die Informationen der Baubeschreibung nach § 650k Abs. 1 BGB zum Vertragsinhalt werden und/oder wenn wegen Unklarheiten oder Unvollständigkeiten der Baubeschreibung in anderen Punkten eine Vertragsauslegung gemäß § 650k Abs. 2 BGB nötig wird. Denn dann orientiert sich die Festlegung des Leistungssolls an dem gemäß Katalogziffer 8 festgelegten Qualitätsstandard.[530]

Die Angabe von Qualitätsmerkmalen soll dem Verbraucher die Feststellung ermöglichen, ob die angebotene Leistung dem Normalstandard entspricht oder davon nach oben oder nach unten abweicht.[531] Soweit einzelne Angaben in der Baubeschreibung vom festgelegten Standard abweichen, insbesondere wenn der Unternehmer einen Minderstandard anbieten möchte, ist dies deshalb so deutlich und detailliert wie möglich festzuhalten.[532] Soweit eine Abweichung vom festgelegten Standard für eine konkrete Leistung nicht deutlich aus der Baubeschreibung hervorgeht, darf der Verbraucher davon ausgehen, dass auch diese Leistung dem ansonsten vereinbarten Standard entspricht.[533]

Ebenfalls relevant wird der angegebene Qualitätsstandard, soweit die Baubeschreibung Vertragsbestandteil wird und an bestimmten Stellen Lücken aufweist. Auch insoweit richtet sich die Soll-Beschaffenheit der Leistung des Unternehmers nach dem in der Baubeschreibung festgehaltenen Qualitätsstandard, auch wenn darin einzelne dazu erforderliche Leistungen nicht konkret enthalten sein sollten. Der Unternehmer schuldet dann

---

530 MüKo BGB/*Busche*, § 650j BGB, Rn. 11; Messerschmidt/Voit/*Lenkeit*, § 650j BGB, Rn. 30; LBD/*Rückert*, Art. 249 EGBGB, Rn. 6, Fn. 35.

531 MüKo BGB/*Busche*, § 650j BGB, Rn. 11; Messerschmidt/Voit/*Lenkeit*, § 650j BGB, Rn. 30.

532 *Pfenning*, RNotZ 2018, 585, 599.

533 MüKo BGB/*Busche*, § 650j BGB, Rn. 11; Messerschmidt/Voit/*Lenkeit*, § 650j BGB, Rn. 30.

auch diese Leistung(en), wenn nur so der vereinbarte Qualitätsstandard erreicht werden kann.[534]

Fehlt in der Baubeschreibung eine Angabe zu den Qualitätsmerkmalen, muss bei Streit über das vereinbarte Bausoll – gegebenenfalls mit Hilfe eines Sachverständigen – anhand der tatsächlich vorhandenen Beschreibungen geklärt werden, welcher Qualitätsstandard für das konkrete Bauvorhaben angestrebt wurde und „eigentlich" nach Nr. 8 hätte angegeben werden müssen.[535] Stellt sich heraus, dass nach den sonstigen Angaben in der Baubeschreibung ein Komfortstandard oberhalb der durchschnittlichen Ausführungsqualität beschrieben ist, gilt auch für lückenhaft oder unklar beschriebene Leistungen dieser höhere Standard als geschuldet; wenn aus den vorhandenen Angaben der Baubeschreibung ein unter dem durchschnittlichen Qualitätsstandard liegendes Komfortniveau hervorgeht, ist dieses für Lückenfüllung und Auslegung maßgeblich.[536]

Anzugeben sind nach Nr. 8 aber nicht nur allgemeine übergeordnete Qualitätsmerkmale, sondern auch konkrete, im Einzelfall vereinbarte Qualitätsstandards wie z. B. die Barrierefreiheit des Gebäudes, besondere optische Anforderungen oder Besonderheiten gemäß den Wünschen des Verbrauchers.[537] Auch diese Qualitätsangaben sind im Falle einer Unvollständigkeit oder Unklarheit der Baubeschreibung dahingehend zu beachten, dass das Vertragssoll des Unternehmers die zur Erreichung dieser Standards erforderlichen Leistungen enthalten muss.

(9) Sanitärausstattung, Installationen und Außenanlagen (Nr. 9)

In Ergänzung zu Nr. 6 und Nr. 7 ist nach Katalogziffer 9 eine „Beschreibung der Sanitärobjekte, der Armaturen, der Elektroanlage, der Installationen, der Informationstechnologie und der Außenanlage" zu erstellen – aber nur, soweit diese Bauteile nicht schon anderweitig beschrieben worden sind (insbesondere nach Nr. 6 und Nr. 7).[538] Aufgrund dieser teils erheblichen Überschneidungen kommt Nr. 9 eine eher geringe eigenständi-

---

534 MüKo BGB/*Busche*, § 650j BGB, Rn. 11; Messerschmidt/Voit/*Lenkeit*, § 650j BGB, Rn. 30.

535 LBD/*Rückert*, Art. 249 EGBGB, Rn. 6, Fn. 35; Messerschmidt/Voit/ *Lenkeit*, § 650j BGB, Rn. 30.

536 Messerschmidt/Voit/*Lenkeit*, § 650j BGB, Rn. 30.

537 jurisPK/*Segger-Piening*, § 650j BGB, Rn. 40.

538 MüKo BGB/*Busche*, § 650j BGB, Rn. 12; Messerschmidt/Voit/*Lenkeit*, § 650j BGB, Rn. 31.

ge Bedeutung zu.[539] Zusätzlich zu beschreiben sind nach Katalogziffer 9 demnach insbesondere

- diejenigen Teile der Elektroinstallationen, die „vor der Wand", mithin sichtbar installiert werden (Schalter, Dosen, Lichtquellen)[540]
- die Endmontage der Heizkörper und Thermostate
- die Montage der Gas- und Wasserhähne[541] und
- diejenigen Sanitärobjekte, die „vor der Wand" montiert werden (Wasserhähne, Duschköpfe, WCs, Wasch- und Duschbecken, Badewannen)[542],

letztlich also diejenigen Installationsarbeiten an gebäudetechnischen Anlagen, die erst im Rahmen des Innenausbaus vorzunehmen sind. Es gilt daher (wie bei Nr. 6 und Nr. 7), dass insbesondere dann, wenn der Verbraucher im Bereich des Innenausbaus Eigenleistungen übernimmt, eine besonders präzise und detaillierte Angabe zur Schnittstelle zwischen Bausoll des Unternehmers und Eigenleistung des Verbrauchers in der Baubeschreibung erforderlich ist.

Unklar bleibt, welche konkreten Leistungen mit dem Begriff der „Installationen" gemeint sind. Die Installation etwa von Gas- und Wasserleitungen[543] ist als Unterputz-Installation bereits nach Nr. 7 bei den „gebäudetechnischen Anlagen" zu beschreiben. Es ist kaum eine Installation denkbar, die nicht bereits von Nr. 7 oder anderen Angaben innerhalb der Katalogziffer 9 umfasst ist. Praktisch dürfte dieser Begriff daher leerlaufen.

Zur Beschreibung der Sanitärobjekte, Armaturen, Elektroinstallationen sowie Heizungsendmontage sei im Einzelnen auf die Angaben der Muster-Baubeschreibung der Verbraucherzentrale NRW zum Innenausbau verwiesen.[544]

Unter „Informationstechnologie" wird man etwa Systeme zur Gebäudeautomatisierung zu verstehen haben.[545] Auch hier hat eine Information aber nur zu erfolgen, soweit sie relevant für das konkrete Bauvorhaben ist.

---

539 BeckOGK/*Merkle*, Art. 249 § 2 EGBGB, Rn. 26.
540 Nicht von Nr. 9, sondern von Nr. 7 umfasst sind die Rohinstallationen der Elektroanlagen, insbesondere also die Leitungen; teilweise unzutreffend daher LBD/*Rückert*, Art. 249 EGBGB, Rn. 6, Fn. 38.
541 LBD/*Rückert*, Art. 249 EGBGB, Rn. 6, Fn. 37.
542 LBD/*Rückert*, Art. 249 EGBGB, Rn. 6, Fn. 36.
543 Dies unter dem Begriff der „Installationen" verstehend LBD/*Rückert*, Art. 249 EGBGB, Rn. 6, Fn. 39.
544 Verbraucherzentrale NRW, Die Muster-Baubeschreibung, S. E127 ff., F70 ff.
545 LBD/*Rückert*, Art. 249 EGBGB, Rn. 6, Fn. 40.

Schließlich sind Angaben zu den Außenanlagen zu machen, soweit deren Gestaltung Teil des Bausolls des Unternehmers ist. Dies sind Informationen beispielsweise

– zu befestigten Geh- und Fahrwegen auf dem Grundstück und sonstigen gepflasterten oder mit anderen Belägen versehenen Flächen wie Terrassen oder Stellplätzen für Fahrräder und Kraftfahrzeuge (mit oder ohne Überdachung oder Einhausung),[546]
– zu Böschungen und Trockenmauern,
– gegebenenfalls zu sogenannten Kellerersatzräumen[547]
– zu Geräteschuppen, Holzlagerplätzen, Mülltonnenabstellflächen und -einhausungen und
– zur Aufbereitung des Erdreichs (in welcher Form, mit welchen Materialien, für welche Verwendung – Begehen, Befahren, Bepflanzen).

Diese – sicher nicht vollständige – Auflistung zeigt, dass „Außenanlagen" von der technischen Komplexität und auch finanziell durchaus mit Gebäuden vergleichbar sein können. Deshalb hat die Beschreibung möglichst präzise und detailliert zu erfolgen[548]; die vorstehend zur Katalogziffer Nr. 5 („Baukonstruktionen") geforderten Angaben können durchaus auch für Außenanlagen erforderlich sein, vor allem hinsichtlich Dimensionen, Materialien und Ausführungsarten.[549]

Problematisch sind die teils weit gefassten Formulierungen innerhalb der Nr. 9, beispielsweise der Begriff „Elektroanlage". Hierunter wären dem Wortlaut nach auch Angaben zu subsumieren, die im Rahmen der Informationen zur Haustechnik bereits nach Nr. 7, also im Zusammenhang mit der grundlegenden Implementierung von Elektrosystemen im Rohbaustadium, zu erteilen sind. Eine präzisere, eingeschränkte Formulierung wie etwa „Ausstattung der Elektroinstallation"[550] oder „Teile der Elektroinstallation, die auf Putz eingebaut werden" würde hier mehr Klarheit schaffen.

---

546 jurisPK/*Segger-Piening*, § 650j BGB, Rn. 39; *Oswald* et al., Bauteilbeschreibungen im Bauträgervertrag, S. 154 f., 180 f.
547 Hierzu Verbraucherzentrale NRW, Die Muster-Baubeschreibung, S. E140, F84.
548 jurisPK/*Segger-Piening*, § 650j BGB, Rn. 39.
549 Beispielsweise ermöglicht die bloße Angabe, dass ein Schutzstreifen vor den Gebäudeaußenwänden angebracht wird, keine Vergleichbarkeit mit anderen Baubeschreibungen und genügt deshalb nicht den Anforderungen des Art. 249 § 2 Abs. 1 S. 2 Nr. 9 EGBGB; es müssen Material und Dimensionen (Tiefe und Breite) genannt werden; vgl. *Oswald* et al., Bauteilbeschreibungen im Bauträgervertrag, S. 180 f.
550 So die Wortwahl bei Muster-Baubeschreibung NRW, S. E127, F70.

cc) Bewertung der Katalogangaben

Art. 249 § 2 Abs. 1 S. 2 EGBGB erfordert also im Einzelfall durchaus umfangreiche und detaillierte Angaben in der Baubeschreibung. Es wurde daher noch während des Gesetzgebungsverfahrens rege Kritik an der Regelung geäußert. Insbesondere seien die erforderlichen Angaben – auch und gerade in Anbetracht des Zeitpunkts der Informationspflicht – zu detailliert[551], es komme zu einem *„information overload"* des Verbrauchers[552] und die Anforderungen seien aufgrund der Vielgestaltigkeit denkbarer Gegenstände von Verbraucherbauverträgen nicht praxistauglich.[553] Gleichzeitig gab es aber auch Stimmen, die den hohen Detailgrad des Katalogs für erforderlich hielten[554] oder die sogar eine noch umfangreichere Auflistung zwingender Angaben für nötig hielten.[555]

Der erstgenannten Kritik ist entgegenzuhalten, dass nach wie vor noch genug Spielraum für individuelle Gestaltungen besteht; die Katalogziffern geben zwar bestimmte Regelungskategorien vor, lassen den Parteien aber innerhalb dieser Kategorien freie Hand. Die Gefahr eines *„information overload"* ist nicht erkennbar. Alle nach den Katalogziffern erforderlichen Angaben sind für die Festlegung der Leistungspflicht des Unternehmers von höchster Relevanz; der Verbraucher hat deshalb ein naturgemäßes Interesse daran, diese Informationen vor Vertragsschluss zur genauen Überprüfung zu erhalten. Selbst eine Gefahr, dass der Verbraucher von einer Vielzahl an Informationen überfordert wird, wäre angesichts der immensen finanziellen Bedeutung solcher Verträge für den Verbraucher hinzunehmen. Wer sich für die Umsetzung eines Bauvorhabens über einen langen Zeitraum verschuldet, sollte dazu bereit sein, sich detailliert mit den Einzelheiten des Vertragsinhalts auseinanderzusetzen. Wer das möchte, fühlt sich kaum einmal mit Informationen überfordert; das Gesetz dient dazu, ihm diese Informationen zu verschaffen und damit ein „Verhandeln auf Augenhöhe" mit dem Unternehmer zu erleichtern. Wer diese Chance nicht nutzen will, wird nicht dazu gezwungen, sich mit detaillierten Baubeschreibungen auseinanderzusetzen. Vor allem aber soll die Baubeschreibung präzise und hinreichend genau das Bausoll des Unternehmers festle-

---

551 Deutscher Baugerichtstag, Stellungnahme zum RefE, S. 25; BFW, Stellungnahme zum RefE, S. 7; DNotV, Stellungnahme zum RefE, S. 2 f.
552 *Glöckner*, VuR 2016, 163, 165.
553 Deutscher Richterbund, Stellungnahme zum RefE, S. 11.
554 BSB, Stellungnahme zum RefE, S. 2.
555 Vgl. BSB, Stellungnahme zum RegE, S. 9, mit welcher eine Streichung des Begriffs „gegebenenfalls" gefordert wurde.

gen, welches über § 650k Abs. 1 BGB später unmittelbar zum Vertragsinhalt werden kann.[556] Je genauer sie formuliert ist, desto weniger Potential besteht für unterschiedliche Interpretationen nach Vertragsschluss und somit für Streitigkeiten.

Die Vorgaben des Art. 249 § 2 Abs. 1 S. 2 EGBGB sind auch überaus praxistauglich. Sie sind darauf angelegt, dass in der Praxis Baubeschreibungs-Muster geschaffen werden, die überregional und unabhängig von den Vorlieben einzelner Unternehmer über eine ähnliche Struktur verfügen und daher gut untereinander vergleichbar sind, und die – dafür lässt das Gesetz genügend Raum – auf die Besonderheiten jedes Einzelfalls angepasst werden können. Die Vielgestaltigkeit denkbarer Gegenstände von Verbraucherbauverträgen steht also nicht im Widerspruch zur Detailliertheit der nach den Katalogangaben erforderlichen Informationen. Dies gilt bereits deshalb, weil die Baubeschreibungspflicht nur für das „Bauen aus einer Hand" gilt und so schon von vornherein die Diversität der hierunter fallenden Fallkonstellationen begrenzt ist.[557]

Vor allem aber implementiert der Katalog letztlich nur ein – wenn auch detailliertes – „Gerüst", an dem sich Baubeschreibungen zu orientieren haben. Die inhaltliche Ausgestaltung innerhalb dieses Gerüsts bleibt den Parteien überlassen und kann deshalb auch der Mannigfaltigkeit verschiedener Bauverträge Rechnung tragen. Gerade diese Form der Regelung, nämlich die Normierung bestimmter, für Verbraucher-Erwerber besonders wichtiger Standard-Parameter, ohne hierbei gleichzeitig jegliche „Offenheit" der Baubeschreibung im Sinne funktional geprägter Angaben zu eliminieren, entspricht den Forderungen, wie sie schon seit Jahren gestellt werden.[558]

Das neue Recht wird also – jedenfalls, soweit es in der Praxis beachtet wird – erheblich zur Lösung des vor Einführung der Baubeschreibungspflicht bestehenden Problems beitragen, dass für Verbraucher der Vergleich verschiedener Baubeschreibungen – unabhängig von deren Inhalt – schon deshalb erschwert war, da es hierfür keinen einheitlichen Aufbau und keine einheitliche Gliederung gab.[559] Zwar sind die Unternehmer auch im Rahmen der Baubeschreibungspflicht nicht verpflichtet, dem

---

556 jurisPK/*Segger-Piening,* § 650j BGB, Rn. 30.
557 So auch jurisPK/*Segger-Piening,* § 650j BGB, Rn. 30.
558 Dies als erwägenswert darstellend der grundsätzlich gegenüber Informationspflichten in Bauträgerverträgen skeptische *Glöckner,* in: FS Koeble, S. 271, 294.
559 Dies kritisierend *Burk,* in: Verbraucherzentrale NRW: Kauf eines Reihen- oder Doppelhauses, S. 90.

Gliederungsaufbau des Art. 249 § 2 Abs. 1 S. 2 EGBGB zu folgen; es ist jedoch anzunehmen, dass die meisten Unternehmer dies schon allein deshalb tun werden, weil dieser Katalog für sie als eine „Checkliste" fungieren kann und damit sichergestellt werden kann, dass zumindest alle nach dem Katalog erforderlichen Mindestangaben in die Baubeschreibung aufgenommen sind. Zudem können die Unternehmer auf diese Weise das Risiko eines irreführenden und gegen das Klarheitsgebot verstoßenden Aufbaus der Baubeschreibung minimieren, da ihnen ein solcher Verstoß kaum vorgeworfen werden kann, wenn die Baubeschreibung der gesetzlichen Gliederung folgt.[560]

Im Ergebnis ist somit zu konstatieren, dass Art, Umfang und erforderlicher Detailgrad der Katalogangaben im Spannungsfeld zwischen einer möglichen Überregulierung (und der damit verbundenen Einschränkung der Vertragsparteien[561]) und der zuvor bestehenden Situation der Verwendung von deutlich zu unklaren und unvollständigen Baubeschreibungen in der Praxis[562] auf einem konstruktiven Mittelweg angesiedelt wurden, der den Interessen beider Vertragsparteien ausreichend Rechnung trägt.

c) Über den Katalog des Art. 249 § 2 Abs. 1 EGBGB hinausgehende Angaben, insbesondere: Preisangaben

Die in Art. 249 § 2 Abs. 1 S. 2 EGBGB aufgelisteten Angaben definieren den Begriff der wesentlichen Eigenschaften nicht abschließend, sondern statuieren lediglich einen bestimmten Mindestinhalt. Deshalb kann im Einzelfall die Aufnahme weiterer Informationen in die Baubeschreibung erforderlich sein, wenn diese nach den oben aufgeführten Grundsätzen „wesentliche Eigenschaften des angebotenen Werks" darstellen.[563] Auch insoweit besteht eine Verpflichtung des Unternehmers zur Zurverfügungstellung dieser weiteren Informationen. Denkbar ist dies insbesondere bei atypischen Bauvorhaben, deren Besonderheiten sich nicht unter die durch die einzelnen Katalogangaben definierten Kategorien fassen lassen.

---

560 *Pfenning*, RNotZ 2018, 585, 596.
561 So die Situation in Frankreich, vgl. *Pfeiffer* et al., in: BMELV, Angewandte Wissenschaft, Heft 520, Darstellung, Wertung und Anwendung der Ergebnisse, S. 1.
562 Zu den Defiziten in der Praxis nach der alten Rechtslage s.o. Einleitung, D., S. 44.
563 S.o., D.I.1.a) aa), S. 122.

Indessen ist der Preis für die angebotene Werkleistung keine „wesentliche Eigenschaft" im Sinne des Art. 249 § 2 Abs. 1 S. 1 EGBGB.[564] Ein solches Verständnis wäre weder vom Wortlaut gedeckt noch ließe sich systematisch eine Subsumtion von Preisangaben unter den Begriff der „wesentlichen Eigenschaften" begründen.

Denn Art. 249 § 2 Abs. 1 S. 1 EGBGB spricht wörtlich von den *„wesentlichen Eigenschaften des angebotenen Werks"*. Dies spricht stark dafür, dass die geforderten Angaben sich lediglich auf Ausstattung und technische Ausgestaltung des geplanten Bauwerks, nicht aber auf weitere, in sonstigem Zusammenhang mit der Baumaßnahme stehende Merkmale wie die Details der Durchführung des Vertrags erstrecken.[565] Auch die in Satz 2 aufgelisteten Katalogangaben unterstreichen, dass es sich bei den *„wesentlichen Eigenschaften des angebotenen Werks"* um Attribute der vom Unternehmer zu erbringenden Werkleistung selbst handelt. Der angebotene Preis ist aber gerade keine Eigenschaft, die dem Werk selbst, mithin der Leistung des Unternehmers, innewohnt. Er ist vielmehr eine Frage der Kalkulation des Unternehmers bzw. der Vereinbarung der Parteien[566] oder des räumlich-zeitlichen Kontexts des Bauvorhabens. Dies zeigt auch folgende Überlegung: Zwei Einfamilienhäuser, die in ihrer technischen Konstruktion und Ausführung bis in das letzte Detail völlig identisch sind, weisen auch exakt dieselben „wesentlichen Eigenschaften" auf. Ihre Errichtung kann trotzdem zu unterschiedlichen Preisen angeboten und ausgeführt worden sein; schon allein aufgrund einer unterschiedlichen Lage oder aufgrund einer zeitversetzten Errichtung (und daher konjunkturell bedingt unterschiedlichen Baupreisen) der Objekte ist dies gut möglich. Dies demonstriert, dass eine Preisangabe nicht zur Beschaffenheit des Werks selbst gehört. Ein solches Verständnis ginge über die eindeutigen Grenzen des Wortlauts hinaus.

Darüber hinaus sprechen auch systematische Erwägungen dagegen, den Preis der angebotenen Leistung unter den Begriff der „wesentlichen Eigenschaften" zu subsumieren. So unterstreicht die Struktur innerhalb des Art. 249 EGBGB, dass wesentliche Eigenschaften des Werks nur solche sind, die die technische Ausgestaltung und die Ausstattung des Bauwerks

---

564 Im Ergebnis genauso BeckOGK/*Merkle*, Art. 249 § 2 EGBGB, Rn. 7; BeckOGK/*Merkle*, § 650j BGB, Rn. 26; DLOPS/*Stretz*, § 5, Rn. 77; *Pfenning*, RNotZ 2018, 585, 592; wohl auch *Kniffka/Retzlaff*, BauR 2017, 1747, 1834; Kniffka/Koeble/*Jurgeleit*/Sacher, Kompendium des Baurechts, 2. Teil, Rn. 63; a.A. MüKo BGB/*Busche*, § 650j BGB, Rn. 3; Messerschmidt/ Voit/*Lenkeit*, § 650j BGB, Rn. 36.

565 BeckOGK/*Merkle*, Art. 249 § 2 EGBGB, Rn. 7; DLOPS/*Stretz*, § 5, Rn. 78.

566 BeckOGK/*Merkle*, Art. 249 § 2 EGBGB, Rn. 7.

selbst betreffen. Der zeitliche Rahmen des Bauvorhabens, zu dessen Angabe der Unternehmer nach Art. 249 § 2 Abs. 2 EGBGB verpflichtet ist, ist – wie auch der Preis – keine solche Eigenschaft, die dem Werk selbst unmittelbar innewohnt. Konsequenterweise findet sich die Verpflichtung des Unternehmers zu einer solchen Angabe auch nicht im Rahmen des Art. 249 § 2 Abs. 1 EGBGB unter dem Oberbegriff der „wesentlichen Eigenschaften", sondern in einem eigenständigen Absatz. Hätte der Gesetzgeber den Unternehmer auch zu Preisangaben im Rahmen der Baubeschreibung verpflichten wollen, hätte er daher auch diese Angabe in einem eigenen Absatz oder einer eigenen Ziffer regeln müssen.

Hierfür spricht auch eine Gegenüberstellung mit vergleichbaren Vorschriften. So fordern die Informationspflichten des Art. 246 Abs. 1 Nr. 1 EGBGB sowie des Art. 246a § 1 Abs. 1 S. 1 Nr. 1 EGBGB eine Information des Verbrauchers über *„die wesentlichen Eigenschaften der Waren oder Dienstleistungen"*. Allerdings wird in den Katalogen dieser Vorschriften in der Folge in Form des Art. 246 Abs. 1 Nr. 3 EGBGB bzw. des Art. 246a § 1 Abs. 1 S. 1 Nr. 4 EGBGB explizit in einer anderen Ziffer geregelt, dass der Unternehmer außerdem auch Angaben zum *„Gesamtpreis der Waren oder Dienstleistungen"* zu machen hat.[567] Hiermit zeigt der Gesetzgeber innerhalb des EGBGB nur wenige Artikel vor der Regelung des Art. 249 selbst, dass er unter dem Begriff der „wesentlichen Eigenschaften" nicht auch Preisangaben versteht. Denn ansonsten wäre insoweit keine gesonderte Regelung dieses Informationserfordernisses in einer eigenen Ziffer erfolgt. Es ist nicht ersichtlich, weshalb er dies nun bei Art. 249 EGBGB anders sehen sollte.

Noch deutlicher illustriert dies Art. 250 § 3 EGBGB, welcher vorvertragliche Mindestinformationen bei Pauschalreiseverträgen regelt. Dieser fordert in Katalogziffer 1 eine Unterrichtung über *„die wesentlichen Eigenschaften der Reiseleistungen, und zwar [...]"*, woraufhin im Folgenden unter lit. a)-j) eine – im Gegensatz zu Art. 249 § 2 Abs. 1 S. 2 EGBGB abschließende – detaillierte Auflistung aller wesentlichen Eigenschaften folgt. Erst außerhalb der Nr. 1 und in einer eigenen Katalogziffer, nämlich in Art. 250 § 3 Nr. 3 EGBGB, erfolgt dann die Vorgabe, dass der Reiseunternehmer auch *„den Reisepreis einschließlich Steuern [...]"* anzugeben hat. Dies unterstreicht, dass der Gesetzgeber den Preis einer Leistung nicht als „wesentliche Eigenschaft" dieser Leistung versteht.

Würde er dies – was freilich inkonsequent wäre – ausnahmsweise speziell für die Baubeschreibungspflicht anders sehen, hätte er die Verpflich-

---

567 Kniffka/Koeble/*Jurgeleit*/Sacher, Kompendium des Baurechts, 2. Teil, Rn. 63.

tung zur Preisangabe als obligatorischen Mindestinhalt im Rahmen des Katalogs des Art. 249 § 2 Abs. 1 S. 2 EGBGB regeln müssen. Denn die Katalogangaben umfassen neun Ziffern, sind durchaus umfangreich und berücksichtigen sogar Angaben, die gar nicht in allen Fällen zu machen sind („gegebenenfalls"). Die praktisch überaus bedeutsame und in jedem Einzelfall relevante Information über den Preis hätte vor diesem Hintergrund auch in den Katalog aufgenommen werden müssen, wenn sie eine „wesentliche Eigenschaft" darstellen soll. Dies ist gerade nicht geschehen.

Gewiss ist es zum Zwecke der Erreichung des gesetzgeberischen Ziels, dem Verbraucher durch die Einführung der Baubeschreibungspflicht einen Preis-Leistungs-Vergleich der Angebote verschiedener Unternehmer zu ermöglichen[568], erforderlich, dass der Verbraucher Preisangaben vom Unternehmer erhält.[569] Diese Information benötigt er außerdem auch zur Finanzierung des Bauvorhabens gegenüber Kreditgebern und zur Inanspruchnahme von Förderprogrammen wie etwa dem der KfW.[570] Denn es entspricht gängiger Praxis, dass sich der Verbraucher bereits parallel zur Verhandlung mit dem Unternehmer über den Inhalt der Leistung bei einem Kreditinstitut um eine Finanzierung bemüht, um sicherstellen zu können, dass die von ihm gewünschte Bauleistung für ihn auch bezahl- und finanzierbar bleibt.[571]

Allein das praktische Bedürfnis nach der Zurverfügungstellung einer Preisangabe stellt aber keinen hinreichenden Grund dar, entgegen den klaren Grenzen des Wortlauts sowie der Systematik des Art. 249 § 2 EGBGB diese Angaben als „wesentliche Eigenschaft des angebotenen Werks" zu qualifizieren. Dies gilt insbesondere, da diesem praktischen Bedürfnis auf andere Weise Rechnung getragen kann. Denn es steht dem Verbraucher offen, den Unternehmer schlicht nach einem (Gesamt-)Preis für die in der Baubeschreibung dargelegten Leistungen zu fragen, wenn dieser nicht ohnehin schon (überobligatorisch) in der Baubeschreibung enthalten ist oder zusammen mit dieser dem Verbraucher mitgeteilt wurde.[572] Auf der Basis dieser Preismitteilung kann der Verbraucher sodann – eventuell unter Hinzuziehung eines Sachverständigen – auch einen Preis-Leistungs-Vergleich mit anderen Angeboten vornehmen. Außerdem kann er den mitgeteilten Preis seinem Kreditinstitut oder dem zuständigen Sachbearbeiter

568 BT-Drs. 18/8486, S. 73.
569 DLOPS/*Stretz*, § 5, Rn. 77.
570 Messerschmidt/Voit/*Lenkeit*, § 650j BGB, Rn. 36; *Billen*, BauR 2016, 1537, 1539.
571 Messerschmidt/Voit/*Lenkeit*, § 650j BGB, Rn. 36.
572 DLOPS/*Stretz*, § 5, Rn. 77; BeckOGK/*Merkle*, § 650j BGB, Rn. 26.

des von ihm avisierten Förderprogramms mitteilen, um die Finanzierung des Bauvorhabens vorvertraglich verlässlich zu regeln und insbesondere zu prüfen, ob der vom Unternehmer genannte Preis von ihm finanziell gestemmt werden kann oder ob es einer Anpassung des Bausolls auf ein niedrigeres Qualitätsniveau bedarf, um eine seriöse Finanzierung zu gewährleisten.

Vor diesem Hintergrund ist das Schutzbedürfnis des Verbrauchers im Hinblick auf eine verpflichtende Preisangabe in der Baubeschreibung nicht groß genug, dass es eine Außerachtlassung der vorgenannten grammatikalischen und systematischen Argumente rechtfertigen könnte.[573] Im Gegensatz zu den komplexen technischen Einzelheiten des Leistungssolls des Unternehmers handelt es sich bei der Angabe eines Gesamtpauschalpreises – wie sie bei Verbraucherbauverträgen üblich ist – um eine einzelne, leicht zu überblickende Information, die der Verbraucher ohne Hindernisse selbst beim Unternehmer erfragen kann.[574] Nicht umsonst funktionierte die Kreditvergabe auch vor Einführung der Baubeschreibungspflicht insoweit tadellos, weil für den Unternehmer auch kein Grund bestand und besteht, die (rechtzeitige) Mitteilung eines Preises zu verweigern; dieser würde ansonsten niemals einen Auftrag erhalten. Abgesehen hiervon ist der Unternehmer gemäß § 1 Abs. 1 PAngV ohnehin auch unabhängig von der Baubeschreibungspflicht dazu verpflichtet, dem Verbraucher den Brutto-Gesamtpreis der von ihm angebotenen Leistungen anzugeben.[575] Hierbei handelt es sich um eine verpflichtende Regelung, bei deren Verletzung der Unternehmer auf Unterlassung in Anspruch genommen werden kann[576] und der sich der Unternehmer bei Abgabe eines Angebots auch nicht durch eine Angabe wie „Preis auf Anfrage" entziehen kann.[577]

Die Problematik, die letztlich zur Einführung der Baubeschreibungspflicht führte, bestand darin, dass aufgrund von Unvollständigkeiten und Unklarheiten im Rahmen der in der Baubeschreibung definierten Leistungspflichten des Unternehmers häufig gar nicht hinreichend klar war, welche genaue Gegenleistung der Verbraucher für diesen angegebenen Preis bekommen sollte.[578] Streitpotential und Risiken für den Verbraucher

---

573 DLOPS/*Stretz*, § 5, Rn. 77.
574 DLOPS/*Stretz*, § 5, Rn. 77; BeckOGK/*Merkle*, § 650j BGB, Rn. 26.
575 *Tamm*, VuR 2014, 9, 10.
576 Vgl. OLG München, Urteil vom 17.12.2015 – 6 U 1711/15, BeckRS 2016, 12022; OLG Düsseldorf, Urteil vom 09.11.2000 – 2 U 49/00, MMR 2001, 161.
577 *Völker*, Preisangabenrecht, § 1 PAngV, Rn. 5 m.w.N.
578 Vgl. hierzu Einführung, B.II., S. 27 ff.

ergaben sich somit nicht aus der Preisangabe, sondern aus der Festlegung des diesem Preis gegenüberstehenden Bausolls. Diese Gegenleistung – mithin das Bausoll des Unternehmers – wird nun aber im Rahmen der Baubeschreibung durch die Pflichtangaben des Art. 249 § 2 Abs. 1 EGBGB näher definiert und präzisiert. Eine Schutzwürdigkeit des Verbrauchers dahingehend, dass er als Inhalt der Baubeschreibung auch einen Gesamtpreis mitgeteilt bekommen muss, existiert somit nicht.

Der Gesetzgeber geht offenbar vom in der Praxis absolut üblichen Fall aus, dass der Unternehmer mit der Baubeschreibung auch ein Angebot an den Verbraucher übergibt, in welchem die nicht in der Baubeschreibung enthaltenen Vertragsmodalitäten – insbesondere also der Preis – enthalten sind. In die Baubeschreibung aufzunehmen sind nach der Gesetzesbegründung nur die Nichtberücksichtigung bestimmter *„Unwägbarkeiten und Risiken bei der angebotenen Leistung"* und deren Nichtabgeltung mit dem angebotenen Preis.[579] Dass auch der Preis selbst Teil *gerade der Baubeschreibung* sein soll, ist der Gesetzesbegründung demnach nicht zu entnehmen.

Schließlich gehört eine Preisangabe typischerweise auch rein begrifflich und thematisch nicht in eine *„Bau*beschreibung", sondern vielmehr in ein Angebot oder einen Kostenvoranschlag. Denn wie der Begriff selbst sagt, hat eine Baubeschreibung primär die Eigenschaften der Bauleistung zu beschreiben und nicht sämtliche essentialia negotii eines Bauvertrags zu enthalten. Selbst in den hochdetaillierten, überaus verbraucherfreundlichen Muster-Baubeschreibungen findet sich daher kein Parameter zur Angabe eines (Gesamt-)Preises.[580] Im Ergebnis ist somit festzuhalten, dass eine derartige Angabe auch im Rahmen des Art. 249 § 2 Abs. 1 EGBGB nicht obligatorisch zu erfolgen hat.

Gleichwohl bleibt es dem Unternehmer unbenommen, auch über den Pflichtinhalt hinausgehende Angaben in die Baubeschreibung aufzunehmen.[581] Dies können Eigenschaften des Bauwerks sein, die nicht „wesentlich" sind, aber auch Preisangaben aller Art. Zu denken ist hier nicht nur an die Angabe eines Gesamtpreises (welche ohnehin gemäß § 1 Abs. 1 PAngV zu erfolgen hat), sondern etwa auch an die Bepreisung oder Bewertung von Einzelleistungen bzw. einzelner Leistungsteile. Derartige Einzelbepreisungen könnten im Laufe des Bauvorhabens dann etwa herangezo-

---

579 BT-Drs. 18/8486, S. 73.
580 Vgl. Verbraucherzentrale NRW, Die Muster-Baubeschreibung, in welcher Preisangaben nicht thematisiert werden; genauso bei *Oswald* et al., Bauteilbeschreibungen im Bauträgervertrag.
581 Leinemann/Kues/*Abu Saris*, § 650j BGB, Rn. 28.

gen werden, um die Höhe fälliger Abschlagszahlungen zu ermitteln (§ 632a Abs. 1 BGB) oder im Fall einer Kündigung erbrachte und nicht erbrachte Leistungen zu bewerten (§§ 648, 648a Abs. 5 BGB).[582] Auch zur Bewertung von bereits erbrachten Leistungen im Falle eines Widerrufs nach § 650l BGB ist ein derartiges Vorgehen im Rahmen der Rückgewähr gemäß § 357d BGB zumindest zur Festlegung eines ersten Anhaltspunktes hilfreich; die Aufnahme solcher Angaben in die Baubeschreibung ist somit zwar nicht obligatorisch, aber zur Vermeidung von Streitigkeiten – auch im Interesse der Unternehmer – überaus empfehlenswert.[583]

2. Darstellung der Mindestinformationen

Die Informationen, die der Unternehmer dem Verbraucher nach Art. 249 § 2 Abs. 1 EGBGB zur Verfügung zu stellen hat, müssen dem Verbraucher gemäß Art. 249 § 2 Abs. 1 S. 1 EGBGB „in klarer Weise" dargestellt werden.

a) Klarheitsgebot

Das Klarheitsgebot fordert, dass der Inhalt dieser Angaben eindeutig bestimmbar, mithin also nach rein formalen und grammatikalischen Aspekten hinreichend klar ist.[584] Allerdings fordert die Vorschrift nicht, dass die Inhalte der Baubeschreibung in der Gestalt, in der sie dem Verbraucher durch den Unternehmer mitgeteilt werden, für einen durchschnittlichen, vernünftigen Verbraucher ohne Spezialwissen verständlich sind. Vielmehr genügt eine Information dem Klarheitsgebot, wenn sie – und sei es auch nur unter der Hinzuziehung von Hilfsmitteln oder fachkundigen Dritten – inhaltlich eindeutig und klar zu bestimmen ist[585]; es dürfen nur keine ungerechtfertigten Beurteilungsspielräume inhaltlicher Art entstehen.[586]

So ist beispielsweise die bloße Angabe einer DIN-Vorschrift in einer Baubeschreibung ohne nähere Erläuterung eine hinreichend klare Infor-

---

582 Hierzu im Einzelnen *Kniffka/Retzlaff*, BauR 2017, 1747, 1834, 1836.
583 Leinemann/Kues/*Abu Saris*, § 650j BGB, Rn. 28.
584 DLOPS/*Stretz*, § 5, Rn. 81.
585 BeckOGK/*Merkle*, § 650j BGB, Rn. 28.
586 BGH, Urteil vom 26.09.2007 – VIII ZR 143/06, NJW 2007, 3632 Rn. 31; BGH, Urteil vom 05.03.2008 – VIII ZR 95/07, NJW 2008, 1438.

mation, da sie formal und grammatikalisch keine Zweifel in ihrem Verständnis zulässt und gleichzeitig – wenn auch nur nach Hinzuziehung eines Sachverständigen – inhaltlich eindeutig bestimmbar ist.[587] Die in der Baubeschreibung enthaltenen Informationen müssen also so klar abgefasst sein, dass sie zumindest für einen fachkundigen Experten auf dem betreffenden Gebiet – also etwa einen Sachverständigen oder Handwerker – verständlich sind und ihr Inhalt eindeutig bestimmbar ist.[588]

Das Klarheitsgebot verbietet auch Widersprüche innerhalb der Baubeschreibung.[589] Sieht also eine solche etwa vor, dass die allgemein anerkannten Regeln der Technik für das gesamte Bauwerk eingehalten werden, und wird dann an anderer Stelle vereinbart, dass der Schallschutz nur den Anforderungen der DIN 4109 (welche nicht den allgemein anerkannten Regeln der Technik entspricht[590]) zu genügen hat, stellt dies einen Verstoß gegen das Klarheitsgebot dar; denn dadurch ist der Inhalt der Baubeschreibung – zum Thema „Schallschutz" – nicht mehr eindeutig bestimmbar.

b) Kein Verständlichkeitsgebot

Im Gegensatz zum Referentenentwurf, der noch eine „klare und verständliche" Darstellung der wesentlichen Eigenschaften verlangte[591], findet sich das Erfordernis des Verständlichkeitsgebots in der endgültigen Gesetzesfassung nicht mehr.

aa) Ausdrückliche Entscheidung gegen die Aufnahme eines Verständlichkeitsgebots

Hierbei handelt es sich – wie im Regierungsentwurf explizit herausgestellt wird – um eine bewusste Entscheidung des Gesetzgebers, von der Wortwahl anderer Informationspflichten, namentlich der des Art. 246 EGBGB,

---

587 *Stretz*, in: FS Kainz, S. 619, 625; DLOPS/*Stretz*, § 5, Rn. 81; BeckOGK/*Merkle*, § 650j BGB, Rn. 28.

588 MüKo BGB/*Busche*, § 650j BGB, Rn. 14.

589 *Basty*, MittBayNot 2017, 445, 450.

590 BGH, Urteil vom 04.06.2009 – VII ZR 54/07, NJW 2009, 2439 Rn. 14; BGH, Urteil vom 14.06.2007 – VII ZR 45/06, NJW 2007, 2983 Rn. 30; LG München I, Urteil vom 25.07.2008 – 18 O 2325/08, BeckRS 2009, 4350; ausführlich *Kübler*, IBR 2012, 1108; *von Behr/Pause/Vogel*, NJW 2009, 1385, 1386.

591 Vgl. Fassung des Art. 249 § 2 EGBGB im RefE, S. 20.

abzuweichen und auf die Implementierung eines Verständlichkeitsgebots zu verzichten.[592] Soweit die Gesetzesbegründung noch davon spricht, dass die wesentlichen Eigenschaften des Werks in „klarer und verständlicher Weise darzustellen" sind[593], handelt es sich hierbei um ein offensichtliches Redaktionsversehen[594]; diese Wörter wurden unverändert aus der Begründung des Referentenentwurfs übernommen[595], wobei offenbar vergessen wurde, die Formulierungen an den zwischenzeitlich geänderten Gesetzestext anzupassen. Der maßgebliche Gesetzeswortlaut sowie der gegenüber dem Referentenentwurf neu eingefügte Teil der Begründung des Regierungsentwurfs sind jedoch eindeutig.[596] Der hierdurch entstandenen Verwirrung ist es wohl auch geschuldet, dass *Pause* in seiner Analyse des Regierungsentwurfs fälschlicherweise von einem Erfordernis einer klaren und verständlichen Beschreibung ausging.[597]

(1) Gründe für die Regelung nur eines Klarheitsgebots

Ursprünglich war im Abschlussbericht der Arbeitsgruppe Bauvertragsrecht beim BMJV vorgesehen, dass in der Baubeschreibung die wesentlichen Eigenschaften des geschuldeten Werks *in klarer und verständlicher Weise* darzustellen sind.[598] Diese Formulierung wurde zunächst auch in den Referentenentwurf übernommen.[599]

Darauf wurde Kritik von Unternehmerverbänden, aber auch neutralen Institutionen laut, die eine Streichung des Begriffs der Verständlichkeit forderten. Zurecht merkte etwa der Deutsche Richterbund in seiner Stellungnahme zum Referentenentwurf an, dass es einen nur schwer auflösbaren Widerspruch darstelle, einerseits als Mindestinhalt der Baubeschreibung die Zurverfügungstellung von „Plänen, Grundrissen und Schnitten" zu fordern und andererseits die Verstehbarkeit solcher Informationen für einen durchschnittlichen, nicht über besonderes Fachwissen verfügenden

---

592 BT-Drs. 18/8486, S. 73 f.
593 BT-Drs. 18/8486, S. 62, 73.
594 DLOPS/*Stretz*, § 5, Rn. 82; jurisPK/*Segger-Piening*, § 650j BGB, Rn. 22; *Zander*, BWNotZ 2017, 115, 121, Fn. 38; *Stretz*, in: FS Kainz, S. 619, 624.
595 Vgl. RefE, S. 64, 76.
596 jurisPK/*Segger-Piening*, § 650j BGB, Rn. 22.
597 *Pause*, BauR 2017, 430, 433 f.
598 Abschlussbericht der Arbeitsgruppe Bauvertragsrecht beim BMJV, S. 13.
599 RefE, S. 20.

Verbraucher zum Maßstab der Darstellung zu machen.[600] Denn derartige Planungsunterlagen sind im Wesentlichen für Fachleute erstellt und entsprechend ausgestaltet.

Für die Streichung des Erfordernisses des Verständlichkeitsgebots aus dem Regierungsentwurf, mithin die Regelung nur eines Klarheitsgebots in Art. 249 § 2 Abs. 1 EGBGB, sprachen gute Gründe. Denn ein Verständlichkeitsgebot hätte es für den Unternehmer erforderlich gemacht, die Baubeschreibung so zu gestalten, dass sie gemessen am Maßstab eines Verbrauchers mit durchschnittlichen Kenntnissen verständlich gewesen wäre.[601] Dies wäre jedoch angesichts der technischen Komplexität einiger Informationen, die Mindestinhalt der Baubeschreibung sein müssen, kaum möglich gewesen.[602] Insbesondere ohne die Verwendung technischer Fachbegriffe sowie von Daten, Maßen und Kennwerten (wie Wärmedurchgangskoeffizienten oder DIN-Normen), die in ihrer Komplexität über das Maß an Verständlichkeit hinausgehen, welches von einem durchschnittlichen Verbraucher erwartet werden kann, wird eine „klare" Darstellung kaum möglich sein. In Bezug auf die Baubeschreibung bilden Klarheitsgebot und Verständlichkeitsgebot daher einen *„janusköpfigen Zieldualismus".*[603]

Müsste der Unternehmer die „wesentlichen Eigenschaften des Werks" in einer Weise darstellen, die auch dem durchschnittlichen Verbraucher verständlich ist, müsste er zusätzlich zu den „klaren" – zur Vermeidung von Missverständnissen auch in Fachtermini formulierten – Angaben auch gesondert für die Verbraucherinformation „vereinfachte" Unterlagen erstellen, deren Inhalt auch für Laien verständlich wäre. Diese Unterlagen wären dann denknotwendig nicht deckungsgleich mit den „originalen", für Fachleute erstellten. Allein nach letzteren wird aber letztlich tatsächlich gebaut. Streitigkeiten über das vereinbarte Bausoll wären dann vorprogrammiert; gerade diese sollen aber durch die Baubeschreibungspflicht minimiert werden.

Indessen hat nicht nur der Unternehmer ein berechtigtes Interesse daran, dass es zwischen den Angaben in der Baubeschreibung und den Planungsunterlagen, nach denen er die Arbeiten ausführt, keinen Widerspruch gibt. Das ist auch erforderlich, weil die Baubeschreibung gemäß § 650k Abs. 1 BGB vorbehaltlich anderer Vereinbarungen auch Inhalt eines später abgeschlossenen Vertrags wird und die dort enthaltenen Anga-

---

600 Deutscher Richterbund, Stellungnahme zum RefE, S. 11.
601 BeckOGK/*Merkle*, § 650j BGB, Rn. 28; BT-Drs. 18/8486, S. 74.
602 BT-Drs. 18/8486, S. 74; BFW, Stellungnahme zum RefE, S. 8.
603 *Pfenning*, RNotZ 2018, 585, 592.

ben daher im Streitfall sein Leistungssoll bestimmen.[604] Eine Identität zwischen den Unterlagen, die dem Verbraucher zur Verfügung gestellt werden, und den Unterlagen, nach denen das Bauwerk tatsächlich ausgeführt wird, liegt auch im Interesse des Verbrauchers; er ist zwar insoweit geschützt, als nach § 650k Abs. 2 S. 2 BGB Zweifel bei der Auslegung des geschuldeten Bausolls zu Lasten des Unternehmers gehen. Jedoch werden Streitfälle nicht immer eindeutig aufzulösen sein und letztlich selbst im Falle eines für den Verbraucher günstigen Ausgangs zu zusätzlichem Aufwand, Kostenrisiko und zeitlichen Verzögerungen führen; sie sollten also durch diese Identität von vorneherein vermieden werden.

Die Problematik, den Inhalt der Baubeschreibung für den durchschnittlichen Verbraucher verständlich darzustellen, besteht ohnehin nicht hinsichtlich aller nötigen Angaben; so sind in der Regel die Angaben nach Art. 249 § 2 Abs. 1 S. 2 Nr. 1 EGBGB problemlos für einen nicht über besonderes Fachwissen verfügenden Verbraucher verständlich.

Schwierigkeiten entstehen jedoch bei Angaben, die – um „klar" im Sinne von unmissverständlich[605] zu sein – Begriffe enthalten müssen, die nur Fachleuten bekannt sind. Die Regierungsbegründung nennt dazu die Bereiche Wärmedämmung und technische Ausstattung[606]; ebenfalls zu denken wäre an Angaben zu Schallschutzstandard oder Bauphysik.[607] Bestimmte einzuhaltende Grenzwerte, umzusetzende DIN-Normen oder zu verbauende Materialien lassen sich nicht in allgemein für Laien verständlicher Weise beschreiben, jedenfalls nicht ohne Verfälschung oder begriffliche Aufweichung der ursprünglichen Angabe[608] – und genau diese soll das „Klarheits"-Gebot verhindern.

Es war vor diesem Hintergrund richtig, dass der Gesetzgeber das Wort „verständlich" ersatzlos gestrichen und nur eine klare Darstellung der wesentlichen Eigenschaften gefordert hat.[609] Der Regierungsentwurf verweist den Verbraucher im Falle von Verständnisproblemen – welche bei Verweisungen auf DIN-Vorschriften oder die allgemein anerkannten Regeln der Technik zu erwarten sein werden[610] – auf die Hinzuziehung von Experten.[611] Für eine Informationspflicht, die sich auf Geschäfte des täglichen

---

604 Deutscher Richterbund, Stellungnahme zum RefE, S. 11.
605 S.o. D.I.2.a), S. 163.
606 BT-Drs. 18/8486, S. 74.
607 Deutscher Richterbund, Stellungnahme zum RefE, S. 11.
608 Deutscher Richterbund, Stellungnahme zum RefE, S. 11.
609 Kritisch hingegen DLOPS/*Stretz*, § 5, Rn. 86.
610 DLOPS/*Stretz*, § 5, Rn. 81; Messerschmidt/Voit/*Lenkeit*, § 650j BGB, Rn. 35.
611 BT-Drs. 18/8486, S. 74; *von Proff*, ZfIR 2017, 589, 595.

Lebens bezieht, wäre ein solcher Verweis gewiss unzumutbar. Bei komplexen Baumaßnahmen, wie sie allein Gegenstand des Anwendungsbereichs des § 650i BGB sein können, kann dem Verbraucher hingegen – zumal angesichts des hohen finanziellen Risikos, das er mit seiner Entscheidung zur Auftragserteilung eingeht – sehr wohl angesonnen werden, sachverständigen Rat einzuholen, soweit er ihn braucht. Die dadurch erfolgende Reduzierung des Kostenrisikos des eigentlichen Bauvorhabens übersteigt in ihrem finanziellen Wert die Vergütung eines Sachverständigen, die für eine Expertise zum Inhalt einer Baubeschreibung regelmäßig anfallen wird, bei weitem. Es ist daher angemessen und zielführend, den Verbraucher zum Verständnis des Inhalts der Baubeschreibung auf die Beratung durch einen Experten zu verweisen. Zudem wird für das Gros der technischen Angaben bereits ein Blick in eine ausführliche Musterbaubeschreibung genügen, um deren Inhalt verstehen zu können[612]; solche Musterbaubeschreibungen sind für geringe Obolusse z. B. bei Verbraucherverbänden erhältlich.

Die Streichung des Verständlichkeitsgebots aus dem Referentenentwurf bzw. die Regelung allein eines Klarheitsgebots hat noch einen weiteren Vorteil: Sie ermöglicht es dem Unternehmer, die technischen Angaben, die er im Rahmen der Baubeschreibung gegenüber dem Verbraucher gemacht hat, unverändert an etwaige Nachunternehmer weiterzugeben und Angaben der von ihm eingeschalteten Fachplaner direkt zum Gegenstand seiner Baubeschreibung zu machen, ohne diese im Hinblick auf eine „Laienverständlichkeit" modifizieren zu müssen.[613] Auch dies trägt dazu bei, dass das Risiko einer Abweichung der Bauausführung von den Angaben, die gegenüber dem Verbraucher gemacht wurden, reduziert wird.

(2) Dennoch: Gebot auch einer verständlichen Darstellung, soweit eine solche ohne Verletzung des Klarheitsgebots möglich ist

Die Entscheidung, lediglich ein Klarheits- und kein Verständlichkeitsgebot in Art. 249 § 2 Abs. 1 EGBGB zu implementieren, basiert demnach im Wesentlichen auf der Erkenntnis, dass Letzteres oftmals in Konflikt zum Ersteren stehen würde.

Deshalb wird man fordern können, dass der Unternehmer jedenfalls hinsichtlich derjenigen Angaben in der Baubeschreibung, deren Beschrei-

---

612 jurisPK/*Segger-Piening*, § 650j BGB, Rn. 26.
613 Deutscher Richterbund, Stellungnahme zum RefE, S. 11.

bung in laienverständlicher Weise ohne Konflikt mit einer „klaren", unmissverständlichen Darstellung möglich ist, nicht nur eine klare, sondern auch eine für Laien verständliche Beschreibung seiner Leistung zu formulieren hat.[614] Denn Art. 249 § 2 Abs. 1 EGBGB stellt eine verbraucherschützende Regelung dar. Aus dem Charakter und dem Telos solcher Regelungen ergibt sich die grundsätzliche Verpflichtung des Unternehmers, unnötig komplizierte Formulierungen und Verweise wo möglich zu vermeiden.[615] Schließlich dienen Informationspflichten dazu, dem Verbraucher eine „informierte Entscheidungsfindung" zu ermöglichen; eine solche wird jedoch bei unverständlichen Formulierungen erschwert, oft sogar verhindert.[616] Auch ohne explizite Regelung eines Verständlichkeitsgebots in Vorschriften, die dem Schutz des Verbrauchers durch dessen Information dienen sollen, sind deshalb Informationen jedenfalls dann verständlich darzustellen, wenn dies ohne Einschränkungen ihrer Eindeutigkeit möglich ist.

Dass dies auch im Rahmen des Art. 249 § 2 Abs. 1 EGBGB so ist, bestätigt letztlich der Gesetzgeber selbst. Laut Gesetzesbegründung kann zwar *„im Hinblick auf die teilweise technisch komplexen Informationen, die etwa zur Beschreibung der Wärmedämmung oder der technischen Ausstattung eines Gebäudevorhabens erforderlich sind"*, der Maßstab einer laienverständlichen Beschreibung keine Anwendung finden. Im anschließenden Satz wird aber angefügt, dass es *„insoweit lediglich erforderlich"* ist, klare Informationen zu übermitteln.[617] Der Gesetzgeber bezieht sich in seiner Argumentation gegen ein Verständlichkeitsgebot demnach explizit nur auf diejenigen technisch komplexen Informationen, deren verbrauchergerechte Darstellung nicht oder nur unter Inkaufnahme von „Unklarheiten" möglich wäre. *Lediglich insoweit* habe der Unternehmer nur „klare", nicht aber zwingend auch „verständliche" Informationen zur Verfügung zu stellen. E contrario entspricht es dem Willen des Gesetzgebers, bezüglich der anderen, ohne Probleme für einen durchschnittlichen Verbraucher verständlich darstellbaren Informationen, eine solche verständliche Darstellung zu fordern.[618]

---

614 So auch jurisPK/*Segger-Piening*, § 650j BGB, Rn. 26.
615 jurisPK/*Segger-Piening*, § 650j BGB, Rn. 26.
616 jurisPK/*Segger-Piening*, § 650j BGB, Rn. 26, Fn. 73.
617 BT-Drs. 18/8486, S. 74; Unterstreichung durch den Autor.
618 jurisPK/*Segger-Piening*, § 650j BGB, Rn. 26.

bb) Verständlichkeitsgebot aufgrund von § 307 Abs. 1 S. 2, Abs. 3 S. 2 BGB?

Das vorbeschriebene Ergebnis der Zulässigkeit einer lediglich klaren, aber – womöglich gerade deshalb – für Verbraucher unverständlichen Baubeschreibung wird jedenfalls im Geltungsbereich der §§ 305 ff. BGB für bedenklich gehalten.[619] Diese Bedenken sind durchaus begründet.

(1) AGB-rechtliche Transparenz = Verständlichkeit?

So wird vorgebracht, dass jedenfalls insoweit, als Inhalte der Baubeschreibung als AGB zu qualifizieren sind, ein Verständlichkeitsgebot mittels der Transparenzkontrolle nach § 307 Abs. 1 S. 2, Abs. 3 S. 2 BGB zur Anwendung kommen müsse.[620]

Richtig ist, dass grundsätzlich auch eine Baubeschreibung der Transparenzkontrolle nach § 307 Abs. 1 S. 2 BGB unterliegen kann, wenn sie als AGB zu qualifizieren ist. Zwar handelt es sich bei der Baubeschreibung um eine Leistungsbeschreibung, die den Inhalt einer Hauptleistung unmittelbar festlegt. Eine vollumfängliche AGB-Kontrolle scheidet also gemäß § 307 Abs. 3 S. 1 BGB aus. Nach § 307 Abs. 3 S. 2 BGB unterliegen aber auch Leistungsbeschreibungen zumindest dem Transparenzgebot des § 307 Abs. 1 S. 2 BGB.[621]

Zwar werden Baubeschreibungen nicht ohne weiteres AGB im Sinne des § 305 Abs. 1 BGB darstellen. Dies wird vor allem dann nicht der Fall sein, wenn sie einen hohen Individualisierungsgrad aufweisen, also ersichtlich für ein konkretes Projekt „maßgeschneidert" sind. Allerdings liegt eine solche Einordnung als Individualvereinbarung jedenfalls dann fern, wenn der Verbraucherbauvertrag ein Haus „von der Stange" betrifft, also insbesondere im Falle von Fertighausverträgen und regelmäßig auch bei Bauträgerverträgen.[622] Auch Generalunternehmer- und Generalübernehmerverträge betreffen häufig die Errichtung gleichartiger Gebäude mit standardisierten Baubeschreibungen.[623] Selbst, wenn solche Verträge – was

---

619 DLOPS/*Stretz*, § 5, Rn. 86; *Karczewski*, NZBau 2018, 328, 329.
620 So DLOPS/*Stretz*, § 5, Rn. 89 + 90; ibr-OK BauvertrR/*Pause/Vogel*, § 650u BGB, Rn. 181; dies jedenfalls erwägend DNotI-Gutachten, DNotI-Report 2017, 137, 138.
621 *Pauly*, ZMR 2016, 513, 514; DLOPS/*Stretz*, § 5, Rn. 89.
622 ibr-OK BauvertrR /*Pause/Vogel*, § 650u BGB, Rn. 183.
623 DLOPS/*Stretz*, § 5, Rn. 88; *Stretz*, in: FS Kainz, S. 619, 622.

durchaus vorkommen kann – individuell geplante Bauwerke zum Gegenstand haben, werden die Angaben in der Baubeschreibung als AGB zu qualifizieren sein, wenn und soweit der Unternehmer die entsprechende Baubeschreibung im Einzelfall unter Inanspruchnahme seiner Planungshoheit erstellt und in den Vertrag eingeführt hat[624]; denn in diesem Fall handelt es sich um vom Unternehmer gestellte Vertragsbedingungen im Sinne des § 305 Abs. 1 BGB und für die Anwendung des § 307 BGB genügt gemäß § 310 Abs. 3 Nr. 2 BGB bereits deren einmalige Verwendung, soweit der Verbraucher aufgrund ihrer Vorformulierung keinen Einfluss auf den Inhalt nehmen konnte.[625]

Häufig werden daher Baubeschreibungen als AGB zu qualifizieren und dem Maßstab des § 307 Abs. 1 S. 2 BGB unterworfen sein. Anders ist dies nur, wenn Vertragsgegenstand ein individuell geplantes Bauvorhaben ist und die Planung entweder (teilweise) vom Verbraucher selbst erbracht wurde – wobei bei Erbringung *aller* wesentlicher Planungsvorgaben gemäß § 650j Hs. 2 BGB freilich die Baubeschreibungspflicht gänzlich entfällt[626] – oder zwar vom Unternehmer stammt, der Verbraucher hierauf aber Einfluss nehmen konnte. In solchen Fällen, die in der Praxis eher selten vorkommen, liegt eine Individualvereinbarung vor, für die der Maßstab des § 307 Abs. 1 S. 2 BGB keine Anwendung findet.

Die Anwendung des § 307 Abs. 1 S. 2 BGB auf nach § 650j BGB zu erstellende Baubeschreibungen wird auch nicht etwa deshalb ausgeschlossen, weil Art. 249 § 2 Abs. 1 EGBGB *lex specialis* gegenüber dem insoweit ein *lex generalis* darstellenden § 307 Abs. 1 S. 2 BGB wäre.[627] Zwar regelt Art. 249 § 2 Abs. 1 EGBGB den „speziellen" Fall der Baubeschreibung in Verbraucherbau- und Bauträgerverträgen, während § 307 Abs. 1 S. 2 BGB ein ungleich größeres Spektrum von Sachverhalten erfasst und auch mit Rücksicht hierauf formuliert wurde. Aber beide Vorschriften haben einen gänzlich verschiedenen Charakter und Telos. Voraussetzung einer methodisch sauberen Anwendung des Grundsatzes „*lex specialis derogat legi generali*" ist es, dass die beiden kollidierenden Normen *denselben Sachverhalt* mit unterschiedlichen Rechtsfolgen regeln. Gleichzeitig muss der Anwendungsbereich der spezielleren Norm völlig in dem der allgemeineren Norm aufge-

---

624 DLOPS/*Stretz*, § 5, Rn. 88; *Pfenning*, RNotZ 2018, 585, 593.
625 *Karczewski*, NZBau 2018, 328, 329; ibr-OK BauvertrR/*Pause/Vogel*, § 650u BGB, Rn. 182; *Stretz*, in: FS Kainz, S. 619, 622.
626 S.o., Teil 1, B., S. 83 ff.
627 So aber jurisPK/*Segger-Piening*, § 650j BGB, Rn. 27.

hen, sodass alle von der spezielleren Norm geregelten Sachverhalte auch von der allgemeineren Norm geregelt werden.[628]

Ein derartiges Verhältnis besteht aber zwischen Art. 249 § 2 Abs. 1 EGBGB und § 307 Abs. 1 S. 2 BGB nicht. Art. 249 § 2 Abs. 1 EGBGB regelt allein den Inhalt einer nach § 650j BGB zu erstellenden Baubeschreibung sowie die Anforderungen an deren Darstellung, enthält aber keinerlei Vorgaben für Formularverträge.[629] Hingegen regelt die Transparenzkontrolle nach § 307 Abs. 1 S. 2 BGB die Unwirksamkeit von Vertragsregelungen in Formularverträgen im Falle einer unangemessenen Benachteiligung des Verbrauchers, sofern sich diese aus einer Unklarheit oder Unverständlichkeit der Regelung ergibt. Dass Art. 249 § 2 Abs. 1 EGBGB insoweit nicht als lex specialis anzusehen ist, zeigt vor allem die Tatsache, dass in seinen Anwendungsbereich auch Fälle fallen, die von § 307 Abs. 1 S. 2 BGB gar nicht erfasst werden, nämlich individuelle Vereinbarungen, die nicht vom Unternehmer vorgegeben sind.

Dies gilt umso mehr, da § 307 Abs. 1 S. 2, Abs. 3 S. 2 BGB nicht nur eine „rein deutsche" Regelung ist, sondern die Umsetzung des Art. 4 Abs. 2 der Richtlinie 93/13/EWG des Rates („Klausel-Richtlinie") darstellt.[630] Selbst wenn man entgegen der vorstehenden Argumente ein Spezialitätsverhältnis zwischen § 307 Abs. 1 S. 2 BGB und Art. 249 § 2 Abs. 1 EGBGB annehmen wollte, würde dies die Geltung des Art. 4 Abs. 2 Klausel-Richtlinie nicht beeinträchtigen. Als übergeordnete Regelung auf europäischer Ebene kann dieser nicht durch ein einfaches – „spezielleres" – nationales Gesetz im Wege der Spezialität verdrängt werden.[631] Einerseits, weil es Grundvoraussetzung für die Anwendung des Spezialitätsgrundsatzes ist, dass keine der beiden kollidierenden Regelungen ranghöher ist als die andere.[632] Andererseits ist es den Mitgliedsstaaten verwehrt, bereits erfolgte Umsetzungen europarechtlicher Richtlinien in nationales Recht nachträglich abweichend in nicht der Richtlinie entsprechender Weise zu ändern.[633]

Im deshalb eröffneten Anwendungsbereich der AGB-Kontrolle wird die Baubeschreibung demnach über § 307 Abs. 3 S. 2 BGB am Maßstab des

---

628 *Larenz*, Methodenlehre der Rechtswissenschaft, S. 267; ausführlich hierzu bereits *Dietz*, Anspruchskonkurrenz bei Vertragsverletzung und Delikt, S. 22 f.

629 ibr-OK BauvertrR/*Pause/Vogel*, § 650u BGB, Rn. 181.

630 *Karczewski*, NZBau 2018, 328, 329.

631 *Stretz*, in: FS Kainz, S. 619, 630.

632 *Larenz*, Methodenlehre der Rechtswissenschaft, S. 267.

633 EuGH, Urteil vom 15.07.1964 – RS. 6/64, NJW 1964, 2371, 2732; *Karczewski*, NZBau 2018, 328, 329.

Transparenzgebots nach § 307 Abs. 1 S. 2 BGB gemessen. Dieses Transparenzgebot lässt eine lediglich klare, aber für Verbraucher ohne Fachwissen nicht verständliche Baubeschreibung nicht ausreichen.[634] Es erfordert vielmehr, dass ihr Inhalt auch für einen normal informierten, angemessen aufmerksamen und verständigen Durchschnittsverbraucher ohne Spezialwissen nachvollziehbar ist.[635] Die Verwendung technischer Fachtermini – so z. B. der bloße Verweis auf DIN-Vorschriften – genügt dem Verständlichkeitsgebot daher nicht.[636] Dies würde letztlich dazu führen, dass im – in der Praxis weit überwiegenden – Falle der Qualifikation der Baubeschreibung als AGB de facto ein pauschal geltendes Verständlichkeitsgebot über das Vehikel des Transparenzgebots geschaffen würde.

(2) Gegenargumente

Dieser Ansatz lässt sich zwar formaljuristisch durchaus begründen. Er steht aber letztlich dem ausdrücklichen Willen des Gesetzgebers, „klare" Angaben in Baubeschreibungen ausreichen zu lassen, diametral entgegen; seine Umsetzung würde eine Aushebelung der in Art. 249 § 2 Abs. 1 EGBGB geregelten Anforderungen bedeuten. Denn es sind praktisch kaum Baubeschreibungen vorstellbar, die nicht dem Transparenzgebot unterfallen würden.[637] Auch weitere Argumente sprechen dagegen, über § 307 Abs. 1 S. 2, Abs. 3 S. 2 BGB pauschal ein „Verständlichkeitsgebot" für Baubeschreibungen zu fordern.

(a) Inhaltliche Ausgestaltung des Transparenzgebots über Art. 249 § 2 Abs. 1 EGBGB

So spielen bei der Ermittlung der durch das Transparenzgebot gestellten Anforderungen die in Art. 249 § 2 Abs. 1 EGBGB getroffenen Wertungen eine gewichtige Rolle. Denn zur Feststellung des Maßstabs für das Herstel-

---

634 DLOPS/*Stretz*, § 5, Rn. 90; ibr-OK BauvertrR/*Pause/Vogel*, § 650u BGB, Rn. 181.
635 EuGH, Urteil vom 30.04.2014 – C-26/13, NJW 2014, 2335 Rn. 74.
636 BGH, Urteil vom 08.05.2013 – IV ZR 84/12, NJW 2013, 2739 Rn. 21; *Stretz*, in: FS Kainz, S. 619, 631; DLOPS/*Stretz*, § 5, Rn. 90 sowie ibr-OK BauvertrR/*Pause/ Vogel*, § 650u BGB, Rn. 181 jeweils unter Berufung auf BGH, Urteil vom 04.06.2009 – VII ZR 54/07, NJW 2009, 2439.
637 *Karczewski*, NZBau 2018, 328, 329; BeckOK BauvertrR/*Karczewski*, § 650u BGB, Rn. 120.

len von Transparenz können Regelungen im EGBGB eine Richtschnur darstellen.[638] Dies muss insbesondere für solche Regelungen im EGBGB gelten, die zur Ausgestaltung geforderter Informationen konkrete Aussagen treffen. Derartige Regelungen „verschmelzen" gewissermaßen mit dem Transparenzgebot.[639] Sie prägen daher auch die Anforderungen, die an eine Transparenzkontrolle zu stellen sind, entscheidend mit.[640] Jene Grundsätze treffen auch und insbesondere auf Art. 249 § 2 Abs. 1 EGBGB zu, da dieser den Inhalt der Baubeschreibung vorgibt und auch konkrete Anforderungen an dessen Darstellung regelt.

Die Anforderungen an die Darstellung der Informationen in der Baubeschreibung, wie sie Art. 249 § 2 Abs. 1 EGBGB regelt, sind demnach auch im Rahmen einer Transparenzkontrolle nach § 307 Abs. 1 S. 2 BGB zu berücksichtigen. Ersterer lässt aber in Fällen technisch-komplexer Angaben, die für den Unternehmer nur sehr schwierig oder überhaupt nicht laienverständlich darzustellen sind, eine (nur) „klare" Darstellung genügen, notfalls zu Lasten ihrer Verständlichkeit. Diese bewusste gesetzgeberische Wertung ist auch im Rahmen des Transparenzgebots zu berücksichtigen.

Unterstrichen wird dieser Gedanke noch durch folgende Überlegung: Zwar verdrängt Art. 249 § 2 Abs. 1 EGBGB den § 307 Abs. 1 S. 2 BGB nicht nach dem Grundsatz „lex specialis derogat legi generali".[641] Indessen besteht zwischen beiden Vorschriften ein ähnliches Verhältnis: Ihre Anwendungsbereiche decken sich nur teilweise. Einige Sachverhalte unterfallen nur dem einen, einige nur dem anderen Tatbestand und manche beiden. Derartige Konstellationen sind zwar von den Fällen der Spezialität zu unterscheiden.[642] Soweit jedoch ein Sachverhalt die Tatbestandsvoraussetzungen beider Normen erfüllt, ist zu klären, ob die Rechtsfolgen beider Rechtssätze *nebeneinander* eintreten können und sollen, oder ob der eine den anderen verdrängt. Entscheidend für die Beantwortung dieser Frage sind das Telos der betreffenden Regelungen sowie die hinter ihnen stehenden Wertungen. Hat das Gesetz bestimmte Sachverhalte abschließend einer einheitlichen Regelung unterwerfen wollen, muss dieser Regelung

---

638 Vgl. für die BGB-InfoV Staudinger/*Coester*, § 307 BGB, Rn. 317; für die Informationspflicht des § 312c Abs. 1 BGB a.F. BGH, Urteil vom 05.10.2005 – VIII ZR 382/04, NJW 2006, 211, 212.

639 *Tamm*, Verbraucherschutzrecht, S. 382 zu § 4 Abs. 1 BGB-InfoV, der zwar „klare und genaue", aber – ähnlich wie Art. 249 § 2 Abs. 1 EGBGB – nicht auch verständliche Angaben fordert.

640 Ähnlich jurisPK/*Segger-Piening*, § 650j BGB, Rn. 27.

641 S.o., D.I.2.b) bb) (1), S. 171.

642 *Larenz*, Methodenlehre der Rechtswissenschaft, S. 268.

im Kollisionsfall mit einer anderen Regelung jedenfalls dann der Vorzug gegeben werden, wenn durch die gleichzeitige Anwendung der anderen Norm der Zweck der besonderen Regelung vereitelt würde.[643] Es liegt dann zwar keine Spezialität vor; zutreffend ließe sich aber von *„Subsidiarität infolge erschöpfender Regelung"* sprechen.[644]

Diese Art von Subsidiarität gilt auch für das Verhältnis zwischen den beiden genannten Regelungen. Denn mit Art. 249 § 2 Abs. 1 EGBGB wollte der Gesetzgeber abschließend die Fälle der Baubeschreibung in Verbraucherbau- und Bauträgerverträgen regeln und hat ganz konkrete Vorgaben zur Ausgestaltung der geforderten Angaben getroffen. Diese gesetzgeberische Wertung würde vereitelt, wenn man nun das Erfordernis der Verständlichkeit, das der Gesetzgeber ausdrücklich als nachrangig gegenüber dem der „Klarheit" bewertete, über das Transparenzgebot aufwertete und so die Konflikte zwischen Klarheit und Verständlichkeit doch wieder ermöglichte, die der Gesetzgeber ausdrücklich vermeiden wollte.

(b) Schwierigkeit der verständlichen Darstellung technisch-komplexer Informationen auch in Allgemeinen Geschäftsbedingungen

Schließlich spricht gegen die Geltung eines Verständlichkeitsgebots mittels des Transparenzgebots auch ein rein praktisches Argument: Für den Unternehmer ist es schwierig bis unmöglich, technisch-komplexe Sachverhalte einerseits für Fachleute eindeutig und präzise (= klar) und andererseits gleichzeitig in laiengerechter Weise (= verständlich) darzustellen; hier zeigt sich der *„janusköpfige Zieldualismus"*[645] von Klarheits- und Verständlichkeitsgebot in Bezug auf die Baubeschreibung.

Um nicht Unmögliches vom Ersteller der Baubeschreibung zu fordern, hat der Gesetzgeber das noch im Referentenentwurf vorgesehene Verständlichkeitsgebot ersatzlos gestrichen und sich damit eindeutig für die Zielrichtung der Klarheit – im Zweifel zu Lasten der Verständlichkeit – entschieden. Es entstünde aber – durch § 307 Abs. 1 S. 2 BGB – in Widerspruch zu dieser gesetzgeberischen Entscheidung gleichwohl ein Verständlichkeitsgebot für jede Baubeschreibung, die als AGB zu qualifizieren ist,

---

643 *Larenz*, Methodenlehre der Rechtswissenschaft, S. 268.
644 *Dietz*, Anspruchskonkurrenz bei Vertragsverletzung und Delikt, S. 62, 66.
645 *Pfenning*, RNotZ 2018, 585, 592.

und somit in der Praxis für den absoluten Großteil[646] der Baubeschreibungen.

Es ist nicht ersichtlich, weshalb ein Unternehmer, der die Baubeschreibung formularmäßig erstellt hat und daher als AGB verwendet, zu einer klaren und verständlichen Darstellung verpflichtet sein soll, während bei einem Unternehmer, dessen Baubeschreibung ausnahmsweise die Grenze der Individualvereinbarung überschreitet, lediglich eine klare Darstellung ausreichen soll.[647] Denn das Wissensgefälle zwischen Verbraucher und Unternehmer besteht in beiden Fällen gleichermaßen.

(3) Lösung

Es besteht also in Bezug auf die Anforderungen an die Darstellung der Angaben der Baubeschreibung ein vermeintlich dilemmatisches Spannungsverhältnis. Dieses ergibt sich einerseits durch das aus dem Transparenzgebot hervorgehende Erfordernis, die Angaben in Baubeschreibungen jedenfalls insoweit „laienverständlich" darzustellen, als sie AGB sind sowie andererseits durch die Tatsache, dass ein über das Transparenzgebot hergeleitetes Verständlichkeitsgebot die spezielle und ausdrücklich vorrangig auf „klare", unmissverständliche Darstellungen bedachte Regelung des Art. 249 § 2 Abs. 1 EGBGB konterkarieren würde. Der Gesetzgeber selbst hat dieses Spannungsfeld ganz offensichtlich völlig übersehen und war sich nicht bewusst, dass trotz der Streichung des noch im Referentenentwurf für die Baubeschreibungspflicht vorgesehenen Verständlichkeitsgebots vergleichbare Anforderungen auch aus dem Transparenzgebot hergeleitet werden könnten.

Diese Problematik ist durch einen vermittelnden, die jeweils für sich genommen schlüssigen Argumente beider Positionen berücksichtigenden Ansatz lösbar.

(a) Kein Verstoß gegen das Transparenzgebot trotz technischer Angaben

So lassen sich die zwischen Art. 249 § 2 Abs. 1 EGBGB und § 307 Abs. 1 S. 2 BGB entstehenden Interferenzen letztlich in Einklang bringen, indem

---

646 S.o., D.I.2.b) bb) (1), S. 170.
647 jurisPK/*Segger-Piening*, § 650j BGB, Rn. 27.

man den – juristisch gesehen – „kleinsten gemeinsamen Nenner" aus beiden Vorschriften eruiert.

Art. 249 § 2 Abs. 1 EGBGB lässt eine „klare" Darstellung von Informationen, also etwa einen bloßen Verweis auf DIN-Normen oder sonstige technische Regelwerke, ausreichen. Dies entspringt der gesetzgeberischen Wertung, dass bestimmte technisch-komplexe Informationen gar nicht oder nur unter schwierigen Umständen für einen Verbraucher verständlich darstellbar sind, sodass mehr Verständlichkeit zu Lasten der in jedem Falle erforderlichen Klarheit gehen würde.

Hingegen fordert § 307 Abs. 1 S. 2 BGB eine verständliche Formulierung von Vertragsinhalten. Der Maßstab hierfür ist ein normal informierter, angemessen aufmerksamer und verständiger Durchschnittsverbraucher.[648]

(aa) Grenzen des Transparenzgebots

Indessen unterliegt auch das Transparenzgebot des § 307 Abs. 1 S. 2 BGB diversen Einschränkungen. Es gilt nur im Rahmen des für den Verwender Möglichen[649]; es existiert nicht als schlechthin absoluter Maßstab, sondern ist immer in Relation zum Inhalt der jeweiligen Klausel und dessen „laienverständlicher" Darstellbarkeit zu verstehen. Der Verwender muss demnach nicht Leistungsinhalte, die so kompliziert sind, dass sie einem Nicht-Fachmann, also einem Durchschnittsverbraucher, im Einzelnen gar nicht verständlich gemacht werden können, „verständlich" definieren.[650] Eine Baubeschreibung muss also nur so klar und verständlich wie – mit zumutbarem Aufwand – möglich formuliert werden.[651] Das Transparenzgebot muss vor dem Hintergrund der Erkenntnis interpretiert werden, dass eine Leistungsbeschreibung nicht Wissen, das eine Handwerkslehre oder ein Ingenieurstudium vermitteln, „laienverständlich" darstellen kann; es soll nicht dazu führen, dass der Verwender seine Vertragsbedingungen an vielen Stellen noch mit umfassenden Kommentaren oder sonstigen Hinwei-

---

648 EuGH, Urteil vom 30.04.2014 – C-26/13, NJW 2014, 2335 Rn. 74.
649 BGH, Urteil vom 03.06.1998 – VIII ZR 317/97, NJW 1998, 3114, 3116; *Pause*, in: FS Thode, S. 275, 277.
650 Erman/*Roloff*, § 307 BGB, Rn. 22.
651 BGH, Urteil vom 24.06.2009 – IV ZR 212/07, NJW-RR 2009, 1625 Rn. 15; BGH, Urteil vom 02.02.1999 – KZR 11/97, NJW 1999, 2671, 2676; Erman/*Roloff*, § 307 BGB, Rn. 22.

sen zu versehen hat, um eine Verständlichkeit herzustellen.[652] Das Transparenzgebot darf nicht letztlich allein schon von ihrem Umfang her erdrückende, unübersichtliche und nur schwer durchschaubare Klauselwerke befördern, die den Interessen des Verbrauchers per se abträglich sind, weil er sie wegen ihres schlichten Umfangs nicht lesen wird.[653]

Informationen zu Sachverhalten, die technisch so komplex sind, dass sie dem Verbraucher entweder gar nicht oder jedenfalls nicht ohne eine unverhältnismäßig ausschweifende Erläuterung verständlich gemacht werden können, dürfen demnach auch grundsätzlich durch einen Verweis auf technische Regelwerke oder vergleichbare „rein technische" Darstellungen erteilt werden, ohne dass dies gegen das Transparenzgebot verstößt.

(bb) Anforderungen an die Transparenz technischer Angaben

In bestimmten Fällen bedarf es jedoch auch bei technisch-komplexen Informationen zumindest einer näheren Erläuterung. So kann ein Verstoß gegen das Transparenzgebot auch in diesen Fällen beispielsweise dann vorliegen, wenn eine Norm oder sonstige technische Darstellung vom Qualitäts- und Komfortstandard des übrigen Teils der Baubeschreibung abweicht, nicht den allgemein anerkannten Regeln der Technik entspricht oder kein aktuell (mehr) geltendes Regelwerk ist, obwohl die Erfüllung dieser Standards möglich wäre. In derartigen Fällen wäre es intransparent, dem Verbraucher nur einen Fachbegriff anzugeben oder ihn auf technische Regelwerke zu verweisen, ohne ihn auf die Abweichung ausdrücklich hinzuweisen. Denn dieser darf regelmäßig erwarten, dass alle in einer Baubeschreibung in Bezug genommenen Regelwerke dem übrigen Qualitäts- und Komfortstandard der Baubeschreibung und den aktuell allgemein anerkannten Regeln der Technik entsprechen.[654]

Soll dieser berechtigte Erwartungshorizont ausweislich eines Verweises auf ein bestimmtes Regelwerk nicht erfüllt werden – wie etwa durch die Vereinbarung eines Lärmschutzes nach DIN 4109 – hat der Unternehmer dies gegenüber dem Verbraucher ausdrücklich deutlich zu machen und

---

652 BGH, Urteil vom 10.07.1990 – XI ZR 275/89, NJW 1990, 2383, 2384. *Pause*, in: FS Thode, S. 275, 277; Erman/*Roloff*, § 307 BGB, Rn. 22.
653 BGH, Urteil vom 14.01.2014 – XI ZR 355/12, NJW 2014, 924 Rn. 27.
654 BGH, Urteil vom 04.06.2009 – VII ZR 54/07, NJW 2009, 2439 Rn. 14; BGH, Urteil vom 14.06.2007 – VII ZR 45/06, NJW 2007, 2983 Rn. 25 ff.

ihn auf die hierdurch entstehenden Folgen hinzuweisen.[655] Hierbei geht es nicht um eine erschöpfende und abschließende Auflistung aller denkbaren Auswirkungen, sondern darum, dass der Verbraucher die hieraus resultierenden wirtschaftlichen Nachteile und Belastungen soweit erkennen kann, wie dies nach den Umständen gefordert werden kann.[656] In Bezug auf den Lärmschutz könnte dies beispielsweise dadurch erfolgen, dass kategorisiert nach verschiedenen Lärmquellen angegeben wird, wie sich der verminderte Lärmschutz in der Praxis für den Verbraucher äußert.[657]

Geschieht das nicht, ist die entsprechende Angabe unwirksam. Die dadurch entstehende Lücke wird durch eine am übrigen Qualitäts- und Komfortstandard orientierte Auslegung gefüllt, wobei diese Auslegung in der für den Verbraucher günstigsten Weise zu erfolgen hat.[658] Im Beispiel des Schallschutzes wäre dies wohl in aller Regel ein solcher, der den Anforderungen der Schallschutzstufe II der VDI-Richtlinie 4100 genügt.[659]

Im Umkehrschluss ist dann, wenn technische Angaben nicht vom Standard der übrigen Baubeschreibung abweichen und den allgemein anerkannten Regeln der Technik entsprechen, ein gesonderter Hinweis an den Verbraucher in der vorbeschriebenen Art nicht erforderlich.[660] Dann kann es bei der bloßen Angabe von Kennziffern oder dem Verweis auf technische Regelwerke verbleiben, ohne dass dies zur Intransparenz der Angabe führt.

(b) Jedenfalls: Keine unangemessene Benachteiligung

Selbst wenn man – entgegen den vorstehenden Ausführungen – die Angabe von rein technischen Daten als intransparent im Sinne des § 307 Abs. 1

---

655 BGH, Urteil vom 04.06.2009 – VII ZR 54/07, NJW 2009, 2439 Rn. 14 f.; jurisPK/*Segger-Piening*, § 650j BGB, Rn. 26; a.A. *Pfenning*, RNotZ 2018, 585, 595, welcher allein den Hinweis auf eine von den allgemein anerkannten Regeln der Technik negativ abweichende Ausführung für ausreichend hält.

656 BGH, Urteil vom 19.03.2013 – IV ZR 84/12, NJW 2013, 2739 Rn. 9; hinsichtlich der Darstellung der Folgen sehr allgemein gehalten, aber dennoch für die Herstellung von Transparenz ausreichend daher auch der Formulierungsvorschlag bei *Basty*, MittBayNot 2017, 445, 450.

657 Vgl. die Formulierung bei *Pause*, ZfIR 2014, 127, 128.

658 Vgl. § 650k Abs. 2 BGB; näher *Pause*, in: FS Thode, S. 275, 283; *Zander*, BWNotZ 2017, 115, 125; *Krick/Sagmeister*, MittBayNot 2014, 205, 206; *Pauly*, ZMR 2016, 513, 514.

659 *Pause*, ZfIR 2014, 127, 128.

660 *Pfenning*, RNotZ 2018, 585, 594; jurisPK/*Segger-Piening*, § 650j BGB, Rn. 26.

S. 2 BGB ansehen wollte, würde dies jedenfalls deshalb nicht zu deren Unwirksamkeit führen, weil bei Beachtung der im vorigen Unterabschnitt beschriebenen Grundsätze der Verbraucher dadurch nicht „unangemessen benachteiligt" würde.

Denn nicht jede unverständliche Angabe in AGB führt auch zu einer unangemessenen Benachteiligung und somit zur Unwirksamkeit. Dies zeigt bereits der Wortlaut des § 307 Abs. 1 S. 2 BGB, der unmissverständlich davon spricht, dass sich eine unangemessene Benachteiligung aus einer nicht klaren und verständlichen Bestimmung ergeben *kann*.[661]

Dass ein solches Verständnis auch dem gesetzgeberischen Willen entspricht, zeigt die Entstehungsgeschichte des § 307 BGB. Das nun in Abs. 1 S. 2 geregelte Transparenzgebot war ursprünglich als dritter Regelfall des Abs. 2 vorgesehen[662]; dies hätte stets einen zwingenden Rückschluss vom Vorliegen einer unverständlichen Angabe auf eine unangemessene Benachteiligung des Vertragspartners bedeutet. Der Gesetzgeber hat sich jedoch gerade gegen eine solche Regelung entschieden und das Transparenzgebot stattdessen in seiner aktuellen Form in Abs. 1 S. 2 geregelt. Die Unangemessenheit und damit Unwirksamkeit einer Angabe stellt also keine automatische, sondern nur eine mögliche Konsequenz von deren Unverständlichkeit dar.[663]

Demnach führt die Unverständlichkeit einer Angabe nicht ohne weiteres zu einer unangemessenen Benachteiligung, sondern nur dann, wenn der Vertragspartner des Verwenders – im Rahmen der Baubeschreibungspflicht nach § 650j BGB also der Verbraucher – auch sachlich-inhaltlich durch die Intransparenz der Angabe benachteiligt wird.[664] Das ist jedenfalls dann nicht der Fall, wenn die Angabe nach den vorstehend dargelegten Grundsätzen erfolgt, und erst recht dann, wenn die in Frage stehende Angabe sogar ein über den Standard der übrigen Inhalte der Baubeschreibung hinausgehendes Qualitätsniveau festlegt.[665]

Sollte die Angabe ein unterhalb des Standards der übrigen Bestimmungen liegendes Niveau statuieren, ist der Unternehmer – wie im vorigen

---

661 Staudinger/*Coester*, § 307 BGB, Rn. 174; Ulmer/Brandner/Hensen/*Fuchs*, § 307 BGB, Rn. 330.
662 Vgl. BT-Drs. 14/7052, S. 18.
663 Staudinger/*Coester*, § 307 BGB, Rn. 174; Ulmer/Brandner/Hensen/*Fuchs*, § 307 BGB, Rn. 330.
664 Erman/*Roloff*, § 307 BGB, Rn. 22; *von Westphalen*, NJW 2002, 12; Kniffka/*Koeble*/ Jurgeleit/ Sacher, Kompendium des Baurechts, 10. Teil, Rn. 209; Staudinger/ *Coester*, § 307 BGB, Rn. 174.
665 *Pause*, in: FS Thode, S. 275, 279 f.

Unterabschnitt dargelegt – ohnehin verpflichtet, den Verbraucher auf diese Abweichung und ihre Konsequenzen hinzuweisen. Tut er dies, liegt keine Intransparenz vor, erst recht aber keine unangemessene Benachteiligung.

(c) Fazit

Für alle Angaben in Baubeschreibungen gilt das Klarheitsgebot. Bei den Anforderungen hinsichtlich des Verständlichkeitsgebots ist gemäß den vorstehenden Ausführungen zu differenzieren.

Eine Angabe in einer Baubeschreibung kann demnach nur dann aufgrund ihrer Intransparenz unwirksam sein, wenn

– sie als AGB zu qualifizieren ist,
– in einer für den Verbraucher nicht verständlichen Weise (insbesondere durch Verweisung auf technische Normen) erfolgt,
– hierdurch vom (berechtigten) Erwartungshorizont des Verbrauchers negativ abgewichen wird und
– der Verbraucher auf die mit dieser Abweichung verbundenen Konsequenzen technischer und wirtschaftlicher Art nicht hingewiesen wird.[666]

Ein pauschales Verbot der Angabe rein technischer Informationen in der Baubeschreibung lässt sich somit auch nicht „über die Hintertür" des Transparenzgebots herleiten. Vielmehr sind solche Angaben grundsätzlich zulässig, solange sie hinreichend klar sind; je nach Einzelfall ist dann zu entscheiden, ob die technischen Angaben mit zusätzlichen Hinweisen und Erläuterungen versehen werden müssen.

Diese Differenzierung ist durchaus komplex und verlangt von den Unternehmern beim Erstellen der Baubeschreibung eine besondere Sorgfalt. Sie ist jedoch die einzige Möglichkeit, den Willen des Gesetzgebers, in Bezug auf technisch-komplexe Angaben auch die rein technische Darstellung von Informationen zuzulassen, mit dem europarechtlich geprägten Transparenzgebot in Einklang zu bringen. Auf diese Weise kann es gelingen, die Interessen der Unternehmer und der Verbraucher gleichermaßen zu berücksichtigen und das Versäumnis des Gesetzgebers, bei der Gestaltung des Art. 249 § 2 Abs. 1 EGBGB die Auswirkungen des Transparenzgebots zu regeln, bestmöglich zu korrigieren.

---

666 Im Ergebnis ähnlich *Pfenning*, RNotZ 2018, 585, 594.

Gleichzeitig ist durch diese Differenzierung auch ein ausreichender und effektiver Verbraucherschutz gewährleistet. Der Verbraucher kann sich darauf verlassen, dass vorbehaltlich ausdrücklicher gegenteiliger Hinweise technische Angaben mindestens dem Niveau entsprechen, das im restlichen Teil der Baubeschreibung vorgesehen ist.

Das vorstehend vorgeschlagene Konzept zur Lösung der zwischen Art. 249 § 2 EGBGB und § 307 BGB scheinbar bestehenden Widersprüche erfüllt auch die Anforderungen der Praxis. So sind zahlreiche Angaben in der Muster-Baubeschreibung der Verbraucherzentrale (!) NRW überaus „technisch" formuliert; beispielsweise sieht diese die Angabe von Messwerten zu Wärme-Durchgangskoeffizienten[667] oder die Bestimmung des Schallschutzes mittels einer nicht näher erläuterten Verweisung auf technische Regelwerke[668] vor. Die vorgeschlagene Vorgehensweise wahrt also die Interessen der Verbraucher und entspricht dem Zweck der gesetzlichen Neuregelungen, ohne andererseits unzumutbare Anforderungen an die Unternehmer zu stellen.

3. Zulässigkeit einer funktionalen Baubeschreibung

Auf der Grundlage der vorstehend angestellten Überlegungen ist nun die Frage zu beantworten, ob – und wenn ja, inwieweit – im Rahmen der Baubeschreibungspflicht auch eine funktionale Baubeschreibung die gesetzlichen Anforderungen erfüllen kann.

a) Jedenfalls: Keine generelle Unzulässigkeit

Teilweise wird dies pauschal unter Verweis darauf verneint, dass die Baubeschreibung präzise technische Angaben zu enthalten habe und funktionale Baubeschreibungen diesem Erfordernis nicht genügten, da darin keine Ausführungsdetails festgelegt würden.[669]

Gewiss statuiert Art. 249 § 2 Abs. 1 EGBGB eine – gemessen am Maßstab des vorvertraglichen Stadiums, in dem sich Unternehmer und Verbraucher zum Zeitpunkt der Zurverfügungstellung noch befinden – recht detaillierte Informationspflicht. Auch legt eine funktionale Baubeschreibung in der

---

667 Verbraucherzentrale NRW, Die Muster-Baubeschreibung, S. F17 ff.
668 Verbraucherzentrale NRW, Die Muster-Baubeschreibung, S. F20.
669 LBD/*Rückert*, Art. 249 EGBGB, Rn. 5.

Tat nicht alle Ausführungsdetails fest. Indessen können in technisch präziser Weise auch bestimmte Kennwerte, Schutzklassen oder Anforderungen an die Gebrauchstauglichkeit („Leistungsziele", „Funktionen") einer Bauleistung festgelegt werden, ohne dass im Detail bestimmt wird, auf welche konkrete (Bau-)Weise diese Werte und Standards konkret erreicht werden. Eine funktionale Baubeschreibung muss nicht zwangsläufig ungenau oder lückenhaft sein.[670]

Art. 249 § 2 Abs. 1 EGBGB fordert lediglich eine Information über die *wesentlichen* – also gerade nicht alle – Eigenschaften des angebotenen Werks. Gefordert wird keine allumfassende, mitunter auch – Stichwort *„information overload"* – im negativen Sinne „erschöpfende" Beschreibung sämtlicher technischer Merkmale des Bauwerks, insbesondere kein Leistungsverzeichnis.[671] Dies wäre schon rein praktisch im vorvertraglichen Bereich überhaupt nicht umsetzbar[672] und letztlich für den Verbraucher auch gar nicht erstrebenswert. Ihm kommt es im Zweifel auf die Art und Weise der technischen Umsetzung gar nicht an, sondern darauf, welche Eigenschaften die angebotene Leistung in Bezug auf ihre Gebrauchstauglichkeit, Eignung für den angestrebten Nutzungszweck und Komfort des Bauwerks und der einzelnen Bauteile und Anlagen aufweist. In Bezug auf diese Eigenschaften – und nur auf diese – muss die Baubeschreibung vollständig sein.[673] Diese Anforderung kann eine funktionale Art der Beschreibung durchaus erfüllen.

b) Erforderlichkeit einer differenzierenden Betrachtung

Sinnvoll ist vielfach wohl ein Mittelweg zwischen einer funktionalen, die „Ziele" – also Eigenschaften und Fähigkeiten, eben „Funktionen" – der Werkleistung definierenden Beschreibung und einer detaillierten Auflistung von einzelnen Komponenten dieser Leistung.[674] Eine zu allgemein gehaltene Baubeschreibung erhöht das Risiko für Streitigkeiten über die

---

670 *Pause*, BauR 2017, 430, 434; Messerschmidt/Voit/*Lenkeit*, § 650k BGB, Rn. 20; Kniffka/Koeble/*Jurgeleit*/Sacher, Kompendium des Baurechts, 2. Teil, Rn. 65.

671 Messerschmidt/Voit/*Lenkeit*, § 650k BGB, Rn. 20; ibr-OK BauvertrR/*Pause/Vogel*, § 650u BGB, Rn. 186.

672 *Glöckner*, in: FS Koeble, S. 271, 293.

673 *Pause*, BauR 2017, 430, 434.

674 Kniffka/*Koeble*/Jurgeleit/Sacher, Kompendium des Baurechts, 10. Teil, Rn. 372; jurisPK/*Segger-Piening*, § 650j BGB, Rn. 25.

geschuldete Soll-Beschaffenheit[675]; dies war vor Einführung der Baubeschreibungspflicht in der Praxis ein allgegenwärtiges Problem.[676] Hingegen schränkt eine zu detaillierte Baubeschreibung die Parteien in der Ausgestaltung einzelner Details der Gesamtleistung während der Bauphase zu
stark ein und kann ebenfalls Ursache von Meinungsverschiedenheiten
sein, da dann während der Bauphase keine Flexibilität und damit keine
Möglichkeit für die Umsetzung effizienterer, aber gleichwertiger Lösungen
mehr besteht.[677] Es wurde folgerichtig – zurecht – schon in einer frühen
Phase der Diskussion über die Einführung einer Baubeschreibungspflicht
darauf hingewiesen, dass diese keineswegs funktionale Baubeschreibungen
grundsätzlich verhindern und nur Bezeichnungen einzelner Leistungsde-
tails erlauben dürfe.[678]

aa) Grenzen der Zulässigkeit funktionaler Beschreibungen

Auch funktionale Beschreibungen müssen bestimmte Mindestanforderungen erfüllen; diese Vorgaben werden durch das „Gerüst" des Art. 249 § 2
Abs. 1 EGBGB definiert. Danach müssen jedenfalls insoweit konkrete,
nicht-funktionale Angaben in die Baubeschreibung aufgenommen werden, als diese für den Verbraucher wesentlich sind. Dies ist beispielsweise
der Fall, wenn der Qualitätsstandard in bestimmten Bereichen typischerweise umstritten ist oder wenn die geschuldete Beschaffenheit nach konkreten Wünschen des Verbrauchers definiert werden soll.[679]

Die bloße generell-abstrakte Definition von „Zielen" ohne konkrete Beschreibung der „wesentlichen" Eigenschaften, mithin eine „total-funktio-
nale" Baubeschreibung, ist demnach unzulässig.[680] Derartige – vor Einführung der Baubeschreibungspflicht in der Praxis häufig verwendete – nichts-
sagende Allgemeinplätze wie zum Beispiel „familienfreundliches Woh-
nen" genügen nicht den Anforderungen des Art. 249 § 2 Abs. 1 EGBGB.
Die Baubeschreibung darf insbesondere nicht so allgemein formuliert sein,
dass dem Unternehmer im Ergebnis ein weitgehendes eigenes Leistungsbe-

---

675   Vgl. die Grafik bei *Oswald* et al., Bauteilbeschreibungen im Bauträgervertrag,
      S. 26.
676   *Pauly*, ZMR 2016, 513, 514.
677   Zur Gefahr der mangelnden „Offenheit" von auf Informationspflichten basie-
      renden Baubeschreibungen im Einzelnen *Glöckner*, in: FS Koeble, S. 271, 293 f.
678   Vgl. *Blank*, 5. Deutscher Baugerichtstag, Thesenpapiere der Arbeitskreise, S. 29.
679   S.o., D.I.1.a) bb) (2), S. 126.
680   *Pfenning*, RNotZ 2018, 585, 595.

stimmungsrecht dahingehend zusteht, dass er eigenständig den Qualitäts-
und Komfortstandard der gesamten Bauausführung bestimmen darf.[681]
Eine komplett ohne technische Begriffe formulierte, rein auf die Wahrneh-
mung aus Verbrauchersicht abstellende funktionale Beschreibung kann
demnach nicht zulässig sein. Zur Festlegung technisch-komplexer Angaben sind vielmehr auch konkrete technische Aussagen in der Baubeschreibung erforderlich.[682] Dies war gerade der ausdrückliche Wille des Gesetzgebers.[683]

Allerdings kann auch die Festlegung technisch-komplexer Anforderungen zumindest teilweise durchaus im Rahmen einer funktionalen Beschreibung erfolgen. Entscheidend für die Frage, ob jeweils die Anforderungen des Art. 249 § 2 Abs. 1 EGBGB erfüllt sind, ist allein die Detailtiefe
der jeweiligen Angaben.[684]

bb) Zulässigkeit funktionaler Beschreibungen im Einzelnen

Bei bestimmten „wesentlichen Eigenschaften" ist die Gefahr unklarer Beschreibungen besonders groß, sodass bei ihnen in der Regel eine ganz exakte Angabe der geschuldeten Leistung erforderlich und eine funktionale
Art der Beschreibung nicht ausreichend ist[685], sondern eine möglichst präzise und an technische Begriffe anknüpfende oder auf sie verweisende
Schilderung nötig ist.

Das betrifft etwa Bauteile, die zwingend aus einem bestimmten Baustoff
hergestellt sein müssen, oder die konkrete Art und Weise, in der ein Bau-
teil montiert werden muss, um ein mangelfreies Gebäude entstehen zu lassen. Beispiele hierfür wären etwa die Verwendung eines bestimmten Zie-
gels mit einer definierten Rohdichte, die Herstellung einer Betontrenn-
wand mit bestimmten Abmessungen[686] oder die Risse vermeidende Konstruktion der Bodenplatte einer Tiefgarage.

Soweit die konkrete Ausführung baulicher Details aber weder entscheidend für die Mangelfreiheit eines Bauteils noch für den Verbraucher von
Interesse ist, genügen funktionale Angaben im Sinne einer Beschreibung

---

681 Messerschmidt/Voit/*Lenkeit*, § 650k BGB, Rn. 20.
682 jurisPK/*Segger-Piening*, § 650k BGB, Rn. 11.
683 BT-Drs. 18/8486, S. 74.
684 jurisPK/*Segger-Piening*, § 650j BGB, Rn. 25.
685 jurisPK/*Segger-Piening*, § 650j BGB, Rn. 25.
686 Vgl. ibr-OK BauvertrR/*Pause/Vogel*, § 650u BGB, Rn. 187.

der geschuldeten *Ergebnisse*. Der Begriff der „wesentlichen Eigenschaften" in Art. 249 § 2 Abs. 1 EGBGB lässt darauf schließen, dass die Baubeschreibung gerade nicht erschöpfend alle Einzel-Leistungen auflisten, sondern vielmehr diejenigen Informationen liefern soll, die für die Nutzung und den Gebrauch „des Werks" durch den Verbraucher maßgeblich sind und den Marktwert des Bauwerks beeinflussen.[687]

Dieses Verständnis des Begriffs der „wesentlichen Eigenschaften" ergibt sich auch aus dem Schutzzweck der Baubeschreibungspflicht. Denn der nötige Informationsgrad ist durch eine vom Schutzbedürfnis des Verbrauchers ausgehende Auslegung zu ermitteln. Dem Verbraucher ist es aber bei vielen Elementen überhaupt nicht wichtig, *wie* im Einzelnen durch zu verbauende Baustoffe oder Bauteile bestimmte Standards erreicht werden. Vielmehr sind für ihn die für die für die Nutzung und den Gebrauch des Objekts maßgeblichen Informationen von Belang. Dabei handelt es sich im Wesentlichen um die Funktion bestimmende Eigenschaften.[688]

Auch der Verweis auf DIN-Normen oder sonstige technische Standards und Grenzwerte stellt oftmals eine funktionale Beschreibung dar.[689] Wenn beispielsweise laut Baubeschreibung das zu errichtende Bauwerk im Hinblick auf den Schallschutz den Anforderungen der Schallschutzstufe II der VDI-Richtlinie 4100 zu genügen hat, ist das die geforderte „wesentliche" Information – und es bleibt es dem Unternehmer überlassen, mit welchen konkreten Baustoffen und mit welcher ausführenden Bauweise er diese Anforderungen erfüllt.[690] Diese Art der Umsetzung ist für den Verbraucher regelmäßig nicht von Interesse.[691]

Hingegen wäre es bezogen auf den Schallschutz nicht ausreichend, wenn der Unternehmer lediglich kategorisiert nach bestimmten Lärmquellen angibt, ob und in welcher Intensität diese Geräusche wahrzunehmen sind, ohne gleichzeitig auch eine Aussage zum einzuhaltenden Schallschutzstandard zu treffen.[692] Denn dann wäre nicht festgelegt, welche Anforderungen für nicht in der Auflistung genannte Lärmquellen gelten. Enthält die Angabe in der Baubeschreibung beispielsweise nur Aussagen

---

687 ibr-OK BauvertrR/*Pause/Vogel*, § 650u BGB, Rn. 186; Messerschmidt/Voit/*Lenkeit*, § 650k BGB, Rn. 20.

688 *Karczewski*, NZBau 2018, 328, 329 f.

689 In diesem Sinne auch ibr-OK BauvertrR/*Pause/Vogel*, § 650u BGB, Rn. 187; *Pause*, Bauträgerkauf und Baumodelle, Rn. 442c; *Pfenning*, RNotZ 2018, 585, 595.

690 So auch für das Beispiel der Wärmedämmung *Pause*, BauR 2017, 430, 434; genauso für das Beispiel des Schallschutzes *Pfenning*, RNotZ 2018, 585, 595.

691 *Karczewski*, NZBau 2018, 328, 330; *Pfenning*, RNotZ 2018, 585, 595.

692 jurisPK/*Segger-Piening*, § 650j BGB, Rn. 25.

zu Sprachlautstärke, Gehgeräuschen und Hausmusik[693], bleibt unklar, ob und in welcher Lautstärke beispielsweise Staubsaugen oder Geräusche einer Toilettenspülung aus benachbarten Wohnungen hörbar sein dürfen. Derlei widerspräche dem Zweck des Art. 249 § 2 Abs. 1 EGBGB, zur Vermeidung von Streitigkeiten in Bezug auf die wesentlichen Eigenschaften des angebotenen Bauwerks möglichst detaillierte Regelungen zu treffen.

c) Zwischenergebnis

Funktionale Baubeschreibungen können demnach die Anforderungen des Art. 249 § 2 Abs. 1 EGBGB erfüllen und werden von diesem aus den vorgenannten Gründen geradezu gefordert[694], soweit nicht die konkrete Ausführungsart (Bauprodukte und Bauweise) zur Sicherstellung der Einhaltung eines vereinbarten Qualitätsniveaus oder zur Schaffung eines mangelfreien Bauwerks genau geregelt werden muss. Technisch-komplexe Angaben müssen auch, soweit sie „funktional" erfolgen, präzise und umfassend sein. Das ist vielfach durch den Verweis auf technische Regelwerke oder Grenzwerte möglich.

II. Angaben zu Fertigstellungszeitpunkt bzw. Dauer des Bauvorhabens, Art. 249 § 2 Abs. 2 EGBGB

In einem eigenen Absatz – Art. 249 § 2 Abs. 2 EGBGB – hat der Gesetzgeber die Bedeutung verbindlicher Angaben *„zum Zeitpunkt der Fertigstellung des Werks"* in der Baubeschreibung hervorgehoben.[695] Danach hat der Unternehmer in der Baubeschreibung[696] entweder einen verbindlichen Fertigstellungszeitpunkt seiner Leistungen anzugeben oder – wenn der Beginn der Baumaßnahme noch nicht feststeht – deren Dauer.

---

693 So das Beispiel bei *Pause*, ZflR 2014, 127,128, welches jedoch zusätzlich die Festlegung eines technischen Schallschutzstandards vorsieht.

694 *Pause*, BauR 2017, 430, 434.

695 BT-Drs. 18/8486, S. 74.

696 Und damit nicht etwa in einem zugehörigen Vertragsentwurf; *Pfenning*, RNotZ 2018, 585, 600 und *Weber*, notar 2017, 379, 385 verkennen den insoweit eindeutigen Wortlaut des Art. 249 § 2 Abs. 2 EGBGB, wenn sie statt der Aufnahme der zeitlichen Angaben in die Baubeschreibung auch eine Aufnahme in den Vertragstext als ausreichend ansehen.

Hinsichtlich dieser Angaben konstatiert der Gesetzgeber eine besondere Schutzbedürftigkeit des Verbrauchers. Denn dieser ist beispielsweise im Hinblick auf die Finanzierung des Bauprojekts, die Kündigung des bisherigen Mietvertrags und die Planung des Umzugs auf eine frühzeitige und verlässliche Information über die Beendigung der Baumaßnahme angewiesen und braucht Planungssicherheit in zeitlicher Hinsicht[697], die ihm eine Orientierung ermöglicht, wie sich die Baumaßnahme auf seine wirtschaftlichen und persönlichen Verhältnisse auswirkt.[698] Oft muss er eine bisher selbst genutzte Immobilie veräußern, um die Bezahlung des Neubaus sicherzustellen. Auch familiär-organisatorische Fragen wie beispielsweise die Anmeldung von Kindern in neue Schulen oder Kitas müssen planbar sein.[699] Die Einschätzung des Gesetzgebers, dass gerade hinsichtlich der Angaben in zeitlicher Hinsicht ein besonders hohes Schutzbedürfnis des Verbrauchers besteht, verdient demnach volle Zustimmung. Die Wichtigkeit der Regelung wird durch ihr Zusammenspiel mit § 650k Abs. 3 BGB unterstrichen, wonach die Bauzeit zwingend auch Bestandteil des Bauvertrags sein muss.[700] Die vorgenannten Aspekte sind maßgeblich für die an Art und Inhalt der Angaben nach Art. 249 § 2 Abs. 2 EGBGB zu stellenden Anforderungen.

1. Angabe eines Fertigstellungszeitpunkts

Nach Satz 1 hat der Unternehmer in der Baubeschreibung *„verbindliche Angaben zum Zeitpunkt der Fertigstellung des Werks"* zu machen. Der Terminus „verbindlich" ist genau genommen obsolet, da es sich beim durch § 650j BGB i.V.m. Art. 249 § 2 EGBGB definierten Inhalt der Baubeschreibung ohnehin um zwingendes Recht handelt. Es hätte daher ausgereicht, nur von *„Angaben"* zu sprechen[701]; die Verwendung des Begriffs macht aber wohl deutlich, wie wichtig dem Gesetzgeber eine diesbezügliche Festlegung des Unternehmers ist.

---

697 BT-Drs. 18/8486, S. 74.

698 Messerschmidt/Voit/*Lenkeit*, § 650j BGB, Rn. 33.

699 Messerschmidt/Voit/*Lenkeit*, § 650j BGB, Rn. 33.

700 jurisPK/*Segger-Piening*, § 650j BGB, Rn. 41.

701 Deutscher Richterbund, Stellungnahme zum RefE, S. 10 f., dort in Bezug auf den jetzigen § 650k Abs. 3 BGB; jurisPK/*Segger-Piening*, § 650j BGB, Rn. 43.

a) Begriff der Fertigstellung

Problematisch ist die Definition des Begriffs der Fertigstellung in Art. 249 § 2 Abs. 2 EGBGB. Dieser findet sich – bezogen auf das Baurecht – einerseits in § 640 Abs. 2 S. 1 BGB und andererseits in § 3 Abs. 2 S. 2 Nr. 2 MaBV, wobei er in beiden Fällen jeweils unterschiedliche Bedeutung hat.

„Fertigstellung" im Sinne des § 640 Abs. 2 S. 1 BGB soll nach dem Willen des Gesetzgebers vorliegen, *„wenn das Werk nach der vertraglichen Vereinbarung der Parteien als „fertig" anzusehen ist"*, mithin dann, *„wenn die im Vertrag genannten Leistungen abgearbeitet beziehungsweise erbracht sind"* – und zwar ausdrücklich *„unabhängig davon, ob Mängel vorliegen oder nicht".*[702] Im Umkehrschluss bedeutet dies, dass „Fertigstellung" im Sinne des § 640 Abs. 2 S. 1 BGB auch dann vorliegen kann, wenn das Werk noch wesentliche Mängel aufweist; entscheidend ist mithin nur die Quantität, nicht aber die Qualität des Herstellungsprozesses.[703]

Indessen liegt eine „vollständige Fertigstellung" im Sinne des § 3 Abs. 2 S. 2 Nr. 2 MaBV nach der wohl herrschenden und offenbar vom Gesetzgeber geteilten Ansicht vor, wenn sämtliche Arbeiten erbracht und alle wesentlichen Mängel behoben worden sind, mithin Abnahmereife vorliegt.[704]

Es scheint höchst zweifelhaft, ob das Verständnis des Begriffs der Fertigstellung in § 640 Abs. 2 S. 1 BGB vor dem Hintergrund des vorstehend dargelegten Zwecks der Pflicht zur Aufnahme zeitlicher Angaben in die Baubeschreibung auf Art. 249 § 2 Abs. 2 EGBGB übertragen werden kann.[705] Es wäre befremdlich, wenn der Unternehmer seiner Pflicht zur rechtzeitigen Fertigstellung der von ihm geschuldeten Bauleistung mit einem Bauwerk Genüge tun könnte, das noch wesentliche Mängel aufweist und daher für den Verbraucher nicht einmal bezugsfertig – das heißt in zumutbarer Weise bewohnbar[706] – ist.[707]

---

702 So wörtlich BT-Drs. 18/8486, S. 49.
703 Näher BeckOGK/*Kögl*, § 640 BGB, Rn. 125, 125.1; *Pfenning*, RNotZ 2018, 585, 599; a.A. ohne weitere Begründung offenbar jurisPK/*Segger-Piening*, § 650j BGB, Rn. 42.
704 Vgl. BT-Drs. 18/8486, S. 49.
705 *Weber*, notar 2017, 379, 385; DNotI-Gutachten, DNotI 2017, 137, 140; *Pfenning*, RNotZ 2018, 585, 599; im Ergebnis ähnlich wohl *Tamm*/Tonner/Brönneke, Verbraucherrecht, § 20, Rn. 39.
706 BeckOGK/*Matkovic*, § 650v BGB, Rn. 94 ff.
707 DNotI-Gutachten, DNotI 2017, 137, 140.

Wie vorstehend gezeigt, hält der Gesetzgeber den Verbraucher im Hinblick auf die Angaben in zeitlicher Hinsicht für besonders schutzwürdig. Er will dem Verbraucher hierdurch Planungssicherheit für einen möglichen Umzug und den damit einhergehenden Organisationsaufwand, aber auch im Hinblick auf die Finanzierung des Vorhabens gewährleisten.[708] Diesem Zweck könnte die Angabe eines „Zeitpunkts der Fertigstellung" gemäß Art. 249 § 2 Abs. 2 EGBGB nicht gerecht werden, wenn man hierfür den Begriff der Fertigstellung aus § 640 Abs. 2 S. 1 BGB heranzöge. Denn wenn es zur Einhaltung des Fertigstellungstermins bereits genügte, bis zum angegebenen Zeitpunkt nur quantitativ die vereinbarten Leistungen zu erbringen, ohne dass das Vorliegen auch wesentlicher Mängel an diesen Leistungen das Eintreten der „Fertigstellung" hindert, ist weder gesichert, dass der Verbraucher zu diesem Zeitpunkt das Bauwerk beziehen kann, noch dass dieser Planungssicherheit in Bezug auf seine Finanzierung hat.

Der Begriff der Fertigstellung im Sinne des Art. 249 § 2 Abs. 2 EGBGB ist daher unabhängig von § 640 Abs. 2 S. 1 BGB in einer Weise zu bestimmen, die dem mit der Vorschrift verfolgten Zweck gerecht wird.[709] Für die intendierte Planungssicherheit des Verbrauchers in Bezug auf den Zeitpunkt des Umzugs ist der Zeitpunkt der Bezugsfertigkeit ausschlaggebend, für die Absicherung des Verbrauchers in Bezug auf die Finanzierung der Zeitpunkt der vollständigen Fertigstellung. Idealerweise sollte der Unternehmer daher – falls diese Zeitpunkte auseinanderfallen, was insbesondere dann häufig der Fall ist, wenn auch die Errichtung von Außenanlagen vom Bausoll umfasst ist – sowohl ein Datum für die Bezugsfertigkeit als auch eines für die vollständige Fertigstellung nennen.[710] Eine Pflicht zur Nennung beider Termine sieht Art. 249 § 2 Abs. 2 EGBGB jedoch nicht vor.[711]

Falls der Unternehmer sich nur auf die gesetzlich vorgeschriebene Nennung des „Fertigstellungstermins" beschränken will, kann „Fertigstellung" in diesem Sinne vor dem Hintergrund der vorstehenden Ausführungen nur die „vollständige Fertigstellung" im Sinne des § 3 Abs. 2 S. 2 Nr. 2 MaBV bedeuten, nämlich die Erbringung sämtlicher vertraglich vereinbarter Leistungen bei gleichzeitiger Abnahmereife dieser Leistungen. Denn erst mit Erreichung dieses Bautenstands – und nicht bereits mit Eintritt

---

708 BT-Drs. 18/8486, S. 74.
709 *Pfenning*, RNotZ 2018, 585, 599.
710 So für den Bauträgervertrag, für welchen entsprechende Raten in § 3 Abs. 2 MaBV vorgesehen sind: *Basty*, Der Bauträgervertrag, Rn. 982; *Pfenning*, RNotZ 2018, 585, 600.
711 *Pfenning*, RNotZ 2018, 585, 600.

der Bezugsfertigkeit – ist der Verbraucher nicht nur in Bezug auf die Planung eines Umzugs, sondern auch hinsichtlich seiner Finanzierung hinreichend abgesichert. „Fertigstellung" im Sinne des Art. 249 § 2 Abs. 2 EGBGB erfordert daher nach dem Zweck der Norm ein Verständnis im Sinne von „vollständiger Fertigstellung", wie es auch § 3 Abs. 2 S. 2 Nr. 2 MaBV zugrunde liegt.[712]

Dieses Verständnis korrespondiert auch mit der Formulierung des Referentenentwurfs, in welchem – bei wortlautgleicher Formulierung im Übrigen – statt des Begriffs der *„Fertigstellung"* der Terminus *„Vollendung"* verwendet wurde.[713] Mehr noch: Die Begründung des Referentenentwurfs wurde wortlautgleich in die Gesetzesbegründung entnommen, lediglich der Begriff des „Vollendungszeitpunkts" wurde durch die Formulierung „Fertigstellungszeitpunkt" ersetzt.[714] Der Gesetzgeber versteht die Begriffe also offenbar synonym; wenn er dem Verbraucher im Referentenentwurf eine besondere Schutzwürdigkeit *„im Hinblick auf den Vollendungszeitpunkt"*[715] angedeihen lässt, liegt die Annahme fern, dass es sich bei der in der Gesetzesbegründung hervorgehobenen besonderen Schutzbedürftigkeit *„im Hinblick auf den Fertigstellungszeitpunkt"*[716] um eine andere Art der Schutzbedürftigkeit handelt.

Weshalb der Begriff der Vollendung durch den Terminus der Fertigstellung ersetzt wurde, bleibt mangels einer Begründung unklar und ist auch nicht nachvollziehbar. Denn im Gegensatz zum Begriff der Fertigstellung ließe sich der Begriff der Vollendung unter Heranziehung des § 646 BGB ganz einfach und auch dem Sinn und Zweck des Art. 249 § 2 Abs. 2 EGBGB gemäß definieren, nämlich als Zeitpunkt der Abnahmereife; so wird der Begriff der Vollendung auch in § 648 S. 1 BGB verstanden.[717]

Dies unterstreicht letztlich, dass das gefundene Ergebnis im Hinblick auf den Begriff der Fertigstellung in Art. 249 § 2 Abs. 2 EGBGB auch dem Willen des Gesetzgebers entspricht. Die gewählte Terminologie ist dennoch sehr unglücklich und bietet Raum für Missverständnisse; insoweit besteht Überarbeitungsbedarf. Die schlichte Übernahme der Formulierung aus dem Referentenentwurf würde deutlich mehr Klarheit schaffen.

---

712 *Pfenning*, RNotZ 2018, 585, 600.
713 Vgl. RefE, S. 20.
714 RefE, S. 77; BT-Drs. 18/8486, S. 74.
715 RefE, S. 77.
716 BT-Drs. 18/8486, S. 74.
717 BeckOGK/*Reiter*, § 648 BGB, Rn. 6.

b) Modalitäten der Angabe

Die Angabe eines Fertigstellungszeitpunktes hat so konkret zu erfolgen, dass sich das Datum der zugesagten Fertigstellung jedenfalls zum Zeitpunkt eines anschließenden Vertragsschlusses genau bestimmen lässt – am einfachsten also durch Nennung eines konkreten Kalendertages (z. B. 30.06.2020).[718] Denkbar ist aber auch die Angabe eines lediglich kalendermäßig bestimmbaren Datums (z. B. 13 Monate ab einem kalendermäßig festgelegten Zeitpunkt oder Ereignis). Derlei kann aber nur dann einen „verbindlichen Fertigstellungszeitpunkt" im Sinne des Art. 249 § 2 Abs. 2 S. 1 EGBGB definieren, wenn der als Referenz gewählte Zeitpunkt jedenfalls zum Zeitpunkt des anschließenden Vertragsschlusses genau bestimmbar ist, beispielsweise, weil er bis dahin in der Vergangenheit liegt. Auf den Zeitpunkt des Vertragsschlusses ist deshalb abzustellen, weil die in der Baubeschreibung enthaltene Angabe in diesem Moment vorbehaltlich einer abweichenden Regelung im Vertrag selbst gemäß § 650k Abs. 3 S. 2 BGB Vertragsinhalt wird. Erst dann ist der Verbraucher auch rechtlich gebunden, sodass es ausreichend ist, wenn zu diesem Zeitpunkt datumsgenau feststeht, wann die Baumaßnahme fertiggestellt werden soll. Zulässig wäre demnach in der Baubeschreibung die Angabe: „*Fertigstellung 13 Monate nach Vertragsschluss.*" Denn bei einer solchen Angabe hat der Verbraucher mit Erhalt der Baubeschreibung hinreichende Planungssicherheit für den Fall, dass er sich zu einem Vertragsabschluss mit dem die Baubeschreibung zur Verfügung stellenden Unternehmer entscheidet.

Ein Abstellen auf bei Vertragsabschluss zeitlich noch nicht genau absehbare Ereignisse ist hingegen für die Angabe eines *Fertigstellung*szeitpunkts nicht ausreichend; eine Formulierung wie „*Fertigstellung 13 Monate nach Erteilung der Baugenehmigung*" genügt demnach nicht den Anforderungen des Art. 249 § 2 Abs. 2 S. 1 EGBGB[719], da die Erteilung einer Baugenehmigung beim „Bauen aus einer Hand" oft erst nach Vertragsschluss erfolgt und gleichermaßen von Mitwirkungshandlungen des Verbrauchers[720] wie auch von Planungsleistungen des Unternehmers[721] und nicht zuletzt von der abschließenden Entscheidung der Baubehörde und deren Arbeitstem-

---

718 jurisPK/*Segger-Piening*, § 650j BGB, Rn. 43; *Kniffka/Retzlaff*, BauR 2017, 1747, 1836 f.; DLOPS/*Stretz*, § 5, Rn. 140.

719 A.A. DLOPS/*Stretz*, § 5, Rn. 140.

720 DLOPS/*Stretz*, § 5, Rn. 141; Deutscher Baugerichtstag, Stellungnahme zum RefE, S. 25.

721 LBD/*Rückert*, § 650k BGB, Rn. 41.

po abhängig ist. Wohl aber kann eine solche Formulierung als Angabe der bloßen Dauer der Baumaßnahme gemäß Art. 249 § 2 Abs. 2 S. 2 EGBGB zulässig sein.[722]

Kalendermäßig bestimmbare Datumsangaben können somit zwar theoretisch einen Fertigstellungszeitpunkt darstellen, tun dies jedoch nur unter bestimmten Bedingungen. Für die Praxis vorzugswürdig ist deshalb aus Gründen der Rechtssicherheit und zur Vermeidung von Streitigkeiten die Aufnahme einer schlichten Datumsangabe in die Baubeschreibung. Derlei ist aber dann, wenn die Baugenehmigung noch aussteht oder dem Unternehmer andere – nicht von ihm zu erbringende – zur Berechnung des Fertigstellungszeitpunkts erforderliche Parameter noch nicht bekannt sind, nicht möglich. Dieses Problem hat der Gesetzgeber erkannt und durch die in Satz 2 ermöglichte alternative Gestaltung gelöst.[723]

Unzulässig sind jedenfalls bloße circa-Datumsangaben.[724] Diesen geht die von Art. 249 § 2 Abs. 2 S. 1 EGBGB explizit geforderte Verbindlichkeit ab. Zwar können Immobilien auch mangelhaft im miet- oder werkvertragsrechtlichen Sinn sein, wenn die angegebene Wohnfläche nur mit dem Zusatz „circa" angegeben wurde und diese Vorgabe deutlich[725] verfehlt wird.[726] Für Zeitangaben gilt aber, dass ein „circa"-Endtermin nicht als bindender, den Verzug begründender Vertragstermin vereinbart ist.[727] Unabhängig davon scheitert ein solches Verständnis jedenfalls am Telos des Art. 249 § 2 Abs. 2 S. 1 EGBGB. Denn es wäre unklar, wie hoch die einzuräumende Toleranz ist und ab wann der Verbraucher einen etwaigen Verzugsschaden geltend machen kann.[728] Der Verbraucher hätte bei einer circa-Angabe keine verlässliche Planungssicherheit, womit Sinn und Zweck der Zeitangabe in der Baubeschreibung konterkariert würden.

---

722 Siehe hierzu sogleich unter D.II.2., S. 194 ff.
723 BT-Drs. 18/8486, S. 7.
724 DLOPS/*Stretz*, § 5, Rn. 142.
725 Zusammenfassend *Röder*, IBR 2012, 457.
726 BGH, Urteil vom 24.03.2004 – VIII ZR 133/03, NZM 2004, 456; BGH, Urteil vom 10.03.2010 – VIII ZR 144/09, NJW 2010, 1745; OLG München, Urteil vom 04.11.2010 – 13 U 4074/09, BeckRS 2012, 25364.
727 OLG Koblenz, Urteil vom 23.04.2013 – 3 U 838/12, NJW-RR 2013, 730, 731; OLG Köln, Urteil vom 10.11.2006 – 20 U 18/06, NJOZ 2008, 384, 387 f.
728 Vgl. OLG Koblenz, Urteil vom 23.04.2013 – 3 U 838/12, NJW-RR 2013, 730, 731.

2. Angabe der Dauer der Baumaßnahme

Steht der Baubeginn zum Zeitpunkt der Zurverfügungstellung der Baubeschreibung noch nicht fest, genügt es gemäß Art. 249 § 2 Abs. 2 S. 2 EGBGB, nur die Dauer der Baumaßnahme anzugeben. Die Angabe eines genauen Fertigstellungszeitpunkts ist dann nicht erforderlich.

a) Regelfall in der Praxis

Für die Praxis wird diese Art der Angabe in zeitlicher Hinsicht den absoluten Regelfall darstellen.[729] Denn der Unternehmer kann häufig erst nach Abschluss eines rechtlich bindenden Vertrages – und vor allem: nach Vorliegen einer bestandskräftigen Baugenehmigung – Personal und Nachunternehmer so verlässlich disponieren, dass er belastbare Angaben über den Zeitraum machen kann, den er für die Erbringung einer bestimmten Bauleistung benötigt.[730] Weiterhin trüge der Unternehmer im Falle der Angabe eines verbindlichen Fertigstellungszeitpunktes, welcher gemäß § 650k Abs. 3 S. 2 BGB auch zum Vertragsinhalt werden kann, allein das Risiko des – auch von Mitwirkungshandlungen des Verbrauchers abhängigen – Genehmigungsverfahrens und eventueller Nachbareinwendungen.[731]

Darüber hinaus geriete er bei Angabe eines kalendermäßig bestimmten Fertigstellungstermins im Bauvertrag stets ohne Mahnung gemäß § 286 Abs. 2 Nr. 1 BGB in Verzug.[732] Zwar kann im Falle der Angabe der Dauer der Baumaßnahme ebenfalls Verzug ohne Mahnung gemäß § 286 Abs. 2 Nr. 2 BGB eintreten; dies ist jedoch jedenfalls in den Fällen zumindest umstritten, in denen lediglich die Ausführungsdauer ohne einen konkret genannten Anknüpfungszeitpunkt festgelegt wird.[733]

---

729 Messerschmidt/Voit/*Lenkeit*, § 650j BGB, Rn. 32 u. 34; *Hödl*, Das neue Bauvertragsrecht, Rn. 306; *Kniffka/Retzlaff*, BauR 2017, 1747, 1837.

730 *Glöckner*, VuR 2016, 163, 166; Messerschmidt/Voit/*Lenkeit*, § 650j BGB, Rn. 32 u. 34; BT-Drs. 18/8486, S. 74.

731 LBD/*Rückert*, § 650k BGB, Rn. 31; Deutscher Baugerichtstag, Stellungnahme zum RefE, S. 25.

732 *Kniffka/Retzlaff*, BauR 2017, 1747, 1837; DLOPS/*Stretz*, § 5, Rn. 154; *Kramme*, ZfIR 2016, 81, 84.

733 Für eine Anwendung des § 286 Abs. 2 Nr. 2 BGB auch in diesen Fällen: DLOPS/*Stretz*, § 5, Rn. 155; dagegen: LBD/*Rückert*, § 650k BGB, Rn. 47; unschlüssig, aber wohl eher ablehnend *Kniffka/Retzlaff*, BauR 2017, 1747, 1837.

Schließlich müsste der Unternehmer zur Angabe eines konkreten Fertigstellungszeitpunkts schon vor Vertragsschluss bestimmte Planungs- und Koordinationsleistungen erbringen, um den Beginn der Baumaßnahme und davon ausgehend den Zeitpunkt ihrer Fertigstellung halbwegs realistisch abschätzen zu können. Dafür erhielte er keinerlei Vorteile, sondern müsste sogar das Risiko tragen, dass der Verbraucher nötige Mitwirkungshandlungen verweigert oder verzögert, oder dass es zu nicht aus seiner Risikosphäre stammenden Problemen bei der Erteilung der Baugenehmigung oder anderer erforderlicher Genehmigungen kommt. Aus diesen Gründen wird ein Unternehmer sich auf die Angabe nach Art. 249 § 2 Abs. 2 S. 2 EGBGB beschränken, wann immer das möglich ist. Satz 2 trägt den praktischen und legitimen Bedürfnissen des Unternehmers Rechnung.[734]

b) Angabe (nur) der Dauer

Nach dem Wortlaut des Art. 249 § 2 Abs. 2 S. 2 EGBGB („*[…], ist ihre Dauer anzugeben*") genügt es, lediglich einen Zeitraum anzugeben, ohne auch dessen Beginn näher zu definieren (z. B. schlicht: „*Dauer der Baumaßnahme: 8 Monate*"[735]).

aa) Konflikt mit Telos und Systematik

Eine solche Interpretation ist jedoch im Kontext des gesamten Absatzes sowie der Zielsetzung des Art. 249 § 2 Abs. 2 EGBGB kritisch zu sehen. Denn der Verbraucher erlangt durch die bloße Information über Ausführungsdauer weder vor Vertragsschluss eine wirklich verlässliche zeitliche Planungssicherheit noch die Möglichkeit zum Vergleich des Angebots mit anderen Angeboten unter dem Aspekt der voraussichtlichen Fertigstellung der Leistung – und letztlich kommt es ihm auf diese entscheidend an. Man könnte deshalb durchaus fordern, die Angabe zur Ausführungsfrist um eine Information zu deren Beginn zu ergänzen.

Das entspräche auch der Systematik des Art. 249 § 2 Abs. 2 EGBGB. Dieser fordert als Grundsatz – in Satz 1 – die Angabe eines verbindlichen Fer-

---

734 jurisPK/*Segger-Piening*, § 650j BGB, Rn. 44; näher DNotV, Stellungnahme zum RefE, S. 3 f.
735 So DLOPS/*Stretz*, § 5, Rn. 141.

tigstellungszeitpunkts und gestattet nur dann, wenn der Zeitpunkt des Baubeginns noch nicht feststeht, als Alternative die Angabe der Dauer der Baumaßnahme. Daraus lässt sich der gesetzgeberische Wille entnehmen, dass er auch im Anwendungsbereich des Satzes 2 die möglichst konkrete Festlegung eines Fertigstellungszeitpunktes anstrebt.[736] Die Angabe eines Ausführungszeitraums soll eine Art Ersatz für die (noch nicht mögliche) Angabe eines Fertigstellungszeitpunkts sein, welcher zwar den praktischen und legitimen Interessen des Unternehmers Rechnung tragen, aber – aus Sicht des Verbrauchers – im Ergebnis möglichst nahe an die für ihn letztlich entscheidende Angabe eines Fertigstellungszeitpunkts herankommen soll.

bb) Trotzdem: Zulässigkeit der Angabe einer bloßen Zeitspanne

Gleichwohl lässt sich Art. 249 § 2 Abs. 2 S. 2 EGBGB das Erfordernis einer derartigen Information nicht als Pflichtinhalt entnehmen. Der Wortlaut ist insoweit eindeutig: Ausreichend ist die Angabe der Dauer der Baumaßnahme.[737] Das mag – verglichen mit einer Angabe nach Satz 1 – mit Nachteilen und Risiken für den Verbraucher verbunden sein. Aber dadurch entsteht keine Situation, die so untragbar wäre, dass in die Vorschrift über ihren eindeutigen Wortlaut hinaus weitere Anforderungen hineininterpretiert werden müssten.

(1) Anknüpfung an den Zeitpunkt des Baubeginns

Die Vorschrift ist nur dann anwendbar, wenn der Beginn der Baumaßnahme bei Übergabe der Baubeschreibung nicht feststeht. Nur dieser Umstand rechtfertigt es also nach Meinung des Gesetzgebers, den Unternehmer nicht zur Nennung eines Fertigstellungszeitpunktes zu zwingen. Sobald aber dieser Hinderungsgrund wegfällt, soll die Vorgabe des Satzes 1 wieder zum Tragen kommen, dem Verbraucher ein verlässliches Fertigstellungsdatum nennen. Dieses ermittelt sich ganz zwanglos aus der Information, die der Unternehmer ohnehin auch in den Fällen des Satzes 2 geben kann – Ausführungsdauer – plus der Information über den Baubeginn, sobald er diese erhält. Folglich ist nach Wortlaut und Systematik des Absat-

---

736 Messerschmidt/Voit/*Lenkeit*, § 650j BGB, Rn. 34.
737 So wohl auch DLOPS/*Stretz*, § 5, Rn. 141, 155.

zes 2 Anknüpfungszeitpunkt für die anzugebende Frist der Baubeginn[738], sofern nicht ausdrücklich ein anderes Referenzereignis genannt wird.

Die exakte Definition des Zeitpunkts des „Beginns der Baumaßnahme" ist von entscheidender Bedeutung; denn wenn sich dieser Anknüpfungspunkt nicht zuverlässig und rechtssicher ermitteln lässt, droht ein völliger Leerlauf sowohl des Art. 249 § 2 Abs. 2 S. 2 EGBGB wie auch des § 650k Abs. 3 S. 1 Alt. 2, S. 2 Alt. 2 BGB.

Der „Beginn der Baumaßnahme" ist ein unbestimmter Rechtsbegriff. Er kann auf unterschiedliche Arten ausgelegt werden.[739] Dem Wortlaut nach könnte man darunter jede Maßnahme zu Beginn des Bauprozesses, also das *„Abstecken der Hauptachsen der baulichen Anlagen"* (vgl. § 3 Abs. 2 VOB/B) subsumieren oder schon das Aufstellen eines Bauzaunes, das Beräumen des Baufeldes von vorhandener Vegetation oder den Abbruch von Bestandsgebäuden. Im allgemeinen Sprachgebrauch wird unter „Baubeginn" aber eher der „erste Spatenstich" auf der Baustelle selbst, mithin der Beginn der Erdarbeiten, zu verstehen sein.

(2) Definition des Baubeginns unter Heranziehung der Landesbauordnungen

Diese Bandbreite möglicher Interpretationen zeigt: Um die mit Art. 249 § 2 Abs. 2 EGBGB bezweckte Verbindlichkeit einer Zeitangabe zu ermöglichen, muss der „Baubeginn" konkreter definiert werden. Dafür kommen insbesondere bestehende gesetzliche Regelungen in Betracht.

Zwar wird der Begriff des Baubeginns in deutschen Gesetzen nicht legal definiert.[740] Er findet sich aber immerhin als Teil des Begriffs „Baubeginnsanzeige" in den Landesbauordnungen.[741] In diesem Kontext haben ihm Rechtsprechung und Literatur über Jahrzehnte hinweg sowohl über eine dogmatische Einordnung als auch durch konkrete Kasuistik eine sehr klare Kontur verliehen; diese Konkretisierung kann auch für Art. 249 § 2 Abs. 2 S. 2 EGBGB fruchtbar gemacht werden.

---

738 DLOPS/*Stretz*, § 5, Rn. 155; *Kniffka/Retzlaff*, BauR 2017, 1747, 1837.
739 Zurecht kritisch in Bezug auf die Verwendung des Begriffs zum Zwecke der Vereinbarung von Vertragsfristen daher auch Ingenstau/Korbion/*Döring*, § 5 VOB/B, Rn. 20.
740 So aber der Fall etwa in § 2 Abs. 23 der Bauordnung Tirol.
741 § 72 Abs. 6, Abs. 8 MBO; in Bayern Art. 68 Abs. 5, Abs. 7 BayBO.

Danach wird der (nach den LBOen „anzuzeigende") Baubeginn definiert als die *„Aufnahme von Bauarbeiten oder anderen Maßnahmen, die der Ausführung des Bauvorhabens einschließlich des Baugrubenaushubs objektiv unmittelbar dienen"*.[742] Noch nicht zum Baubeginn zählen bloße Vorbereitungshandlungen. Dies sind Arbeiten und Maßnahmen, die die eigentlichen bauausführenden Arbeiten nur vorbereiten.

Eine weitere Konkretisierung ergibt sich aus § 72 Abs. 7 S. 1 MBO bzw. Art. 68 Abs. 6 S. 1 BayBO: *„Vor Baubeginn müssen die Grundfläche der baulichen Anlage abgesteckt und ihre Höhenlage festgelegt sein."*

Aus dieser Definition wird nicht nur deutlich, dass das Abstecken der baulichen Anlage und die Festlegung ihrer Höhenlage noch zu Vorbereitungsmaßnahmen zählen[743], sondern – a maiore ad minus – wohl auch alle Arbeiten, die *bis dahin* ausgeführt werden, also insbesondere das Einrichten der Baustelle (etwa das Aufstellen von Bauzäunen und Baucontainern, die Herstellung eines Strom- und Wasseranschlusses, das Herstellen von Baustellenzufahrten oder das Anliefern von Baumaterialien).[744] Demnach lässt sich als Faustregel festhalten, dass jedenfalls mit dem Beginn der Arbeiten zum Baugrubenaushub der „Baubeginn" erfolgt – dies war noch in Art. 72 Abs. 5 BayBO 1998 ausdrücklich so bestimmt.[745]

Das Abschieben des Mutterbodens ist jedenfalls dann Teil dieser Arbeiten, wenn es im Zuge der Errichtung einer Baugrube erfolgt, also auch zur Vorbereitung der anschließenden Ausbaggerung des tiefer liegenden Untergrunds und nicht allein aus Gründen des § 202 BauGB[746] oder zur Ermöglichung des Absteckens der Hauptachsen. Für Gebäude ohne Keller wird insoweit darauf abzustellen sein, ob Erdarbeiten („Planie") unmittelbar die Erstellung der Bodenplatte ermöglichen sollen.

Dieses Verständnis des Begriffs des „Baubeginns" auch im Rahmen des Art. 249 § 2 Abs. 2 S. 2 EGBGB bzw. des § 650k Abs. 3 BGB hat neben dem Nutzen einer durch jahrelange Diskussion in Rechtsprechung und Literatur gefestigten Definition einen weiteren Vorteil: Durch die nach Art. 68

---

742 BayVGH, Urteil vom 29.06.1987 – 14 B 86.02133, BayVBl. 1988, 149, 150; Simon/Busse/ *Lechner*, Art. 68 BayBO, Rn. 582.

743 Simon/Busse/*Lechner*, Art. 68 BayBO, Rn. 583 m.w.N.

744 Vgl. hierzu BayObLG, Beschluss vom 29.03.1988 – 3 Ob OWi 52/87, BayVbl. 1988, 697, 698.

745 BayVGH, Urteil vom 29.06.1987 – 14 B 86.02133, BayVBl. 1988, 149, 150; BayVGH, Urteil vom 15.01.1979 – 67 XIV 75, BayVBl. 1979, 500; Simon/Busse/ *Lechner*, Art. 68 BayBO, Rn. 582.

746 Vgl. BayVGH, Urteil vom 29.06.1987 – 14 B 86.02133, BayVBl. 1988, 149, 150; Simon/Busse/ *Lechner*, Art. 68 BayBO, Rn. 582.

Abs. 7 BayBO bzw. § 72 Abs. 8 MBO obligatorische Baubeginnsanzeige gegenüber der zuständigen Baubehörde wird in der Praxis der Nachweis des Zeitpunkts des Baubeginns für den Verbraucher erleichtert. Besteht Streit über den Zeitpunkt des Beginns der Arbeiten, stellt die Baubeginnsanzeige jedenfalls ein Indiz für den tatsächlich erfolgten Beginn der Bauarbeiten dar. Der Unternehmer hätte diese Vermutung zu entkräften, wenn er einen späteren Zeitpunkt des Baubeginns behauptet – und es dürfte ihm unter dem Gesichtspunkt des *„venire contra factum proprium"* schwer fallen zu erklären, warum er einen Baubeginn angezeigt, aber nicht umgesetzt haben will.

Eine Baubeginnsanzeige ist gemäß Art. 68 Abs. 5 Nr. 3 BayBO bzw. § 72 Abs. 6 Nr. 3 MBO zwingende Voraussetzung für den Beginn der Bauausführung; wird sie unterlassen und dennoch mit der Bauausführung begonnen, begeht der Unternehmer gemäß Art. 79 Abs. 1 S. 1 Nr. 11 BayBO bzw. § 84 Abs. 1 S. 1 Nr. 6 MBO eine Ordnungswidrigkeit, welche nicht unerhebliche Geldbußen nach sich ziehen kann. In der Praxis wird eine solche Baubeginnsanzeige also üblicherweise erfolgen.

(3) Wirkung des § 271 Abs. 1 BGB zugunsten des Verbrauchers

Unter Heranziehung der jeweils anwendbaren Landesbauordnung lässt sich demnach der Begriff des Baubeginns hinreichend rechtssicher definieren. Und der Baubeginn darf vom Unternehmer nicht nach Belieben verzögert werden.

Sieht ein Bauvertrag keinen konkreten Fertigstellungszeitpunkt, sondern lediglich eine Ausführungsdauer vor, gilt hinsichtlich des Ausführungsbeginns § 271 Abs. 1 BGB.[747] Dies bedeutet jedoch in aller Regel nicht, dass der Verbraucher den Baubeginn „sofort" verlangen kann.[748] Vielmehr wird man bei Bauverträgen auch bei Fehlen einer konkreten Vereinbarung zum Zeitpunkt des Leistungsbeginns im Zweifel gemäß § 271 Abs. 1 Hs. 1 Alt. 2 BGB den Umständen entnehmen können, dass der Unternehmer mit den Arbeiten alsbald nach Vertragsschluss zu beginnen

---

747 BGH, Urteil vom 08.03.2001 – VII ZR 470/99, NJW-RR 2001, 806; *Karczewski*, NZBau 2018, 328, 333.

748 So aber BeckOGK/*Merkle*, § 650k BGB, Rn. 30; LBD/*Rückert*, § 650k BGB, Rn. 40; *Omlor*, NJW 2018, 817, 820.

und sie in angemessener Zeit zu Ende zu führen hat.[749] Voraussetzung für einen in diesem Sinne „alsbald" nach Vertragsschluss erfolgenden Ausführungsbeginn ist aber, dass der Verbraucher die erforderlichen Vorleistungen geschaffen hat, die der Unternehmer benötigt, um mit den von ihm geschuldeten Leistungen beginnen zu können.[750] Dazu gehören insbesondere

– die Zurverfügungstellung des Baugrundstücks (wobei vertraglich konkret zu definieren ist, in welchem Zustand),

– Entscheidungen im Rahmen von Bemusterungen und sonstigen Auswahlverfahren, soweit diese für Beginn der Arbeiten nötig sind (alle vom Verbraucher zu treffende planerische Festlegungen, die das Leistungssoll für Erd- und Rohbauarbeiten jedenfalls im Kellergeschoss bzw. hinsichtlich einer Bodenplatte präzise vorgeben)

– und vor allem die notwendigen öffentlich-rechtlichen Genehmigungen (namentlich die Baugenehmigung), soweit dies nicht zum Vertragssoll des Unternehmers gehört.[751]

Erst, sobald diese Voraussetzungen erfüllt sind, hat gemäß § 271 Abs. 1 BGB der Unternehmer „alsbald nach Vertragsschluss" mit der Bauausführung zu beginnen. Was genau „alsbald" bedeutet, lässt sich hierbei nicht pauschal bestimmen. Fehlt also eine Vereinbarung über den konkreten Zeitpunkt des Beginns der Leistungsausführung, führt dies regelmäßig in eine unsichere Grauzone.[752] Jedenfalls ist „alsbald" so zu verstehen, dass bei branchenüblichen Vorlaufzeiten für die Disposition der Auftragnehmer erst nach Ablauf des für die Disposition notwendigen Zeitraums mit seinen Leistungen zu beginnen hat.[753]

Es verbleibt aber dennoch ein Graubereich hinsichtlich der Frage, welche dispositionsbedingten Vorlaufzeiten „branchenüblich" bzw. „notwendig" sind. So kann trefflich darüber gestritten werden, ob es für die Bemessung der Dispositionsdauer eine Rolle spielen darf, ob die betreffenden Arbeiten durch den Unternehmer selbst oder durch Nachunternehmer ausgeführt werden. Im ersten Fall braucht der Unternehmer zwar auch eine

---

749 BGH, Urteil vom 21.10.2003 – X ZR 218/01, NJW-RR 2004, 209; BGH, Urteil vom 08.03.2001 – VII ZR 470/99, NJW-RR 2001, 806; OLG Nürnberg, Beschluss vom 22.03.2017 – 13 U 608/16, IBRRS 2017, 3998; Staudinger/*Bittner*, § 271 BGB, Rn. 23; MüKo BGB/*Krüger*, § 271 BGB, Rn. 31.

750 BGH, Urteil vom 21.10.1982 – VII ZR 51/82, NJW 1983, 989; LBD/*Rückert*, § 650k BGB, Rn. 40.

751 hierzu im Einzelnen LBD/*Rückert*, § 650k BGB, Rn. 40 m.w.N.

752 *Berger*, IBR 2018, 245.

753 LG Heidelberg, Urteil vom 29.08.2014 – 12 O 22/14 KfH, BeckRS 2014, 18187.

gewisse Vorlaufzeit zur Disposition seiner eigenen Mitarbeiter, da er diese in aller Regel auch an anderen Baustellen einsetzt; im Falle der Beauftragung eines Nachunternehmers verlängert sich diese Vorlaufzeit aber nochmals erheblich, da der Unternehmer keinen Einfluss auf die interne Zuweisung von Arbeitskräften und -geräten beim Subunternehmer hat. Gerade die Erdarbeiten, welche typischerweise den Beginn der Ausführungsarbeiten darstellen, werden von Generalunternehmern häufig an Subunternehmer vergeben, sodass sich für die Bestimmung der Fälligkeit des Baubeginns die Streitfrage, ob die für die Einschaltung eines Subunternehmers zu kalkulierende längere Vorlaufzeit „branchenüblich" oder „notwendig" ist, entscheidend auswirken kann.

Allerdings trägt der Unternehmer die Darlegungs- und Beweislast dafür, dass er trotz des Wortlauts des § 271 Abs. 1 BGB erst zu einem späteren als dem vom Verbraucher behaupteten Zeitpunkt anfangen musste zu arbeiten.[754] Kann er diesen Beweis nicht führen – insbesondere also nicht nachweisen, dass er „alsbald nach Vertragsschluss" im oben beschriebenen Sinne mit der Ausführung der Arbeiten begonnen hat, gilt im Zweifel der frühere Termin als Zeitpunkt der Fälligkeit der Leistung und damit Beginn der vereinbarten Ausführungsfrist.[755]

Dem Unternehmer ist daher zur eigenen Absicherung zu raten, nicht nur eine bloße Ausführungsdauer anzugeben und sich damit den Risiken des § 271 Abs. 1 BGB auszusetzen, sondern vertraglich zu vereinbaren, dass bei Vorliegen der vorgenannten Fälligkeitsvoraussetzungen erst nach Ablauf einer genau definierten Vorlauffrist mit dem Bau begonnen werden muss. Dabei sind die Fälligkeitsvoraussetzungen möglichst konkret und präzise, mithin insbesondere den Anforderungen des § 307 Abs. 1 BGB gemäß zu definieren, da ansonsten die Unwirksamkeit der Vereinbarung und damit die Geltung des § 271 Abs. 1 BGB mit den vorbeschriebenen Risiken für den Unternehmer droht. Ein für die Vereinbarung der Vorlauffrist AGB-rechtlich unbedenklicher Zeitraum dürften in Anknüpfung an § 5 Abs. 2 S. 2 VOB/B zwölf Werktage sein[756]; dies ist zwar in der Praxis bei

---

754 BGH, Urteil vom 21.10.2003 – X ZR 218/01, NJW-RR 2004, 209, 210.
755 BGH, Urteil vom 21.10.2003 – X ZR 218/01, NJW-RR 2004, 209, 210; *Kniffka/ Retzlaff*, BauR 2017, 1747, 1837.
756 So auch Messerschmidt/*Voit*, § 5 VOB/B, Rn. 17 unter zutreffendem Hinweis darauf, dass § 271 BGB insoweit nicht Leitbild ist, weil sich die Fälligkeit auf die Fertigstellung des Werks und nicht auf den Beginn der Arbeiten bezieht; Kapellmann/Messerschmidt/*Sacher*, § 5 VOB/B, Rn. 151; a.A. für Verbraucherverträge *Deckers*, NZBau 2008, 627, 629, der jedoch für die hier untersuchten „großen" Bauverträge eine Frist von zwölf Werktagen für angemessen hält.

der derzeitigen Hochkonjunktur im Baugewerbe sehr knapp bemessen, verschafft aber dem Unternehmer Planungssicherheit und reduziert das Streitrisiko gegenüber einer Geltung des § 271 Abs. 1 BGB erheblich.

(4) Keine Erforderlichkeit von zusätzlichen Angaben auch bei Planung durch den Unternehmer

Beim „Bauen aus einer Hand" übernimmt der Unternehmer oft auch die Verpflichtung der Planung und der Herbeiführung der Baugenehmigung.[757]

Auch für die Fälligkeit dieser Planungsleistungen gilt – soweit nichts Näheres vereinbart ist – § 271 BGB.[758] Wie auch im Rahmen der Bauausführungsleistungen ist bei der Bestimmung der Fälligkeit von Architektenleistungen, sofern eine solche nicht konkret vertraglich geregelt wurde, gemäß § 271 Abs. 1 BGB aus den Umständen zu entnehmen, dass die Leistungen nicht sofort nach Vertragsschluss abnahmereif erbracht sein müssen, sondern dass der Planer nach Vertragsschluss umgehend damit zu beginnen und sie *„in angemessener Zeit zügig zu Ende zu führen"* hat.[759] Die für die Erstellung der Planungsleistung objektiv angemessene und erforderliche Zeitspanne ist gegebenenfalls durch einen Sachverständigen zu bestimmen.[760] Der Unternehmer hat somit grundsätzlich so lange Zeit für die Ausarbeitung der Planung, wie dies „objektiv angemessen" ist – was ein Verbraucher nicht einschätzen und selbst ein Sachverständiger im Streitfalle nur schwer konkret ermitteln kann. Es verbleibt daher eine Unsicherheit darüber, zu welchem Zeitpunkt die Planungsleistungen fällig sind, was in der Folge auch zu Unsicherheit über den Zeitpunkt führt, zu welchem der Unternehmer mit dem Bau beginnen muss und die gemäß Art. 249 § 2 Abs. 2 S. 2 EGBGB angegebene Frist zu laufen beginnt.[761]

Für den Fall, dass der Unternehmer auch die Planung übernommen hat, wird daher gefordert, dass er im Rahmen der Angabe der Dauer der Baumaßnahme nach Art. 249 § 2 Abs. 2 S. 2 EGBGB auch anzugeben hat, bis wann er jedenfalls die für die Baugenehmigung erforderlichen Planungs-

---

757 Messerschmidt/Voit/*Lenkeit*, § 650j BGB, Rn. 34.
758 *Kalte/Wiesner*, DIB 10/2012, 50 f.
759 OLG Celle, Urteil vom 06.01.2011 – 16 U 37/10, NJW-RR 2011, 455, 456.
760 *Kalte/Wiesner*, DIB 10/2012, 50 f.; vgl. LG München I, Urteil vom 05.05.2004 – 8 O 14971/01, BeckRS 2012, 24115.
761 *Pfenning*, RNotZ 2018, 585, 602.

unterlagen fertigstellt oder mit welcher Dauer der Planung bis zur Fertigstellung aller Vorlagen nach Beibringung der vom Verbraucher zu liefernden Anteile dieser im Sinne einer „Dauer der Baumaßnahme" rechnen muss.[762] Gefordert wird also letztlich die Angabe von zwei Zeiträumen: zunächst die Angabe der „Dauer der Baumaßnahme", wie sie Art. 249 § 2 Abs. 2 S. 2 EGBGB wörtlich vorsieht, und zum anderen die zusätzliche Angabe der „Dauer der Planungsleistungen". Dadurch wäre die – nach Ansicht des Gesetzgebers besonders wichtige – Information über die Gesamtdauer der Baumaßnahme konkreter und verlässlicher als durch die bloße Angabe der Dauer der eigentlichen Bauarbeiten.

Indessen fehlt es im Gesetz an einer hinreichenden Grundlage für ein solches Verständnis. Insbesondere ist der Gesetzeswortlaut zu eindeutig, als dass ihm das verpflichtende Erfordernis einer solchen zusätzlichen Angabe entnommen werden könnte. Denn im Rahmen des Art. 249 § 2 Abs. 2 S. 2 EGBGB meint die „Dauer der Bau*maßnahme*" lediglich die „Dauer der Bau*ausführung*", mithin also diejenige Zeitspanne, die der Unternehmer ab dem Baubeginn im vorstehend definierten Sinne bis zur Fertigstellung seiner Leistungen benötigt. Das Planungsstadium ist von dieser Zeitspanne gar nicht erfasst.

Dies lässt sich bereits der Gesetzesbegründung entnehmen. Der Gesetzgeber hat erkannt, dass der Baubeginn „häufig" auch vom Besteller selbst abhängt und daher für den Unternehmer nicht im Vornherein bestimmbar ist[763]; er hat Art. 249 § 2 Abs. 2 S. 2 EGBGB gerade geschaffen, um dem Unternehmer nicht zeitliche Festlegungen für ein Stadium des Bauvorhabens aufzubürden, dessen Verlauf und Risiken typischerweise nicht vollumfänglich in seinem Einflussbereich liegen. Es wäre sinnwidrig, den Unternehmer dann zu genau solchen Angaben zu verpflichten, obwohl der Gesetzgeber erkennbar derartige Festlegungen erst ab dem Zeitpunkt des Baubeginns fordert. Den Ausführungen der Gesetzesbegründung lässt sich daher entnehmen, dass mit dem Begriff der „Baumaßnahme" lediglich die Zeit nach dem Baubeginn gemeint ist.

Noch deutlicher wird dies bei einer Betrachtung des § 650k Abs. 3 BGB. Dieser ordnet zunächst in Satz 1 an, dass der Bauvertrag „*Angaben zum Zeitpunkt der Fertigstellung des Werks oder, wenn dieser Zeitpunkt zum Zeitpunkt des Abschlusses des Bauvertrags nicht angegeben werden kann, zur Dauer der Bauausführung enthalten*" muss. Satz 2 regelt sodann für den Fall, dass im Bauvertrag entgegen § 650k Abs. 3 S. 1 BGB keine Angaben in zeitli-

---

762 Messerschmidt/Voit/*Lenkeit*, § 650j BGB, Rn. 34.
763 BT-Drs. 18/8486, S. 74.

cher Hinsicht vereinbart werden, dass *„die vorvertraglich in der Baubeschreibung übermittelten Angaben [...] zur Dauer der Bauausführung Inhalt des Vertrags"* werden. Spätestens hierdurch wird klar, dass der Gesetzgeber unter dem in Art. 249 § 2 Abs. 2 EGBGB verwendeten Begriff der „Baumaßnahme" nur die „Bauausführung", nicht aber auch das vorangegangene Planungsstadium versteht.

Aus der Gesetzesbegründung lässt sich ersehen, dass der der Gesetzgeber die praktischen Bedürfnisse kannte. Die Ausnahmeregelung des § 650j Hs. 2 BGB zeigt, dass er sich bewusst war, dass beim Bauen aus einer Hand in aller Regel auch der Unternehmer die Planung übernimmt. Trotzdem hat er sich dazu entschieden, keine Angabe in zeitlicher Hinsicht für das Planungsstadium zu verlangen. Im Gegenteil stellt er klar, dass der Verbraucher mit einer Angabe der Dauer der Baumaßnahme ab Baubeginn hinreichende Informationen für seine zeitliche Planungen habe.[764]

Vor diesem Hintergrund ginge es zu weit, sich allein aus der teleologischen Erwägung einer möglichst präzisen Angabe des Gesamtzeitraums der Baumaßnahme über diese eindeutige gesetzgeberische Entscheidung hinwegzusetzen. Die aus der Hinzurechnung eines objektiv angemessenen Planungszeitraums resultierende Unschärfe der Angaben in zeitlicher Hinsicht ist daher hinzunehmen. Diese Unschärfe wird in der Praxis in aller Regel auch keine schlechthin unzumutbaren Auswirkungen haben. Denn gerade beim Bauen aus einer Hand wird die objektiv erforderliche Zeit für die Erbringung von Planungsleistungen nur wenige Wochen, maximal wenige Monate, betragen; dies gilt jedenfalls dann, wenn der Verbraucher sich – wie häufig in der Praxis der Fall – nach dem „Baukastenprinzip" für ein vom Generalunternehmer oder Generalübernehmer angebotenes Typenhaus[765] entscheidet.

Für den Großteil der Planungen des Verbrauchers dürfte in aller Regel auch die Angabe der Dauer der Bauausführung – gerechnet ab Baubeginn – genügen. Denn gemäß § 573c Abs. 1 BGB genügt dem Verbraucher eine Frist von drei Monaten, um eine aktuell noch bewohnte Mietwohnung zu kündigen; die Dauer der Bauausführung wird diesen Zeitraum regelmäßig überschreiten, sodass der Verbraucher ab dem Baubeginn (und damit der Fixierung eines Fertigstellungstermins) ausreichend Zeit hat, um den richtigen Kündigungszeitpunkt abzuschätzen. Auch für die Anmeldung von Kindern in Schulen dürfte eine Vorlaufzeit in der Länge des Zeitraums,

---

764 BT-Drs. 18/8486, S. 74.
765 Vgl. DLOPS/*Stretz*, § 5, Rn. 88 („Errichtung gleichartiger Gebäude mit standardisierten Baubeschreibungen").

den die Bauausführung typischerweise in Anspruch nimmt, in aller Regel ausreichen.

Zudem könnte der Verbraucher auch im Falle der konkreten Angabe der Dauer der Planungsleistungen nicht zwingend verlässliche Rückschlüsse auf den Zeitpunkt des Baubeginns ziehen; es bleibt ungewiss, wie lange die Behörde zur Bearbeitung des Antrags benötigt und ob Nachbareinwendungen erhoben werden, die zu einer Verschiebung des Baubeginns führen. Eine wirklich verlässliche Information des Verbrauchers in zeitlicher Hinsicht, wie sie die Angabe eines Fertigstellungstermins nach Satz 1 gewährleistet, kann also auch dann nicht erreicht werden.

(5) Ergebnis und Kritik

Im Ergebnis genügt es also den Anforderungen des Art. 249 § 2 Abs. 2 S. 2 EGBGB, lediglich die Dauer der Bauausführung anzugeben. Anknüpfungspunkt für den Beginn dieses Zeitraums ist der nach der Landesbauordnung zu bestimmende Zeitpunkt des Beginns der Ausführung genehmigungspflichtiger Bauarbeiten, welcher im Zweifel durch die Baubeginnsanzeige nachgewiesen werden kann. Eine zusätzliche Angabe der Dauer vom Unternehmer geschuldeter Planungsleistungen ist nach dem Gesetz nicht nötig.

Betrachtet man dieses Ergebnis vor dem Hintergrund der Zielsetzung eines effektiven Verbraucherschutzes, gibt die Formulierung des Art. 249 § 2 Abs. 2 S. 2 EGBGB Anlass zu Kritik am Gesetzgeber. Mit einer Angabe wie „Dauer der Baumaßnahme: 8 Monate" – nota bene gerechnet erst ab Baubeginn, also mit ungewisser Planungszeit! – wird nur sehr bedingt eine Vergleichbarkeit mit anderen Angeboten geschaffen, da die Dauer, die verschiedene Unternehmer für die Planung benötigen, variieren kann und daher selbst bei identischer Angabe der Dauer der Bauausführung in Baubeschreibungen verschiedener Unternehmer die Dauer des Bauprojekts als Ganzes differieren kann.

Vor allem lässt allein diese Angabe im vorvertraglichen Stadium keine in präziser Weise verlässliche, sondern maximal eine rudimentäre Einschätzung zu, bis wann der Verbraucher mit der Fertigstellung des Bauvorhabens rechnen kann. Dies ist insbesondere deshalb zu kritisieren, weil der Gesetzgeber in der Gesetzesbegründung die besondere Schutzwürdigkeit des Verbrauchers in Bezug auf genau diese Berechenbarkeit selbst explizit betont.[766] Es steht aber im diametralen Gegensatz zu dieser an sich richtigen und begrüßenswerten Erkenntnis des Gesetzgebers, wenn dieser dann nur wenige Sätze später postuliert, dass auch allein die Angabe der Dauer der Baumaßnahme (meint: Dauer der Bauausführung) – mit all ihren zuvor dargestellten Unwägbarkeiten und Nachteilen für den Verbraucher – eine hinreichende Information für die zeitlichen Planungen des Verbrauchers darstellt.[767]

Überdies ist es unverständlich, dass der Gesetzgeber keine einheitliche Terminologie verwendet. Während aus § 650k Abs. 3 S. 2 BGB klar hervorgeht, dass die Angabe gemäß Art. 249 § 2 Abs. 2 S. 2 EGBGB lediglich den Zeitraum der Bau*ausführung* erfordert, wird in Art. 249 § 2 Abs. 2 S. 2 EGBGB selbst von der Dauer der Bau*maßnahme* gesprochen. Diese uneinheitliche Verwendung von Begrifflichkeiten, die offenkundig dasselbe meinen sollen, birgt die Gefahr von Missverständnissen und daraus entstehenden Streitigkeiten, welche mit der Schaffung der Normen zur Baubeschreibungspflicht gerade vermieden werden sollten.

Für die Praxis ist vor diesem Hintergrund zu empfehlen, zur Vermeidung von Streit zumindest konkret anzugeben, ab welchem Zeitpunkt die Dauer der Bauausführung zu berechnen ist. Insbesondere bietet sich als solcher Zeitpunkt der Baubeginn an. Dieser ist einerseits für den Verbraucher vergleichsweise problemlos überprüf- und nachweisbar. Andererseits ist der Unternehmer ab diesem Zeitpunkt nicht mehr von Mitwirkungshandlungen des Verbrauchers abhängig, die er nicht durch vertragliche Vereinbarungen steuern kann[768], sodass der Übergang des Risikos in zeitlicher Hinsicht auf ihn dann auch billig erscheint.

Wenn sich der Unternehmer dennoch nur für die Angabe allein der „Dauer der Baumaßnahme" entscheidet, muss diese jedenfalls so konkret sein, dass ex ante ab dem (tatsächlich noch unbekannten) Baubeginn ein genaues Fertigstellungsdatum errechnet werden kann. Unzulässig, da nicht den Anforderungen des Art. 249 § 2 Abs. 2 S. 2 EGBGB genügend, sind daher – wie auch im Rahmen des Satzes 1 – bloße circa-Angaben zu diesem Zeitraum.[769]

---

766 BT-Drs. 18/8486, S. 74.
767 BT-Drs. 18/8486, S. 74.
768 Die Risiken von Mitwirkungspflichten des Verbrauchers während der Bauausführung – z. B. dessen Mitwirkung an Bemusterungen – lassen sich vertraglich zuweisen und an konkrete Fristen knüpfen.
769 DLOPS/*Stretz*, § 5, Rn. 142.

Schließlich ist anzumerken, dass sich die Angabe eines bloßen Zeitraums bereits deshalb in der Praxis für Unternehmer als schwer umsetzbar darstellen wird, weil die meisten Verbraucher sich hiermit nicht zufriedengeben werden. Diese haben regelmäßig ein großes Interesse an der zeitlichen Planung, sodass sie häufig ohnehin die vertragliche Festlegung eines Fertigstellungstermins fordern werden.[770] Unternehmer, die nicht bereit sind, hierzu konkrete Angaben auch im Rahmen der Baubeschreibung zu machen, könnten es daher schwer haben, sich im Wettbewerb gegen die Konkurrenz zu behaupten.[771]

c) Angabe trotz des Risikos witterungsbedingter Bauzeitverschiebungen und -verlängerungen

Kritik an Art. 249 § 2 Abs. 2 S. 2 EGBGB wird auch aus einem anderen Grund geübt: Die Angabe der Dauer der Baumaßnahme sei für den Unternehmer häufig nicht möglich, da diese vom – im Falle des Satzes 2 gerade nicht bekannten – Zeitpunkt des Beginns der Baumaßnahme abhänge.[772] Aus diesem Grund sehe § 6 Abs. 4 VOB/B vor, dass bei der Berechnung der Fristverlängerung wegen einer Behinderung des Auftragnehmers ein Zuschlag für die etwaige Verschiebung der Arbeiten in eine ungünstigere Jahreszeit vorzunehmen ist.[773] Denn aufgrund der je nach Jahreszeit unterschiedlichen Witterungsverhältnisse wird die Bauzeit in Abhängigkeit vom konkreten Beginn der Bauarbeiten unterschiedlich lang sein. Insoweit legt das Gesetz die mit den klimatischen Bedingungen korrespondierenden Risiken der Bauzeit dem Unternehmer auf.[774]

Diesen Risiken kann der Unternehmer aber durch zwei Herangehensweisen begegnen:

Er kann einerseits die angegebene Dauer der Baumaßnahme großzügig und mit ausreichendem Puffer bemessen. Dabei darf er die aus seiner Sicht erforderlichen „zeitlichen Puffer" nach freiem Belieben kalkulieren.[775] Bauunternehmer haben *„insbesondere durch genügend große Zeitpuffer, die*

---

770 In diese Richtung auch: ZDH/ZDB/Hauptverband der Deutschen Bauindustrie, Gemeinsame Stellungnahme zum Abschlussbericht der Arbeitsgruppe Bauvertragsrecht beim BMJV, S. 11.
771 Ähnlich auch *Pauly*, ZMR 2016, 513, 514.
772 *Pause*, BauR 2017, 430, 435; LBD/*Rückert*, § 650k BGB, Rn. 33.
773 LBD/*Rückert*, § 650k BGB, Rn. 33, Fn. 50.
774 Messerschmidt/Voit/*Lenkeit*, § 650k BGB, Rn. 30.
775 A.A. Messerschmidt/Voit/*Lenkeit*, § 650k BGB, Rn. 31.

Spielraum zur Behebung unvorhergesehener Hemmnisse belassen", Vorkehrungen für die Einhaltung der vereinbarten Angaben in zeitlicher Hinsicht zu treffen.[776] Wie groß der Unternehmer die Zeitpuffer für von ihm nicht beeinflussbare Kalamitäten kalkuliert, muss ihm allein überlassen bleiben. Der Wettbewerb selbst wird dafür sorgen, dass Unternehmer nicht übermäßig lange Bauzeiten angeben und vereinbaren können, da die Verbraucher sonst auf Konkurrenzangebote mit kürzerer Bauzeitangabe zurückgreifen. Auch aus Art. 249 § 2 Abs. 2 S. 2 EGBGB lässt sich kein Erfordernis entnehmen, dass der Unternehmer bei der Angabe der Dauer der Baumaßnahme irgendwelchen Restriktionen hinsichtlich deren Länge unterliegt. Es ist vielmehr auch im Interesse des Verbrauchers, den die Regelung schützen will, dass der Unternehmer aus Sicherheitsgründen zur Vermeidung von verzugsbedingten Schadensersatzansprüchen die Dauer der Baumaßnahme großzügig und damit verlässlich bemisst.[777]

Alternativ steht es dem Unternehmer offen – und ist ihm auch zu empfehlen –, detaillierte Angaben in die Baubeschreibung aufzunehmen, aus denen abzulesen ist, unter welchen konkreten Umständen sich die vertraglich zugesicherte Bauzeit um jeweils welchen Zeitraum verlängern soll.[778] Eine solche Erweiterung des von Art. 249 § 2 Abs. 2 S. 2 EGBGB geforderten Mindestinhalts der Angaben zur Bauzeit bleibt dem Unternehmer unbenommen.

Im Hinblick auf die klimatischen Bedingungen ist demnach eine Angabe dergestalt vorstellbar, dass bei einem Beginn der Bauausführung zwischen 01.11. und 15.03. des Folgejahres eine bestimmte, verlängerte Ausführungsdauer gilt und bei Baubeginn während des Rests des Jahres eine kürzere. Zu beachten ist hierbei lediglich, dass die Angaben im Falle allgemeiner Geschäftsbedingungen dem Klarheits- und Transparenzgebot gerecht werden. Unzulässig wäre demnach etwa die Angabe einer verlängerten Bauzeit bei Baubeginn „im Winter"[779] oder die Bezugnahme auf eine „amtliche Schlechtwetterlage".[780]

Hinsichtlich der Mitwirkungshandlungen des Verbrauchers ist es empfehlenswert, diese im Einzelnen und so genau wie möglich zu definieren sowie jeweils an konkrete Fristen zu knüpfen und die Folgen festzulegen,

---

776 OLG München, Urteil vom 15.11.2011 – 13 U 15/11, RNotZ 2012, 503, 505.

777 BeckOGK/*Merkle*, § 650k BGB, Rn. 28.

778 Messerschmidt/Voit/*Lenkeit*, § 650k BGB, Rn. 31.

779 Hier wäre unklar, ob sich die Definition des Winters nach astronomischen, meteorologischen, energiewirtschaftlichen oder anderen Kriterien richtet.

780 Messerschmidt/Voit/*Lenkeit*, § 650k BGB, Rn. 36.

die eine nicht innerhalb dieser Fristen vorgenommene Mitwirkungshandlung für die vereinbarte Bauzeit hat. Auch insoweit ist allerdings das Transparenzgebot zu beachten, wenn und soweit derartige Regelungen als AGB zu qualifizieren sind.

Der Unternehmer hat es also selbst in der Hand, durch eine Präzisierung der Angaben in der Baubeschreibung die Folgen von Risiken einer Verlängerung der Bauzeit, die er nicht selbst beeinflussen kann, zu minimieren. Dies kommt nicht nur ihm selbst, sondern auch dem Verbraucher zugute, da auf diese Weise eine deutlich realistischere Einschätzung der Bauzeit erfolgen kann, als wenn der Unternehmer auf eine derartige vertragliche Festlegung verzichtet und stattdessen einen „Sicherheitspuffer" in seine Angaben einfließen lässt. Hält der Unternehmer sich aber (bewusst) bedeckt und reduziert seine Angaben auf das absolute Minimum (nämlich die bloße Angabe der Dauer der Baumaßnahme), ist es nur billig, wenn er auch die sich hierdurch ergebenden Risiken zu tragen hat. Er ist außerdem hinsichtlich derjenigen Umstände, die er nicht zu vertreten hat, über § 286 Abs. 4 BGB vor Schadensersatzansprüchen des Verbrauchers geschützt.

Anlass zur Kritik am Gesetzgeber besteht also insoweit nicht. Dies gilt umso mehr, da den Unternehmer auch schon vor Einführung des neuen Bauvertragsrechts das Risiko wetter- und klimabedingter Bauzeitverzögerungen traf – jedenfalls, soweit diese Witterungseinflüsse gewöhnlich waren, d. h. nach den Erkenntnissen des Wetterdienstes den langjährigen Mittelwerten sowie auch vereinzelt auftretenden Spitzen entsprachen.[781]

III. Sonstige Angaben: Hinweis auf Textform des Vertrages?

Auch wenn das – wie gezeigt – oft in seinem ureigensten Interesse liegt: Der Unternehmer ist nicht *verpflichtet*, in die Baubeschreibung Angaben aufzunehmen, die nicht in Art. 249 EGBGB ausdrücklich gefordert werden. Insbesondere muss er in der Baubeschreibung nicht darauf hinweisen, dass (siehe § 650j BGB i.V.m. Art. 249 § 1 EGBGB) der Verbraucherbauvertrag, dessen Grundlage die Baubeschreibung werden soll, in Textform abgeschlossen werden muss.[782]

Denn Art. 249 § 2 EGBGB regelt detailliert die Mindestinhalte einer *Baubeschreibung*. Der Gesetzgeber hat sich dezidiert Gedanken darüber ge-

---

781 LBD/*Rückert*, § 650k BGB, Rn. 44; näher Ganten/Jansen/Voit/*Berger*, § 6 Abs. 2 VOB/B, Rn. 83 m.w.N.
782 A.A. DLOPS/*Stretz*, § 5, Rn. 61.

macht, welche Informationen dem Verbraucher vor Vertragsschluss zur Verfügung gestellt werden müssen. Dabei hat er eine Informationspflicht in Bezug auf das für den Abschluss des *Vertrages* bestehende Textformerfordernis des § 650i Abs. 2 BGB gerade nicht statuiert.

IV. Zwischenergebnis

Nachdem nun beide Absätze des Art. 249 § 2 EGBGB und die darin festgelegten Anforderungen an den Inhalt einer Baubeschreibung analysiert wurden, lässt sich ein erstes Zwischenfazit hinsichtlich der in dieser Untersuchung erörterten Frage ziehen, ob mit der Regelung die gesetzgeberischen Ziele eines effektiven Verbraucherschutzes im Bereich bestimmter Bauverträge erreicht wurden.

Vor dem Hintergrund der vorstehend untersuchten „Tatbestandsseite" der Baubeschreibungspflicht ist diese Frage im Wesentlichen zu bejahen.

Durch Art. 249 § 2 Abs. 1 EGBGB wird ein verpflichtender Mindestinhalt der Baubeschreibung in Form eines „Gerüsts" von neun unterschiedlich detailliert ausgestalteten Regelbeispielen festgeschrieben. Der Gesetzgeber hat es wohlweislich bei der Vorgabe dieses detaillierten Gerüsts belassen und überlässt es den Parteien, auf welche Weise sie dieses „Skelett" entsprechend den Anforderungen des jeweiligen Einzelfalls mit Leben (= Informationen) füllen.

So muss der Unternehmer Angaben zu allen „wesentlichen Eigenschaften" des von ihm angebotenen Bauwerks machen. Er kann allerdings den Großteil dieser Angaben auf funktionale Weise definieren, solange hierdurch alle für den Verbraucher relevanten Funktions- und Gebrauchsparameter der Leistung hinreichend präzise festgelegt werden können. Vor Vertragsschluss kann er die genaue Art der Bauausführung angeben, ist dazu aber nicht verpflichtet. Zudem darf er auch in Baubeschreibungen, die als AGB zu qualifizieren sind, in aller Regel zur präzisen Definition des zukünftigen Bausolls „technische", für den Kunden ohne externe Beratung nicht verständliche Begriffe verwenden, soweit dies zur genauen Beschreibung seiner Leistung erforderlich ist. Nur, wenn dadurch der Komfort- und Qualitätsstandard eines Teils der Leistung im Vergleich zum ansonsten in der Baubeschreibung definierten Niveau abgesenkt werden soll, muss er diese Tatsache und ihre Auswirkungen ausdrücklich erkennbar machen und erläutern.

Art. 249 § 2 Abs. 1 EGBGB findet somit einen guten Kompromiss zwischen der angestrebten Vereinheitlichung und Konkretisierung von Baubeschreibungen im Verbraucherbereich und der Aufrechterhaltung der Privatautonomie einschließlich eines gewissen Spielraums für das Abstellen auf die Anforderungen der konkreten Einzelfälle. Hierdurch wird im Anwendungsbereich des Verbraucherbauvertrags ein angemessener Mindestschutz für die Verbraucher implementiert, ohne dass die Interessen der Unternehmer zu stark beeinträchtigt werden.

Hingegen ist bei Art. 249 § 2 Abs. 2 EGBGB zwar die dahinter stehende Idee des Gesetzgebers lobenswert, dem Verbraucher verlässliche Angaben über den zeitlichen Ablauf des Baugeschehens und vor allem die Fertigstellung der jeweils beauftragten Werkleistung zu verschaffen. Die Einführung einer verpflichtenden Regelung in Bezug auf Angaben in zeitlicher Hinsicht verbessert den Verbraucherschutz und wirkt der Problematik, dass vor Einführung der Baubeschreibungspflicht in der Praxis viele Vertragswerke derartige Angaben überhaupt nicht enthielten[783], entgegen.

Die konkrete Umsetzung ist indessen nicht gelungen. Durch die gemäß Art. 249 § 2 Abs. 2 S. 2 EGBGB alternativ mögliche Angabe der Dauer einer Baumaßnahme statt eines konkreten Fertigstellungstermins, ohne hierfür einen Anknüpfungszeitpunkt für den Beginn dieser Frist festzulegen, verbleibt ein Interpretationsspielraum, der jedenfalls das Streitrisiko erhöht und damit der Zielsetzung eines effektiven Verbraucherschutzes nicht gerecht wird. Es bleibt insoweit abzuwarten, ob die Unternehmer (!) erkennen, dass es durchaus in ihrem Interesse liegt, insoweit auch Angaben zu machen, die der Gesetzgeber nicht fordert – was dann wiederum für die Verbraucher die vom Gesetzgeber angestrebte verlässliche Planungssicherheit in zeitlicher Hinsicht bewirken würde.

E. Bedeutung der Baubeschreibung für den Vertragsinhalt

Nicht nur regelt das neue Bauvertragsrecht die Pflicht des Unternehmers, in Verbraucherbauverträgen dem Verbraucher vorvertraglich eine Baubeschreibung mit den im vorstehenden Kapitel dargestellten Mindestanforderungen zur Verfügung zu stellen. In Form des § 650k BGB werden weiterhin auch die Auswirkungen der vorvertraglich zur Verfügung zu stellenden Baubeschreibung auf den Inhalt eines später geschlossenen Vertrages, also die tatsächliche Umsetzung der mit der Einführung der Baubeschreibungspflicht verfolgten Ziele, gesetzlich festgelegt.

---

783 S.o., Einführung, B.II.2., S. 31.

Eine effektive Umsetzung der Baubeschreibungspflicht in der Praxis ist nur durch das Zusammenspiel der §§ 650j, 650k BGB und Art. 249 §§ 1, 2 EGBGB möglich, die insoweit ein einheitliches Gebilde darstellen. Innerhalb dieses Regelungskomplexes kommt § 650k BGB eine elementare Rolle zu; die Vorschrift ist das entscheidende Werkzeug dafür, dass die Baubeschreibungspflicht nicht als bloße vorvertragliche Informationspflicht in ihrer Wirkung begrenzt bleibt, sondern entscheidenden Einfluss auf den späteren Vertragsinhalt hat. Die Wirkungsweise des § 650k BGB im Einzelnen sowie die Frage, ob und inwieweit im Hinblick auf die konkrete Umsetzung der Norm Defizite festzustellen sind, wird im folgenden Teil der Untersuchung näher analysiert.

I. Anwendungsbereich, Telos und Funktionsweise des § 650k BGB

Wie sich aus seiner Stellung im Gesetz ergibt, gilt § 650k BGB ausschließlich für Verbraucherbauverträge im Sinne des § 650i Abs. 1 BGB sowie (allerdings mit Ausnahme seines Absatzes 1, vgl. § 650u Abs. 2 BGB) über die Verweisung in § 650u Abs. 1 S. 2 BGB für Bauträgerverträge – nicht aber für andere (Bau-)Verträge, gleich ob mit oder ohne Verbraucherbeteiligung.

1. Anwendbarkeit auch in Fällen des § 650j Hs. 2 BGB

Es stellt sich die Frage, ob § 650k BGB auf einen Verbraucherbauvertrag im Sinne des § 650i Abs. 1 BGB auch dann Anwendung findet, wenn gemäß § 650j Hs. 2 BGB der Unternehmer ausnahmsweise keine Baubeschreibung erstellen muss.

Sein Wortlaut lässt es durchaus vertretbar erscheinen, § 650k BGB in diesen Fällen nicht anzuwenden.[784] Denn § 650k Abs. 1 BGB bezieht sich ausdrücklich auf die Angaben einer vorvertraglich (lies: gemäß Art. 249 § 1 EGBGB) *„zur Verfügung gestellten"* Baubeschreibung. Eine solche Zurverfügungstellung erfolgt aber in Fällen des § 650j Hs. 2 BGB gerade nicht. Unter Zugrundelegung dieses Verständnisses wäre § 650k BGB nicht anwendbar, wenn der Verbraucher die „wesentlichen Planungsvorgaben" liefert.

Das ließe sich auch teleologisch gut begründen. Denn ein Verbraucher, der die Planungsgrundlagen selbst vorgibt, ist im Hinblick auf den Ver-

---

784 So im Ergebnis Leinemann/Kues/*Abu Saris*, § 650k BGB, Rn. 18.

tragsinhalt nicht so schutzwürdig wie ein Verbraucher, der diese Planungsgrundlagen vom Unternehmer erhält. Letzteres setzt gerade im Hinblick
auf die Planungsvorgaben ein Vertrauensverhältnis zwischen Verbraucher
und Unternehmer voraus, welches in den Fällen des § 650j Hs. 2 BGB in
dieser Weise nicht besteht.[785] Zudem erscheint es zweifelhaft, ob die
Rechtsfolgen, die § 650k BGB in bestimmten Fällen zu Lasten des Unternehmers anordnet, sachgerecht sind, wenn nicht er selbst die Baubeschreibung erstellt.

Indessen muss die *„zur Verfügung gestellte"* Baubeschreibung schon vom
Wortlaut her nicht zwingend vom Unternehmer erstellt worden sein.
Nach der Formulierung des § 650k Abs. 1 BGB ist sein Anwendungsbe-
reich unabhängig davon eröffnet, wer die Baubeschreibung erstellt hat.[786]
Entscheidend ist nur, dass dem Verbraucher eine Baubeschreibung zur
Verfügung gestellt wurde – ob aus seiner eigenen Sphäre stammend oder
durch den Unternehmer, ist nach dem Wortlaut nicht entscheidend.

Diese Sicht der Dinge wird auch durch Sinn und Zweck des § 650k
Abs. 1 BGB gestützt. So ist es für den Unternehmer keineswegs unzumutbar, wenn Planungsangaben zum Vertragsinhalt werden, die nicht er selbst
erstellt hat. Denn seine Pflicht zur Erstellung einer Baubeschreibung entfällt gemäß § 650j Hs. 2 BGB nur dann, wenn aus der Sphäre des Verbrauchers wirklich alle wesentlichen Planungsvorgaben vorgelegt wurden.
Fehlt auch nur eine dieser wesentlichen Planungsangaben, greift die Freistellungsregelung nicht ein, und der Unternehmer ist zur Zurverfügungstellung einer Baubeschreibung verpflichtet. Auch wenn also der Verbraucher die Planungsvorgaben macht, muss der Unternehmer diese auf Vollständigkeit prüfen, weil sonst doch er eine Baubeschreibung zur Verfügung stellen muss.[787]

Er muss sich daher immer detailliert mit vom Verbraucher eingebrachten Planungsunterlagen auseinandersetzen; diese stellen für ihn keine
„Blackbox" dar, mit deren Inhalt er sich nicht zu beschäftigen braucht. Es
ist daher keineswegs unangemessen, wenn für diese Planungsvorgaben
auch dieselben Rechtsfolgen gelten wie für solche, die der Unternehmer
dem Verbraucher im Rahmen einer Baubeschreibung vorvertraglich zur
Verfügung gestellt hat. Wenn sich ein Unternehmer entschließt, auf der
Basis vom Verbraucher eingebrachter Planungsunterlagen einen Vertrag
abzuschließen, ist die Situation für ihn nicht wesentlich anders als dann,

---

785 So wohl auch Leinemann/Kues/*Abu Saris*, § 650k BGB, Rn. 18.
786 Messerschmidt/Voit/*Lenkeit*, § 650k BGB, Rn. 4.
787 S.o., Teil 1, B.IV.3., S. 92.

wenn eine von ihm selbst erstellte Baubeschreibung Grundlage des Vertrages ist. Der Verbraucher hingegen muss sich auch in Fällen des § 650j Hs. 2 BGB darauf verlassen können, dass ihm kein anderer Vertragsinhalt „untergeschoben" wird als derjenige, der vorvertraglich in Form von – gegebenenfalls eben aus seiner Sphäre stammenden – Planungsvorgaben im Raum stand. Dieses Schutzbedürfnis war primärer Hintergrund der Einführung des § 650k BGB. Es hängt nicht davon ab, wer diese Planungsvorgaben erstellt hat.

§ 650k BGB ist daher auch in den in § 650j Hs. 2 BGB geregelten Fällen anwendbar. Ein anderes Verständnis würde dem Missbrauch Tür und Tor öffnen, da unredliche Unternehmer ansonsten versuchen könnten, über das „Outsourcen" von Planungsleistungen auf in ihrem Einflussbereich stehende Dritte die Regelung des § 650k BGB faktisch außer Kraft zu setzen.

2. Teleologischer Hintergrund der Vorschrift

Laut Gesetzesbegründung kann der mit der Einführung der Baubeschreibungspflicht angestrebte Verbraucherschutz aufgrund der bei Bauverträgen regelmäßig bestehenden asymmetrischen Informationslage zwischen Verbraucher und Unternehmer nur dann erreicht werden, wenn die in der Baubeschreibung zur Verfügung gestellten Angaben auch Vertragsinhalt werden.[788] Genau das schreibt § 650k Abs. 1 BGB zwingend vor. Alles andere muss gemäß § 650k Abs. 1 Hs. 2 BGB ausdrücklich vereinbart werden.

Mit Recht nimmt der Gesetzgeber an, dass diese Bestimmung, mit der der Inhalt der Baubeschreibung vorbehaltlich einer anders lautenden ausdrücklichen Vereinbarung durch zwingendes Recht auch zum Vertragsinhalt gemacht wird, zur effektiven Umsetzung des mit der Baubeschreibungspflicht intendierten Schutzzwecks unerlässlich ist. Ohne § 650k Abs. 1 BGB würde die Pflicht des Unternehmers zur (frühzeitigen) Erstellung und Übergabe einer Baubeschreibung in der Praxis leerlaufen, da die Unternehmer ihre durch Fachwissen und bauspezifische Erfahrung bedingte „Machtposition" ausspielen und im Bauvertrag – im oft nicht nur sprichwörtlich „Kleingedruckten" – andere Inhalte aufnehmen würden als diejenigen, die vorvertraglich dem Verbraucher übermittelt wurden.[789]

---

788 BT-Drs. 18/8486, S. 62.
789 DLOPS/*Stretz*, § 5, Rn. 99; ebenso zu § 312d Abs. 1 S. 2 BGB bereits *Kramme*, NJW 2015, 279.

Ziel des § 650k Abs. 1 BGB ist es somit im Wesentlichen, im Anwendungsbereich des Verbraucherbauvertrags dem Unternehmer die Möglichkeit abzuschneiden, von vorvertraglich im Rahmen der Baubeschreibung gemachten Versprechen bei Vertragsschluss quasi „im Kleingedruckten" wieder abzuweichen.[790]

§ 650k Abs. 2 BGB knüpft an den auf diese Weise vorgegebenen Vertragsinhalt an und trifft nähere Regelungen dazu, wie diejenigen Bestimmungen, die – ob durch Gesetz oder ausdrückliche Vereinbarung – Vertragsinhalt wurden, auszulegen sind, wenn sie unvollständig oder unklar sind. Dadurch soll auch in Fällen, in denen der Bauvertrag ein Leistungssoll des Unternehmers nicht eindeutig definiert, eine einheitliche und verlässliche Ermittlung des genauen Vertragsinhalts möglich sein. Auf diese Weise soll der Vertrag bei solchen Mängeln in der Baubeschreibung nach Möglichkeit aufrechterhalten werden und der Verbraucher sich nicht zu einer Kündigung genötigt sehen, weil der Unternehmer dem übrigen Niveau der Baubeschreibung entsprechende Leistungen verweigert.[791]

Das Ziel des § 650k Abs. 3 BGB ist weitgehend mit dem des Absatzes 1 identisch, nämlich sicherzustellen, dass die Inhalte der Baubeschreibung – zu denen gemäß Art. 249 § 2 Abs. 2 EGBGB auch Angaben zur Bauzeit gehören – sich auch im letztlich für die rechtliche Beurteilung einzig entscheidenden Bauvertrag wiederfinden. Auf diese Weise soll eine effektive Umsetzung der mit der Baubeschreibungspflicht verfolgten Ziele gewährleistet werden.

II. Der Inhalt der Baubeschreibung als Inhalt des später abgeschlossenen Bauvertrags

Der Gesetzgeber bedient sich bei § 650k Abs. 1 BGB derselben Regelungstechnik wie in § 312d Abs. 1 S. 2 BGB, der wiederum der Umsetzung des Art. 6 Abs. 5 VRRL diente. Die Regierungsbegründung stellt denn auch explizit klar, dass sich § 650k Abs. 1 BGB an § 312d Abs. 1 S. 2 BGB orientieren soll.[792] Die zu letzterer Vorschrift von Rechtsprechung und Literatur erarbeiteten Erkenntnisse sind deshalb auch für die Auslegung des § 650k BGB relevant.

---

790 DLOPS/*Stretz*, § 5, Rn. 99; BeckOGK/*Merkle*, § 650k BGB, Rn. 2; so zu § 312d Abs. 1 S. 2 BGB bereits *Kramme*, NJW 2015, 279.
791 BT-Drs. 18/8486, S. 62.
792 BT-Drs. 18/8486, S. 62.

1. Anwendungsbereich und Funktionsweise des § 650k Abs. 1 BGB

Zunächst ist vor dem Hintergrund der vorstehend definierten Zielsetzung des § 650k BGB sein Anwendungsbereich zu klären. Ausgehend hiervon wird die Vorschrift schließlich dogmatisch eingeordnet und in ihren Auswirkungen – auch und gerade auf die Baupraxis – analysiert.

a) Angaben der „Baubeschreibung in Bezug auf die Bauausführung"

Gemäß dem ausdrücklichen Wortlaut des § 650k Abs. 1 BGB werden Inhalt des (Verbraucherbau)Vertrages nur Angaben der Baubeschreibung *„in Bezug auf die Bauausführung"*.[793] Allerdings gilt das nicht nur für – für die Bauausführung relevante – „Mindestangaben" im Sinne des Art. 249 § 2 Abs. 1 EGBGB.[794] Eine derartige Einschränkung ist dem Wortlaut des § 650k Abs. 1 BGB nicht zu entnehmen und liefe seiner Zielsetzung einer möglichst weitgehenden Identität von Baubeschreibung und Vertragsinhalt zuwider. Deshalb werden nach § 650k Abs. 1 BGB *alle* Angaben „in Bezug auf die Bauausführung" – also auch etwaige überobligatorische Informationen –, die in der vorvertraglich zur Verfügung gestellten Baubeschreibung enthalten sind, vorbehaltlich einer abweichenden Vereinbarung zum Vertragsinhalt.[795]

Im Umkehrschluss gilt § 650k Abs. 1 BGB daher nicht für Angaben zum Fertigstellungszeitpunkt gemäß Art. 249 § 2 Abs. 2 EGBGB, da diese nicht die Bauausführung selbst betreffen.[796] Für diese Angaben regelt vielmehr § 650k Abs. 3 BGB eigenständig, dass sie nicht ohne weiteres zum Bestandteil des Bauvertrags werden, sondern gemäß § 650k Abs. 3 S. 2 BGB nur dann, wenn nicht im Bauvertrag selbst Angaben in zeitlicher Hinsicht vereinbart werden. Letzteres ist also – anders als nicht ausdrücklich vereinbarte Abweichungen von den in der Baubeschreibung enthaltenen Angaben zur Bauausführung – ausdrücklich zulässig.

§ 650k Abs. 1 BGB gilt demnach nicht für Angaben, die zwar womöglich Teil der Baubeschreibung sind, aber nicht „in Bezug auf die Bauaus-

---

793 Diesen eindeutigen Wortlaut außer Acht lassend BeckOGK/*Merkle*, § 650k BGB, Rn. 4, wonach „der gesamte Inhalt der Baubeschreibung" zum Vertragsinhalt werden soll.

794 So aber jurisPK/*Segger-Piening*, § 650k BGB, Rn. 6.

795 LBD/*Rückert*, § 650k BGB, Rn. 7; ähnlich, wenn auch wegen des Verweises auf Art. 249 § 2 Abs. 1 EGBGB irreführend, Palandt/*Sprau*, § 650k BGB, Rn. 3.

796 So aber Leinemann/Kues/*Abu Saris*, § 650k BGB, Rn. 4.

führung" erfolgen. Enthält die Baubeschreibung daher z. B. bereits einen vorläufigen Pauschalpreis oder ist sie als „bepreiste Baubeschreibung" dergestalt ausgestaltet, dass einzelne Teilleistungen mit Bepreisungen versehen werden, werden die Preisangaben nicht gemäß § 650k Abs. 1 BGB verbindlicher Vertragsinhalt[797], denn sie haben keinen „Bezug zur Bauausführung". Gleiches gilt, wenn der Unternehmer in der Baubeschreibung seine Telefonnummer angibt.[798] Sie wird nicht gemäß § 650k Abs. 1 BGB Vertragsinhalt mit der Folge, dass der Unternehmer eine Erreichbarkeit unter dieser Telefonnummer für die Dauer der Bauausführung aufrechterhalten muss, was sich etwa im Falle eines Umzugs seines Betriebs als problematisch erweisen könnte.[799]

Schließlich kommt § 650k Abs. 1 BGB auch nicht zur Anwendung in Bezug auf vorvertraglich gemachte Angaben zur Bauausführung, die nicht in der Baubeschreibung selbst enthalten sind. Das betrifft insbesondere Werbeaussagen zu „wesentlichen Eigenschaften" des Bauwerks im Sinne des Art. 249 § 2 Abs. 1 EGBGB, die nicht zum Inhalt der Baubeschreibung wurden.[800] Sie werden angesichts des eindeutigen Wortlauts des § 650k Abs. 1 BGB (*„Die Angaben der […] Baubeschreibung […] werden Inhalt des Vertrags, […]"*) nicht Vertragsinhalt. Sie können allenfalls bei einer Auslegung nach § 650k Abs. 2 BGB berücksichtigt werden.

b) Grenzfälle

Trotz des vermeintlich eindeutigen Wortlauts ist in bestimmten Konstellationen, in denen § 650k Abs. 1 BGB in einem Spannungsfeld mit anderen Vorschriften steht, die Frage nach der Anwendbarkeit der Norm nicht ohne weiteres zu beantworten.

---

797 *Kniffka/Retzlaff*, BauR 2017, 1747, 1836; LBD/*Rückert*, § 650k BGB, Rn. 8.
798 Derlei wäre freilich nicht nötig, denn über § 312 Abs. 2 Nr. 3 BGB entfällt im Anwendungsbereich des Verbraucherbauvertrags die allgemeine Informationspflicht des § 312a Abs. 2 BGB i.V.m. Art. 246 (hier: Abs. 1 Nr. 2) EGBGB.
799 Dies diskutierend Messerschmidt/Voit/*Lenkeit*, § 650k BGB, Rn. 5, Fn. 3.
800 Sind Werbeaussagen allerdings Teil der vorvertraglich zur Verfügung gestellten Baubeschreibung, sind diese vom Anwendungsbereich des § 650k Abs. 1 BGB umfasst, vgl. Messerschmidt/Voit/*Lenkeit*, § 650k BGB, Rn. 7.

aa) Notarielle Beurkundung

Verbraucherbauverträge nach § 650i Abs. 1 BGB bedürfen zu ihrer Wirksamkeit grundsätzlich nicht der notariellen Beurkundung, sondern lediglich der Textform gemäß § 650i Abs. 2 BGB. Dies gilt aber nur, wenn sie unabhängig vom Erwerb des Baugrundstücks geschlossen werden, etwa weil der Verbraucher das Grundstück bereits von einem Dritten erworben hat.

Besteht jedoch zwischen einem Grundstückskaufvertrag und einem Verbraucherbauvertrag ein rechtlicher Zusammenhang[801] dergestalt, dass beide Verträge miteinander stehen und fallen sollen, bedarf auch der an sich lediglich textformbedürftige Bauvertrag der notariellen Beurkundung.[802] Dies dürfte in der Praxis nicht wenige Verbraucherbauverträge betreffen[803], nämlich insbesondere die Konstellationen, in denen ein Unternehmer ein ihm gehörendes Grundstück verkaufen und bebauen, aber nicht als Bauträger auftreten will. Dazu verkauft er dem Verbraucher zunächst mit gemäß § 311b Abs. 1 BGB notariell beurkundetem Kaufvertrag das Grundstück. In einem weiteren Vertrag verpflichtet er sich dann, dieses Grundstück „aus einer Hand" zu bebauen.

Ergibt eine Gesamtbetrachtung[804] beider Verträge, dass der eine ohne den anderen nicht bestehen bleiben soll, dass also zwischen beiden Verträgen eine rechtliche Einheit besteht, so greift das Formerfordernis des § 311b Abs. 1 BGB auch für den Bauvertrag ein; dies ist dann der Fall, wenn der Grundstückskaufvertrag vom Bauvertrag abhängt.[805] Um den mit der notariellen Beurkundung von Grundstückskaufverträgen verfolgten Formzwecken umfänglich Rechnung tragen zu können, ist diese Beurkundungspflicht weitreichend zu verstehen und umfasst daher sämtliche Abreden, die nach dem Willen der Parteien den schuldrechtlichen Vertrag

---

801 Erman/*Grziwotz*, § 311b BGB, Rn. 51; *Omlor*, JuS 2018, 42, 50.
802 So bereits BGH, Urteil vom 06.11.1980 – VII ZR 12/80, NJW 1981, 274; BGH, Urteil vom 06.12.1979 – VII ZR 313/78, NJW 1980, 829; *Omlor*, NJW 2018, 817, 820; DNotI-Gutachten, DNotI-Report 2017, 137, 139; *Pfenning*, RNotZ 2018, 585, 586.
803 *Omlor*, NJW 2018, 817, 820.
804 Erman/*Grziwotz*, § 311b BGB, Rn. 51; *Omlor*, JuS 2018, 42, 50.
805 BGH, Urteil vom 13.06.2002 – VII ZR 321/00, NJW 2002, 2559, 2560.

bilden sollen.[806] Sie erfasst neben dem Grundstückskaufvertrag und dem eigentlichen Bauvertrag dann auch die Baubeschreibung.[807]

In derartigen Konstellationen entsteht ein Spannungsverhältnis zwischen § 311b Abs. 1 BGB und § 650k Abs. 1 BGB. Erhält der Verbraucher vorvertraglich – wie § 650j BGB i.V.m. Art. 249 § 1 EGBGB dies vorschreibt – eine Baubeschreibung in Textform, stellt sich angesichts der Beurkundungsbedürftigkeit des Bauvertrags die Frage, ob sie gemäß § 650k Abs. 1 BGB automatisch und entgegen dem Postulat des § 311b BGB zur Beurkundung aller wesentlichen Vertragsinhalte auch dann Bestandteil des Notarvertrages werden kann, wenn sie diesem nicht als Anlage beigefügt wird und somit nicht gemäß § 9 Abs. 1 S. 2 BeurkG Gegenstand des Beurkundungsvorgangs ist.

Ein Ansatz zur Lösung dieser Problematik könnte die BGH-Rechtsprechung zur Berücksichtigung „öffentlicher Äußerungen" des Verkäufers nach § 434 Abs. 1 S. 3 BGB bei notariell beurkundeten Kaufverträgen sein.[808] Der VII. Zivilsenat hat nicht beurkundete Umstände und Erklärungen als Inhalt des (beurkundeten) Vertrages betrachtet[809], ohne auf die Frage einzugehen, wie sich dies mit dem Formerfordernis des § 311b Abs. 1 BGB in Einklang bringen lässt.[810]

Der V. Zivilsenat zeigte sich hingegen deutlich restriktiver und läutete zu dieser Frage mit zwei Urteilen einen Rechtsprechungswandel ein.[811] Zwar geht auch er grundsätzlich von der Anwendbarkeit des § 434 Abs. 1 S. 3 BGB auf gemäß § 311b Abs. 1 BGB beurkundungsbedürftige Verträge aus und schränkt § 311b Abs. 1 BGB insoweit ein.[812] Er relativiert diesen Grundsatz jedoch dadurch, dass er § 434 Abs. 1 S. 3 BGB nur auf Angaben anwendet, zu denen nicht in der notariellen Urkunde eine Abweichung vereinbart wurde; diese notariell beurkundete Vereinbarung bilde gegenüber früheren Verlautbarungen eine zeitliche Zäsur, sodass allein der in-

---

806 BGH, Urteil vom 19.11.1982 – V ZR 161/81, NJW 1983, 563, 564; *Omlor*, NJW 2018, 817, 820.

807 BGH, Urteil vom 06.11.2015 – V ZR 78/14, NJW 2016, 1815 Rn. 15 ff.; Staudinger/*Schumacher*, § 311b Abs. 1 BGB, Rn. 161; *Omlor*, NJW 2018, 817, 820.

808 Dies als Argument anführend auch *Omlor*, NJW 2018, 817, 820; ausführlich zu dieser Frage *Gräf*, ZfPW 2017, 286, 303 ff.

809 BGH, Urteil vom 04.06.2009 – VII ZR 54/07, NJW 2009, 2439; BGH, Urteil vom 14.06.2007 – VII ZR 45/06, NJW 2007, 2983.

810 Näher *Vogel*, PiG 104, 1, 9.

811 Im Einzelnen *Vogel*, PiG 104, 1, 9 ff.

812 BGH, Urteil vom 22.04.2016 – V ZR 23/15, NJW 2017, 150 Rn. 12 ff.; BGH, Urteil vom 16.03.2012 – V ZR 18/11, NJW-RR 2012, 1078 Rn. 12.

haltlich abweichende, notariell beurkundete Vertragsinhalt maßgeblich sei.[813]

Für § 650k Abs. 1 BGB hieße dies, dass die vorvertraglich in Textform übermittelte Baubeschreibung Vertragsinhalt würde, soweit keine davon abweichenden Abreden in der notariellen Urkunde selbst getroffen werden.[814] Diese Abweichungen müssten aber nach der Rechtsprechung des V. Zivilsenats nicht „ausdrücklich" in dem von § 650k Abs. 1 BGB geforderten Sinne erfolgen. Denn wenn mit dieser Rechtsprechung davon ausgegangen wird, dass die notarielle Beurkundung eine zeitliche Zäsur bilde und der hierin vereinbarte Vertragsinhalt etwaigen vorherigen, hiervon abweichenden Absprachen vorgehe, kommt es auf das Erfordernis der Ausdrücklichkeit gar nicht an.

Das heißt aber im Umkehrschluss, dass bei einem Rückgriff auf die vorstehend dargestellte Rechtsprechung des BGH die Effektivität des notariellen Formerfordernisses beschnitten würde, ohne dass der Sinn und Zweck des § 650k Abs. 1 BGB in vollem Umfang realisiert werden könnte, da dieser gerade darin liegt, dass der Verbraucher darauf vertrauen kann, dass die vorvertraglich in der Baubeschreibung zur Verfügung gestellten Angaben auch zum Vertragsinhalt werden, wenn nicht *ausdrücklich* etwas anderes vereinbart wird. Bei einer Übertragung der Rechtsprechung zu § 434 Abs. 1 S. 3 BGB auf § 650k Abs. 1 BGB wäre es indessen möglich, dass die vorab übersandte Baubeschreibung von jener, die beurkundet wird, abweicht[815], ohne dass dies ausdrücklich mit dem Verbraucher besprochen worden wäre. Es obläge dann dem Verbraucher als Erwerber, sich durch eine genaue Kontrolle der vertraglichen Baubeschreibung zu schützen.[816] Es würde damit der Beweiswert der notariellen Urkunde eingeschränkt, ohne dem Telos des § 650k Abs. 1 BGB effektiv Rechnung zu tragen.

Es ist daher geboten, § 650k Abs. 1 BGB in Fällen, in denen der Verbraucherbauvertrag der notariellen Beurkundung bedarf, überhaupt nicht zur Anwendung zu bringen, sondern zugunsten einer effektiven Anwendung des § 311b Abs. 1 BGB teleologisch zu reduzieren.[817] Für ein solches Verständnis sprechen gewichtige Argumente:

---

813 BGH, Urteil vom 22.04.2016 – V ZR 23/15, NJW 2017, 150 Rn. 18.
814 *Omlor*, NJW 2018, 817, 820.
815 So für den ebenfalls notariell beurkundungsbedürftigen Bauträgervertrag auch *Weise*, NJW-Spezial 2018, 44, 45; DLOPS/*Pause*, § 6, Rn. 99.
816 DLOPS/*Pause*, § 6, Rn. 99.
817 *Omlor*, NJW 2018, 817, 820; so bereits für § 434 Abs. 1 S. 3 BGB *Weber*, RNotZ 2016, 650, 654 sowie *Gräf*, ZfPW 2017, 286, 311 ff.

Zum einen kann so der Beweissicherheit und inhaltlichen Abgeschlossenheit des Urkundeninhalts Rechnung getragen werden.[818] Der hohe Beweiswert einer notariellen Urkunde sowie die daraus abgeleitete Vermutung für ihre Vollständigkeit und Richtigkeit[819] würden in Frage gestellt, wenn zusätzlich weitere Unterlagen zu prüfen wären, um den Vertragsinhalt zweifelsfrei feststellen zu können.[820]

Zum anderen gewährt die notarielle Beurkundung schon für sich genommen aufgrund der Aufklärungspflichten des Notars ein hohes Verbraucherschutzniveau. Denn einerseits verpflichtet § 17 Abs. 2a S. 2 Nr. 2 BeurkG den Notar, die zu beurkundende Baubeschreibung (im Regelfall) zwei Wochen vor der Beurkundung dem Verbraucher zur Verfügung zu stellen. Hierdurch bekommt der Verbraucher ausreichend Gelegenheit, diese mit der ihm vom Unternehmer zur Verfügung gestellten Baubeschreibung abzugleichen. Bei der Beurkundung sollte der Notar sodann auf die Übereinstimmung der an den Verbraucher übermittelten mit der zu beurkundenden Baubeschreibung achten; stellt er hierbei Abweichungen fest, hat er die Beurkundung wegen § 17 Abs. 2a S. 2 Nr. 2 BeurkG terminlich zu verschieben.[821] Außerdem besteht für den Notar angesichts der vorstehend dargestellten Rechtsprechung des V. Zivilsenats des BGH eine qualifizierte Hinweispflicht gegenüber dem Verbraucher dahingehend, dass vorvertragliche Angaben, die sich nicht in der Urkunde wiederfinden, jedenfalls nicht unmittelbar Vertragsinhalt werden.[822]

Das System der notariellen Beurkundung soll daher für sich betrachtet – genau wie letztlich auch § 650k Abs. 1 BGB – sicherstellen, dass dem Verbraucher keine Vertragserklärungen „untergeschoben" werden, die dieser gar nicht abgeben will, sondern dass vielmehr nur die Inhalte zum Vertragsgegenstand werden, die dem Verbraucher – gleich ob nach § 650j BGB i.V.m. Art. 249 § 1 EGBGB oder nach § 17 Abs. 2a S. 2 Nr. 2 BeurkG – vorvertraglich zur Verfügung gestellt wurden, und mit denen er sich folglich auch auseinandersetzen konnte. Dieser über das System der notariellen Beurkundung implementierte und auch bereits etablierte Verbraucherschutz soll nicht durch § 650k Abs. 1 BGB (teilweise) in seiner Funktionsweise beschnitten werden mit der Konsequenz, dass der Beweiswert notari-

---

818 *Omlor*, NJW 2018, 817, 820; zu § 434 Abs. 1 S. 3 BGB *Weber*, RNotZ 2016, 650, 653 f.

819 *Herrler*, NJW 2016, 1767, 1768.

820 So für § 434 Abs. 1 S. 3 BGB auch *Weber*, RNotZ 2016, 650, 653 f.

821 *Weise*, NJW-Spezial 2018, 44, 45.

822 *Vogel*, NZM 2017, 681, 686; *Herrler*, NJW 2016, 1767, 1768; *Vogel*, PiG 104, 1, 11; ähnlich, wenn auch weniger weitgehend *Damm*, BWNotZ 2016, 58, 61.

ell beurkundeter Verbraucherbauvertrags-Urkunden aufgeweicht wird. Vielmehr ist § 650k Abs. 1 BGB in diesen Fällen teleologisch zugunsten eines Vorrangs des § 311b Abs. 1 BGB zu reduzieren.[823]

Für dieses Ergebnis spricht auch ein weiteres Argument: Für den Bauträgervertrag sieht § 650u Abs. 1 S. 2 BGB zwar die Anwendung der Vorschriften zum Verbraucherbauvertrag vor; § 650u Abs. 2 BGB nimmt aber § 650k Abs. 1 BGB ausdrücklich von dieser Verweisung aus. Der Grund liegt in der vorbeschriebenen Gewährleistung des Verbraucherschutzes durch die Vorschriften zur notariellen Beurkundung, welche bei Bauträgerverträgen gemäß § 311b Abs. 1 BGB stets vorzunehmen ist. Da die Baubeschreibung bei Bauträgerverträgen stets beurkundungsbedürftig[824] und somit Teil des Vertrages ist, sah der Gesetzgeber keinen Anlass, § 650k Abs. 1 BGB auch bei Bauträgerverträgen für anwendbar zu erklären.[825]

Der Gesetzgeber hat also bewusst § 650k Abs. 1 BGB für Bauträgerverträge unter Verweis auf deren – sich auch auf die Baubeschreibung erstreckende – notarielle Beurkundungsbedürftigkeit für unanwendbar erklärt. Für notariell beurkundungsbedürftige Verbraucherbauverträge muss diese gesetzgeberische Wertung in gleicher Weise gelten. § 650k Abs. 1 BGB ist daher für solche Verbraucherbauverträge nicht anwendbar. Vertragsbegleitende Umstände außerhalb der notariellen Urkunde können gleichwohl im Rahmen der Auslegung zu berücksichtigen sein.[826]

bb) Anwendbarkeit auch auf nicht den gesetzlichen Anforderungen genügende Baubeschreibungen

Hingegen ist § 650k Abs. 1 BGB auch auf Baubeschreibungen anwendbar, die nicht den inhaltlichen Mindestvoraussetzungen des Art. 249 § 2 EGBGB entsprechen. Sollte ihr Inhalt unvollständig oder unklar sein, wird der Vertrag nach Maßgabe des Absatzes 2 ausgelegt und das Bausoll so in denjenigen Punkten, die nicht den gesetzlichen Anforderungen genügen, konkretisiert.[827] Im Gegensatz zu § 312d Abs. 1 S. 2 BGB, dessen Formulierung (*„Die in Erfüllung dieser Pflicht gemachten Angaben [...] werden Inhalt*

---

823 So im Ergebnis auch *Omlor*, NJW 2018, 817, 820; wohl auch *Pfenning*, RNotZ 2018, 585, 594f.

824 BGH, Urteil vom 03.07.2008 – III ZR 189/07, NJW-RR 2008, 1506; *Karczewski*, NZBau 2018, 328.

825 BT-Drs. 18/8486, S. 72.

826 Hierzu sogleich näher E.III.3.a), S. 258 ff.

827 So auch jurisPK/*Segger-Piening*, § 650k, Rn. 12.

des Vertrags, [...]") Anlass zur Spekulation[828] darüber gibt, ob die angeordnete Rechtsfolge nur für Angaben gelten soll, die den gesetzlichen Vorgaben genügen, ist der Wortlaut des § 650k Abs. 1 BGB insoweit eindeutig.[829] Er stellt gerade nicht auf die Gesetzeskonformität der Baubeschreibung ab, sondern erklärt alle darin enthaltenen Angaben generell zum Vertragsinhalt.[830]

Deutlich problematischer hingegen ist die Frage, ob § 650k Abs. 1 BGB für Baubeschreibungen gilt, die entgegen Art. 249 § 1 EGBGB nicht in Textform zur Verfügung gestellt wurden. Hier besteht ein Spannungsfeld mit § 650i Abs. 2 BGB, der für den Verbraucherbauvertrag selbst ein Textformerfordernis regelt. Unter Berufung auf jenen § 650i Abs. 2 BGB verneinen einige Stimmen die Anwendbarkeit des § 650k Abs. 1 BGB auf nicht formgerecht erteilte Baubeschreibungen; die nicht formgerechte Baubeschreibung solle dann vielmehr lediglich als vertragsbegleitender Umstand im Rahmen der Auslegung zu berücksichtigen sein.[831]

Ein solches Verständnis käme aber einer Belohnung derjenigen Unternehmer gleich, die – unabsichtlich oder bewusst – die Baubeschreibung nicht in Textform erstellen – beispielsweise dergestalt, dass dem Verbraucher lediglich eine E-Mail mit einem Link auf die Website des Unternehmers übersandt wird, auf der die Baubeschreibung einsehbar ist.[832] Derlei genügt nicht den Anforderungen des § 126b BGB, da der Verbraucher als Empfänger es dann weder in der Hand hat, die Erklärung aufzubewahren oder zu speichern, noch sichergestellt ist, dass die Erklärung für einen bestimmten Zeitraum unverändert zugänglich ist.[833] Unternehmer könnten Verbrauchern – entgegen dem mit § 650k Abs. 1 BGB verfolgten Schutzzweck – bei Vertragsschluss andere Erklärungsinhalte „unterschieben" als die vorvertraglich im Rahmen der Baubeschreibung zur Verfügung gestellten.

Dies könnte auch nicht durch eine Berücksichtigung der Inhalte der nicht formgerechten Baubeschreibung im Rahmen der Auslegung nach

---

828 *Kramme*, NJW 2015, 279, 280.
829 jurisPK/*Segger-Piening*, § 650k, Rn. 12.
830 jurisPK/*Segger-Piening*, § 650k, Rn. 12; so im Ergebnis bereits zu § 312d BGB BT-Drs. 17/13951, S. 73; *Kramme*, NJW 2015, 279, 280.
831 Palandt/*Sprau*, § 650k BGB, Rn. 3; *Ring*, Das neue Bauvertragsrecht in der anwaltlichen Praxis, § 3, Rn. 64.
832 Diese Möglichkeit ebenfalls diskutierend DNotI-Gutachten, DNotI-Report 2017, 137, 139.
833 BT-Drs. 17/12637, S. 44; EuGH, Urteil vom 05.07.2012 – C-49/11, NJW 2012, 2637 Rn. 43 ff.; Erman/*Arnold*, § 126b BGB, Rn. 7.

§ 650k Abs. 2 BGB verhindert werden. Denn eine derartige Auslegung kann nur dann zur Anwendung kommen, soweit der (in Textform erstellte) Vertragsinhalt für sich genommen Unklarheiten oder Unvollständigkeiten enthält. Ist ein von der Baubeschreibung abweichender Vertragsinhalt aber wirksam vereinbart und hinreichend eindeutig, ist das nicht der Fall.

Würden nicht in Textform erteilte Baubeschreibungen nicht gemäß § 650k Abs. 1 BGB Vertragsinhalt, würde die Effektivität des § 650k Abs. 1 BGB untergraben und zugleich ein Anreiz für unredliche Unternehmer geschaffen, ganz bewusst nur „formwidrige" Baubeschreibungen zu erstellen, um beim Vertragsschluss das Bausoll zu ihren Gunsten abändern zu können. Gerade ein solches Gebaren soll jedoch durch § 650k Abs. 1 BGB verhindert werden; mit Recht stellt der Gesetzgeber fest, dass ohne § 650k Abs. 1 BGB die Baubeschreibungspflicht nach § 650j BGB leerzulaufen drohte. Es wäre widersinnig, Unternehmer, die den gesetzlichen Formanforderungen an die Baubeschreibung nicht genügen, gegenüber Unternehmern, die diese Pflicht erfüllen, zu bevorzugen.

E contrario ergibt sich aus § 650k Abs. 2 S. 1 BGB, dass unzulängliche – nämlich *„unklare"* und *„unvollständige"* Baubeschreibungen Vertragsinhalt werden. Es ist nicht ersichtlich, weshalb dies nicht auch für „formwidrige" Baubeschreibungen gelten sollte. Wenn der BGH nicht der (notariellen) Form genügende vorvertragliche Erklärungen einer Vertragspartei, also insbesondere „baubeschreibungs-ähnliche" Angaben in Exposés im Rahmen der Vertragsauslegung insoweit berücksichtigt, als nicht die beurkundete Vereinbarung ausdrücklich etwas anderes regelt[834], so muss auch eine nicht formgerechte Baubeschreibung Inhalt des in Textform zu schließenden Verbraucherbauvertrags werden können.

Auch der Wortlaut spricht für dieses Verständnis: § 650k Abs. 1 BGB ordnet lediglich an, dass *„die Angaben der vorvertraglich zur Verfügung gestellten Baubeschreibung"* Vertragsinhalt werden, differenziert also nicht danach, ob diese den gesetzlichen Anforderungen entspricht oder nicht; dies gilt für Anforderungen an die Form in gleicher Weise wie für die Vorgaben an den Inhalt.

Daher muss § 650k Abs. 1 BGB auch für formwidrige Baubeschreibungen gelten.[835] Die dadurch bewirkte Einschränkung des § 650i Abs. 2 BGB ist hinnehmbar. Danach soll ein Verbraucherbauvertrag aus Beweisgrün-

---

834 BGH, Urteil vom 22.04.2016 – V ZR 23/15, NJW 2017, 150 Rn. 12 ff.
835 So wohl auch BeckOK BGB/*Voit*, § 650k BGB, Rn. 6, der jedenfalls den Rechtsgedanken des § 650k Abs. 1 BGB heranziehen will.

den in Textform geschlossen werden. Während aber der notariellen Form zum Erhalt ihres besonders hohen Beweiswerts gegenüber beispielsweise § 650k Abs. 1 BGB der Vorrang verschafft werden muss, führt die Wahrung des Textformerfordernisses nicht zu einem vergleichbar hohen Beweiswert der ihr unterliegenden Erklärungen. Ein Verbraucherbauvertrag könnte sogar per SMS geschlossen werden, da dies der Form des § 126b BGB genügt[836]; ein Formerfordernis mit solch geringen Hürden bedarf nicht des Schutzes um jeden Preis.

Für den Verbraucherbauvertrag war sogar zunächst weder im Referenten-[837] noch im Regierungsentwurf[838] ein besonderes Formerfordernis vorgesehen. Erst auf die Prüfbitte des Bundesrates hin, welche mit dem erhöhten Schutzbedürfnis des Verbrauchers sowie dessen Interesse an Rechtssicherheit begründet wurde[839], wurde § 650i Abs. 2 BGB geschaffen.[840] Auch in der hierzu gegebenen Begründung stellt der Gesetzgeber ausdrücklich und vornehmlich auf die Interessen des Verbrauchers ab; insbesondere solle dieser während der Bauausführung und nach Fertigstellung stets nachhalten können, was vertraglich geschuldet ist.[841] Wenn das Textformerfordernis aber in erster Linie dem Schutz des Verbrauchers dienen soll, wäre es widersinnig, wegen dieses Formerfordernisses § 650k Abs. 1 BGB in Fällen nicht formgerechter Baubeschreibungen nicht zur Anwendung zu bringen.

Das Vertrauen des Verbrauchers in die vorvertragliche Baubeschreibung als Schutzgut des § 650k Abs. 1 BGB ist nicht davon abhängig, ob diese Baubeschreibung formgerecht erteilt wurde oder nicht. Vielmehr kann ein schutzwürdiges Vertrauen des Verbrauchers, der die gesetzlichen Formerfordernisse oft nicht kennt, auch hinsichtlich einer nicht der Textform genügenden Baubeschreibung entstehen. Kommt es demnach nach Zurverfügungstellung einer nicht formgerechten Baubeschreibung zum Vertragsschluss, ist § 650i Abs. 2 BGB insoweit zugunsten einer durchgreifenden Anwendung von § 650k Abs. 1 BGB teleologisch zu reduzieren.

Weicht der Vertragsinhalt – was in der Praxis allerdings kaum vorstellbar sein dürfte – zugunsten des Verbrauchers von den Angaben der nicht

---

836 *Hebel*, Das neue BGB-Bauvertragsrecht, S. 162.
837 RefE, S. 15.
838 BT-Drs. 18/8486, S. 16.
839 BT-Drs. 18/8486, S. 90.
840 Das Gesetzgebungsverfahren zu § 650i BGB im Einzelnen darstellend *Hebel*, Das neue BGB-Bauvertragsrecht, S. 158 ff.
841 BT-Drs. 18/11437, S. 43.

formgerechten Baubeschreibung ab, kommt § 650k Abs. 1 BGB allerdings nicht zur Anwendung:

Zum einen verbietet die verbraucherschützende Zielsetzung des § 650k Abs. 1 BGB eine Anwendung zulasten des Verbrauchers; der Unternehmer bedarf des Schutzes durch diese Norm nicht, sodass er sich hierauf auch nicht berufen kann.

Zum anderen stünde einer Berufung des Unternehmers auf den Inhalt der Baubeschreibung unter Verweis auf § 650k Abs. 1 BGB der Einwand des *venire contra factum proprium* entgegen. Wer als Unternehmer die Baubeschreibung nicht in der gesetzlich vorgeschriebenen Form zur Verfügung stellt und so die Rechts- und Beweisposition des Verbrauchers schwächt, kann sich nicht im Nachhinein auf den Inhalt jener Baubeschreibung berufen.[842]

c) Dogmatische Einordnung und Wirkungsweise

Nachdem geklärt wurde, auf welche Sachverhalte § 650k Abs. 1 BGB Anwendung finden kann, ist nun seine Wirkungsweise näher zu untersuchen.

aa) Einbeziehung kraft gesetzlicher Anordnung

Aufgrund der vom Gesetzgeber herausgestellten Orientierung der Vorschrift an § 312d Abs. 1 S. 2 BGB kann insoweit auf dessen dogmatische Einordnung Bezug genommen werden. Hierzu wird diskutiert, ob die Einbeziehung der vorvertraglich zur Verfügung gestellten Informationen in den Vertragsinhalt einen rechtsgeschäftlichen Charakter aufweist oder ob dies aufgrund gesetzlicher Anordnung erfolgt. Diese dogmatische Einordnung ist keine bloße akademische Spitzfindigkeit, sondern – wie die Ausführungen im folgenden Unterkapitel zeigen werden – für das Verständnis des § 650k Abs. 1 BGB durchaus relevant.

Ein Indiz für eine rechtsgeschäftliche Charakterisierung des § 312d Abs. 1 S. 2 BGB wie auch des § 650k Abs. 1 BGB ist die jeweils im zweiten Halbsatz der Vorschriften vorgesehene Möglichkeit, durch ausdrückliche Vereinbarung *abzubedingen*, dass vorvertraglich erteilte Informationen Ver-

---

842 Hierzu die Gesetzesbegründung zu § 312d Abs. 1 S. 2 BGB, BT-Drs. 17/12637, S. 54; so für die Zurverfügungstellung widersprüchlicher Informationen auch Palandt/*Grüneberg*, § 312d BGB, Rn. 2.

tragsinhalt werden.[843] Dann ließe sich auch die *Einbeziehung* als „actus primus" begreifen und damit ebenfalls rechtsgeschäftlich einordnen. Dogmatisch würde also dem Schweigen der Parteien, die nicht ausdrücklich etwas anderes vereinbaren, ein Erklärungswert beigemessen.[844]

Gegen derartige Annahmen spricht freilich, dass nach dem klaren Wortlaut des § 650k Abs. 1 BGB *„die Angaben der Baubeschreibung"* Vertragsinhalt werden, und zwar unabhängig davon, ob diese Angaben den gesetzlichen Mindestanforderungen des Art. 650j BGB i.V.m. Art. 249 EGBGB entsprechen.[845] Dies lässt sich nur schwer mit einem rechtsgeschäftlichen Verständnis vereinbaren. Denn jedenfalls dem Schweigen des Verbrauchers bei Vertragsschluss wird man keinen Erklärungswert dergestalt beimessen können, dass dieser auch eine nicht hinreichend klare oder lückenhafte Baubeschreibung zum Inhalt des Vertrags machen will; wüsste er von einer solchen Unzulänglichkeit der vorvertraglich zur Verfügung gestellten Baubeschreibung und den hiermit für ihn verbundenen Risiken, würde er wohl regelmäßig keinen Vertrag mit dem Inhalt (auch) dieser Baubeschreibung abschließen. § 650k Abs. 1 BGB ordnet aber genau diese Rechtsfolge ohne Rücksicht darauf an, ob Defizite der Baubeschreibung sich im konkreten Fall zu Lasten des Verbrauchers auswirken können. Derartige Risiken sollen vielmehr erst durch eine Auslegung nach § 650k Abs. 2 BGB begrenzt werden. Demnach ist die Einbeziehung des Inhalts der Baubeschreibung in den Vertrag nach § 650k Abs. 1 BGB aus dogmatischer Sicht als gesetzliche Anordnung und nicht als rechtsgeschäftlicher Akt einzuordnen.[846]

bb) Wirkungsweise und Folgen

Damit steht auch die Wirkungsweise des § 650k Abs. 1 BGB in Einklang: In dem Moment, in dem der Verbraucher seine Vertragserklärung abgibt, werden automatisch und ohne besondere Erwähnung auch die vom Unternehmer vorvertraglich in der Baubeschreibung zur Verfügung gestellten Informationen Bestandteil des Vertrags. Lediglich, wenn und soweit die

---

843 jurisPK/*Segger-Piening*, § 650k, Rn. 10; zu § 312d Abs. 1 S. 2 BGB *Kramme*, NJW 2015, 279, 282.

844 So für § 312d Abs. 1 S. 2 BGB *Kramme*, NJW 2015, 279, 282.

845 jurisPK/*Segger-Piening*, § 650k, Rn. 10; zu § 312d Abs. 1 S. 2 BGB *Kramme*, NJW 2015, 279, 282.

846 jurisPK/*Segger-Piening*, § 650k, Rn. 10.

Baubeschreibung Abweichungen von zugunsten des Verbrauchers zwingendem Gesetzesrecht enthält, behält Letzteres Vorrang.[847]

Diese Funktionsweise des § 650k Abs. 1 BGB führt zu weitreichenden Folgen und einer entscheidenden Verbesserung der Rechtstellung des Verbrauchers im Vergleich zur Situation vor Einführung des neuen Bauvertragsrechts. Zwar waren vorvertragliche Baubeschreibungen auch bisher nicht ohne jede Relevanz. Ihre Inhalte spielten aber lediglich über die Grundsätze der allgemeinen Rechtsgeschäftslehre, insbesondere also im Rahmen der Auslegung von Willenserklärungen und Verträgen nach §§ 133, 157 BGB, eine Rolle. Soweit eine vorvertragliche Baubeschreibung vom dokumentierten Vertragsinhalt abwich, waren gemäß §§ 133, 157 BGB die Begleitumstände des Vertragsschlusses wie etwaige Vorverhandlungen und das Gesamtbild der Vertragsverhandlungen für die Ermittlung des „wirklichen" Vertragsinhalts zu berücksichtigen.[848] Hatte der Unternehmer im Rahmen einer vorvertraglichen Baubeschreibung Angaben zur angebotenen Bauleistung gemacht, konnten diese den Inhalt des Bauvertrags wesentlich mitprägen.[849]

Jedoch war stets diejenige Vertragspartei, die aus der Baubeschreibung zu ihren Gunsten Rechte herleiten wollte, in der Beweislast[850]; dies war typischerweise der Verbraucher, der auf für ihn günstigere Angaben in der Baubeschreibung beim Vertragsschluss vertraut und erwartet hatte, dass diese Vertragsinhalt würden.[851] Behauptete er, dass vorvertraglich vom Unternehmer von den Inhalten der Vertragsdokumentation abweichende, für ihn günstigere Angaben im Rahmen einer Baubeschreibung gemacht worden sind, musste er darlegen und gegebenenfalls nachweisen, warum er in welchem Umfang Rechte aus der vorvertraglichen Baubeschreibung ableiten kann und inwieweit deren Inhalte den Vertragsinhalt beeinflussen. Dies barg vielerlei Schwierigkeiten für den Verbraucher, insbesondere dann, wenn bestimmte Zusagen lediglich mündlich gemacht worden waren.

Diese aus Verbrauchersicht unbefriedigende Rechtslage wurde durch die Einführung des § 650k Abs. 1 BGB korrigiert. Dieser statuiert eine widerlegbare Vermutung dafür, dass der Inhalt der Baubeschreibung auch Inhalt

---

847 *Hödl*, Das neue Bauvertragsrecht, Rn. 303; zu § 312d Abs. 1 S. 2 BGB MüKo BGB/*Wendehorst*, § 312d BGB, Rn. 9.
848 Palandt/*Ellenberger*, § 133 BGB, Rn. 15 f.; DLOPS/*Stretz*, § 5, Rn. 100.
849 *Glöckner*, BauR 2014, 411, 425.
850 BGH, Urteil vom 09.02.2010 – X ZR 82/07, BeckRS 2010, 5468 Rn. 12; Kniffka/Koeble/*Jurgeleit*/Sacher, Kompendium des Baurechts, 3. Teil, Rn. 30.
851 DLOPS/*Stretz*, § 5, Rn. 101.

des Bauvertrags ist. Die Regelung in Halbsatz 2, dass anderes nur bei einer ausdrücklichen Vereinbarung beider Vertragsparteien gelten kann, kommt somit einer gesetzlich geregelten Beweislastumkehr gleich.[852] In der zuvor beschriebenen Situation, dass die Baubeschreibung günstigere Angaben enthält als das Vertragsdokument selbst und der Verbraucher sich auf diese günstigeren Angaben der Baubeschreibung als Vertragsinhalt beruft, muss nun *der Unternehmer* das Vorliegen einer ausdrücklichen Vereinbarung im Sinne des § 650k Abs. 1 Hs. 2 BGB darlegen und gegebenenfalls im Wege des Strengbeweises nachweisen.

Der entscheidende durch § 650k Abs. 1 BGB bewirkte Fortschritt liegt somit darin, dass die Regelung den Verbraucher von Beweisschwierigkeiten befreit und so sicherstellt, dass er sich auf den Inhalt vorvertraglich vom Unternehmer gemachter Angaben verlassen kann.

2. Abweichung durch ausdrückliche Vereinbarung

Es ist typischerweise der Unternehmer, der von den Versprechungen der Baubeschreibung nachträglich Abstand nehmen will.[853] Das gelingt ihm künftig nur noch, soweit er nachweisen kann, dass eine solche Abweichung – meist ein Verzicht des Verbrauchers auf vorvertraglich gegebene Zusagen – ausdrücklich vereinbart wurde, § 650k Abs. 1 Hs. 2 BGB. Die Anforderungen an eine derartige ausdrückliche Vereinbarung und ihren Nachweis sind durchaus hoch.

a) Anforderungen an die Ausdrücklichkeit und Form einer Vereinbarung

So genügt bloßes Schweigen oder schlüssiges Verhalten für die geforderte „Ausdrücklichkeit" nicht.[854] Dies war bereits hinsichtlich des § 312d Abs. 1 S. 2 BGB allgemeiner Konsens[855]; alles andere wäre auch mit Art. 6 Abs. 5 VRRL nicht vereinbar gewesen. Demnach stellt es jedenfalls keine ausdrückliche Vereinbarung dar, wenn dem Verbraucher lediglich inhaltlich von den Angaben der Baubeschreibung abweichende AGB übersandt wer-

---

852 DLOPS/*Stretz*, § 5, Rn. 101; BeckOGK/*Merkle*, § 650k BGB, Rn. 4.
853 DLOPS/*Stretz*, § 5, Rn. 101 f.
854 DLOPS/*Stretz*, § 5, Rn. 105; jurisPK/*Segger-Piening*, § 650k BGB, Rn. 18; Messerschmidt/Voit/ *Lenkeit*, § 650k BGB, Rn. 12.
855 Statt vieler vgl. BT-Drs. 17/12637, S. 54; Palandt/*Grüneberg*, § 312d BGB, Rn. 2.

den und er hierauf nicht weiter reagiert.[856] Selbiges gilt, wenn dem Vertragstext ohne weiteren Hinweis eine Baubeschreibung beigelegt wird, die von der vor Vertragsabschluss übergebenen abweicht, und der Verbraucher den Vertrag in dieser Fassung unterschreibt.[857] Dadurch würde die vorvertraglich übergebene Baubeschreibung lediglich konkludent (und somit gerade nicht ausdrücklich) abbedungen.[858]

Über diesen „Basiskonsens" hinaus kann der Begriff der Ausdrücklichkeit aber unterschiedlich verstanden werden. Ein eher weiteres Verständnis ließe es genügen, wenn der Verbraucher lediglich ausdrücklich abweichenden Vertragsbedingungen zustimmt, wobei diese Zustimmung nicht zwingend losgelöst von anderen Erklärungen erfolgen muss, sondern auch in der „pauschal" auf den Vertragsabschluss gerichteten Erklärung oder sogar in dem Vertrag beigefügten Allgemeinen Geschäftsbedingungen enthalten sein kann.[859] Eine restriktivere Lesart verlangt indessen entweder eine vom Verbraucher selbst formulierte Erklärung oder aber, wenn der Verbraucher einer vom Unternehmer vorformulierten Erklärung zustimmt, eine von anderen Erklärungen getrennte Zustimmung durch aktives Tun.[860]

Die Festlegung, welche dieser beiden Auslegungen dem Begriff der Ausdrücklichkeit in § 650k Abs. 1 BGB zugrunde zu legen ist, hat entscheidende Auswirkungen darauf, unter welchen Voraussetzungen in der Praxis vom Regelfall des § 650k Abs. 1 Hs. 1 BGB abweichende Vereinbarungen getroffen werden können.

aa) Vergleich mit § 312d Abs. 1 S. 2 BGB und ähnlichen Regelungen

Jedenfalls ist der Begriff der „Ausdrücklichkeit" in § 650k Abs. 1 BGB so auszulegen wie in § 312d Abs. 1 S. 2 BGB[861]; denn der Gesetzgeber selbst wünscht ausdrücklich einen solchen „Gleichklang" von § 650k Abs. 1 BGB und § 312d Abs. 1 S. 2 BGB.[862] Da die vorstehend dargestellten unterschiedlichen Verständnismöglichkeiten in Bezug auf den Begriff der Aus-

---

856 Messerschmidt/Voit/*Lenkeit*, § 650k BGB, Rn. 12.
857 DLOPS/*Stretz*, § 5, Rn. 108; Leinemann/Kues/*Abu Saris*, § 650k BGB, Rn. 9.
858 jurisPK/*Segger-Piening*, § 650k BGB, Rn. 18.
859 BeckOK BGB/*Voit*, § 650k BGB, Rn. 7; jurisPK/*Segger-Piening*, § 650k BGB, Rn. 16, 19 f.
860 DLOPS/*Stretz*, § 5, Rn. 105; *Hödl*, Das neue Bauvertragsrecht, Rn. 304.
861 DLOPS/*Stretz*, § 5, Rn. 105; jurisPK/*Segger-Piening*, § 650k BGB, Rn. 16.
862 BT-Drs. 18/8486, S. 62.

drücklichkeit bereits im Rahmen des § 312d Abs. 1 S. 2 BGB existierten[863], können die jeweiligen Argumente für § 650k Abs. 1 BGB gleichermaßen herangezogen werden.

§ 312d Abs. 1 S. 2 BGB stellt die Umsetzung der Vorgabe des Art. 6 Abs. 5 VRRL dar. Deshalb können auch andere europarechtliche Regelungen mit gleicher Zielsetzung, die in ihrer Konzeption genauso aufgebaut sind wie Art. 6 Abs. 5 VRRL, für dessen Auslegung und somit auch die Auslegung des Begriffs der „ausdrücklichen Vereinbarung" herangezogen werden. Dies gilt insbesondere für europarechtliche Normen, die genau wie Art. 6 Abs. 5 VRRL die Einbeziehung vorvertraglich zu erteilender Pflichtinformationen in den Vertragsinhalt anordnen – solange und soweit nicht ausnahmsweise die Parteien ausdrücklich etwas Abweichendes vereinbaren. Solche Regelungen finden sich z. B. in Art. 5 Abs. 2 der Timesharing-Richtlinie (2008/122/EG) oder in Art. 13 Abs. 2 des Vorschlags einer Verordnung des Europäischen Parlaments und des Rates über ein Gemeinsames Europäisches Kaufrecht[864] (im Folgenden: GEK).

Nicht für die Auslegung des § 650k Abs. 1 BGB herangezogen werden kann indessen § 312a Abs. 3 BGB, obwohl auch dort der Begriff der „Ausdrücklichkeit" verwendet wird.[865] Denn diese Vorschrift setzt Art. 22 VRRL um, der eine Spezialregelung für *zusätzliche*, die Vergütung für die Hauptleistungspflicht übersteigende Zahlungspflichten des Verbrauchers darstellt. Diese Regelung knüpft gerade nicht an vorvertraglich zu erteilende Pflichtinformationen an, sondern fordert unabhängig davon die Zustimmung des Verbrauchers zu zusätzlichen Zahlungen. Daher unterscheidet sich der Charakter des Art. 22 VRRL grundlegend von dem des Art. 6 Abs. 5 VRRL bzw. des § 312d Abs. 1 S. 2 BGB. Der in Art. 22 VRRL für die dort geregelten Konstellationen verwendete Begriff der „Ausdrücklichkeit" ist deshalb für die Auslegung des Art. 6 Abs. 5 VRRL und damit auch des § 312d Abs. 1 S. 2 BGB sowie des § 650k Abs. 1 BGB kein tauglicher Anknüpfungspunkt.[866] Dies ergibt sich – neben dem unterschiedlichen Regelungscharakter beider Normen – auch aus der unterschiedlichen Terminologie. Während Art. 22 VRRL die *„ausdrückliche Zustimmung"* des Verbrauchers zu jeder „Extrazahlung" fordert und dies näher präzisiert, geht es in

---

863 Für eine restriktive Definition: MüKo BGB/*Wendehorst*, § 312d BGB, Rn. 8; BeckOGK/*Busch*, § 312d BGB, Rn. 8; hingegen – wenn auch kritisch – für ein weiteres Verständnis *Kramme*, NJW 2015, 279, 280.

864 KOM (2011) 635 endgültig.

865 A.A. Messerschmidt/Voit/*Lenkeit*, § 650k BGB, Rn. 12.

866 jurisPK/*Segger-Piening*, § 650k BGB, Rn. 19.

Art. 6 Abs. 5 VRRL (wie auch in Art. 5 Abs. 2 der Timesharing-Richtlinie oder Art. 13 Abs. 2 GEK) um eine *ausdrückliche Vereinbarung*, deren Inhalt von zuvor seitens des Unternehmers gemachten Angaben abweicht.

bb) Gebot eines restriktiven Verständnisses der Ausdrücklichkeit

Unter Heranziehung der zu § 312d Abs. 1 S. 2 BGB sowie vergleichbaren Normen auf europäischer Ebene vorliegenden Materialien und Erkenntnisse ergibt sich für § 650k Abs. 1 Hs. 2 BGB, dass ein restriktives Verständnis des Begriffs der Ausdrücklichkeit vorzugswürdig ist, mithin für eine ausdrückliche Vereinbarung entweder eine vom Verbraucher selbst formulierte Erklärung oder aber, wenn der Verbraucher einer vom Unternehmer vorformulierten Erklärung zustimmt, eine von anderen Erklärungen getrennte Zustimmung durch aktives Tun erforderlich ist.

Dies legen insbesondere Sinn und Zweck der Norm nahe. Diese soll sicherstellen, dass der Verbraucher sich darauf verlassen kann, dass nicht bei Vertragsschluss „im Kleingedruckten" von den Informationen, die ihm im Rahmen der Baubeschreibung mitgeteilt wurden, abgewichen wird.[867] Die Abweichung von diesem Grundsatz mittels einer ausdrücklichen Vereinbarung stellt eine Ausnahmeregelung dar, die schon generell[868], aber erst recht als Ausnahme von einer verbraucherschützenden Vorschrift[869] möglichst eng auszulegen ist.[870] Würde es dem Unternehmer ermöglicht, „ausdrückliche" Vereinbarungen im Sinne des § 650k Abs. 1 Hs. 2 BGB ohne weiteres zu schließen, würde das vom Gesetzgeber verfolgte Ziel des Verbraucherschutzes unterlaufen.[871]

Zwar gilt für den Fall, dass die Abweichung mittels Allgemeiner Geschäftsbedingungen erfolgt, die Vorschrift des § 305c Abs. 1 BGB. Dieser findet neben § 650k Abs. 1 BGB – wie auch neben § 312d Abs. 1 S. 2 BGB[872] – Anwendung; der jeweils strengere Maßstab setzt sich

---

867 S.o., E.I.2., S. 215.
868 Entsprechend dem Grundsatz „singularia non sunt extenda", *Möllers*, Juristische Methodenlehre, § 4, Rn. 123.
869 Vgl. BT-Drs. 18/8486, S. 62; die enge Auslegung ist insbesondere bei Ausnahmetatbeständen mit europarechtlichem Hintergrund geboten, vgl. *Möllers*, Juristische Methodenlehre, § 4, Rn. 140 ff. m.w.N.
870 So für § 312d Abs. 1 S. 2 BGB auch BeckOGK/*Busch*, § 312d BGB, Rn. 8.
871 BeckOK BauvertrR/*Langjahr*, § 650k BGB, Rn. 2.
872 Hierzu ausführlich *Kramme*, NJW 2015, 279, 281.

durch.[873] Wird durch AGB-Klauseln zu Lasten des Verbrauchers von Angaben einer bereits zur Verfügung gestellten Baubeschreibung abgewichen, stellt dies aufgrund des Leitbildcharakters des § 650k Abs. 1 BGB zunächst eine objektiv ungewöhnliche Situation dar[874]; das Verdikt einer „überraschenden" Klausel liegt dann nahe. Damit eine solche Klausel ausnahmsweise nicht als überraschend einzustufen ist, muss im Text deutlich wahrnehmbar – idealerweise durch Fettdruck und einen gesonderten Absatz – hervorgehoben werden, dass mit einer bestimmten Klausel von Angaben der Baubeschreibung abgewichen wird.[875]

Diese Möglichkeit der Kontrolle über § 305c Abs. 1 BGB vermag aber keinen ähnlich effektiven Verbraucherschutz zu gewährleisten wie eine restriktive Auslegung des Begriffs der ausdrücklichen Vereinbarung im Rahmen des § 650k Abs. 1 BGB. Der „Umweg" über § 305c Abs. 1 BGB ist nicht nur dogmatisch unbefriedigend, weil die Vorschrift nicht auf Verbraucherbauverträge zugeschnitten ist. Für eine restriktive Definition des Begriffs der „Ausdrücklichkeit" spricht vor allem, dass § 305c Abs. 1 BGB überhaupt nur eine Rolle spielen kann, wenn die Abweichung von vorvertraglichen Zusagen explizit in Allgemeinen Geschäftsbedingungen erfolgt. Erfolgt sie aber individuell, entstehen im Verbraucherschutz durch niedrige Anforderungen an die „Ausdrücklichkeit" Lücken, die sich findige Unternehmer zu Nutze machen können. Die Korrektur eines auf diese Weise „erschlichenen" Vertragsinhalts über die §§ 123, 242 BGB[876] kommt nur in extremen Ausnahmefällen in Betracht und ist zudem alles andere als rechtssicher. Deshalb sollten im Interesse eines möglichst effektiven Verbraucherschutzes die Anforderungen an eine „ausdrückliche" Vereinbarung strenger dahingehend definiert werden, dass eine Abweichung vom Inhalt der vorvertraglichen Baubeschreibung im Vertragsinhalt nur möglich ist, wenn der Verbraucher dies auch tatsächlich und nachweislich so gewollt hat.

Dieses Verständnis unterstreicht auch die Gesetzesbegründung zu § 650i Abs. 2 BGB, wonach eine „ausdrückliche" Vereinbarung immer ein eigenständiger, vom Vertragsschluss selbst losgelöster Akt sein muss. Wörtlich heißt es dort: *„In der Vertragspraxis dürfte es sich anbieten, die ursprüngliche*

---

873 Messerschmidt/Voit/*Lenkeit*, § 650k BGB, Rn. 9; jurisPK/*Segger-Piening*, § 650k BGB, Rn. 17.
874 jurisPK/*Segger-Piening*, § 650k BGB, Rn. 17.
875 jurisPK/*Segger-Piening*, § 650k BGB, Rn. 17; Palandt/*Grüneberg*, § 305c BGB, Rn. 4.
876 Diese Möglichkeit anführend *Kniffka/Retzlaff*, BauR 2017, 1747, 1836.

oder eine nach § 650k Abs. 1 BGB abgeänderte Fassung der Baubeschreibung dem Vertrag als Anlage beizufügen.“ [877] Im Zeitpunkt des Vertragsschlusses muss also – durch eine *andere* Vereinbarung als den eigentlichen Vertrag – schon eine ausdrückliche Vereinbarung im Sinne des § 650k Abs. 1 Hs. 2 BGB getroffen worden sein, denn sonst würde der Begriff *„abgeändert"* sprachlich und inhaltlich keinen Sinn machen; es könnte denknotwendig keine bereits *„nach § 650k Abs. 1 BGB"*, also durch eine ausdrückliche Vereinbarung, *„abgeänderte"* Baubeschreibung dem eigentlichen Vertrag beigefügt werden.

Auch der Europäische Gesetzgeber versteht den Begriff der „ausdrücklichen" Vereinbarung restriktiv. So hat er bereits in Art. 5 Abs. 2 der Timesharing-Richtlinie deutlich gemacht, dass er unter einer „abweichenden Vereinbarung" eine vom eigentlichen Vertragsschluss losgelöste, gesonderte Erklärung versteht.[878] Deshalb wird mit Art. 5 Abs. 2 UAbs. 2 und 3 der Timesharing-Richtlinie das Erfordernis statuiert, jene durch eine abweichende Vereinbarung getroffenen Änderungen vor Abschluss des Vertrags dem Verbraucher in einer bestimmten Form mitzuteilen und im Vertrag selbst auf die vereinbarten Änderungen hinzuweisen; diesen Vorgaben kann nur genügt werden, wenn die ausdrückliche Vereinbarung nicht durch dieselbe Erklärung zustande kommt wie der eigentliche Vertrag.

Ein solches restriktives Verständnis kommt auch in Erwägungsgrund Nr. 35 zur VRRL zum Ausdruck. Dieser präzisiert für die VRRL, was unter einer „ausdrücklichen" abweichenden Vereinbarung im Sinne des Art. 6 Abs. 5 VRRL zu verstehen ist. Von Belang ist insoweit insbesondere der zweite Satz des Erwägungsgrunds Nr. 35:

> *„Dennoch sollten die Vertragsparteien eine ausdrückliche Vereinbarung über eine Änderung des Inhalts des anschließend abgeschlossenen Vertrags, etwa hinsichtlich der Lieferbedingungen, abschließen können."*

Auch hieraus wird deutlich, dass eine „ausdrückliche Vereinbarung" in diesem Sinne eine von der Vertragserklärung selbst getrennte, gesonderte Erklärung sein muss. Denn wenn der Vertragsschluss erst *„anschließend"*, also nach Abschluss der ausdrücklichen abweichenden Vereinbarung, erfolgen kann, bedeutet dies implizit, dass bereits vor dem Vertragsschluss

---

877 BT-Drs. 18/11437, S. 43; Hervorhebung durch den Autor.
878 Im Zusammenhang mit der Auslegung des § 312d Abs. 1 S. 2 BGB ebenfalls auf Art. 5 Abs. 2 Timesharing-Richtlinie hinweisend auch *Kramme*, NJW 2015, 279, 280.

durch einen gesonderten Akt eine ausdrückliche Vereinbarung über etwaige Abweichungen geschlossen sein muss.

Außerdem hat der europäische Gesetzgeber den Begriff der Ausdrücklichkeit sogar – wenn auch andernorts – in einer sehr restriktiven Art und Weise ausdrücklich definiert, erstmals in einem Definitionsvorschlag des *European Law Institute* im Zusammenhang mit dem Entwurf der Schaffung eines Gemeinsamen Europäischen Kaufrechts.[879] Das Europäische Parlament hat sich diesen Definitionsvorschlag im weiteren Verlauf zu eigen gemacht und im Rahmen eines Änderungsantrags zum GEK als Definition zur Aufnahme in den vorläufigen Text der Verordnung beantragt:

> *„Für die Zwecke dieser Verordnung bezeichnet der Ausdruck „ausdrücklich" in Bezug auf eine Erklärung oder Vereinbarung, dass diese gesondert von anderen Erklärungen oder Vereinbarungen und im Wege aktiven und eindeutigen Verhaltens vorgenommen bzw. getroffen wird, einschließlich Markieren eines Feldes oder Aktivierung einer Schaltfläche oder einer ähnlichen Funktion."[880]*

Das restriktive Verständnis des Europäischen Gesetzgebers im Hinblick auf den Begriff der „ausdrücklichen Vereinbarung" ist auch für § 312d Abs. 1 S. 2 BGB maßgebend, da dieser letztlich nur die Umsetzung des Art. 6 Abs. 5 VRRL in nationales Recht darstellt. Zurecht wurden daher bereits für § 312d Abs. 1 S. 2 BGB die in der entsprechenden Gesetzesbegründung gemachten Ausführungen, wonach es für eine „ausdrückliche" Vereinbarung ausreichen solle, wenn der Unternehmer dem Verbraucher nach Mitteilung der gesetzlich vorgesehenen Informationen hiervon abweichende AGB übersendet und der Verbraucher diesen AGB ausdrücklich zustimmt[881], als zu weit und nicht mit den Vorgaben des Art. 6 Abs. 5 VRRL vereinbar kritisiert.[882] § 312d Abs. 1 S. 2 BGB ist vielmehr richtlini-

---

879 Vgl. den Definitionsvorschlag des European Law Institute (ELI), Statement on the Proposal for a Regulation on a Common European Sales Law, COM (2011) 635 final, 2013, S. 50.

880 So wörtlich Änderungsantrag Nr. 42, Bericht vom 24.09.2013 zum Vorschlag einer Verordnung des Europäischen Parlaments und des Rates über ein Gemeinsames Europäisches Kaufrecht COM (2011)0635 – C7-0329/2011, – 2011/0284 (COD), A7-0301/2013.

881 BT-Drs. 17/12637, S. 54.

882 MüKo BGB/*Wendehorst*, § 312d BGB, Rn. 8.

enkonform im Sinne der restriktiven Definition des Begriffs der ausdrücklichen Vereinbarung auszulegen.[883]

Dies muss dann auch für § 650k Abs. 1 BGB gelten, welcher sich ausweislich der Gesetzesbegründung an § 312d Abs. 1 S. 2 BGB orientieren soll. Das Argument, dass es auf das Verständnis des Begriffs im Rahmen der VRRL und den Schutzzweck dieser Richtlinie für die Auslegung des § 650k Abs. 1 BGB deshalb nicht ankommen könne, weil dieser selbst nicht europarechtlich determiniert sei[884], wird durch die Gesetzesbegründung zu § 650k Abs. 1 BGB ausdrücklich widerlegt. Diese verweist zur Einordnung des § 650k Abs. 1 BGB gerade nicht nur auf § 312d Abs. 1 S. 2 BGB (welcher aber ohnehin richtlinienkonform auszulegen ist), sondern auch – und zuallererst! – auf Art. 6 Abs. 5 VRRL.[885] Daher ist auch das Verständnis des Begriffs der „ausdrücklichen Vereinbarung" im Lichte dieser Richtlinie festzulegen – zumal das hinter Art. 6 Abs. 5 VRRL stehende Telos dasselbe ist wie das des § 650k Abs. 1 BGB.

Daher liegt eine „ausdrückliche" Vereinbarung im Sinne des § 650k Abs. 1 Hs. 2 BGB nur vor, wenn der Verbraucher entweder eine von ihm selbst formulierte Erklärung abgibt oder aber, wenn er einer vom Unternehmer vorformulierten Erklärung durch eine von anderen Erklärungen getrennte Erklärung zustimmt.[886] Zur Klärung der Frage, ob eine ausdrückliche Vereinbarung in diesem Sinne vorliegt, können im Zweifel auch die weiteren Rahmenbedingungen wie zum Beispiel (E-Mail)-Schriftverkehr oder geänderten Zeichnungen als Auslegungshilfe dienen; wird anhand derartiger Unterlagen deutlich, dass die getroffene abweichende Vereinbarung das Ergebnis von Verhandlungen der Parteien widerspiegelt, spricht dies stark für die Ausdrücklichkeit der Vereinbarung.[887]

cc) Form der ausdrücklichen Vereinbarung

Zwar schreibt § 650k Abs. 1 BGB nicht ausdrücklich eine konkrete Form vor. Auch ist die „abweichende Vereinbarung" vom Vertragsschluss unab-

---

883 So wohl auch MüKo BGB/*Wendehorst*, § 312d BGB, Rn. 8; kritisch hierzu *Kramme*, NJW 2015, 279, 280.
884 So *Hödl*, Das neue Bauvertragsrecht, Rn. 304, Fn. 214.
885 BT-Drs. 18/8486, S. 62.
886 DLOPS/*Stretz*, § 5, Rn. 105; *Hödl*, Das neue Bauvertragsrecht, Rn. 304.
887 Messerschmidt/Voit/*Lenkeit*, § 650k BGB, Rn. 14.

hängig und eigenständig.[888] Deshalb kann § 650i Abs. 2 BGB auf sie nicht unmittelbar angewendet werden.[889]

Indessen ergibt sich ein solches Erfordernis zwingend aus der Gesamtbetrachtung der in § 650i Abs. 2 BGB und Art. 249 § 1 EGBGB statuierten Formerfordernisse vor dem Hintergrund des diesen Vorschriften zugrunde liegenden Zwecks.[890] Der Gesetzgeber hat erkannt, dass nur durch eine hinreichende Dokumentation zumindest in Textform gewährleistet ist, dass der Verbraucher während der Bauausführung und nach Fertigstellung jederzeit nachhalten kann, was konkret vertraglich geschuldet ist.[891] Diese Überlegungen gelten denklogisch auch für eine geänderte Baubeschreibung, wie sie § 650k Abs. 1 Hs 2 BGB ausnahmsweise zulässt.

Auch für die in § 650k Abs. 1 Hs. 2 BGB genannte Vereinbarung – die ja nichts anderes beinhaltet als eine (nachträglich geänderte) Baubeschreibung – ist also die Textform Wirksamkeitsvoraussetzung. Die effektive Gewährleistung des mit den Vorschriften zum Verbraucherbauvertrag verfolgten Zwecks geht auch methodisch einer „scheuklappenartigen" Orientierung am Wortlaut des § 650k Abs. 1 BGB vor.[892]

b) Anforderungen an die inhaltliche Ausgestaltung einer abweichenden Vereinbarung

Unter Berücksichtigung der vorstehend definierten hohen Anforderungen an die Form einer „ausdrücklichen abweichenden Vereinbarung" sind nun die Anforderungen an ihren Inhalt zu klären.

Aus der abweichenden Vereinbarung muss *eindeutig* hervorgehen, dass *beide Parteien* von dem Inhalt der vorvertraglichen Baubeschreibung abweichen möchten und dass bzw. inwieweit diese gerade nicht zum Vertragsgegenstand werden soll; nur so ist gewährleistet, dass der Verbraucher

---

888 S.o. E.II.2.a), S. 229.

889 DLOPS/*Stretz*, § 5, Rn. 104; a.A. LBD/*Rückert*, § 650k BGB, Rn. 10.

890 So auch Messerschmidt/Voit/*Lenkeit*, § 650k BGB, Rn. 12; LBD/*Rückert*, § 650k BGB, Rn. 10; a.A. (kein Formerfordernis): DLOPS/*Stretz*, § 5, Rn. 104; BeckOGK/*Merkle*, § 650k BGB, Rn. 9; Leinemann/Kues/*Abu Saris*, § 650k BGB, Rn. 9.

891 BT-Drs. 18/11437, S. 43.

892 So allgemein für die Methodenlehre *Rüthers/Fischer/Birk*, Rechtstheorie, Rn. 728.

nicht in seinen Erwartungen, welche durch vorvertragliche Informationen entstanden sind, enttäuscht wird.[893] Dies erfordert zweierlei:

Zum einen muss die Vereinbarung so unmissverständlich und augenfällig dahingehend formuliert sein, dass für einen durchschnittlichen Verbraucher erkennbar ist, dass damit Inhalte der Baubeschreibung verändert werden.[894] Dies kann beispielsweise durch eine entsprechende Überschrift des Textes oder einen eindeutigen, hervorgehobenen Hinweis geschehen, beispielsweise: *„(Diese Vereinbarung enthält eine) Abweichung von der mit Datum vom [Datum] dem Verbraucher zur Verfügung gestellten Baubeschreibung.“* Oder *„Abweichend von der .... Baubeschreibung wird Folgendes vereinbart: ...“.* Nur durch derart plakative Hinweise ist sichergestellt, dass der Verbraucher sich überhaupt der Tatsache bewusst ist, eine abweichende Vereinbarung abzuschließen und dass er diese auch mit der vor diesem Hintergrund angemessenen Konzentration studiert sowie mit der Baubeschreibung vergleicht.

Weiterhin müssen aus dem Text der Vereinbarung Art und Umfang der Abweichungen von der Baubeschreibung so deutlich hervorgehen, dass das – wie auch bei einer „abweichenden Vereinbarung“ nach § 312d Abs. 1 S. 2 BGB – für den Verbraucher klar und verständlich ist.[895] Es muss insbesondere klar und eindeutig bestimmt werden, welche Teile der vorvertraglich übermittelten Baubeschreibung nicht zum Vertragsinhalt werden sollen, um sich widersprechende Vertragsbestimmungen auszuschließen.[896]

Im Regelfall betreffen Änderungen einer Baubeschreibung nur einzelne Punkte. Insoweit genügt es nicht, dem Verbraucher eine vollständige Baubeschreibung vorzulegen, ohne deutlich zu machen, in welchen konkreten Punkten diese sich von der zuvor übermittelten unterscheidet. Es darf nicht dem Verbraucher auferlegt werden, eine seitenlange, auch von technischen Begriffen geprägte Baubeschreibung Punkt für Punkt auf mögliche Abweichungen von der ihm bekannten zu überprüfen. Bereits minimale Änderungen können die Vereinbarung eines gänzlich anderen Standards bedeuten, so z. B., wenn statt Schallschutzstufe III nach VDI-Richtlinie 4100 nur die Schallschutzstufe II nach VDI-Richtlinie 4100 vereinbart wird.

---

893 DLOPS/*Stretz*, § 5, Rn. 108.
894 BGH, Urteil vom 18.06.1986 – VIII ZR 137/85, NJW-RR 1987, 112, 114; Leinemann/Kues/*Abu Saris*, § 650k BGB, Rn. 8.
895 BeckOGK/*Merkle*, § 650k BGB, Rn. 9; Messerschmidt/Voit/*Lenkeit*, § 650k BGB, Rn. 13.
896 BeckOGK/*Merkle*, § 650k BGB, Rn. 12.

§ 650k Abs. 1 BGB kann seine verbraucherschützende Wirkung nur entfalten, wenn allein solche Änderungen Vertragsbestandteil werden, denen der Verbraucher ausdrücklich zugestimmt hat, nachdem er zuvor genauso ausdrücklich auf sie hingewiesen worden ist.[897] Eine „ausdrückliche abweichende Vereinbarung" im Sinne des § 650k Abs. 1 BGB muss daher durch Auflistung ausschließlich der geänderten, neuen, Angaben unter gleichzeitiger Benennung der jeweiligen bisherigen Regelung, von der abgewichen wird (idealerweise in derselben Nummerierung), jede einzelne Änderung durch einen für den Verbraucher ohne weiteres verständlichen Vergleich „alt"/„neu" nachvollziehbar machen, und zwar so detailliert, dass der Verbraucher die Änderung auf Anhieb genau erkennen und ihre Bedeutung für das geschuldete Bausoll nachvollziehen kann.

Unternehmer, die im Wege des § 650k Abs. 1 Hs. 2 BGB von den Angaben der vorvertraglich übermittelten Baubeschreibung abweichen wollen, müssen daher besonders transparent und unmissverständlich agieren. Dies ist ihnen auch zumutbar; sie wollen – in aller Regel zu Lasten des Verbrauchers – von Angaben abweichen, die sie ihm als potentiellen Inhalt ihres Leistungssolls dargestellt haben, sodass sie die Grundlage für seine Entscheidung zum Vertragsabschluss gebildet haben. Wenn sie nun im Nachhinein hiervon abweichen wollen, ist es allein ihre Sache, dem Verbraucher eine fundierte, für ihn verständliche Grundlage für die Entscheidung zu liefern, ob er auch zu geänderten Konditionen ihr Vertragspartner werden will.

c) Teleologische Reduktion der Anforderungen bei nachträglichen Veränderungen zugunsten des Verbrauchers

Die vorgenannten Anforderungen gelten aber nicht, soweit eine Abweichung von der vorvertraglich zur Verfügung gestellten Baubeschreibung zu Gunsten des Verbrauchers erfolgen soll. Denn nach Sinn und Zweck des § 650k Abs. 1 BGB muss eine solche Abweichung jederzeit und in jeder Form, also auch durch bloß konkludente Vereinbarung oder durch einseitige Nachinformation seitens des Unternehmers möglich sein.[898]

§ 650k Abs. 1 BGB soll bewirken, dass der Verbraucher sich darauf verlassen kann, dass der Inhalt der ihm übergebenen Baubeschreibung auch

---

897 So für § 312d Abs. 1 S. 2 BGB auch *Kramme*, NJW 2015, 279, 280.
898 So zu § 312d Abs. 1 S. 2 BGB MüKo BGB/*Wendehorst*, § 312d BGB, Rn. 9; BeckOGK/*Busch*, § 312d BGB, Rn. 8.

Vertragsinhalt wird, sofern er mit dem Unternehmer nichts anderes vereinbart hat. Eines solchen Schutzes bedarf er aber nur im Hinblick auf die Vermeidung für ihn ungünstiger nachträglicher Änderungen. Würde man § 650k Abs. 1 Hs. 2 BGB auch auf den Fall anwenden, dass im Nachhinein ein im Vergleich zur Baubeschreibung für den Verbraucher günstigerer Vertragsinhalt vereinbart werden soll, verkehrte man die Schutzwirkung der Norm ins Gegenteil; es würde dann der Unternehmer durch das Erfordernis der ausdrücklichen Vereinbarung geschützt. Dies steht in diametralem Gegensatz zum teleologischen Hintergrund des § 650k Abs. 1 BGB und könnte von weniger redlichen Unternehmern zu ihrem Vorteil genutzt werden: Sie könnten dem Verbraucher zunächst eine Baubeschreibung mit vergleichsweise geringem Qualitätsstandard zukommen lassen. Um ihn dann doch vom Vertragsschluss zu überzeugen, könnten sie ihm ohne Wahrung der vorgenannten Anforderungen qualitative Verbesserungen bei gleichbleibendem Preis vorschlagen und sich nach Vertragsschluss auf die Unwirksamkeit der Änderung und somit das weiterhin gültige niedrigere Leistungssoll berufen. Es liegt auf der Hand, dass sich dies nicht mit der hinter § 650k Abs. 1 BGB stehenden gesetzgeberischen Intention in Einklang bringen lässt.[899]

Unabhängig davon dürfte ein solches Verhalten eines Unternehmers auch als *venire contra factum proprium* und damit Verstoß gegen § 242 BGB unzulässig sein. Er hat es selbst in der Hand, welche Bauleistungen er dem Verbraucher anbietet. Bietet der Unternehmer nach Übermittlung der Baubeschreibung weitere oder bessere Leistungen als die dort genannten an, muss er sich an solchen Zusagen festhalten lassen und darf sich dazu nicht in Widerspruch setzen, indem er geltend macht, die in Bezug auf diese Zusagen getroffene Vereinbarung erfülle nicht die Anforderungen des § 650k Abs. 1 Hs. 2 BGB. Ganz generell ist es mit dem Charakter des § 650k Abs. 1 Hs. 2 BGB als *Verbraucher*schutzvorschrift nicht in Einklang zu bringen, dass sich ein *Unternehmer* auf die Nichteinhaltung darin aufgestellter Vorgaben beruft.

§ 650k Abs. 1 BGB ist daher teleologisch dahingehend zu reduzieren, dass von der vorvertraglich zur Verfügung gestellten Baubeschreibung abweichende Regelungen auch ohne ausdrückliche Vereinbarung in wirksamer Weise zum Vertragsinhalt werden, soweit diese Abweichung zugunsten des Verbrauchers erfolgt.

---

899 Ähnlich Kniffka/Koeble/*Jurgeleit*/Sacher, Kompendium des Baurechts, 2. Teil, Rn. 85.

Für Fälle, in denen eine nachträgliche Änderung der Baubeschreibung nicht die Anforderungen des § 650k Abs. 1 Hs. 2 BGB erfüllt, aber in einigen Punkten günstiger für den Verbraucher ist als die ursprünglich zur Verfügung gestellte, während sie in anderen Punkten zu Lasten des Verbrauchers hiervon abweicht, ist hinsichtlich der einzelnen Inhalte zu unterscheiden: Diejenigen Angaben, die günstiger für den Verbraucher sind, werden Vertragsbestandteil, da insoweit eine nachträgliche Abweichung von der vorvertraglichen Baubeschreibung jederzeit und in jeder Form möglich ist. In Bezug auf die negativen Abweichungen gelten jedoch die Anforderungen des § 650k Abs. 1 Hs. 2 BGB; sind diese nicht gewahrt, verbleibt es insoweit bei den Angaben der vorvertraglichen Baubeschreibung. Nur so kann sichergestellt werden, dass § 650k Abs. 1 Hs. 2 BGB seinem Zweck entsprechend einen effektiven Verbraucherschutz gewährleistet.

Allerdings ist der Verbraucher darlegungs- und beweisbelastet für eine von ihm behauptete, für ihn günstige Abweichung. Soweit er einen solchen Beweis nicht führen kann, verbleibt es bei dem Grundsatz, dass die vorvertraglich übermittelte Baubeschreibung zum Vertragsinhalt wird. Verbraucher sollten deshalb aus Nachweisgründen trotz der vorstehend angestellten Überlegungen darauf drängen, auch und gerade Abweichungen zu ihren Gunsten in Textform zu vereinbaren.[900]

d) Zeitpunkt des Abschlusses „abweichender Vereinbarungen"

§ 650k Abs. 1 BGB statuiert auch bestimmte Voraussetzungen in Bezug auf den zeitlichen Horizont einer „abweichenden Vereinbarung".

Eine solche Vereinbarung kann jedenfalls nicht dadurch getroffen werden, dass der Unternehmer dem Verbraucher gleichzeitig mit der *vorvertraglich* zu übermittelnden Baubeschreibung hiervon abweichende Angaben übersendet. Auch dies stellt ein widersprüchliches Verhalten dar, da der Verbraucher dann nicht weiß, welche der sich widersprechenden Angaben Vertragsinhalt werden sollen. Der Unternehmer darf sich daher gemäß § 242 BGB nicht auf den Inhalt von gleichzeitig mit der Baubeschreibung zur Verfügung gestellten Angaben berufen, soweit diese zu den An-

---

900 So für Abweichungen zu Lasten des Verbrauchers auch BeckOGK/*Merkle*, § 650k BGB, Rn. 9; Leinemann/Kues/*Abu Saris*, § 650k BGB, Rn. 10.

gaben der Baubeschreibung in Widerspruch stehen; vielmehr ist dann zugunsten des Verbrauchers ein Günstigkeitsvergleich anzustellen.[901]

Eine abweichende Vereinbarung kann indessen sofort nach Zurverfügungstellung der Baubeschreibung getroffen werden. Ab diesem Zeitpunkt ist es nämlich möglich, die vorstehend definierten Voraussetzungen für ihre Wirksamkeit zu erfüllen; insbesondere ist auch dann bereits die Baubeschreibung bekannt, sodass die unter a) definierten Anforderungen an die Ausdrücklichkeit der Abweichungen erfüllt werden können.[902]

Fraglich ist hingegen, ob sie (noch) gleichzeitig mit dem eigentlichen Verbraucherbauvertrag geschlossen werden kann. Wie bereits dargelegt, muss eine „ausdrückliche Erklärung" stets Gegenstand eines gesonderten, vom eigentlichen Vertrag losgelösten Akts sein. Ausweislich der Gesetzesbegründung zu § 650i Abs. 2 BGB ist im Falle des § 650k Abs. 1 Hs 2 BGB die *„abgeänderte Fassung der Baubeschreibung"* dem Vertrag als Anlage beizufügen. Danach muss denklogisch die Abweichung *bereits vor dem Vertragsschluss* vereinbart worden sein.[903]

Dieses Erfordernis der Ausdrücklichkeit kann auch nicht durch im Vertragstext enthaltene Regelungen über eine bestimmte Rangfolge der einzelnen Vertragsinhalte oder zeitlich versetzt abgegebene Angebote des Unternehmers erfüllt werden; auf die Transparenz der Abweichung in einem neueren Angebot kommt es insoweit gar nicht erst an.[904] Denn das Vorlegen dieses Angebots allein stellt mangels eines Kontrahierens beider Parteien keine „Vereinbarung" dar. Die Vereinbarung käme damit erst durch die Unterschrift des mit einer entsprechenden Formulierung versehenen Vertragstexts zustande. Hierbei handelt es sich aber nicht um einen vom Vertragsschluss selbst getrennten, gesonderten Akt, sondern vielmehr um die Vertragserklärung selbst; es fehlt somit an der Ausdrücklichkeit der Vereinbarung.

Wenn Änderungen der Baubeschreibung erst gleichzeitig mit dem Abschluss des eigentlichen Vertrages vereinbart werden sollen, ist das nur möglich, wenn in der Vertragsurkunde – und zwar im ersten Teil, weil die Änderung *vor* dem eigentlichen Vertragsschluss vereinbart werden muss! – die (den vorstehend definierten Anforderungen entsprechende) Änderung explizit dargestellt und beiderseits unterschrieben wird. Die Unterzeich-

---

901 So zu § 312d Abs. 1 S. 2 BGB BT-Drs. 17/12637, S. 54; MüKo BGB/*Wendehorst*, § 312d BGB, Rn. 11.
902 DLOPS/*Stretz*, § 5, Rn. 106; BeckOGK/*Merkle*, § 650k BGB, Rn. 11.
903 Siehe bereits oben, E.II.2.a) bb), S. 232.
904 A.A. Messerschmidt/Voit/*Lenkeit*, § 650k BGB, Rn. 13.

nung zweier getrennter Dokumente kann demgegenüber zu Streit darüber führen, in welcher Reihenfolge sie unterschrieben wurden – es sei denn, die Beteiligten unterschreiben mit „Ort, Datum, Uhrzeit", wobei letzteres so ungewöhnlich ist, dass die Angabe oft vergessen werden dürfte.

Eine abweichende Vereinbarung kann selbstverständlich auch nach Vertragsschluss getroffen werden[905]; derlei erfolgt dann aber im Rahmen der Privatautonomie der Parteien und nicht in Anwendung (und somit auch nicht in den Grenzen) des § 650k Abs. 1 BGB.[906] Denn dieser gilt schon nach seinem Wortlaut nur bis zum Zeitpunkt des Vertragsschlusses; sein Regelungsgehalt bezieht sich allein darauf, dass die Angaben der vorvertraglichen Baubeschreibung zum Vertragsinhalt „werden". Für die Phase, in der die Angaben dann bereits zum Vertragsgegenstand geworden sind, trifft § 650k Abs. 1 BGB keine Regelung.

Denn der Sinn und Zweck der Norm besteht allein darin, das Vertrauen des Verbrauchers in die vorvertraglich gemachten Angaben zu schützen, indem sichergestellt wird, dass diese grundsätzlich Vertragsinhalt werden. Wenn aber der Bauvertrag abgeschlossen ist samt den Angaben der Baubeschreibung gemäß § 650k Abs. 1 BGB als Vertragsinhalt, hat der Verbraucher mit Vertragsabschluss einen Rechtsanspruch auf Umsetzung des in der Baubeschreibung festgelegten Bausolls erlangt und ist daher nicht länger schutzbedürftig. § 650k Abs. 1 BGB soll die Parteien nicht auf Dauer in ihrer Privatautonomie zu beschränken; auch vom Verbraucher kann eine gewisse Eigenverantwortlichkeit erwartet werden. Wenn er erst einmal (durch § 650k Abs. 1 BGB) eine gesicherte Rechtsposition erlangt hat, bleibt es ihm überlassen, diese im Nachhinein zu verändern. Zu beachten ist lediglich, dass auch für Änderungen nach Vertragsabschluss das Formerfordernis des § 650i Abs. 2 BGB gilt.

e) Ausdrückliche Vereinbarungen durch AGB

„Ausdrückliche Vereinbarungen" können auch durch AGB des Unternehmers vorgenommen werden. Entscheidend ist aber, dass dies unter Einhaltung der zuvor dargestellten Voraussetzungen und der Vorgaben der §§ 305 ff. BGB geschieht. Stellt man entgegen der hier vertretenen Ansicht an eine „ausdrückliche Vereinbarung" geringere als die oben genannten

---

905 Leinemann/Kues/*Abu Saris*, § 650k BGB, Rn. 10.
906 Für Letzteres aber BeckOGK/*Merkle*, § 650k BGB, Rn. 10.

Anforderungen, spielt die Kontrolle der ändernden Vereinbarung anhand von § 305c Abs. 1 BGB eine gewichtige Rolle.[907]

Der Abschluss einer ausdrücklichen Vereinbarung im Sinne des § 650k Abs. 1 Hs. 2 BGB mittels AGB ist auch dann nicht ausgeschlossen, wenn die vorvertraglich übermittelte Baubeschreibung individuell ausgehandelt wurde; es liegt insoweit kein Fall des § 305b BGB vor.[908] Denn § 305b BGB räumt lediglich individuellen Vereinbarungen den Vorrang vor AGB ein. Die vorvertraglich übermittelte Baubeschreibung ist für sich genommen aber gerade (noch) keine vertragliche Vereinbarung im Sinne des § 305b BGB.[909] Dies zeigt bereits die Tatsache, dass es des § 650k Abs. 1 BGB bedarf, um ihre Inhalte erst zum Vertragsinhalt zu machen.

3. Sonderfall: Fehlende oder erst nach Vertragsschluss zur Verfügung gestellte Baubeschreibung

Wird dem Verbraucher eine Baubeschreibung vor Vertragsschluss überhaupt nicht zur Verfügung gestellt, fehlen von vornherein die in § 650k Abs. 1 BGB in Bezug genommenen „Angaben"; die Vorschrift kommt schon deshalb nicht zur Anwendung.

a) Völliges Fehlen einer Baubeschreibung

Für den Fall des völligen Fehlens einer vorvertraglichen Baubeschreibung hielt der Gesetzgeber eine spezielle Regelung im Gesetz ausweislich der Gesetzesbegründung nicht für erforderlich; er verweist insoweit schlicht darauf, dass dem Verbraucher bei einer Verletzung der Baubeschreibungspflicht ein Schadensersatzanspruch nach §§ 311 Abs. 2, 280 Abs. 1 BGB zusteht.[910]

Die vorvertragliche Übermittlung einer Baubeschreibung ist also für sich genommen keine Wirksamkeitsvoraussetzung für den letztlich abgeschlossenen Vertrag.[911] Wenn sie vollständig fehlt, beurteilt sich die Frage,

---

907 S.o. E.II.2.a) bb), S. 232.
908 So aber DLOPS/*Stretz*, § 5, Rn. 109; *Ring*, Das neue Bauvertragsrecht in der anwaltlichen Praxis, § 3, Rn. 65.
909 jurisPK/*Segger-Piening*, § 650k BGB, Rn. 20.
910 BT-Drs. 18/8486, S. 62 f.
911 *Kniffka/Retzlaff*, BauR 2017, 1747, 1835.

ob ein wirksamer Vertrag überhaupt zustande gekommen ist, danach, ob im Vertrag – dokumentiert in der durch § 650i Abs. 2 BGB vorgeschriebenen Textform – eine Einigung über seine *essentialia negotii* erzielt wurde, insbesondere, ob der geschuldete „Werkerfolg" – gegebenenfalls unter Heranziehung der vertragsbegleitenden Umstände – objektiv bestimmbar ist.[912] Da ein irgendwie gearteter Informationsaustausch zwischen den Parteien vor Vertragsschluss stattgefunden haben muss und Verbraucher einen Vertrag, der ihre wirtschaftliche Situation über Jahre oder Jahrzehnte hinweg erheblich beeinflusst, nicht schließen, ohne mit dem Unternehmer dessen Inhalt zu besprechen, wird eine solche Auslegung und damit die Ermittlung der essentialia negotii in aller Regel möglich sein.[913]

Ist (erst) dem Vertrag eine Baubeschreibung in Textform beigefügt, welche über eine Verweisung im Vertragstext zum Vertragsgegenstand gemacht wird – wie es vielfach in der Praxis der Fall ist – ist erst recht ein wirksamer Bauvertrag abgeschlossen.[914] Dieser ist dann lediglich in besonderem Maße auslegungsbedürftig; wegen der vorvertraglichen Pflichtverletzung des Unternehmers müssen Zweifel insbesondere bei der Auslegung des Leistungssolls erst recht gemäß § 650k Abs. 2 S. 2 BGB zu dessen Lasten gehen.[915]

b) Übergabe der Baubeschreibung erst nach Vertragsschluss

Ebenfalls denkbar ist, dass eine Baubeschreibung erst nach Vertragsschluss übergeben wird und auf diese Weise wesentliche Eigenschaften der vereinbarten Leistung erst nach Vertragsschluss konkretisiert werden. Hier stellt sich die Frage, ob § 650k Abs. 1 BGB auch auf solche erst nach Vertragsschluss zur Verfügung gestellten Baubeschreibungen Anwendung findet und deren Angaben automatisch zum Inhalt des bereits abgeschlossenen Vertrags macht, diesen also sozusagen im Nachhinein ändert.

Das wird bisweilen bejaht unter Hinweis darauf, dass die Einbeziehung der Angaben der Baubeschreibungen in den Vertrag – wie zuvor dargestellt – nicht auf rechtsgeschäftlicher Grundlage, sondern kraft gesetzlicher

---

912 LBD/*Rückert*, § 650k BGB, Rn. 6.
913 *Kniffka/Retzlaff*, BauR 2017, 1747, 1835; Kniffka/Koeble/*Jurgeleit*/Sacher, Kompendium des Baurechts, 2. Teil, Rn. 75.
914 DLOPS/*Stretz*, § 5, Rn. 128.
915 *Kniffka/Retzlaff*, BauR 2017, 1747, 1835; zur Zweifelsregelung des § 650k Abs. 2 S. 2 BGB sogleich unter E.III.4., S. 263 ff.

Anordnung erfolgt.[916] So wird dies auch im Rahmen des § 312d Abs. 1 S. 2 BGB angenommen.[917]

Zwar soll sich § 650k Abs. 1 BGB an § 312d Abs. 1 S. 2 BGB orientieren, und die Wirkungsweise beider Normen ist dieselbe.[918] Jedoch findet sich ein kleiner, aber elementarer Unterschied in den Wortlauten der Vorschriften, welcher die Anwendung der Norm auf nachvertraglich erteilte Baubeschreibungen ausschließt. Denn § 650k Abs. 1 BGB ist explizit auf *vorvertraglich* zur Verfügung gestellte Baubeschreibungen beschränkt.[919] Dagegen ordnet § 312d Abs. 1 S. 2 BGB die Einbeziehung der *„in Erfüllung dieser Pflicht"*, also der vorvertraglichen Informationspflicht des Art. 246a EGBGB, gemachten Angaben an; hier ist auch die nachvertragliche Information problemlos vom Wortlaut umfasst, da die Informationspflicht nicht mit Vertragsschluss endet. Vor diesem Hintergrund werden aufgrund des eindeutigen Wortlauts nachvertraglich zur Verfügung gestellte Baubeschreibungen nicht von Gesetzes wegen gemäß § 650k Abs. 1 BGB zum Vertragsgegenstand.

Gleichwohl kann auch eine Einbeziehung nachvertraglicher Baubeschreibungen in den Vertragsinhalt erfolgen – zwar nicht per gesetzlicher Anordnung nach § 650k Abs. 1 BGB, wohl aber im Wege rechtsgeschäftlichen Kontrahierens. Die nach Vertragsschluss erfolgende Übergabe einer Beschaffenheitsangabe – insbesondere einer Baubeschreibung – kann als Angebot auf eine Vertragsänderung angesehen werden. Wenn sich aus ihr eine Erweiterung oder Verbesserung des unternehmerischen Leistungsumfangs ergibt, kann in aller Regel davon ausgegangen werden dass der Verbraucher dieses Angebot annimmt, sogar ohne ausdrückliche Erklärung gemäß § 151 S. 1 BGB.[920] § 650i Abs. 2 BGB gilt insoweit nicht, da eine Abänderung des Vertragsinhalts zugunsten des Verbrauchers jederzeit und in jeder Form möglich sein muss.[921] Aus Beweisgründen ist gleichwohl die Einhaltung der Textform auch für die Annahmeerklärung zu empfehlen.

---

916 S.o., E.II.1.c) aa), S. 226.
917 *Kramme*, NJW 2015, 279, 282.
918 S.o., E.II.1.c) aa), S. 226.
919 So wohl auch Messerschmidt/Voit/*Lenkeit*, § 650k BGB, Rn. 10, der eine automatische Einbeziehung nachvertraglicher Informationen bei „wörtlicher Interpretation" des § 650k Abs. 1 BGB verneint.
920 Messerschmidt/Voit/*Lenkeit*, § 650k BGB, Rn. 10; für § 312d Abs. 1 S. 2 bei Annahme eines rechtsgeschäftlichen Charakters der Norm genauso *Kramme*, NJW 2015, 279, 282.
921 S.o., E.II.2.c), S. 239.

Sind die Inhalte einer nach Vertragsabschluss übergebenen Baubeschreibung aber nicht ausschließlich vorteilhaft für den Verbraucher, kommt eine stillschweigende Annahme des darin liegenden Angebots auf Änderung des Vertrages nach § 151 S. 1 BGB nicht in Betracht. Sie muss dann vielmehr ausdrücklich erfolgen. Gemäß § 650i Abs. 2 BGB gilt auch für eine solche für den Verbraucher nicht lediglich rechtlich vorteilhafte nachvertragliche Änderung das Textformerfordernis.

Eine solche „rechtsgeschäftliche Lösung" legt nicht nur der Wortlaut des § 650k BGB nahe. Sie ist auch besser geeignet, dessen Zielsetzung – nämlich eine Verbesserung des Verbraucherschutzes – zu verwirklichen als eine „automatische" Einbeziehung nachvertraglich erteilter Informationen in den Vertragsinhalt. Denn letztere bärge die Gefahr, dass der Vertragsinhalt ohne Zustimmung des Verbrauchers nachträglich zu seinen Lasten verändert wird. Soweit nachvertragliche Informationen als AGB zu qualifizieren sind, könnte dies zwar über § 305c Abs. 1 BGB verhindert werden. Denn nachträgliche Abweichungen eines Vertrages zum Nachteil des Verbrauchers sind per se „überraschend" und mit § 305c Abs. 1 BGB unvereinbar.[922]

Ist die nachvertragliche Baubeschreibung aber individuell ausgehandelt, fände § 305c Abs. 1 BGB keine Anwendung. Zwar wird eine solche Baubeschreibung den Willen auch des Verbrauchers widerspiegeln. Dieser sollte aber die Möglichkeit haben, den neuen Text nach Erhalt in Ruhe zu prüfen und ihn nur als Vertragsinhalt gelten zu lassen, wenn er sich damit ausdrücklich einverstanden erklärt. Zudem besteht dann auch der Schutz über das Textformerfordernis, da auch für einen Änderungsvertrag § 650i Abs. 2 BGB gilt.

III. Auslegung eines Verbraucherbauvertrags

Ist die nach § 650k Abs. 1 BGB Vertragsbestandteil gewordene Baubeschreibung unvollständig oder unklar, ist der Vertrag nach den Vorgaben des § 650k Abs. 2 BGB auszulegen, und zwar gemäß Satz 1 unter Berücksichtigung sämtlicher vertragsbegleitender Umstände, wobei insbesondere der Komfort- und Qualitätsstandard nach der übrigen Leistungsbeschreibung heranzuziehen ist. Verbleiben dann noch Zweifel am geschuldeten Leistungssoll, gehen diese nach Satz 2 zu Lasten des Unternehmers.

---

922 *Kramme*, NJW 2015, 279, 282.

1. Unvollständigkeit oder Unklarheit der Baubeschreibung

Zunächst ist zu untersuchen, was unter einer „Unvollständigkeit" oder „Unklarheit" der Baubeschreibung zu verstehen ist, unter welchen Umständen also der Anwendungsbereich des § 650k Abs. 2 S. 1 BGB eröffnet ist.

a) Auf welche „Baubeschreibung" bezieht sich § 650k Abs. 2 BGB?

Die Vorschrift des § 650k Abs. 2 S. 1 BGB bezieht sich nicht nur auf die vorvertraglich zur Verfügung gestellte Baubeschreibung, sondern auch auf andere vertraglich vereinbarte Baubeschreibungen.[923]

Denn der Wortlaut des Absatzes 2 spricht allgemein von *„Baubeschreibung"* – im Unterschied zu Absatz 1, wo ausdrücklich von der *„vorvertraglich zur Verfügung gestellten Baubeschreibung"* die Rede ist. Bezöge § 650k Abs. 2 BGB sich ausschließlich auf die *vorvertraglich* übermittelte Baubeschreibung, wäre sein Anwendungsbereich für den Fall einer ausdrücklichen Vereinbarung nach § 650k Abs. 1 Hs. 2 BGB gar nicht eröffnet.[924]

Derlei wäre auch systematisch nicht zu begründen. Denn während § 650k Abs. 1 BGB die *Einbeziehung* der vorvertraglichen Baubeschreibung in den Vertrag regelt, enthält § 650k Abs. 2 BGB Vorgaben für die *Auslegung* des gesamten Vertrages. Mit dem Begriff „die Baubeschreibung" muss demnach im systematischen Kontext des § 650k Abs. 2 BGB jede Baubeschreibung gemeint sein, die letztlich Vertragsbestandteil wurde – also sowohl eine vorvertragliche als auch eine hiervon abweichende, nach § 650k Abs. 1 S. 2 BGB ausdrücklich vereinbarte.

Schließlich ist nicht ersichtlich, weshalb § 650k Abs. 2 S. 1 BGB ausschließlich für Verträge gelten sollte, zu deren Inhalt die vorvertragliche Baubeschreibung wurde, nicht aber für sonstige Baubeschreibungen, die – auf welche Weise auch immer – wirksam Vertragsinhalt wurden. Eine solche Differenzierung wäre sachlich nicht zu rechtfertigen.

---

923 A.A. LBD/*Rückert*, § 650k BGB, Rn. 11.
924 Insoweit konsequent LBD/*Rückert*, § 650k BGB, Rn. 11.

b) „Unvollständigkeit" und/oder „Unklarheit"

Ausgehend von der Conclusio, dass sämtliche zum Vertragsinhalt gewordenen Baubeschreibungen grundsätzlich tauglicher Gegenstand einer Auslegung nach § 650k Abs. 2 S. 1 BGB sein können, ist nun zu erörtern, was unter der Unvollständigkeit oder Unklarheit einer Baubeschreibung zu verstehen ist.

aa) Maßstab für die Unvollständigkeit oder Unklarheit

Es läge nahe, diese Begriffe ausgehend von den Anforderungen des Art. 249 § 2 EGBGB mittels einer negativen Abgrenzung auszulegen.

Dies war wohl auch der Gedanke des Gesetzgebers; laut Gesetzesbegründung regelt § 650k Abs. 2 BGB die *„Rechtsfolgen einer den Anforderungen nicht genügenden Baubeschreibung"*.[925] Mit *„den Anforderungen"* können nur die inhaltlichen Anforderungen gemeint sein, die in Art. 249 § 2 EGBGB statuiert werden.[926] Danach könnte im Umkehrschluss eine Baubeschreibung, die den Vorgaben des Art. 249 § 2 Abs. 1 EGBGB genügt, unter keinen Umständen Gegenstand einer Auslegung nach § 650k Abs. 2 BGB sein.

bb) Begriff der „Unklarheit"

Eine solch strenge Orientierung an den Voraussetzungen des Art. 249 § 2 EGBGB verdient Zustimmung hinsichtlich des Begriffs der „Klarheit". Dieser wird nicht nur in Art. 249 § 2 Abs. 1 S. 1 EGBGB verwendet, sondern auch für zahlreiche andere Informationspflichten. Es gibt keinen Anhaltspunkt und auch keinen sachlichen Grund dafür, den Begriff im Rahmen des § 650k Abs. 2 S. 1 BGB anders zu verstehen als nach dem bereits im Rahmen der Art. 246 Abs. 1, 246a § 4 Abs. 1, Art. 247 § 6 Abs. 1, § 7 Abs. 1, Art. 248 § 2 EGBGB etablierten Verständnis.

Auch eine technisch eindeutige Baubeschreibung, die in ihrer Umsetzung dazu führt, dass die Bauleistung nicht den allgemein anerkannten Regeln der Technik entspricht und/oder vom berechtigten Erwartungshorizont des Verbrauchers zu dessen Lasten abweicht, ist in ihrem Inhalt präzise bestimmbar und daher nicht „unklar"; denn das Vorliegen einer „Un-

---

925 BT-Drs. 18/8486, S. 62.
926 LBD/*Rückert*, § 650k BGB, Rn. 11, Fn. 12.

klarheit" ist nicht an der Bestellererwartung des Verbrauchers zu messen[927], sondern allein an der objektiven Bestimmbarkeit des vereinbarten Vertragsinhalts. Jedes andere Verständnis würde ohne ersichtlichen Grund von der im Rahmen sämtlicher anderer Verbraucher-Informationspflichten etablierten Definition des Begriffs der „Klarheit" abweichen.

Der Erwartungshorizont des Verbrauchers ist für die Beurteilung der *Verständlichkeit* einer Angabe maßgeblich, gerade nicht aber für die Beurteilung ihrer *Klarheit*. Klar ist eine Information schon dann, wenn ein Fachmann ihren Inhalt hinreichend genau bestimmen kann.[928] Die Grenzen und Unterschiede zwischen diesen beiden Begriffen würden mit einem Verständnis der Unklarheit, welches auch den berechtigen Erwartungshorizont des Verbrauchers berücksichtigt, ohne erkennbaren Grund aufgelöst, wodurch eine trennscharfe Abgrenzung unmöglich gemacht würde. Eine solche Abgrenzung kann aber entscheidend sein, da Art. 249 § 2 Abs. 1 EGBGB gerade nur klare, nicht aber verständliche Angaben fordert.

Ist eine Baubeschreibung – wie dies in der Regel der Fall sein wird[929] – als AGB zu qualifizieren, so führt dies dazu, dass in dem vorbezeichneten Szenario rein technische Angaben, welche vom berechtigten Erwartungshorizont des Verbrauchers zu dessen Lasten abweichen und auch keinen ausdrücklichen und eindeutigen Hinweis auf die Konsequenzen dieser Abweichung für den Verbraucher vorsehen, unverständlich (nicht unklar!) sind und somit gegen das Transparenzgebot des § 307 Abs. 1 S. 2 BGB verstoßen, was zu ihrer Unwirksamkeit führt.[930] Da eine Ergänzung des Bauvertrags nach § 306 Abs. 2 BGB mangels gesetzlicher Regelungen nicht in Betracht kommt, ist die durch die Unwirksamkeit der betreffenden Angabe entstandene Lücke in der Baubeschreibung im Wege der Vertragsauslegung zu schließen.[931]

Hierzu wird einerseits vertreten, dass durch diese Lücke die Baubeschreibung „unvollständig" im Sinne des § 650k Abs. 2 S. 1 BGB wird, weshalb eine ergänzende Vertragsauslegung nach dieser Vorschrift durchzuführen ist.[932] Nach anderer Meinung ist § 650k Abs. 2 S. 1 BGB auf diesen Fall nicht anwendbar; vielmehr sei stattdessen auf die Grundsätze der allgemei-

---

927 So aber ibr-OK BauvertrR/*Retzlaff*, § 650k BGB, Rn. 11.
928 S. o., D.I.2.a), S. 163.
929 DLOPS/*Stretz*, § 5, Rn. 88.
930 S. o., D.I.2.b) bb) (3), S. 176 ff.
931 ibr-OK BauvertrR/*Pause/Vogel*, § 650u BGB, Rn. 195.
932 ibr-OK BauvertrR/*Pause/Vogel*, § 650u BGB, Rn. 195.

nen ergänzenden Vertragsauslegung nach § 157 BGB zurückzugreifen, wie dies bei unwirksamen Angaben in Baubeschreibungen bereits vor Einführung des § 650k Abs. 2 S. 2 BGB gehandhabt wurde.[933] Die Streitfrage kann letztlich dahinstehen, da auch im Rahmen der allgemeinen Auslegung nach § 157 BGB jedenfalls die über Jahre durch die Rechtsprechung entwickelten Grundsätze Anwendung finden, die § 650k Abs. 2 S. 1 BGB lediglich in Gesetzesform festhält. Beide Auslegungsarten werden dann zum selben Ergebnis führen, da in beiden Fällen eine Auslegung unter Berücksichtigung der vertragsbegleitenden Umstände vorzunehmen ist.

Ist die Baubeschreibung allerdings nicht als AGB zu qualifizieren, gilt auch nicht das Transparenzgebot des § 307 Abs. 1 S. 2 BGB; dann könnte der eindeutige Wortlaut des § 650k Abs. 2 S. 1 BGB sich im Vergleich mit der früheren Rechtslage, wo für eine solche Auslegung noch keine gesetzliche Regelung bestand, sogar zu Lasten des Verbrauchers auswirken. Denn bisher wurde in derartigen Szenarien von der höchstrichterlichen Rechtsprechung eine Vertragsauslegung nach den nun in § 650k Abs. 2 S. 1 BGB gesetzlich festgelegten Regeln unabhängig von der Frage durchgeführt, ob AGB vorliegen und somit das Transparenzgebot gilt. Sie ließ es genügen, dass ein Vertrag aufgrund einer negativen und für den Verbraucher nicht als solcher erkennbaren Abweichung von seinem berechtigten Erwartungshorizont als auslegungsbedürftig angesehen wurde.[934]

Nachdem eine solche Auslegung aber nun nach dem eindeutigen Gesetzeswortlaut ausschließlich in Fällen der Unklarheit oder Unvollständigkeit der Baubeschreibung möglich ist und im oben genannten Szenario weder eine Unklarheit noch (zwingend) eine Unvollständigkeit vorliegt, besteht bei strenger Orientierung am Wortlaut des § 650k Abs. 2 S. 2 BGB kein Raum mehr für eine derartige Auslegung, wenn eine Individualvereinbarung vorliegt und eine Unwirksamkeit der betreffenden Angabe wegen eines Verstoßes gegen das Transparenzgebot gar nicht in Betracht kommt.[935] Der niedrigere, vom Erwartungshorizont des Verbrauchers negativ abweichende Standard wäre dann wirksam als Bausoll vereinbart. Dass eine solche Verschlechterung der Stellung des Verbrauchers nicht im Sinne des Gesetzgebers ist, liegt auf der Hand. Dieses inakzeptable Ergebnis muss mit einer über § 650k Abs. 2 S. 2 BGB hinausgehenden ergänzenden Ver-

---

933 DLOPS/*Stretz*, § 5, Rn. 119; so für die alte Rechtslage auch *Pauly*, ZMR 2016, 513, 514; *Krick/Sagmeister*, MittBayNot 2014, 205, 207.

934 BGH, Urteil vom 04.06.2009 – VII ZR 54/07, NJW 2009, 2439; BGH, Urteil vom 14.06.2007 – VII ZR 45/06, NJW 2007, 2983.

935 DLOPS/*Stretz*, § 5, Rn. 113.

tragsauslegung korrigiert werden, die sich auf die allgemeinen und von der Rechtsprechung über Jahre hinweg für Bauverträge präzisierten Auslegungsgrundsätze stützt.[936]

cc) Begriff der „Unvollständigkeit"

Hinsichtlich des Begriffs der „Unvollständigkeit" ist eine strenge Orientierung an den Voraussetzungen des Art. 249 § 2 EGBGB indessen kritisch zu sehen; derlei wird dem Sinn und Zweck des § 650k Abs. 2 BGB nicht gerecht. Denn eine Baubeschreibung ist nicht schon immer dann „vollständig", wenn sie die in Art. 249 § 2 EGBGB genannten Vorgaben erfüllt.[937]

Art. 249 § 2 Abs. 1 EGBGB fordert eine Information des Verbrauchers über alle wesentlichen Eigenschaften des angebotenen Werks, die im Rahmen des Katalogs des Satzes 2 mit konkreten Mindestinhalten näher präzisiert werden. Das deckt in der „Breite" („Was wird gebaut?") alle relevanten Angaben ab, ermöglicht jedoch unter bestimmten Voraussetzungen eine funktionale Art der Leistungsbeschreibung. Der Unternehmer muss nicht sämtliche Ausführungsdetails angeben, sondern darf sich auf die Angabe technischer Standards beschränken, ohne hierbei im Einzelnen über deren konkrete Umsetzung informieren zu müssen.[938]

Dies hat zur Konsequenz, dass auch Baubeschreibungen, die den inhaltlichen Anforderungen des Art. 249 § 2 Abs. 1 EGBGB genügen, „unvollständig" im Sinne des § 650k Abs. 2 S. 1 BGB sein können.[939] Denn auch, wenn alle wesentlichen Eigenschaften des angebotenen Werks als solche in der Baubeschreibung enthalten sind, bedeutet dies nicht, dass die Angaben auch „in der Tiefe, im Detail" vollständig sind[940]; um die Voraussetzungen des Art. 249 § 2 EGBGB zu erfüllen, müssen beispielsweise nicht alle Ausführungsdetails (Konstruktion, Materialien) beschrieben werden. Es kommt hinzu, dass vorvertragliche Baubeschreibungen aufgrund ihres Erstellungszeitpunkts (auch) anpreisenden Charakter haben.[941] *Vice versa* kann daher nicht aus der Einhaltung der (Mindest-)Voraussetzungen der

---

936 Hierzu sogleich E.III.3.b), S. 260.
937 Messerschmidt/Voit/*Lenkeit*, § 650k BGB, Rn. 22; MüKo BGB/*Busche*, § 650k BGB, Rn. 6.
938 S.o., D.I.3., S. 182 ff.
939 Dies übersieht *Stretz*, in: FS Kainz, S. 619, 634, wenn sie postuliert, allein das Kriterium der Wesentlichkeit bestimme die Vollständigkeit.
940 Messerschmidt/Voit/*Lenkeit*, § 650k BGB, Rn. 22.
941 MüKo BGB/*Busche*, § 650k BGB, Rn. 6.

Schluss gezogen werden, dass eine derartige Baubeschreibung auch immer vollständig im Sinne des § 650k Abs. 2 S. 1 BGB ist.

Dies gilt auch deshalb, weil Art. 249 EGBGB zwar das Kriterium der „Klarheit" ausdrücklich erwähnt, aber nicht das der der „Vollständigkeit". Der Begriff der „Vollständigkeit" ist vor dem teleologischen Hintergrund des § 650k Abs. 2 BGB weit auszulegen. Die Vorschrift stellt eine Auslegungsregel für alle „Lücken" in einer Baubeschreibung dar mit der Zielsetzung, diese Lücken unter Berücksichtigung des sich aus den übrigen Teilen der Baubeschreibung ergebenden Leistungsniveaus zu füllen und auf diese Weise auch im Bereich dieser Lücken den Parteiwillen möglichst exakt abzubilden.[942]

„Unvollständig" ist demnach jede Baubeschreibung, die in irgendeiner Weise lückenhaft ist; dies ist insbesondere der Fall, soweit in ihr bestimmte Details der Ausführung nicht erwähnt oder genauer beschrieben sind.[943]

Hierfür spricht auch, dass Baubeschreibungen vor der Einführung des § 650k Abs. 2 S. 1 BGB nach der gefestigten Rechtsprechung zur Auslegung von Bauverträgen, auf welche die Gesetzesbegründung ausdrücklich Bezug nimmt[944], auch und gerade dann ergänzend ausgelegt wurden, wenn sie zwar für eine Leistung des Unternehmers eine bestimmte Angabe enthielten, jedoch keine Ausführungsdetails.[945] Da der Gesetzgeber diese Rechtsprechung durch § 650k Abs. 2 S. 1 BGB gesetzlich perpetuieren wollte, muss der Begriff der „Unvollständigkeit" in diesem (weiten) Sinne verstanden werden; „unvollständig" kann eine Baubeschreibung also auch sein, wenn sie die in Art. 249 § 2 Abs. 1 EGBGB definierten Mindestvoraussetzungen erfüllt.

„Vollständig" ist eine Baubeschreibung demnach nur dann, wenn sie jedes Detail der Bauausführung – also auch die konkrete Umsetzung der festgelegten Standards – genau beschreibt.[946] Eine derartig präzise und abschließende Festlegung ist im vorvertraglichen Stadium in aller Regel (noch) nicht möglich. Deshalb ist wohl die Mehrzahl aller Baubeschreibungen „unvollständig" im Sinne des § 650k Abs. 2 S. 1 BGB und nach den dort geregelten Bestimmungen ergänzend auszulegen. Die Vorschrift wird also in der Praxis erhebliche Bedeutung erlangen.

---

942 BT-Drs. 18/8486, S. 62; jurisPK/*Segger-Piening*, § 650k BGB, Rn. 22.
943 BGH, Urteil vom 21.11.2013 – VII ZR 275/12, NJW 2014, 620 Rn. 11; LBD/ *Rückert*, § 650k BGB, Rn. 18; ibr-OK BauvertrR/*Retzlaff*, § 650k BGB, Rn. 10.
944 BT-Drs. 18/8486, S. 62.
945 BGH, Urteil vom 21.11.2013 – VII ZR 275/12, NJW 2014, 620 Rn. 11.
946 A.A. *Stretz*, in: FS Kainz, S. 619, 634 f.

2. Erste Stufe der Auslegung der Baubeschreibung: „nach den allgemeinen Regeln"

Die Vertragsauslegung nach § 650k Abs. 2 S. 1 BGB kommt nur zur Anwendung, soweit die Auslegung der Baubeschreibung nach den allgemeinen Regeln zu keinem klaren Ergebnis führt. Zunächst ist daher die Baubeschreibung an sich, insbesondere anhand ihres Wortlauts, nach Maßgabe der üblichen Regeln auszulegen[947]; nur soweit dabei Lücken oder Unklarheiten verbleiben, kommt die Auslegung anhand der vertragsbegleitenden Umstände gemäß § 650k Abs. 2 S. 1 BGB zur Anwendung.[948] Hierbei ist § 650k Abs. 2 S. 1 BGB letztlich lediglich eine Ausprägung der grundlegenden Norm zur Auslegung von Verträgen, § 157 BGB, für eine spezielle Konstellation.[949] Die Auslegung eines Verbraucherbauvertrags zur Feststellung des vereinbarten Bausolls erfolgt demnach zweistufig.

Der Maßstab der Auslegung nach den allgemeinen Regeln gemäß §§ 133, 157 BGB unterscheidet sich je nachdem, ob die Baubeschreibung als AGB zu qualifizieren ist oder – was in der Praxis eher selten der Fall sein wird[950] – eine Individualvereinbarung darstellt.

Soweit Angaben der Baubeschreibung AGB darstellen, ist der Maßstab nicht der Empfängerhorizont des den Vertrag abschließenden Verbrauchers in der konkreten Situation, sondern ein objektiverer. Der Sinngehalt von AGB ist im Wege einer objektiven und einheitlichen Auslegung losgelöst von der zufälligen Gestaltung des Einzelfalls und den individuellen Vorstellungen der Vertragsparteien, unter Berücksichtigung ihres wirtschaftlichen Zwecks und der gewählten Ausdrucksweise zu ermitteln.[951] AGB sind demnach so auszulegen, wie sie von verständigen und redlichen Vertragspartnern unter Abwägung der Interessen der normalerweise beteiligten Verkehrskreise üblicherweise verstanden werden, wobei die Verständnismöglichkeiten des durchschnittlichen Vertragspartners des Verwenders zugrunde zu legen sind.[952] Individuelle Umstände sind dabei nur

---

947 Messerschmidt/Voit/*Lenkeit*, § 650k BGB, Rn. 17; LBD/*Rückert*, § 650k BGB, Rn. 12.
948 DLOPS/*Stretz*, § 5, Rn. 113; BeckOGK/*Merkle*, § 650k BGB, Rn. 16; LBD/*Rückert*, § 650k BGB, Rn. 17.
949 BeckOGK/*Merkle*, § 650k BGB, Rn. 17; DLOPS/*Stretz*, § 5, Rn. 118.
950 DLOPS/*Stretz*, § 5, Rn. 88.
951 LBD/*Rückert*, § 650k BGB, Rn. 12 m.w.N.; DLOPS/*Stretz*, § 5, Rn. 115.
952 BGH, Urteil vom 14.07.2004 – VIII ZR 339/03, NJW 2004, 2961, 2962; BGH, Urteil vom 17.12.1987 – VII ZR 307/86, NJW 1988, 1261, 1262; Palandt/*Grüneberg*, § 305c BGB, Rn. 16; LBD/*Rückert*, § 650k BGB, Rn. 12.

insoweit maßgeblich, als die Parteien nachweislich übereinstimmend einer Regelung oder Beschreibung eine von ihrem objektiven Sinn abweichende Bedeutung beilegen.[953] Maßstab der Auslegung von AGB in Verbraucherbauverträgen ist demnach nicht, wie der den Vertrag abschließende Verbraucher sie in der konkreten Situation versteht, sondern vielmehr das Verständnis, welches ein durchschnittlich vernünftiger Verbraucher ohne Fachkenntnis davon typischerweise hat.

Ist die Baubeschreibung hingegen individuell ausgehandelt, ist Auslegungsmaßstab der objektive Empfängerhorizont aus Sicht eines verständigen, durchschnittlichen Empfängers in der konkreten Situation, also unter Berücksichtigung aller individuellen, besonderen Umstände des Vertragsschlusses nach den Grundsätzen der §§ 133, 157 BGB.[954]

In beiden Fällen kommt es aber – unter dem Vorbehalt, dass im Falle einer individuellen Aushandlung nicht konkrete Begleitumstände ausnahmsweise etwas anderes nahelegen – darauf an, welches Verständnis der Beschreibung ein durchschnittlich verständiger, nicht fachkundiger Verbraucher haben darf. Dabei ist insbesondere auf den Wortlaut der einzelnen Beschreibungen abzustellen.[955] Eine systematische Auslegung der Baubeschreibung ist jedenfalls im Hinblick darauf möglich, an welcher Stelle und unter welcher Überschrift sich eine Angabe innerhalb der Baubeschreibung findet; dies ist auch für den durchschnittlichen Verbraucher ein nachvollziehbares Indiz für die Einordnung der Angabe. Hingegen scheidet eine systematische Auslegung aus, soweit diese von juristischen Argumentationsweisen wie Umkehrschluss, Analogie oder einem „erst-recht-Schluss" ausgeht, da derlei von einem juristisch nicht vorgebildeten Durchschnittsverbraucher nicht erwartet werden kann. [956] Ebenso hat die Entstehungsgeschichte einer Angabe außer Betracht zu bleiben, da der verständige Durchschnittsverbraucher diese typischerweise nicht kennt.[957] In aller Regel wird damit dem Wortlaut der Angaben der Baubeschreibung

---

953 BGH, Urteil vom 20.02.2016 – VIII ZR 152/15, NJW-RR 2016, 526 Rn. 18; BGH, Urteil vom 16.06.2009 – XI ZR 145/08, NJW 2009, 3422 Rn. 16; BGH, Urteil vom 22.03.2002 – V ZR 405/00, NJW 2002, 2102, 2103.

954 DLOPS/*Stretz*, § 5, Rn. 116.

955 Messerschmidt/Voit/*Lenkeit*, § 650k BGB, Rn. 17; Leinemann/Kues/*Abu Saris*, § 650k BGB, Rn. 15 f.

956 LG Hamburg, Urteil vom 07.06.1994 – 309 S 315/93, NJW-RR 1995, 923; LG Köln, Urteil vom 27.02.1991 – 24 O 231/90, ZfSch 1991, 282, 282 f.; Leinemann/Kues/*Abu Saris*, § 650k BGB, Rn. 16.

957 BGH, Urteil vom 06.03.1996 – IV ZR 275/95, NJW-RR 1996, 857, 858.

sowie deren Stellung innerhalb des Texts die entscheidende Rolle im Rahmen von deren Auslegung nach den allgemeinen Regeln zukommen.

Für die Auslegung der Baubeschreibung kann auch eine eventuell vorhandene Vorbemerkung oder Präambel mit einzubeziehen sein; solche Informationen sind zusammen mit dem Leistungsverzeichnis als sinnvolles Ganzes auszulegen.[958] Aus ihrem Inhalt – auch wenn sie lediglich „anpreisenden" Charakter haben – können sich Anhaltspunkte dafür ergeben, dass auslegungsbedürftige Angaben in der eigentlichen Leistungsbeschreibung dahingehend zu verstehen sind, dass sie anspruchsvollere oder weniger anspruchsvolle Soll-Beschaffenheiten definieren.[959]

3. Zweite Stufe: Ergänzende Vertragsauslegung unter Berücksichtigung sämtlicher vertragsbegleitender Umstände

Nur, soweit nach der Auslegung der Baubeschreibung in der vorbeschriebenen Weise noch Unklarheiten oder Unvollständigkeiten verbleiben, kommt eine ergänzende Vertragsauslegung nach Maßgabe des § 650k Abs. 2 S. 1 BGB zur Anwendung.

a) Rechtsnatur und Anwendungsbereich des § 650k Abs. 2 S. 1 BGB

Hierbei handelt es sich letztlich um die Festschreibung von Selbstverständlichem[960], nämlich der durch jahrelange höchstrichterliche Rechtsprechung näher konkretisierten Auslegungsregeln, in Gesetzesform.[961] Auf diese Rechtsprechung des BGH stellt die Gesetzesbegründung unter Zitat zweier beispielhaft genannter Urteile ausdrücklich ab.[962] Deshalb kann auf die dort entwickelten Auslegungsgrundsätze auch im Rahmen des § 650k Abs. 2 S. 1 BGB zurückgegriffen werden.[963]

§ 650k Abs. 2 S. 1 BGB sieht eine ergänzende Vertragsauslegung unter Berücksichtigung sämtlicher vertragsbegleitender Umstände vor und hebt

---

958 Messerschmidt/Voit/*Lenkeit*, § 650k BGB, Rn. 21.
959 *Basty*, Der Bauträgervertrag, Rn. 859.
960 MüKo BGB/*Busche*, § 650k BGB, Rn. 6.
961 Vgl. etwa BGH, Urteil vom 21.11.2013 – VII ZR 275/12, NJW 2014, 620; BGH, Urteil vom 04.06.2009 – VII ZR 54/07, NJW 2009, 2439; BGH, Urteil vom 14.06.2007 – VII ZR 45/06, NJW 2007, 2983.
962 BT-Drs. 18/8486, S. 62.
963 Leinemann/Kues/*Abu Saris*, § 650k BGB, Rn. 14.

in diesem Zusammenhang als Auslegungsparameter den Komfort- und Qualitätsstandard hervor, der sich aus der übrigen Leistungsbeschreibung ergibt. Nach der Gesetzesbegründung sollen zu diesen vertragsbegleitenden Umständen auch erläuternde oder konkretisierende Erklärungen der Vertragsparteien, die konkreten Verhältnisse des Bauwerks und seines Umfelds, der qualitative Zuschnitt, der architektonische Anspruch und die Zweckbestimmung des Bauwerks zählen.[964]

Die Rechtsprechung nennt in diesem Zusammenhang als zu berücksichtigende Umstände außerdem Angaben in Prospekten oder Exposés.[965] Die Anpreisung eines Objekts als „Traum-Wohnung", „exklusives Einfamilienhaus mit großzügigem Privatgarten"[966] oder „exklusive Eigentumswohnung"[967] im vorvertraglichen Bereich ist demnach auch bei der Ermittlung des Bausolls im Rahmen einer ergänzenden Vertragsauslegung von Relevanz.[968] Zu berücksichtigen sind außerdem Aussagen von Vertriebsmitarbeiten des Unternehmers oder „lyrische Ausführungen" in einer Präambel zur Baubeschreibung.[969]

Die konkrete Durchführung dieser Auslegung ist letztlich eine Einzelfallfrage; ihr oberstes Ziel muss es sein, zu ermitteln, was redliche und verständige Parteien in Kenntnis der Regelungslücke nach dem Vertragszweck und bei sachgemäßer Abwägung ihrer beiderseitigen Interessen nach Treu und Glauben vereinbart hätten[970]; § 650k Abs. 2 S. 1 BGB ist damit lediglich eine gesetzliche Konkretisierung dieser allgemeinen Auslegungsregeln für den Bauvertrag.[971]

Die im Gesetzestext genannten Beispiele für vertragsbegleitende Umstände sind dabei letztlich nur besonders typische Kriterien, denen die Rechtsprechung bei der Auslegung von Bauverträgen über die Jahre besonders große Bedeutung für die Ermittlung des hypothetischen Parteiwillens beigemessen hat. Sie sind keineswegs abschließend; vielmehr erlaubt und fordert es der Wortlaut des § 650k Abs. 2 S. 1 BGB gerade, „sämtliche" vertragsbegleitenden Umstände – welche auch immer dies im konkreten Fall sein mögen – zur Auslegung des Vertrags heranzuziehen, wenn sie auf

---

964 BT-Drs. 18/8486, S. 62.
965 Vgl. BGH, Urteil vom 11.07.1997 – V ZR 246/96, NJW 1997, 2874.
966 Vgl. OLG München, Urteil vom 15.03.2011 – 9 U 4665/10, BauR 2011, 1505.
967 Vgl. OLG Celle, Urteil vom 10.05.2007 – 5 U 164/04, NJOZ 2008, 1556, 1557.
968 *Basty*, Der Bauträgervertrag, Rn. 859; Messerschmidt/Voit/*Lenkeit*, § 650k BGB, Rn. 21.
969 Messerschmidt/Voit/*Lenkeit*, § 650k BGB, Rn. 21.
970 DLOPS/*Stretz*, § 5, Rn. 118; MüKo BGB/*Busche*, § 157 BGB, Rn. 47.
971 BeckOGK/*Merkle*, § 650k BGB, Rn. 17.

einen bestimmten Willen der Parteien schließen lassen. So kann beispielsweise die Vereinbarung eines vergleichsweise hohen Preises darauf hindeuten, dass ein erhöhter Qualitätsstandard geschuldet wird.[972]

Teilweise wird davon ausgegangen, dass hinsichtlich notariell beurkundungsbedürftiger Verträge nun die insoweit restriktive Rechtsprechung des V. Zivilsenats des BGH zur Berücksichtigung nicht beurkundeter Umstände bei der Auslegung ansonsten notariell beurkundeter Vereinbarungen[973] durch die ausdrückliche gesetzliche Regelung des § 650k Abs. 2 S. 1 BGB überholt sei.[974]

Indessen bezieht sich diese Rechtsprechung auf die Berücksichtigung von außerhalb des notariellen Vertrags getroffenen Beschaffenheitsvereinbarungen unmittelbar als Vertragsinhalt. Sie stützt sich darauf, dass für die Bestimmung dessen, für was der Unternehmer letztlich tatsächlich einstehen will, auf die notarielle Vereinbarung und den Zeitpunkt ihrer Beurkundung abzustellen ist. Die Entscheidung befasst sich also mit dem nun durch § 650k Abs. 1 BGB geregelten Szenario, mithin der Frage, ob vorvertragliche Angaben des Unternehmers unmittelbar zum Vertragsinhalt werden können. Für Bauträgerverträge hat der Gesetzgeber diese Frage eindeutig verneint, indem er § 650k Abs. 1 BGB in § 650u Abs. 2 BGB ausdrücklich für nicht anwendbar erklärt hat. Selbiges muss für notariell beurkundungsbedürftige Verbraucherbauverträge gelten.[975]

Hiervon ist jedoch das durch § 650k Abs. 2 S. 1 BGB geregelte Szenario, mithin die Auslegung von im notariellen Vertrag selbst vereinbarten (oder dort zumindest angedeuteten) Vertragsinhalten (auch) anhand vorvertraglicher Angaben und Umstände, zu unterscheiden.[976] Dieses ist von der Rechtsprechung des V. Zivilsenats überhaupt nicht betroffen. Vielmehr entspricht es ständiger Rechtsprechung des BGH und der Instanzen, dass im Rahmen der Auslegung von notariell beurkundeten Bauträgerverträgen auch vorvertragliche Umstände, insbesondere Werbeprospekte, zu berück-

---

972 OLG Brandenburg, Urteil vom 26.09.2013 – 12 U 115/12, BauR 2014, 1005, 1008.
973 BGH, Urteil vom 06.11.2015 – V ZR 78/14, NJW 2016, 1815 Rn. 15 ff.
974 *Pause*, BauR 2017, 430, 435.
975 S.o. E.II.1.b) aa), S. 218 ff.
976 Ähnlich *Pfenning*, RNotZ 2018, 585, 604; *Basty*, Die Auswirkungen des neuen Bauvertragsrechts auf die notarielle Praxis, in: Bayer/Koch, Die Auswirkungen des neuen Bauvertragsrechts auf die notarielle Praxis, S. 77, 89.

sichtigen sind.[977] Es ist nicht ersichtlich, dass der V. Zivilsenat sich von dieser Rechtsprechung distanzieren wollte; er hatte eine gänzlich andere Frage zu entscheiden, die nicht den Anwendungsbereich des jetzigen § 650k Abs. 2 S. 1 BGB betraf. Seine restriktive Auffassung zur Berücksichtigung vorvertraglicher Angaben als unmittelbarer Vertragsinhalt ist daher durch § 650k Abs. 2 S. 1 BGB nicht überholt, sondern wird von dieser Vorschrift gar nicht tangiert.[978]

Innerhalb der verschiedenen vertragsbegleitenden Umstände misst das Gesetz dem Komfort- und Qualitätsstandard nach der übrigen Leistungsbeschreibung eine besondere Bedeutung bei, wie sich durch die Verwendung des Wortes „insbesondere" innerhalb des § 650k Abs. 2 S. 1 BGB zeigt. Zuerst ist daher die Auslegung auf dieses Kriterium zu fokussieren. Ein dabei gefundenes Auslegungsergebnis kann zwar durch andere vertragsbegleitende Umstände erschüttert werden; hierfür müssten diese aber aufgrund der Hervorhebung der Bedeutung des Komfort- und Qualitätsstandards der restlichen Baubeschreibung im Gesetzestext besonders deutlich zu Tage treten und unmissverständlich darauf schließen lassen, dass das unter Berücksichtigung des Qualitätsstandards in der übrigen Baubeschreibung gefundene Auslegungsergebnis dem hypothetischen Parteiwillen nicht entspricht.

§ 650k Abs. 2 S. 1 BGB bestätigt auch die überkommene ständige Rechtsprechung, wonach alleine aus der Tatsache, dass ein bestimmtes Ausführungsdetail im Vertragstext nicht erwähnt ist, nicht ohne weiteres darauf geschlossen werden kann, dass es nicht geschuldet ist. Eine diesbezügliche Leistungsverpflichtung kann sich vielmehr durchaus aufgrund einer am ansonsten vereinbarten Qualitätsstandard orientierten Auslegung „stillschweigend" oder schlüssig ergeben.[979]

---

977 BGH, Urteil vom 25.10.2007 – VII ZR 205/06, NZBau 2008, 113; BGH, Urteil vom 22.12.2000 – VII ZR 310/99, NJW 2001, 818; BGH, Urteil vom 07.09.2000 – VII ZR 443/99, NJW 2001, 436; BGH, Urteil vom 07.05.1987 – VII ZR 366/85, NJW 1988, 490; OLG Karlsruhe, Urteil vom 29.12.2005 – 9 U 51/05, NJOZ 2006, 1912, 1915; LG Landshut, Urteil vom 11.11.1992 – 13 S 1540/92, NJW 1993, 407.

978 Ähnlich *Basty*, MittBayNot 2017, 445, 448 f.; jurisPK/*Segger-Piening*, § 650k BGB, Rn. 24.

979 LBD/*Rückert*, § 650k BGB, Rn. 20.

b) Über den Anwendungsbereich des § 650k Abs. 2 S. 2 BGB
   hinausgehende ergänzende Vertragsauslegung

Es wurde bereits erläutert, dass und warum es insbesondere im Falle individuell ausgehandelter Baubeschreibungen zu einer Schlechterstellung der Verbraucher im Vergleich zur vorher geltenden Rechtslage kommen könnte, wenn man die Norm unter Hinweis auf ihren Wortlaut als abschließende Regelung zur Auslegung von Verbraucherbauverträgen versteht; das wäre insbesondere der Fall, wenn einzelne Angaben der Baubeschreibung vom (berechtigten) Erwartungshorizont des Verbrauchers negativ abweichen, ohne dass dieser diese Abweichung erkennen kann und vom Unternehmer ausdrücklich auf deren Folgen hingewiesen wird.[980]

Nach alter Rechtslage wurde in solchen Fällen die Baubeschreibung auch dann, wenn die negativ abweichende Angabe für sich genommen hinreichend klar und das durch sie definierte Leistungssoll für einen Fachmann ermittelbar war, anhand des berechtigten Erwartungshorizonts des Verbrauchers, mithin an dem durch die übrige Baubeschreibung definierten Qualitäts- und Komfortstandard, dahingehend ausgelegt, dass nicht der durch diese Angabe definierte mindere Qualitätsstandard, sondern der vom Verbraucher berechtigterweise erwartbare Qualitätsstandard geschuldet ist.[981]

Eine solche Auslegung ist bei strenger Orientierung am Wortlaut nicht gemäß § 650k Abs. 2 S. 1 BGB möglich, da dieser allein auf die Fälle der Unklarheit und der Unvollständigkeit beschränkt ist, nicht aber den vorbeschriebenen Fall abdeckt, dass eine Angabe in der Baubeschreibung für den Verbraucher nicht verständlich ist. Nur wenn ein solcher Sachverhalt eine AGB-Baubeschreibung betrifft, führt dies zu einem Verstoß gegen das Transparenzgebot und somit zur Unwirksamkeit der betreffenden Angabe; die so entstandene Lücke wird durch eine Auslegung gefüllt, die sich am Qualitäts- und Komfortstandard der restlichen Baubeschreibung orientiert.[982]

Ein Verstoß gegen das Transparenzgebot scheidet jedoch bei Individualvereinbarungen denknotwendig mangels einer Anwendbarkeit des § 307 Abs. 1 S. 2 BGB aus. Da auch über § 650k Abs. 2 S. 1 BGB kein mit der alten Rechtslage vergleichbares Auslegungsergebnis erreicht werden kann,

---

980 S.o. E.III.1.b) bb), S. 251.
981 Vgl. BGH, Urteil vom 04.06.2009 – VII ZR 54/07, NJW 2009, 2439; BGH, Urteil vom 14.06.2007 – VII ZR 45/06, NJW 2007, 2983.
982 S.o. D.I.2.b) bb) (3) (b) (bb), S. 179.

könnte man annehmen, dass nach neuer Rechtslage für derartige Fallkonstellationen sogar eine Schlechterstellung des Verbrauchers vorliegt.

Derlei ist vor dem Hintergrund des verbraucherschützenden Telos des § 650k Abs. 2 BGB nicht hinnehmbar; die Auslegungsregel des § 650k Abs. 2 S. 1 BGB darf daher nicht als abschließend verstanden werden, da sie in ihrem Anwendungsbereich durch die dort statuierten beschränkenden Kriterien hinter der allgemein für die Vertragsauslegung geltenden Regelung des § 157 BGB zurückbleibt. § 650k Abs. 2 S. 1 BGB soll eine Ausprägung der grundlegenden Auslegungsregel des § 157 BGB darstellen, diesen aber in keiner Weise einschränken. Es ist daher in Fällen, die nach den in Rechtsprechung und Literatur entwickelten Maßgaben grundsätzlich der ergänzenden Vertragsauslegung nach § 157 BGB bedürfen, die aber nicht in den Anwendungsbereich des § 650k Abs. 2 S. 1 BGB fallen oder durch die hierdurch festgelegte Art der Auslegung eingeschränkt werden, eine über § 650k Abs. 2 S. 2 BGB hinausgehende ergänzende Vertragsauslegung gemäß des nach wie vor geltenden § 157 BGB vorzunehmen.[983]

Dies ist insbesondere deshalb angezeigt, weil die Gesetzesbegründung ausdrücklich Bezug auf eine Entscheidung des BGH nimmt, in der gerade das praktisch relevante Szenario einer Abweichung vom Erwartungshorizont des Verbraucher-Auftraggebers ohne Hinweis auf die mit dieser verbundenen Folgen einer Abweichung zum Anlass einer Vertragsauslegung genommen wurde.[984] Es war also der ausdrückliche Wille des Gesetzgebers, derlei in die Auslegung nach § 650k Abs. 2 S. 1 BGB aufzunehmen. Weshalb er den Anwendungsbereich dieser Norm durch die Begrenzung seines Wortlauts auf Fälle der Unklarheit oder Unvollständigkeit der Baubeschreibung einschränkte und damit ausgerechnet die von ihm ausdrücklich in Bezug genommene Fallkonstellation hiervon exkludierte, ist deshalb nicht ansatzweise nachvollziehbar; dem gesetzgeberischen Willen muss daher über die allgemeinen Regeln zur Durchsetzung verholfen werden.

Der Anwendung besonderer methodischer Instrumente – etwa einer teleologischen Extension des § 650k Abs. 2 S. 1 BGB – bedarf es angesichts der Möglichkeit einer Korrektur nach den allgemeinen Regeln der Auslegung nicht. Vielmehr ist für den Fall, dass eine Auslegung gemäß § 650k

---

983 So wohl auch *Stretz*, in: FS Kainz, S. 619, 637; MüKo BGB/*Busche*, § 650k BGB, Rn. 6; a.A. wohl *Omlor*, NJW 2018, 817, 820, welcher § 650k Abs. 2 S. 1 BGB als Auslegungsregel mit abschließendem Charakter zu verstehen scheint.

984 BT-Drs. 18/8486, S. 62 unter Verweis auf BGH, Urteil vom 14.06.2007 – VII ZR 45/06, NJW 2007, 2983.

Abs. 2 S. 1 BGB aufgrund der Beschränkung von dessen Anwendungsbereich nicht erfolgen kann, in einem weiteren, abschließenden Schritt zu prüfen, ob in sonstiger Weise vor dem Hintergrund und am Maßstab des § 157 BGB eine solche ergänzende Auslegung anhand vertragsbegleitender Umstände geboten ist. Hierbei ist auf die Grundsätze zurückzugreifen, die von Rechtsprechung und Literatur vor Einführung des § 650k Abs. 2 S. 1 BGB ins Gesetz zur Auslegung von Bauverträgen entwickelt wurden. Nur auf diese Weise lässt sich sicherstellen, dass § 650k Abs. 2 S. 1 BGB nicht zu einer effektiven Schlechterstellung des Verbrauchers im Vergleich zur früheren Rechtslage führt.

c) Kritik

Dies zeigt, dass § 650k Abs. 2 S. 1 BGB letztlich völlig obsolet ist und statt einem Beitrag zur Verbesserung des Verbraucherschutzes eher Verwirrung stiftet sowie Fragen aufwirft, deren Beantwortung bei einem anderen als dem hier vertretenen Verständnis sogar zu Lasten des Verbrauchers gehen könnten; gleichzeitig bringt die Vorschrift keinen effektiven Nutzen in Form einer Konkretisierung oder Änderung der früheren Rechtslage.

So könnte die gesetzliche Festschreibung althergebrachter Auslegungsregeln speziell und lediglich für den Verbraucherbauvertrag so verstanden werden, dass die dort statuierten Grundsätze der ergänzenden Vertragsauslegung *nur* auf den Verbraucherbauvertrag anwendbar sind und nicht auch auf andere (Bau-)Verträge. Zwar gilt nach hier vertretener Ansicht unabhängig von § 650k Abs. 2 S. 1 BGB und über diesen hinausgehend stets § 157 BGB. Wenn aber ohnehin alles, was nun durch § 650k Abs. 2 S. 1 BGB geregelt wird, bereits Gegenstand der Auslegung nach § 157 BGB ist und war, bleibt offen, wofür die Einführung einer Parallelnorm zu § 157 BGB „für den Fall des Verbraucherbauvertrags" erforderlich gewesen sein soll.

Schon vor der Einführung des § 650k Abs. 2 S. 1 BGB waren die Grundsätze der Auslegung von Bauverträgen nicht nur durch Rechtsprechung und Literatur über Jahrzehnte hinweg im Rahmen der allgemeinen Norm des § 157 BGB sehr viel genauer präzisiert worden, als das jetzt die neue Regelung bewirken könnte, sondern auch in der Praxis akzeptiert und etabliert. Es bestand insoweit keinerlei Regelungsbedarf. Dies gilt umso mehr, da die Unterschiedlichkeit und Komplexität auslegungsbedürftiger Klauseln nicht in einer so „schlank" formulierten Norm wie § 650k Abs. 2 S. 1 BGB erschöpfend geregelt werden kann. Jedenfalls ist die Benennung (nur) der Kriterien der Unklarheit und Unvollständigkeit der Baubeschreibung als „Öffnungstor" für eine ergänzende Vertragsauslegung zu kurz gegriffen, da dadurch zahlreiche Vereinbarungen, welche einer ergänzenden Auslegung bedürfen, vom Anwendungsbereich des § 650k Abs. 2 S. 1 BGB ausgeschlossen werden. In der Folge wird deshalb oft ein Rückgriff auf die allgemeine Auslegungsregel des § 157 BGB unumgänglich; auch dies wirft die Frage auf, wofür es dann § 650k Abs. 2 S. 1 BGB überhaupt brauchte.

Im Ergebnis wird zwar jedenfalls dann, wenn man § 650k Abs. 2 S. 1 BGB so interpretiert und in das System der Auslegungs-Normen integriert, wie das hier vertreten wird, immerhin das vom Gesetzgeber angestrebte Ziel des Verbraucherschutzes durch die Existenz dieser Norm nicht konterkariert. Diese Einordnung des § 650k Abs. 2 S. 1 BGB in den Kanon der Auslegungsvorschriften dürfte aber nicht unangefochten bleiben, und auch die Formulierung seiner Tatbestandsmerkmale bringt zahlreiche Einzelfragen mit sich, deren Beantwortung im Einzelnen durchaus unterschiedliche Auffassungen zulässt. Diese Risiken hätte der Gesetzgeber durch einen schlichten Verzicht auf die Regelung verhindern können.

4. Vertragsauslegung im Zweifel zu Lasten des Unternehmers

Verbleiben auch nach der ergänzenden Auslegung nach § 650k Abs. 2 S. 1 BGB bzw. § 157 BGB noch Zweifel hinsichtlich der Bestimmung des Leistungssolls des Unternehmers, gehen diese gemäß § 650k Abs. 2 S. 2 BGB zu Lasten des Unternehmers. Die Kodifizierung dieser in der Rechtsprechung zuvor nur selten ausgesprochenen, in der Literatur aber schon seit längerem deutlich postulierten[985] Auslegungsdirektive wird bisweilen als deutlichster und wichtigster Beitrag[986] bzw. entscheidender Meilenstein[987] zur Verbesserung des Verbraucherschutzes bei Bauverträgen bezeichnet. Zwar legte die Rechtsprechung auch vor Einführung des § 650k Abs. 2 S. 2 BGB Lücken in Bauverträgen häufig zugunsten des Verbrauchers aus[988]; dies erfolgte jedoch ausschließlich auf der Basis der allgemeinen Auslegungs-

---

985 *Krick/Sagmeister*, MittBayNot 2014, 205, 206; *Pauly*, ZMR 2016, 513, 514; *Hertel*, DNotZ 2002, 6, 13.

986 *Glöckner*, VuR 2016, 163, 165 f.

987 Messerschmidt/Voit/*Lenkeit*, § 650k BGB, Rn. 24.

988 Vgl. BGH, Urteil vom 21.11.2013 – VII ZR 275/12, NJW 2014, 620; BGH, Urteil vom 04.06.2009 – VII ZR 54/07, NJW 2009, 2439; BGH, Urteil vom 14.06.2007 – VII ZR 45/06, NJW 2007, 2983; OLG Brandenburg, Urteil vom 26.09.2013 – 12 U 115/12, BauR 2014, 1005.

grundsätze, wie sie nun (in Auszügen) in § 650k Abs. 2 S. 1 BGB wieder-holt werden, und nicht unter Anwendung eines allgemeinen Auslegungs-grundsatzes *„in dubio pro consumptore"*[989] bzw. *„in dubio contra stipulato-rem"*[990].

a) Verhältnis zu § 305c Abs. 2 BGB

Ausweislich der Gesetzesbegründung knüpft § 650k Abs. 2 S. 2 BGB an den Rechtsgedanken des § 305c Abs. 2 BGB an und überträgt diesen auf die Auslegung eines Verbraucherbauvertrages mit einer unvollständigen oder unklaren Baubeschreibung.[991] Dies bedeutet jedoch nicht, dass § 305c Abs. 2 BGB verdrängt wird; vielmehr bleibt dieser neben § 650k Abs. 2 S. 2 BGB anwendbar.[992] Letzterer geht aber insoweit über § 305c Abs. 2 BGB hinaus, als er auch Geltung für Individualvereinbarungen bzw. individuell ausgehandelte Baubeschreibungen entfaltet.[993]

Für Baubeschreibungen, die als AGB zu qualifizieren sind, war schon bisher § 305c Abs. 2 BGB anwendbar.[994] Denn auch, wenn die Baube-schreibung lediglich Hauptleistungspflichten festlegt und daher gemäß § 307 Abs. 3 BGB als solche keiner AGB-Kontrolle im Gesamten, sondern lediglich dem Transparenzgebot unterliegt, gilt hierfür gleichwohl § 305c BGB, dessen einzige Anwendungsvoraussetzung das Vorliegen von AGB ist. Dieser sieht keine Inhaltskontrolle vor, sondern in seinem Absatz 1 eine Einbeziehungsvoraussetzung und in seinem Absatz 2 eine Ausle-gungsregel; die durch § 307 Abs. 3 S. 1 BGB statuierte Beschränkung der Inhaltskontrolle greift für § 305c Abs. 2 BGB daher nicht.[995]

---

989 ibr-OK BauvertrR/*Retzlaff*, § 650k BGB, Rn. 4.

990 *Glöckner*, BauR 2014, 411, 426; DLOPS/*Stretz*, § 5, Rn. 122.

991 BT-Drs. 18/8486, S. 62.

992 DLOPS/*Stretz*, § 5, Rn. 121.

993 Messerschmidt/Voit/*Lenkeit*, § 650k BGB, Rn. 24; DLOPS/*Stretz*, § 5, Rn. 122; ju-risPK/*Segger-Piening*, § 650k BGB, Rn. 26.

994 Vgl. zur Anwendbarkeit des früheren § 3 AGBG BGH, Urteil vom 30.06.1995 – V ZR 184/94, NJW 1995, 2637, 2638; *Krick/Sagmeister*, MittBayNot 2014, 205, 206; *Pauly*, MDR 2016, 997, 998; jurisPK/*Segger-Piening*, § 650k BGB, Rn. 26; *Hertel*, DNotZ 2002, 6, 13; MüKo BGB/*Wurmnest*, § 307 BGB, Rn. 21; a.A. *Or-lowski*, ZfBR 2016, 419, 431 unter neben der Sache liegendem Verweis auf die Rechtsprechung des BGH zur Geltung der §§ 307 ff. BGB.

995 jurisPK/*Segger-Piening*, § 650k BGB, Rn. 26; MüKo BGB/*Wurmnest*, § 307 BGB, Rn. 21; a.A. *Orlowski*, ZfBR 2016, 419, 431, der die notwendige Differenzierung zwischen dem bloßen Vorliegen von AGB i.S.d. § 305 Abs. 1 BGB bzw. „Einmal-

Daher ist die Einführung des § 650k Abs. 2 S. 2 BGB ins Gesetz lediglich für die wenigen Baubeschreibungen von wirklicher Relevanz, die individuell ausgehandelt und formuliert wurden.[996] Für das Gros der Baubeschreibungen in Bauverträgen aus einer Hand bestand der erforderliche Schutz von Verbrauchern schon vor der Einführung des § 650k Abs. 2 S. 2 BGB über § 305c Abs. 2 BGB. Dieser stellt deshalb bei näherer Betrachtung wohl keinen „Meilenstein"[997] in der Verbraucherschutz-Gesetzgebung dar.

Die Anwendungsbereiche des § 650k Abs. 2 S. 2 BGB und des § 305c Abs. 2 BGB weisen zwar große Schnittmengen auf; ersterer geht aber in Bezug auf Individualvereinbarungen weiter. Daher besteht kein „lex-specialis"-Verhältnis. Insoweit gilt dasselbe wie für das Verhältnis von § 307 Abs. 1 S. 2 BGB zu Art. 249 § 2 Abs. 1 EGBGB in Bezug auf die Frage eines Verständlichkeitsgebots.[998] Beide Vorschriften bleiben – bei Vorliegen von AGB – nebeneinander anwendbar.

Dabei ist zu berücksichtigen, dass § 305c Abs. 2 BGB für den Verbraucher günstiger ist. Denn danach gehen sämtliche Zweifel bei der Auslegung irgendeines Teils der Baubeschreibung zu Lasten des Verwenders, mithin des Unternehmers. Im Rahmen des § 650k Abs. 2 S. 2 BGB gilt das ausdrücklich nur *„bezüglich der vom Unternehmer geschuldeten Leistung".*[999] Es kann daher dahinstehen, ob man zunächst auch auf AGB-Baubeschreibungen § 650k Abs. 2 S. 2 BGB anwenden sollte und in einer zweiten Stufe für Zweifel, die nichts mit dem Bausoll zu tun haben, § 305c Abs. 2 BGB anwendet, oder ob man unmittelbar auf § 305c Abs. 2 BGB zurückgreift und § 650k Abs. 2 S. 2 BGB zwar grundsätzlich anwendbar bleibt, aber schlicht leer läuft. Im Ergebnis wird dies keinen Unterschied machen.

Durch § 650k Abs. 2 S. 2 BGB wurde also ein Gleichlauf zwischen AGB-Baubeschreibungen und individuell vereinbarten nicht umfassend hergestellt[1000], sondern nur im Hinblick auf Zweifel *in Bezug auf das Bausoll.* Für alle weiteren Zweifelsfälle im Rahmen der Auslegung gilt § 650k Abs. 2 S. 2 BGB bei strenger Orientierung am Wortlaut nicht[1001], aber weiterhin

---

bedingungen" i.S.d. § 310 Abs. 3 Nr. 2 BGB und der Anwendbarkeit einer Inhaltskontrolle übersieht.

996 BeckOGK/*Merkle*, § 650k BGB, Rn. 22.
997 Messerschmidt/Voit/*Lenkeit*, § 650k BGB, Rn. 24.
998 S. o., D.I.2.b) bb) (1), S. 170.
999 Dies herausstellend auch DLOPS/*Stretz*, § 5, Rn. 123.
1000 So aber DLOPS/*Stretz*, § 5, Rn. 122.
1001 A.A. wohl *Stretz*, in: FS Kainz, S. 619, 628; nach hier vertretener Ansicht ist jedenfalls für die Angaben in zeitlicher Hinsicht aber eine teleologische Extension der Vorschrift vorzunehmen, siehe hierzu sogleich E.IV.4., S. 278.

§ 305c Abs. 2 BGB – sodass gegebenenfalls zu klären ist, ob eine „zweifelhafte" Regelung in einer Baubeschreibung als AGB zu qualifizieren ist.[1002] Die Differenzierung ist nur in Bezug auf das geschuldete Bausoll nicht mehr maßgeblich, für andere Klauseln aber gegebenenfalls nach wie vor durchaus entscheidend.

Soweit eine Baubeschreibung als Individualvereinbarung zu qualifizieren ist, findet (nur) § 650k Abs. 2 S. 2 BGB Anwendung. Insoweit wurde der Verbraucher tatsächlich gegenüber der vorigen Rechtslage besser gestellt. Denn bisher oblag es ihm im Falle individuell ausgehandelter Baubeschreibungen, nach allgemeinen Beweislastgrundsätzen das geschuldete Bausoll nachzuweisen, soweit er hieraus für ihn günstige Rechte herleiten wollte. Konnte ein Richter sich wegen verbleibender „Restzweifel" nicht davon überzeugen, dass eine höhere als die vom Unternehmer zugestandene Qualität geschuldet ist, so konnte der Verbraucher keine Ansprüche daraus herleiten, dass diese Qualität nicht gebaut wurde; Zweifel gingen zu seinen Lasten.[1003] Diese unbefriedigende Situation im Bereich der Individualvereinbarungen wird nun durch die Beweislasterleichterung[1004] des § 650k Abs. 2 S. 2 BGB zugunsten des Verbrauchers geändert: „Restzweifel" in Bezug auf die vom Unternehmer geschuldete Bauleistung gehen nun zu dessen Lasten.

b) Anwendbarkeit der Zweifelsregelung erst bei nicht eindeutigem Auslegungsergebnis

In der Rezeption des neuen Bauvertragsrechts werden Reichweite und Wirkung des § 650k Abs. 2 S. 2 BGB bisweilen überschätzt und über die Grenzen seines eindeutigen Wortlauts ausgedehnt. Indessen ist es erforderlich, als erstes in der vorbeschriebenen Weise zu versuchen, den Vertragsinhalt durch umfassende Auslegung der Baubeschreibung zu ermitteln.

Stellt sich der Inhalt der Baubeschreibung nach einer derartigen Auslegung noch als unklar oder lückenhaft dar, ist in einem zweiten Schritt eine ergänzende Vertragsauslegung unter Berücksichtigung sämtlicher vertragsbegleitender Umstände nach Maßgabe des § 650k Abs. 2 S. 1 BGB bzw. des § 157 BGB vorzunehmen.

1002 A.A. *Kniffka/Retzlaff*, BauR 2017, 1747, 1835.
1003 DLOPS/*Stretz*, § 5, Rn. 122.
1004 BeckOGK/*Merkle*, § 650k BGB, Rn. 22; DLOPS/*Stretz*, § 5, Rn. 122.

Erst, wenn auch nach dieser ergänzenden Vertragsauslegung mehr als eine Auslegungsmöglichkeit besteht, kommt – gewissermaßen als „ultima ratio" – die Zweifelsregel des § 650k Abs. 2 S. 2 BGB zur Anwendung.[1005]

Es ist daher methodisch fehlerhaft, die „Zweifelsregelung" bereits auf die Frage anzuwenden, *ob* eine Baubeschreibung überhaupt unklar oder unvollständig ist.[1006] Dies lässt sich mit der eindeutigen Struktur der Norm und ihrem Wortlaut nicht vereinbaren. Eine Auslegung in der vorstehend beschriebenen Reihenfolge wird aufgrund der Tatsache, dass kaum eine Baubeschreibung sämtliche Ausführungsdetails regelt, ohnehin in aller Regel nötig sein. Es wäre aber nicht nur dogmatisch falsch, schon vor Durchführung dieser Prüfung die „Zweifelsregel" des § 650k Abs. 2 S. 2 BGB zur Anwendung zu bringen; diese unzulässige Ausdehnung der Regelung über ihren Wortlaut hinaus würde in vielen Fällen auch zu anderen Ergebnissen führen. Sie verstieße gegen den allgemeinen Grundsatz, dass eine Auslegung den Willen *beider* Parteien – und gerade nicht nur den des Verbrauchers – nach Treu und Glauben unter Rücksicht auf die Verkehrssitte zu ermitteln hat. Dieses Gebot würde verletzt, wenn bereits im Rahmen oder gar an Stelle einer allgemeinen (erste Stufe) oder ergänzenden (zweite Stufe) Vertragsauslegung die „ultima ratio" des ausdrücklich auf „Restzweifel" und damit auf Ausnahmefälle zugeschnitten „Zweifelsgrundsatzes" zu Lasten des Unternehmers Anwendung fände.

Die Gesetzesbegründung zu § 650k Abs. 2 S. 2 BGB nimmt ausdrücklich auf § 305c Abs. 2 BGB Bezug. Deshalb sind die in Rechtsprechung und Literatur zu § 305c Abs. 2 BGB entwickelten Grundsätze auf die neue Vorschrift übertragbar.[1007] Demnach ist sie nicht schon anwendbar, wenn über die Auslegung einer Klausel lediglich Streit besteht.[1008] Erforderlich ist vielmehr, dass auch nach Ausschöpfung aller in Betracht kommenden Auslegungsmethoden mindestens zwei Auslegungsmethoden rechtlich vertretbar und praktisch nicht fernliegend sind und für die Beteiligten typischerweise in Betracht kommen.[1009]

1005 MüKo BGB/*Busche*, § 650k BGB, Rn. 7.

1006 So aber DLOPS/*Stretz*, § 5, Rn. 123.

1007 LBD/*Rückert*, § 650k BGB, Rn. 21.

1008 Palandt/*Grüneberg*, § 305c BGB, Rn. 15; Leinemann/Kues/*Abu Saris*, § 650k BGB, Rn. 19.

1009 BGH, Urteil vom 20.01.2016 – VIII ZR 152/15, NJW-RR 2016, 526 Rn. 19; BGH, Urteil vom 09.05.2012 – VIII ZR 327/11, NJW 2012, 2270 Rn. 28; BGH, Urteil vom 05.05.2010 – III ZR 209/09, NJW 2010, 2197 Rn. 14; LBD/*Rückert*, § 650k BGB, Rn. 21; Leinemann/Kues/*Abu Saris*, § 650k BGB, Rn. 19 m.w.N.

In allen Fällen, in denen (veröffentlichte) Rechtsprechung sich mit nicht vollständigen Baubeschreibungen befasst hat, konnte sie die Lücken durch ergänzende Vertragsauslegung schließen, ohne auf „pauschale" Zweifelsregelungen (und damit Risiko-Zuweisungen) zurückzugreifen. Unabhängig davon, dass § 650k Abs. 2 S. 2 BGB ohnehin nur für Individualvereinbarungen einen praktischen Mehrwert gegenüber der früheren Rechtslage bietet, macht das deutlich, dass die praktische Relevanz dieser Regelung sehr begrenzt ist. Ihre Einführung ist zwar zu begrüßen, da sie jedenfalls in Bezug auf die Ermittlung des geschuldeten Bausolls einen Gleichlauf zwischen AGB und Individualvereinbarungen herstellt und insoweit eine effektive Verbesserung des Verbraucherschutzes bewirkt. Einen „entscheidenden Meilenstein des Gesetzgebers zum Schutz des Verbrauchers"[1010] stellt die Neuregelung angesichts ihrer geringen praktischen Bedeutung aber nicht dar.

5. Sonderfall: Auslegung bei Fehlen einer Baubeschreibung

Schließlich ist noch zu prüfen, wie mit der Auslegung von Verbraucherbauverträgen zu verfahren ist, wenn entgegen § 650j BGB eine Baubeschreibung überhaupt nicht existiert, geschweige denn vorvertraglich übermittelt wurde. Voraussetzung für eine Auslegung ist, dass trotz der fehlenden Baubeschreibung eine formwirksame (§ 650i Abs. 2 BGB) Einigung über die essentialia negotii des Verbraucherbauvertrags zustande gekommen ist. Da die Anforderungen an die Bestimmtheit des werkvertraglichen Herstellungsanspruchs sehr weit zu verstehen sind[1011], kann dies auch bei Fehlen einer Baubeschreibung denkbar sein.[1012]

Dazu wird einerseits angeführt, dass eine Auslegung in solchen Fällen mangels Anwendbarkeit des § 650k Abs. 2 S. 1 BGB überhaupt nicht stattfinden könne.[1013] Demgegenüber wird vorgebracht, dass auch in diesen Fällen eine Auslegung des – immerhin ja existenten, wenn auch womöglich besonders unzulänglichen – Vertrages erfolgen muss, bei welcher Zweifel erst recht zu Lasten des Unternehmers gehen müssen[1014], der

---

1010 Messerschmidt/Voit/*Lenkeit*, § 650k BGB, Rn. 24.

1011 *Jurgeleit*, NJW 2019, 2649, 2652.

1012 Kniffka/Koeble/*Jurgeleit*/Sacher, Kompendium des Baurechts, 2. Teil, Rn. 75.

1013 *Omlor*, NJW 2018, 817, 820.

1014 *Kniffka/Retzlaff*, BauR 2017, 1747, 1835.

schließlich nicht davon profitieren darf, dass er seine Pflicht aus § 650j BGB verletzt hat.

Nun hat zwar der Gesetzgeber ausdrücklich klargestellt, dass für den Fall des vollständigen Fehlens einer Baubeschreibung eine spezielle Regelung nicht erforderlich sei und insoweit aus seiner Sicht – wenn ein Vertrag überhaupt wirksam zustande gekommen ist – die allgemeinen Regelungen des Schadensersatzrechts als Rechtsfolge ausreichend seien.[1015] Richtig ist weiterhin, dass in diesen Fällen § 650k Abs. 2 S. 1 BGB nicht anwendbar ist, da dieser das Vorliegen einer – wenn auch unzulänglichen – Baubeschreibung voraussetzt.[1016]

Indessen besitzt § 650k Abs. 2 S. 1 BGB keinen abschließenden Charakter dergestalt, dass seine Nichtanwendbarkeit mangels Baubeschreibung eine ergänzende Vertragsauslegung vollständig verhindern würde.[1017] Vielmehr findet eine solche in allen Fällen, in denen ein Bauvertrag auslegungsbedürftig und § 650k Abs. 2 S. 1 BGB nicht einschlägig ist, anhand des § 157 BGB dennoch statt.[1018]

Gegenteiliges ist auch der Gesetzesbegründung nicht zu entnehmen. Danach soll nur § 650k Abs. 2 S. 1 BGB auf den Fall des vollständigen Fehlens einer Baubeschreibung nicht anwendbar sein; zu anderen Auslegungsregeln äußert sich die Gesetzesbegründung nicht. § 157 BGB wird also durch § 650k Abs. 2 S. 2 BGB nicht verdrängt oder eingeschränkt.

Wenn überhaupt ein – wirksamer, also irgendwelche gegenseitigen Pflichten statuierender – Bauvertrag ohne eine auch nur rudimentäre Baubeschreibung zustande gekommen ist, wird ein solcher Vertrag noch dringender einer (ergänzenden) Auslegung bedürfen als Verträge mit immerhin lückenhafter Baubeschreibung.[1019] Eine solche ist nach § 157 BGB durchzuführen.

Bei derartigen Verträgen ist indessen die Wahrscheinlichkeit besonders hoch, dass nach einer ergänzenden Vertragsauslegung mehr als zwei rechtlich vertretbare Auslegungsmöglichkeiten im Hinblick auf das Bausoll verbleiben. In diesen Fällen muss auch und erst recht § 650k Abs. 2 S. 2 BGB zur Anwendung kommen.[1020] Diese Zweifelsregelung ist ausdrücklich nicht auf die Fälle des § 650k Abs. 2 S. 1 BGB beschränkt, sondern gilt aus-

---

1015 BT-Drs. 18/8486, S. 62 f.
1016 *Omlor*, NJW 2018, 817, 820.
1017 A.A. offenbar *Omlor*, NJW 2018, 817, 820.
1018 S.o., E.III.3.b), S. 260 ff.
1019 *Kniffka/Retzlaff*, BauR 2017, 1747, 1835; *Omlor*, NJW 2018, 817, 820.
1020 *Kniffka/Retzlaff*, BauR 2017, 1747, 1835.

weislich ihres offen gehaltenen Wortlauts für alle nach einer – irgendwie gearteten! – Vertragsauslegung verbliebenen Zweifel im Hinblick auf die vom Unternehmer geschuldete Leistung. Somit gilt auch für eine nach der allgemeinen Regel des § 157 BGB durchgeführte Auslegung eines Verbraucherbauvertrags, dass verbleibende Zweifel nach § 650k Abs. 2 S. 2 BGB zu Lasten des Unternehmers gehen.

Alles andere wäre mit dem verbraucherschützenden Telos des § 650k Abs. 2 S. 2 BGB nicht vereinbar; dieser will gerade erreichen, dass der Unternehmer für ungenaue oder lückenhafte Beschreibungen seiner Leistung sanktioniert wird, indem der Verbraucher sich immer auf die für ihn günstigste der verbleibenden Auslegungsmöglichkeiten berufen kann. Sonst würden aufgrund der Fehlkonstruktion des § 650k Abs. 2 S. 1 BGB zahlreiche Verträge, die regelmäßig mit einer Nichtbeachtung des § 650j BGB i.V.m. Art. 249 EGBGB durch den Unternehmer einhergehen, nicht zu Lasten des Unternehmers ausgelegt. Dies kann nicht dem gesetzgeberischen Willen entsprechen.

IV. „Angaben in zeitlicher Hinsicht" als Vertragsinhalt

Anknüpfend an Art. 249 § 2 Abs. 2 EGBGB, welcher den Unternehmer dazu verpflichtet, in der Baubeschreibung Angaben in zeitlicher Hinsicht zu machen, sieht § 650k Abs. 3 BGB vor, dass derartige Angaben auch im anschließend abgeschlossenen Vertrag vorhanden sein müssen.

Klarstellend ist insoweit vorauszuschicken, dass es sich bei der Verwendung des Begriffs „Bauvertrag" in § 650k Abs. 3 S. 1 BGB schlicht um ein redaktionelles Versehen, genauer: eine ungewollt missverständliche Formulierung handelt. Sie will keine Pflicht der Unternehmer zur Angabe eines Fertigstellungszeitpunkts oder eines Errichtungszeitraums für sämtliche Bauverträge im Sinne des § 650a BGB statuieren. Vielmehr gilt § 650k Abs. 3 BGB aufgrund seiner Stellung im Gesetz sowie gemäß der eindeutigen Gesetzesbegründung[1021] nur für Verbraucherbauverträge im Sinne des § 650i Abs. 1 BGB.[1022]

1021 Diese spricht ausdrücklich und ausschließlich vom „Verbraucherbauvertrag", vgl. BT-Drs. 18/84867, S. 63.
1022 DLOPS/*Stretz*, § 5, Rn. 144.

1. Pflicht zur Aufnahme zeitlicher Angaben in den Vertrag, § 650k Abs. 3 S. 1 BGB

Ausgehend hiervon ist zu prüfen, ob die Vorschrift eine effektive Verbesserung des Verbraucherschutzes mit sich bringt. Dazu ist vorweg zu erläutern, welche Verpflichtungen sie im Einzelnen statuiert.

Auffällig ist zunächst ihre hierarchische Struktur. So sieht § 650k Abs. 3 S. 1 BGB vor, dass der Unternehmer im Vertrag verbindliche Angaben zum Zeitpunkt der Fertigstellung des Werks zu machen hat. Hierbei handelt es sich um eine selbständige, von Art. 249 § 2 Abs. 2 EGBGB unabhängige Verpflichtung.[1023] Diese wird folglich nicht bereits dadurch erfüllt, dass der Unternehmer zeitliche Angaben schon in der Baubeschreibung gemacht hat; jene werden gemäß § 650k Abs. 3 S. 2 BGB lediglich subsidiär zum Vertragsinhalt, soweit er seiner – vorrangigen! – Pflicht aus § 650k Abs. 3 S. 1 BGB zur Angabe zeitlicher Parameter im Vertrag selbst nicht nachkommt.[1024]

Inhaltlich stellt § 650k Abs. 3 S. 1 BGB dieselben Anforderungen wie Art. 249 § 2 Abs. 2 EGBGB. Der Unternehmer hat demnach auch im Rahmen seiner Pflicht zur Angabe zeitlicher Parameter im Vertrag vorrangig einen Fertigstellungszeitpunkt anzugeben; nur, wenn er das zum Zeitpunkt des Abschlusses des Vertrags noch nicht kann, darf er sich ausnahmsweise auf die Angabe der Dauer der Bauausführung beschränken. Es liegt also insoweit schon innerhalb des Satzes 1 ein Regel-Ausnahme-Verhältnis vor.[1025] § 650k Abs. 3 S. 1 BGB enthält somit – anders als § 650k Abs. 1, Abs. 2 und Abs. 3 S. 2 BGB – keine Regelung von Rechtsfolgen anknüpfend an die Nichterfüllung der Baubeschreibungspflicht des § 650j BGB, sondern eine separate, eigenständige Pflicht zur Aufnahme bestimmter Beschreibungen unmittelbar in den Vertrag. Das unterstreicht die Bedeutung dieser Angaben für den Verbraucher; sie sollen nicht nur vorvertraglich in der Baubeschreibung, sondern auch ausdrücklich im Vertragstext verankert werden.

Zu den inhaltlichen und darstellungstechnischen Anforderungen an die Angabe eines Fertigstellungszeitpunkts bzw. einer Ausführungsdauer im Vertrag selbst kann auf die obigen Ausführungen zu Art. 249 § 2 Abs. 2 EGBGB verwiesen werden.[1026] Die geringen Formulierungsunterschiede

---

1023 Messerschmidt/Voit/*Lenkeit*, § 650k BGB, Rn. 28.
1024 BeckOGK/*Merkle*, § 650k BGB, Rn. 31; DLOPS/*Stretz*, § 5, Rn. 146.
1025 Messerschmidt/Voit/*Lenkeit*, § 650k BGB, Rn. 29.
1026 S.o. D.II., S. 187 ff.

zu § 650k Abs. 3 S. 1 BGB sowie die Tatsache, dass Art. 249 § 2 Abs. 2 EGBGB die Angabe von Fertigstellungszeitpunkt bzw. Ausführungsdauer in zwei einzelnen Sätzen regelt, während § 650k Abs. 3 S. 1 BGB dies in einem Satz zusammenfasst, dürften schlicht dem Umstand geschuldet sein, dass die Möglichkeit einer alternativen Angabe eines Ausführungszeitraums noch im Referentenentwurf des § 650k Abs. 3 BGB nicht vorgesehen, aber in der Formulierung des Art. 249 § 2 Abs. 2 EGBGB von Beginn an enthalten war.[1027] Nach Hinweisen auf die Problematik, dass auch zum Zeitpunkt des Vertragsschlusses der Unternehmer, etwa wegen vom Verbraucher zu erbringender Vorleistungen oder einzuholender Genehmigungen, nicht immer einen konkreten Fertigstellungszeitpunkt angeben kann[1028], wurde § 650k Abs. 3 S. 1 BGB im Rahmen des Regierungsentwurfs angepasst.[1029]

Ein Fertigstellungszeitpunkt muss demnach stets so angegeben werden, dass er sich konkret als ein bestimmtes Datum ermitteln lässt; bloße circa-Angaben reichen insoweit nicht aus. Bei der Angabe einer Ausführungsdauer ist dringend zu empfehlen, einen Anknüpfungspunkt für diesen Zeitraum anzugeben (etwa „fünf Monate ab Baubeginn" oder „ein Jahr ab Vertragsschluss"). Ist ein solcher Anknüpfungspunkt nicht im Vertragstext selbst angegeben, muss nämlich im Wege einer Vertragsauslegung nach § 157 BGB geklärt werden, ob ein solcher Beginnzeitpunkt, ohne dessen Bestimmung jede Fristbenennung für den Verbraucher wertlos ist, den Umständen entnommen werden kann oder ob sich die Parteien vorvertraglich auf einen bestimmten Fristbeginn geeinigt haben. Zwar ist eine solche Auslegung mangels Anwendbarkeit der Vorschrift nicht nach § 650k Abs. 2 S. 1 BGB durchzuführen. Jedoch bleibt die allgemeine Auslegungsregel des § 157 BGB anwendbar, welche auch für Abreden in Bezug auf die Bauzeit gilt und ebenfalls Umstände im vorvertraglichen Bereich berücksichtigt. Lässt sich auch mittels einer Vertragsauslegung kein Anknüpfungszeitpunkt ermitteln, gilt hilfsweise der Baubeginn als solcher.[1030]

1027 Vgl. RefE, S. 15 und S. 20.
1028 Deutscher Baugerichtstag, Stellungnahme RefE, S. 25.
1029 BT-Drs. 18/8486, S. 17.
1030 S.o., D.II.2.b) bb) (1), S. 196 ff.

2. Verhältnis der Angaben in zeitlicher Hinsicht im Vertrag und in der Baubeschreibung

In welchem Verhältnis stehen nun diese in Erfüllung des § 650k Abs. 3 S. 1 BGB im Vertrag zu machenden Angaben in zeitlicher Hinsicht zu denjenigen Angaben, die gemäß Art. 249 § 2 Abs. 2 EGBGB schon im Rahmen der vorvertraglich zur Verfügung gestellten Baubeschreibung gemacht wurden?

Wie bereits dargestellt, werden die zeitlichen Angaben in der vorvertraglichen Baubeschreibung nicht nach § 650k Abs. 1 BGB zum Inhalt des Vertrags – allerdings nicht, weil § 650k Abs. 3 BGB lex specialis zu § 650k Abs. 1 BGB wäre.[1031] § 650k Abs. 1 BGB bezieht sich ausdrücklich auf Angaben zur Bau*ausführung*, also auf das Bausoll des Unternehmers gemäß Art. 249 § 2 Abs. 1 EGBGB, nicht aber auf die Angaben zur Bau*zeit*.[1032] § 650k Abs. 3 BGB bezieht sich hingegen ausschließlich auf die Angaben zur Bauzeit, wie sie auch Art. 249 § 2 Abs. 2 EGBGB regelt. Eine Überschneidung der Anwendungsbereiche von § 650k Abs. 1 BGB und § 650k Abs. 3 BGB ist also nicht möglich; einer Anwendung des Grundsatzes *lex specialis derogat legi generali* bedarf es nicht.

Die Nichtanwendbarkeit des § 650k Abs. 1 BGB auf Angaben der Baubeschreibung in zeitlicher Hinsicht hat zur Konsequenz, dass derartige Angaben nicht wie diejenigen zur Bauausführung nach § 650k Abs. 1 BGB automatisch (vorbehaltlich einer abweichenden ausdrücklichen Vereinbarung) Vertragsinhalt werden. Vielmehr können sie nach § 650k Abs. 3 S. 1 BGB im Bauvertrag auch ohne Erfüllung der Anforderungen an eine „ausdrückliche Vereinbarung" abweichend von der Baubeschreibung angegeben werden.

Denn die Pflicht des Unternehmers zur Angabe der zeitlichen Parameter im Vertrag ist nach der ausdrücklichen Formulierung des Gesetzes vorrangig gegenüber § 650k Abs. 3 S. 2 BGB[1033], der in seiner Struktur § 650k Abs. 1 Hs. 1 BGB entspricht und lediglich subsidiär für den Fall der Nichterfüllung der vorrangigen eigenständigen Pflicht des § 650k Abs. 3 S. 1 BGB die Angaben der Baubeschreibung in zeitlicher Hinsicht zum Vertragsinhalt werden lässt. Es ist dem Unternehmer daher in Bezug auf zeitliche Angaben möglich, im Rahmen des Vertragstexts von den vorvertrag-

---

1031 So aber DLOPS/*Stretz*, § 5, Rn. 149.
1032 jurisPK/*Segger-Piening*, § 650k BGB, Rn. 6.
1033 Messerschmidt/Voit/*Lenkeit*, § 650k BGB, Rn. 29; BeckOGK/*Merkle*, § 650k BGB, Rn. 31; DLOPS/*Stretz*, § 5, Rn. 146.

lich im Rahmen der Baubeschreibung gemachten Angaben abzuweichen, ohne diesbezüglich eine ausdrückliche Vereinbarung mit dem Verbraucher treffen oder auf eine solche Abweichung besonders hinweisen zu müssen.[1034] Das gilt selbst dann, wenn der Unternehmer vorvertraglich bereits einen konkreten Fertigstellungstermin angegeben hat und sich dann im Vertrag nur noch auf die Angabe der Dauer der Bauausführung beschränkt; derlei muss nicht zwingend widersprüchlich sein, da sich die Parameter des geplanten Bauablaufs in der Zwischenzeit verändern können.[1035]

Hierin wird bisweilen ein Wertungswiderspruch zu § 650k Abs. 1 BGB gesehen.[1036] Der Gesetzgeber führe die von ihm selbst betonte herausragende Bedeutung der Angaben in zeitlicher Hinsicht für den Verbraucher[1037] ad absurdum, wenn er gerade in Bezug auf diese Angaben im Rahmen des Vertragsschlusses eine Abweichung ohne ausdrückliche Vereinbarung zulasse.[1038] Der Verbraucher solle sich umfassend auf vorvertraglich in der Baubeschreibung gemachte Angaben verlassen können; hiervon dürfe nicht „schleichend" abgewichen werden.[1039]

Einen solch umfassenden Vertrauensschutz hinsichtlich jeglicher in vorvertraglichen Baubeschreibungen enthaltener Informationen sieht das Gesetz aber nicht vor. In Bezug auf die Angaben nach Art. 249 § 2 Abs. 1 EGBGB, welche das unternehmerische Leistungssoll in technisch-inhaltlicher Sicht betreffen, bedarf der Verbraucher zwingend des weitreichenden Schutzes über § 650k Abs. 1 BGB, da er diese Angaben in ihrer Vielzahl und Komplexität im Einzelnen nicht einfach überblicken und eventuelle Abweichungen erkennen kann. Wenn beispielsweise unter vielen anderen technischen Angaben der vereinbarte Schallschutz von „Schallschutzstufe III nach der VDI-Richtlinie 4100" auf „Schallschutzstufe II nach der VDI-Richtlinie 4100" geändert wird, wird ein durchschnittlicher Verbraucher das nicht bemerken, wenn er nicht ausdrücklich darauf hingewiesen wird.

Ein solch umfassender Schutz des Verbrauchers ist in Bezug auf die zeitlichen Angaben der Baubeschreibung aber nicht geboten. Angaben zum Fertigstellungszeitpunkt bzw. zur Ausführungsdauer sind deutlich leichter zu verstehen als technische Details der Bauausführung. Sie sind weder an-

---

1034 DLOPS/*Stretz*, § 5, Rn. 149.
1035 A.A. BeckOK BGB/*Voit*, § 650k BGB, Rn. 12.
1036 DLOPS/*Stretz*, § 5, Rn. 148 f.
1037 Vgl. BT-Drs. 18/8486, S. 74.
1038 DLOPS/*Stretz*, § 5, Rn. 151.
1039 DLOPS/*Stretz*, § 5, Rn. 148.

nähernd so inhaltlich komplex noch annähernd so umfangreich wie die Angaben zur Bauausführung; sie beschränken sich in aller Regel auf eine einzelne, für den Verbraucher leicht zu erkennende und einfach zu verstehende Information. Falls diese im Verbraucherbauvertrag einen anderen Inhalt hat als vorvertraglich, ist dies daher jedenfalls bei angemessen aufmerksamer Lektüre des Vertragstexts – welche auch einem durchschnittlichen Verbraucher zugetraut werden darf und muss – leicht und schnell zu erkennen[1040], ohne dass er hierbei auf die Hilfe eines sachverständigen Dritten angewiesen wäre.[1041]

Die vom Gesetzgeber gewählte Lösung, für die Angaben in zeitlicher Hinsicht mit § 650k Abs. 3 BGB eine eigene Regelung für den Vertragsinhalt zu schaffen, die aber in Form des § 650k Abs. 3 S. 2 BGB dennoch zumindest subsidiär auf die vorvertraglichen Angaben zurückgreift, um den Verbraucher im Zweifel nicht schutzlos zu stellen, beinhaltet daher keinen Wertungswiderspruch, sondern ist vielmehr sachgerecht[1042], und dies aus einem weiteren Grund: Im vorvertraglichen Stadium kann der Unternehmer in aller Regel nicht hinreichend präzise abschätzen, bis wann er das Bauvorhaben fertiggestellt haben wird, weil ihm regelmäßig noch die zur Ermittlung dieses Zeitpunkts erforderlichen Informationen fehlen; er kann noch nicht einmal abschätzen, wann und mit welchem Inhalt es überhaupt zum Vertragsschluss kommt. Der Zeitpunkt des Abschlusses des Vertrages und das darin konkret vereinbarte Leistungssoll wiederum sind unentbehrliche Grundlagen für eine Einschätzung des zeitlichen Ablaufs des – dann ja erst konkret planbaren – Bauvorhabens. Denn ohne diese Grundlagen kann der Unternehmer nicht Personal, Material und Nachunternehmer disponieren – also auch nicht einschätzen, wann er welche Leistungen ausführen (lassen) wird. Deshalb wird die Korrektur oder zumindest Konkretisierung vorvertraglich gemachter zeitlicher Angaben bei Verbraucherbauverträgen der Regelfall sein. Bestünden auch dafür die Hürden des § 650k Abs. 1 BGB, könnten sie in der Praxis kaum genommen werden.

Indessen liegt es auch im Interesse des Verbrauchers, belastbare Angaben zur zeitlichen Dimension des Projekts zu erhalten. Diese kann der Unternehmer aus den genannten Gründen aber erst im Zeitpunkt des Vertragsschlusses präsentieren. Hat der Verbraucher sich auf vorvertragliche

---

1040 BeckOGK/*Merkle*, § 650k BGB, Rn. 32; DLOPS/*Stretz*, § 5, Rn. 151.
1041 DLOPS/*Stretz*, § 5, Rn. 151.
1042 So im Ergebnis dann auch DLOPS/*Stretz*, § 5, Rn. 151.

Angaben verlassen, kann er Abweichungen im Vertrag ohne weiteres erkennen und eine Klärung mit dem Unternehmer herbeiführen.

So dient § 650k Abs. 3 BGB gleichermaßen den Interessen des Unternehmers und des Verbrauchers. Der Unternehmer wird nicht über eine dem § 650k Abs. 1 Hs. 2 BGB vergleichbare Regelung gezwungen, seine vorvertraglichen Angaben mit einem übermäßigen „Puffer" zu versehen, um nicht aufgrund ihrer „automatischen" Übernahme als Vertragsinhalt Verzugsschäden ersetzen zu müssen. Der Verbraucher hingegen erhält eine verlässliche und möglichst präzise Angabe, die seinem schützenswerten Interesse, beispielsweise einen Mietvertrag zu kündigen oder einen Umzug zu planen, viel besser gerecht wird als die automatische Übernahme einer vorvertraglichen Angabe in den Vertragsinhalt.

Der Vorrang des § 650k Abs. 3 S. 1 BGB und somit der Zeitangaben im Vertragstext gegenüber denen in der Baubeschreibung gilt auch insoweit, als der Vertrag selbst als AGB zu qualifizieren ist, die vorvertragliche Baubeschreibung aber individuell ausgehandelt wurde. In derartigen Fällen führt nicht etwa § 305b BGB dazu, dass die zeitliche Angabe in einer individuell ausgehandelten Baubeschreibung der als AGB zu qualifizierenden zeitlichen Angabe innerhalb eines anschließend abgeschlossenen Vertrages vorgehen müsse.[1043] Indessen ist dann schon der Anwendungsbereich des § 305b BGB nicht eröffnet.[1044]

3. Anwendbarkeit des § 650k Abs. 3 S. 2 BGB bei notarieller Beurkundung

Wie bei § 650k Abs. 1 BGB stellt sich bei § 650k Abs. 3 S. 2 BGB im Falle eines notariell beurkundungsbedürftigen Verbraucherbauvertrags die Frage, ob sein Anwendungsbereich zugunsten einer vollumfänglichen Geltung des § 311b Abs. 1 BGB teleologisch einzuschränken ist.

§ 650k Abs. 3 S. 2 BGB kommt bei notarieller Beurkundung des Verbraucherbauvertrags freilich in den allermeisten Fällen schon nicht zur Anwendung. Denn dann wird ohnehin der gesamte Vertragsinhalt, also nicht nur der Vertragstext selbst, sondern auch die Baubeschreibung als Teil des Vertragsinhalts, beurkundet und gilt gemäß § 9 Abs. 1 S. 2 BeurkG als im Vertragstext enthalten.

Fehlt also im Vertragstext eine Angabe zu den zeitlichen Parametern des Bauvorhabens, ist eine solche aber in der (ebenfalls beurkundeten) Baube-

---

1043 So aber DLOPS/*Stretz*, § 5, Rn. 150.
1044 Vgl. oben E.II.2.e), S. 243.

schreibung vorhanden, wird diese Angabe als Teil der Baubeschreibung qua Beurkundung unmittelbar zum Vertragsinhalt, und die Pflicht des Unternehmers aus § 650k Abs. 3 S. 1 BGB wird erfüllt. Für die Anwendung des § 650k Abs. 3 S. 2 BGB bleibt dann kein Raum. Die Frage der teleologischen Reduktion zugunsten von § 311b Abs. 1 BGB ist daher bei § 650k Abs. 3 BGB bei weitem nicht derart relevant wie bei § 650k Abs. 1 BGB, da bei zeitlichen Angaben auch ohne ausdrückliche Vereinbarung im Rahmen des Vertragsschlusses von den vorvertraglich zur Verfügung gestellten Informationen abgewichen werden kann.

In den wenigen Fällen, in denen sie tatsächlich von Bedeutung ist, ist sie aber – anders als bei § 650k Abs. 1 BGB[1045] – zu verneinen.[1046] Denn weil § 650k Abs. 3 BGB im Gegensatz zu § 650k Abs. 1 BGB nicht das Erfordernis der ausdrücklichen Vereinbarung zur Abweichung von vorvertraglichen Angaben vorsieht, kann sein Zweck auch dann erreicht werden, wenn man mit der Rechtsprechung des V. Zivilsenats[1047] nicht beurkundete Angaben berücksichtigt, soweit diesbezüglich keine Regelung in der Urkunde selbst getroffen wurde. Die (geringfügige) Einschränkung des § 311b Abs. 1 BGB ist hinzunehmen, weil (nur) so effektiv der Zweck des § 650k Abs. 3 BGB umgesetzt werden kann und der Eingriff in § 311b Abs. 1 BGB schon allein aufgrund der minimalen Anzahl der betroffenen Fälle sehr begrenzt ist.[1048]

Denn relevant wird das Problem nur in dem Fall, dass der gesamte beurkundete Vertragsinhalt keine Angaben in zeitlicher Hinsicht enthält, die vorvertragliche Baubeschreibung aber schon. Denkbar wäre dies etwa, wenn eine andere Baubeschreibung als die vorvertragliche beurkundet wird, die anders als letztere keine Angaben in zeitlicher Hinsicht enthält. Allein der konstruierte Charakter dieses Szenarios zeigt, wie gering die praktische Relevanz des § 650k Abs. 3 S. 2 BGB im Falle notarieller Beurkundungen sein wird.

Dass auch der Gesetzgeber – anders als bei § 650k Abs. 1 BGB – eine Anwendung des § 650k Abs. 3 S. 2 BGB auch im Falle notariell beurkundungsbedürftiger Verträge wünscht, zeigt § 650u BGB. Während in § 650u Abs. 2 BGB für die stets beurkundungsbedürftigen Bauträgerverträge eine

---

1045 Hierzu s.o. E.II.1.b) aa), S. 218 ff.

1046 *Pfenning*, RNotZ 2018, 585, 601 f.; a.A. *Omlor*, NJW 2018, 820, der auch für § 650k Abs. 3 S. 2 BGB eine teleologische Reduktion zugunsten des § 311b BGB annimmt.

1047 BGH, Urteil vom 22.04.2016 – V ZR 23/15, NJW 2017, 150; im Einzelnen hierzu s.o. E.II.1.b) aa), S.219.

1048 Im Ergebnis genauso *Pfenning*, RNotZ 2018, 585, 601 f.

Anwendung des § 650k Abs. 1 BGB aus den vorgenannten[1049] Gründen ausdrücklich ausgeschlossen wird, ist § 650k Abs. 3 BGB auch für diese Verträge über § 650u Abs. 1 S. 2 BGB stets anwendbar mit dem Ergebnis, dass gegebenenfalls auch vorvertragliche Angaben gemäß § 650k Abs. 2 S. 2 BGB zu berücksichtigen sind.[1050] Das Gesetz selbst unterstreicht daher an anderer Stelle, dass eine teleologische Reduktion des § 650k Abs. 3 S. 2 BGB zugunsten des § 311b Abs. 1 BGB nicht angezeigt ist.

4. Anwendbarkeit des § 650k Abs. 2 S. 2 BGB auf die vertraglichen „Angaben in zeitlicher Hinsicht"

Ein in der Praxis weitaus relevanteres Problem ergibt sich, wenn die vorvertraglich übermittelte Baubeschreibung gemeinsam mit dem Bauvertrag als Vertragsinhalt beurkundet wird, jedoch eine *andere* Angabe in zeitlicher Hinsicht enthält als der Vertragstext selbst. Hier hilft § 650k Abs. 3 S. 2 BGB nicht weiter, da beide Angaben durch die Beurkundung zum Vertragsinhalt nach § 650k Abs. 3 S. 1 BGB wurden.

Also muss zunächst durch Auslegung gemäß § 157 BGB geklärt werden, welche der beiden Angaben gelten soll. Wenn das nicht gelingt, ist eine ergänzende Vertragsauslegung unter Berücksichtigung der vertragsbegleitenden Umstände durchzuführen. § 650k Abs. 2 S. 1 BGB ist nicht einschlägig, denn die Baubeschreibung *für sich genommen* ist nicht unklar oder unvollständig; die Widersprüche kommen erst durch die Kombination mit dem Vertragstext zustande. Ergibt eine ergänzende Vertragsauslegung nach den allgemeinen Regeln beispielsweise, dass die Angabe im Vertragstext nach dem Willen beider Parteien gelten soll, weil sie präziser ist als die der Baubeschreibung, so ist nur sie Vertragsinhalt.

Verbleiben nach einer solchen Auslegung immer noch Zweifel, stellt sich die Frage, ob sie mit Hilfe von § 650k Abs. 2 S. 2 BGB gelöst werden können. Praktisch relevant ist dies dann, wenn die zeitlichen Angaben als Individualvereinbarung zu qualifizieren sind. Stellen sie nämlich AGB dar, gilt bereits § 305c Abs. 2 BGB, sodass es auf § 650k Abs. 2 S. 2 BGB in diesen Fällen gar nicht ankommt.

Ob § 650k Abs. 2 S. 2 BGB auf Angaben nach § 650k Abs. 3 BGB angewendet werden kann, die individuell vereinbart wurden, ist zweifelhaft. Für eine solche Anwendbarkeit spräche zwar, dass der Wortlaut des § 650k

---

1049 S.o. E.II.1.b) aa), S. 222.
1050 ibr-OK BauvertrR/*Pause/Vogel*, § 650u BGB, Rn. 197.

Abs. 2 S. 2 BGB von demjenigen des § 650k Abs. 1 BGB abweicht, indem er von Zweifeln *„bezüglich der vom Unternehmer geschuldeten Leistung"* spricht. Wenn der Gesetzgeber mit diesem Begriff lediglich das Bausoll im Sinne der Angaben nach Art. 249 § 2 Abs. 1 EGBGB gemeint hätte, hätte er schlicht auch im Rahmen des § 650k Abs. 2 S. 2 BGB den Begriff der *„Bauausführung"* verwenden können, welchen er unmittelbar zuvor in § 650k Abs. 1 BGB benutzt.

Auch ist die Norm wegen ihres verbraucherschützenden Charakters weit auszulegen; dies spräche dafür, sie auch auf „Zweifel" in Bezug auf Angaben nach § 650k Abs. 3 BGB anzuwenden, zumal der Gesetzgeber die besondere Schutzwürdigkeit des Verbrauchers in Bezug auf die Angaben in zeitlicher Hinsicht ausdrücklich hervorhebt und betont.[1051] Es wäre vor diesem Hintergrund widersinnig, die Zweifelsregelung im Hinblick auf das unternehmerische Bausoll anzuwenden, nicht aber auf den zeitlichen Horizont der Leistungserbringung.

Hiergegen spricht aber zunächst die Systematik. Denn § 650k Abs. 2 S. 2 BGB steht einen Absatz *vor* der Regelung des Vertragsinhalts in zeitlicher Hinsicht, bezieht sich also nicht auf § 650k Abs. 3 BGB, sondern nur auf die davor stehenden Regelungen zur Bauausführung.

Vor allem aber steht der eindeutige Wortlaut des § 650k Abs. 2 S. 2 BGB einer Anwendung auch auf „zeitliche Unklarheiten" entgegen. Denn er begrenzt seinen Anwendungsbereich eindeutig auf Zweifel *„bezüglich der vom Unternehmer geschuldeten Leistung"*. Die *„geschuldete Leistung"* kann nur im Sinne des schuldrechtlichen Leistungsbegriffs verstanden werden, der vor dem Hintergrund der §§ 194 Abs. 1, 241 Abs. 1 BGB „Leistung" definiert als ein Tun oder Unterlassen zur Erfüllung einer Schuld. Die Frage, *wann* der Gläubiger die Leistung fordern kann, ist aber nicht Gegenstand des schuldrechtlichen Leistungsbegriffs. Dies zeigt etwa § 271 BGB, schon beginnend mit der amtlichen Überschrift *„Leistungszeit"*. Sie impliziert, dass die *„Zeit"* nicht bereits Gegenstand der *„Leistung"* als solcher ist, sondern es sich hierbei um zwei voneinander zu trennende Rechtsbegriffe handelt. Deshalb kann zwar eine *„Zeit"* für die *„Leistung"* bestimmt werden (vgl. § 271 Abs. 2 BGB); eine inhaltliche Kongruenz zwischen beidem nicht besteht jedoch nicht (auch nicht teilweise). Im Gegensatz zum physikalischen Leistungsbegriff (P (Leistung) = W (Arbeit) / t (Zeit)) enthält der schuldrechtliche Leistungsbegriff keine zeitliche Komponente. Was der Schuldner zu tun hat, lässt sich losgelöst von der Frage klären, wann er es zu tun hat. Im Falle eines Bauvertrags meint der Begriff der „Leistung" also

---

1051 BT-Drs. 18/8486, S. 74.

allein das Herbeiführen des geschuldeten Werkerfolgs; die Bauzeit ist indessen gerade nicht Teil des Werkerfolgs.[1052] Das sind zwei verschiedene Dinge.

Mit diesem schuldrechtlichen Leistungsbegriff lässt sich eine direkte Anwendung des § 650k Abs. 2 S. 2 BGB auf Zweifel in Bezug auf Angaben nach § 650k Abs. 3 BGB nicht vereinbaren. Dies hätte zur Konsequenz, dass im Falle von Individualvereinbarungen zweifelhafte oder sich widersprechende zeitliche Angaben nicht zwingend zu Lasten des Unternehmers gehen würden. Der Verbraucher trüge dann das Risiko, dass die Erstellung des Bauvorhabens erst zu einem späteren Zeitpunkt tatsächlich geschuldet ist, als er angenommen hatte; jedenfalls aber hätte er aufgrund der entstehenden Unklarheiten und hieraus resultierenden Streitigkeiten keine Planungssicherheit in zeitlicher Hinsicht. Genau jene hat der Gesetzgeber aber als besonders wichtig und schutzwürdig herausgestellt.[1053]

Dieses Ergebnis lässt sich daher nicht mit der gesetzgeberischen Intention vereinbaren, den Verbraucher gerade in Bezug auf zeitliche Angaben besonders zu schützen, ebenso wenig mit dem generell verbraucherschützenden Telos des § 650k BGB als Gesamtkonstrukt. § 650k Abs. 2 S. 2 BGB ist deshalb im Wege einer teleologischen Extension auch auf Angaben nach § 650k Abs. 3 BGB anzuwenden. Dem Gesetzgeber war offenbar bei der Formulierung der Norm nicht bewusst, dass Zweifel bei der Vertragsauslegung auch hinsichtlich zeitlicher Angaben aufkommen können; aber er kann angesichts der Ausführungen in der Gesetzesbegründung zur Wichtigkeit der zeitlichen Angaben nicht gewollt haben, dass diese durch das formale Abstellen auf den schuldrechtlichen Leistungsbegriff in § 650k Abs. 2 S. 2 BGB vom Anwendungsbereich dieser Vorschrift ausgeschlossen werden.[1054]

Widersprechen sich also die Angaben in zeitlicher Hinsicht innerhalb des Vertragsinhalts, oder bestehen diesbezüglich andere Unklarheiten, gilt auch, soweit sie individuell vereinbart sind, die für den Verbraucher günstigste Angabe; dies wird in aller Regel diejenige Angabe sein, die innerhalb der gegebenen Auslegungsmöglichkeiten zum frühesten Fertigstellungszeitpunkt führt.

1052 Deutscher Baugerichtstag, Stellungnahme zum RefE, S. 16; ibr-OK BauvertrR/ *von Rintelen*, § 650b BGB, Rn. 67.
1053 BT-Drs. 18/8486, S. 74.
1054 Vgl. auch *Stretz*, in: FS Kainz, S. 619, 628, die postuliert, der Rechtsgedanke des § 305c Abs. 2 BGB solle durch § 650k Abs. 2 S. 2 BGB „generell auf den Verbraucherbauvertrag übertragen werden".

5. Fehlen zeitlicher Angaben sowohl im Vertrag als auch in der
   Baubeschreibung

Fehlen sowohl in der vorvertraglichen Baubeschreibung als auch im Vertragstext Angaben zu den zeitlichen Parametern des Bauvorhabens, hat dies zwei Konsequenzen:

Zum einen hat der Unternehmer sowohl gegen seine Beschreibungspflicht aus § 650j BGB i.V.m. Art. 249 § 2 Abs. 2 EGBGB als auch gegen seine Pflicht aus § 650k Abs. 3 S. 1 BGB verstoßen.

Zum anderen gelten im Hinblick auf die Leistungszeit – mangels anderer Anhaltspunkte – die allgemeinen Regeln und somit § 271 BGB.[1055] Dies entspricht auch der vor Einführung des neuen Bauvertragsrechts ergangenen höchstrichterlichen Rechtsprechung.[1056] Der Unternehmer hat daher mit seiner Bauleistung alsbald nach Vertragsschluss zu beginnen und diese in angemessener Zeit zügig zu Ende zu führen.[1057] Was dies im Einzelnen bedeutet, wurde bereits im Rahmen des Art. 249 § 2 Abs. 2 EGBGB erörtert.[1058]

Für den Verbraucher ist das nicht erstrebenswert. Erstens kann man bei jedem Bauvorhaben trefflich darüber streiten, was eine Fertigstellung *„in angemessener Zeit"* unter Berücksichtigung aller relevanten Umstände des jeweils konkreten Falles bedeutet. Diese Ungewissheit wiederum nimmt dem Verbraucher gerade jene Planungssicherheit etwa für die Organisation seines Umzugs oder die Kündigung seiner Mietwohnung, die der Gesetzgeber als besonders schützenswert herausgestellt hat. Zudem kommt der Unternehmer nur nach einer ausdrücklichen Mahnung des Verbrauchers nach § 286 Abs. 1 BGB in Verzug; ein Fall des § 286 Abs. 2 Nr. 1 BGB liegt mangels kalendermäßiger Bestimmbarkeit der Fälligkeit der Bauleistung nicht vor. Um für sich günstige Rechtsfolgen aus einer Bauzeitüberschreitung des Unternehmers herleiten zu können, muss der Verbraucher diesen aktiv mahnen, um ihn in Verzug zu setzen und Schadensersatzansprüche geltend machen zu können. Ob der durchschnittliche, nicht über rechtliches Fachwissen verfügende Verbraucher sich dieses Erfordernisses bewusst ist, ist zu bezweifeln.

1055 von *Proff*, ZfIR 2017, 589, 596; *Pause/Vogel*, NZBau 2015, 667, 668; Messerschmidt/Voit/ *Lenkeit*, § 650k BGB, Rn. 38.

1056 BGH, Urteil vom 08.03.2001 – VII ZR 470/99, NJW-RR 2001, 806.

1057 BGH, Urteil vom 08.03.2001 – VII ZR 470/99, NJW-RR 2001, 806; von *Proff*, ZfIR 2017, 589, 596; *Pause/Vogel*, NZBau 2015, 667, 668; Messerschmidt/Voit/ *Lenkeit*, § 650k BGB, Rn. 38.

1058 S.o., D.II.b) bb) (3), S. 199.

V. Unabdingbarkeit nach § 650o BGB

Gemäß § 650o BGB kann von § 650k BGB nicht zum Nachteil des Verbrauchers abgewichen werden. Demnach sind sowohl die automatische Übertragung der Angaben zur Bauausführung in den Vertragsinhalt (vorbehaltlich einer ausdrücklichen abweichenden Vereinbarung) nach § 650k Abs. 1 BGB als auch die Auslegungsregel des § 650k Abs. 2 BGB sowie die Regelung zu den Angaben in zeitlicher Hinsicht nach § 650k Abs. 3 BGB einseitig zwingendes Recht.[1059]

Der Unternehmer kann also insbesondere die Berücksichtigung vertragsbegleitender Umstände nicht durch eine Klausel im eigentlichen Vertrag vermeiden, wonach außerhalb von dessen Text keine Zusagen zur Beschaffenheit oder zum zeitlichen Horizont des Bauvorhabens gemacht wurden, bzw. hilfsweise, dass solche Zusagen jedenfalls nicht Vertragsinhalt werden sollen.[1060] Derartige Klauseln sind nach § 650o S. 1 BGB unwirksam. Darüber hinaus scheitern sie für den Fall, dass sie als AGB zu qualifizieren sind, in aller Regel bereits daran, dass sie nicht hinreichend transparent sind.[1061]

VI. Zwischenergebnis

Wenn man nun fragt, ob § 650k BGB eine effektive Verbesserung des Verbraucherschutzes bewirken kann, ergeben sich unterschiedliche Antworten.

1.

Zielführend ist insoweit sicherlich § 650k Abs. 1 BGB. Dieser stellt – jedenfalls nach dem hier vertretenen Verständnis – hohe Anforderungen für eine vertragliche Abweichung von vorvertraglich übermittelten Informationen in Bezug auf die Bauausführung und garantiert auf diese Weise einen Vertrauensschutz für den Verbraucher.

Dieser kann sich darauf verlassen, dass diejenigen Angaben, die er in Bezug auf die Bauausführung in der vorvertraglichen Baubeschreibung erhalten hat, auch zum Vertragsinhalt werden. Eine in der Praxis mitunter sicher im beiderseitigen Interesse sinnvolle „abweichende Vereinbarung" ist zwar zulässig. Sie muss aber so deutlich als solche gekennzeichnet sein,

---

1059 Ausführlich zu den Wirkungen des § 650o BGB s. o. B.II., S. 99 ff.
1060 *Vogel*, NZM 2017, 681, 686.
1061 *Vogel*, NZM 2017, 681, 686.

dass ein durchschnittlicher Verbraucher erkennt, dass ihm eine Änderung angesonnen wird, damit er diese also besonders aufmerksam bewerten wird. Zusätzlich muss er ihr ausdrücklich zustimmen.

Damit ermöglicht die Regelung die in der Praxis erforderliche Flexibilität unter Wahrung verbraucherschützender Prämissen. Sie ist daher insgesamt als gelungen zu bewerten und verbessert effektiv – trotz einiger fraglicher Punkte im Rahmen der Auslegung des Begriffs der ausdrücklichen Vereinbarung – den Verbraucherschutz.

2.

Deutlich kritischer ist hingegen die Regelung des § 650k Abs. 2 S. 1 BGB zu sehen. Sie gießt nur in Gesetzesform, was bereits seit Langem als ergänzende Vertragsauslegung im Rahmen der allgemeinen Regeln anerkannt war. Gleichzeitig führt die Beschränkung ihres Anwendungsbereichs lediglich auf Fälle der Unklarheit oder Unvollständigkeit der vorvertraglichen Baubeschreibung zu zahlreichen Problemen und Spielräumen für Missinterpretationen.

Die Unklarheiten, die § 650k Abs. 2 S. 1 BGB eigentlich in Bezug auf die Inhalte der Baubeschreibung beseitigen sollte, werden letztlich in Sachen Anwendungsbereich der Auslegungsregel erst geschaffen. Die Norm bringt daher keinen effektiven Nutzen oder Mehrwert gegenüber der vorigen Rechtslage, stiftet aber in erheblichem Maße Verwirrung, indem sie etwa die ergänzende Vertragsauslegung dem Wortlaut nach allein auf Fälle der Unklarheit oder Unvollständigkeit der Baubeschreibung beschränkt.

3.

Die „Zweifelsregelung" des § 650k Abs. 2 S. 2 BGB wird in der bisher hierzu vorliegenden Literatur überaus positiv rezipiert. Der Gedanke des Gesetzgebers, unpräzise Baubeschreibungen bzw. Vertragsinhalte dadurch zu „sanktionieren", dass im Zweifel die für den Verbraucher günstigste (und damit für den Unternehmer ungünstigste) Auslegungsmöglichkeit gilt, ist in der Tat lobenswert und richtig.

Jedoch ist die praktische Relevanz des § 650k Abs. 2 S. 2 BGB nicht so hoch, wie teilweise angenommen wird. In zahlreichen Fällen käme ohnehin § 305c Abs. 2 BGB zur Anwendung mit – wie dargelegt[1062] – ähnlichen Folgen. Eine effektive Verbesserung des Verbraucherschutzes bewirkt § 650k Abs. 2 S. 2 BGB damit (nur) bei individualvertraglichen Vereinbarungen.

1062 S.o., E.III.4.a), S. 264.

Generell wird § 650k Abs. 2 S. 2 BGB dazu führen, dass die Unternehmer versuchen müssen, die von ihnen angebotenen Leistungen so präzise wie möglich zu beschreiben, um nicht in die Gefahr zu geraten, durch die Anwendung der Zweifelsregelung zu ihren Lasten ein höheres Bausoll zu schulden, als sie dies eigentlich geplant – und kalkuliert – hatten.

Kritikwürdig ist jedoch die Formulierung des § 650k Abs. 2 S. 2 BGB insoweit, als sie sich lediglich auf die vom Unternehmer zu erbringende Leistung und somit lediglich auf das Bausoll in technisch-inhaltlicher Hinsicht bezieht. Zweifel in Bezug auf Angaben in zeitlicher Hinsicht sind somit vom Wortlaut nicht umfasst; um diese dennoch durch eine Anwendung des § 650k Abs. 2 S. 2 BGB auflösen zu können, bedarf es einer teleologischen Extension des Anwendungsbereichs der Norm. Es bleibt abzuwarten, ob ein solches Verständnis sich in der Praxis durchsetzen kann.

4.

Die Vorschrift des § 650k Abs. 3 BGB, welche Regelungen zu den Vertragsinhalten in zeitlicher Hinsicht trifft, ist ebenfalls grundsätzlich zielführend. Die dort statuierte, separate und von § 650j BGB zu unterscheidende Verpflichtung des Unternehmers, im Vertrag Angaben zum zeitlichen Horizont des Bauvorhabens zu machen, wird ihrer Funktion gerecht, dem Verbraucher eine fundierte und damit verlässliche zeitliche Planungsgrundlage zu verschaffen. Das Konzept des § 650k Abs. 3 BGB ist auch insofern gelungen, als es den Interessen von Unternehmern und Verbrauchern gleichermaßen gerecht wird.

Kritikwürdig ist insoweit lediglich die systematische Positionierung. § 650k Abs. 2 BGB und § 650k Abs. 3 BGB hätten idealerweise in umgekehrter Reihenfolge in den Gesetzestext aufgenommen werden sollen, also zunächst Vorgaben für nötige Inhalte des Vertrags und anschließend Regeln für seine Auslegung und dafür, was zu gelten hat, soweit nach einer Auslegung noch Zweifel am Willen der Parteien verbleiben. Zudem wäre so deutlich gemacht geworden, dass die Auslegungs- und Zweifelsregel auch für die Angaben in zeitlicher Hinsicht gelten muss, sofern ihr Anwendungsbereich eröffnet ist.

Insgesamt ist § 650k Abs. 3 BGB aber eine durchdachte Vorschrift, die zur effektiven Verbesserung des Verbraucherschutzes beitragen kann.

5.

Eine Gesamtbetrachtung des § 650k BGB zeigt viel Licht, aber auch Schatten. An einigen Stellen wurde die Formulierung nicht konsequent zu Ende gedacht mit der Folge, dass es in zahlreichen Einzelpunkten zu Rechtsfragen kommt, bei deren Beantwortung durchaus unterschiedliche Ergebnisse vertretbar sind. Richtigerweise sind jene Rechtsfragen zum Großteil durch eine Interpretation der Regelungen zu lösen, die die Interessen der Verbraucher in den Vordergrund stellt, denn nur so lässt sich dem verbraucherschützenden Telos der Norm Rechnung zu tragen. Deren Text und Struktur lassen aber andere Auslegungen zumindest denkbar erscheinen; deshalb besteht zumindest ein Risiko, dass § 650k BGB seinem Zweck jedenfalls nicht in vollem Umfang gerecht werden kann.

F. Rechtsfolgen der Verletzung der Baubeschreibungspflicht

Die Regelung des § 650k BGB knüpft zwar bestimmte Rechtsfolgen an die Angaben in Baubeschreibungen in Bezug auf den Vertragsinhalt; ihr Absatz 2 regelt auch Konsequenzen für die Vertragsauslegung für den Fall, dass die Baubeschreibung inhaltlich unklar oder unvollständig ist. § 650k BGB trifft jedoch keine umfassende und abschließende Regelung für den Fall, dass der Unternehmer seiner Baubeschreibungspflicht nicht ordnungsgemäß nachkommt.

Die Umsetzung der Baubeschreibungspflicht kann aber in der Praxis nur gewährleistet werden, wenn ihre Verletzung für die Unternehmer auch mit spürbaren Konsequenzen verknüpft ist. Bereits im frühesten Stadium der Idee der gesetzlichen Statuierung einer Baubeschreibungspflicht wurde erkannt, dass es schwierig, aber sehr wichtig werden würde, eine solche Pflicht zu überwachen und ihre Verletzung zu sanktionieren.[1063] Denn wenn eine solche Verletzung für den Unternehmer ohne Folge bleibt, dürfte sich dessen Motivation, seinen gesetzlichen Pflichten nachzukommen und den Verbraucher ordnungsgemäß zu informieren, stark in Grenzen halten. Die Baubeschreibungspflicht würde lediglich ein stumpfes Schwert oder – wie *Glöckner* es formuliert – ein „zahnloser Tiger" bleiben.[1064]

Es ist somit für die hier untersuchte Frage, ob die Baubeschreibungspflicht zu einer effektiven Verbesserung des Verbraucherschutzes beitragen kann, von entscheidender Bedeutung, welche Rechtsfolgen der Unternehmer zu erwarten hat, wenn er die Baubeschreibungspflicht nicht korrekt erfüllt. Im Folgenden wird daher untersucht, welche Konsequenzen eine Verletzung der Baubeschreibungspflicht über § 650k Abs. 2 BGB hinaus hat und inwieweit diese dazu beitragen können, dass die Baubeschrei-

---

1063 *Thode*, 1. Deutscher Baugerichtstag, Empfehlungen und Thesen des Arbeitskreises V, S. 7.
1064 *Glöckner*, BauR 2014, 411, 427.

bungspflicht nicht nur ein gut gemeinter legislativer Ansatz bleibt, sondern auch praktisch einen effektiven Beitrag zur Verbesserung des Verbraucherschutzes bei Bauverträgen leisten kann.

Wie bereits ausgeführt[1065] ist die Baubeschreibungspflicht als nicht-leistungsbezogene Nebenpflicht im Sinne von § 241 Abs. 2 BGB zu qualifizieren. Der Verbraucher hat daher keinen einklagbaren Erfüllungsanspruch auf Erstellung und/oder Herausgabe einer Baubeschreibung. Auch auf die Wirksamkeit eines anschließend abgeschlossenen Vertrages bleibt es grundsätzlich ohne Einfluss, wenn die Baubeschreibungspflicht verletzt wurde.

Wohl aber kommen insbesondere auf Schadensersatz gerichtete Sekundäransprüche des Verbrauchers in Betracht, wenn der Unternehmer seiner Baubeschreibungspflicht nicht ordnungsgemäß nachkommt. Im Übrigen sind je nach Art des konkreten Einzelfalls auch weitere Ansprüche denkbar.

I. Schadensersatzanspruch aus culpa in contrahendo

Nachdem die Baubeschreibungspflicht als nicht-leistungsbezogene Nebenpflicht im Sinne des § 241 Abs. 2 BGB zu qualifizieren ist, kann ihre Verletzung – soweit nicht (z. B. wegen § 650k Abs. 2 BGB) infolge der Aufklärungspflichtverletzung der Anwendungsbereich der §§ 633 ff. BGB eröffnet ist und dem Verbraucher daher (vorrangige) Ansprüche aus dem werkvertraglichen Gewährleistungsrecht zustehen[1066] – zu Schadensersatzansprüchen des Verbrauchers gegen den Unternehmer nach den allgemeinen Regelungen führen; dies wird auch in der Gesetzesbegründung klargestellt.[1067]

1. Anspruchsgrundlage

Anspruchsgrundlage für derartige Ansprüche sind nach den allgemeinen Regeln wegen einer Verletzung der Baubeschreibungspflicht unabhängig davon, ob es später zum Vertragsschluss kommt oder nicht, die §§ 280 Abs. 1, 311 Abs. 2, 241 Abs. 2 BGB. Auch wenn letztlich ein Verbraucher-

---

1065 S.o. B.I., S. 98.
1066 Näher hierzu unter F.I.4.a), S. 332.
1067 BT-Drs. 18/8486, S. 62 f.

bauvertrag abgeschlossen wird, ist Anspruchsgrundlage nicht etwa § 311 Abs. 1 BGB i.V.m. §§ 280 Abs. 1, 241 Abs. 2 BGB.[1068]

Denn die relevante Pflichtverletzung des Unternehmers erfolgte in jedem Fall vor Vertragsschluss und somit im Stadium der Vertragsanbahnung gemäß § 311 Abs. 2 BGB. Zu diesem Zeitpunkt kann die Begründung eines Schuldverhältnisses nach § 311 Abs. 1 BGB denknotwendig noch nicht vorgelegen haben. Ausgangspunkt für einen Schadensersatzanspruch in diesem vorvertraglichen Stadium kann daher nur § 311 Abs. 2 BGB sein. Hieran ändert sich auch nichts, wenn durch einen späteren Vertragsschluss ein Schuldverhältnis mit entsprechenden Rechten und Pflichten nach § 311 Abs. 1 BGB entsteht. Auch die Gesetzesbegründung nennt die vorgenannten Normen, also insbesondere § 311 Abs. 2 BGB, als Grundlage für einen möglichen Schadensersatzanspruch, ohne danach zu differenzieren, ob es je zu einem Vertragsschluss kommt.

Wenn es zu einem Vertragsschluss gar nicht erst kommt, sind Schadensersatzansprüche mangels des Vorliegens eines Schadens beim Verbraucher freilich nur schwer vorstellbar. Vielmehr kommen derartige Schadensersatzansprüche beinahe ausschließlich dann in Betracht, wenn der Verbraucher geltend macht, wegen eines Vertragsabschlusses einen Schaden erlitten zu haben, der nicht eingetreten wäre, wenn der Unternehmer seiner Baubeschreibungspflicht nachgekommen wäre. Wenn der Gesetzgeber als Anspruchsgrundlage für einen Schadensersatzanspruch wegen Verletzung der Baubeschreibungspflicht die §§ 311 Abs. 2, 280 Abs. 1, 241 Abs. 2 BGB nennt, muss dies daher auch und gerade für diese Fälle gelten.

2. Pflichtverletzung und Vertretenmüssen

Wer einen Schadensersatzanspruch aus c.i.c. geltend macht, muss die tatbestandlichen Voraussetzungen der anspruchsbegründenden Norm darlegen und gegebenenfalls beweisen – mit Ausnahme des Vertretenmüssens, welches gemäß § 280 Abs. 1 S. 2 BGB bei Vorliegen einer Pflichtverletzung gegenüber einem Vertragspartner vermutet wird. Dies gilt im Falle der Geltendmachung von Schadensersatzansprüchen durch Verbraucher wegen Verletzung der Baubeschreibungspflicht für die Pflichtverletzung, den Schaden sowie insbesondere die Kausalität zwischen beidem.[1069]

1068 So aber DLOPS/*Stretz*, § 5, Rn. 126.
1069 BeckOGK/*Merkle*, § 650j BGB, Rn. 40.

Jedoch besteht nach ständiger Rechtsprechung in Fällen einer behaupteten Aufklärungs- bzw. Informationspflichtverletzung eine Abmilderung der Beweislast des Verbrauchers, der daraus Rechte herleiten will, dergestalt, dass es dem Unternehmer nach den Grundsätzen der sekundären Darlegungslast obliegt, seinerseits substantiiert darzulegen, wie er im Einzelnen seiner Aufklärungspflicht nachgekommen ist.[1070] Diese Grundsätze sind auch auf die Baubeschreibungspflicht anwendbar, da auch diese eine vorvertragliche Informationspflicht ist.

Es ist dem Verbraucher in aller Regel nicht oder nur unter unverhältnismäßigen Schwierigkeiten möglich, den „negativen" Nachweis zu erbringen, dass der Unternehmer ihm bestimmte Informationen oder eine Baubeschreibung im Ganzen *nicht* zur Verfügung gestellt hat. Andererseits ist es für den Unternehmer ein Leichtes, die dem Verbraucher erteilten Informationen vorzulegen und somit positiv nachzuweisen, dass er seine Baubeschreibungspflicht erfüllt hat. Deshalb trifft auch in Bezug auf die Erfüllung der Baubeschreibungspflicht den Unternehmer die sekundäre Beweislast. Der Verbraucher kann sich zum Nachweis einer Pflichtverletzung demnach darauf beschränken, schlüssig zu behaupten und vorzutragen, dass er eine den gesetzlichen Anforderungen genügende Baubeschreibung nicht erhalten hat. Es obliegt dann dem Unternehmer, substantiiert darzulegen, dass eine solche Baubeschreibung dem Verbraucher rechtzeitig und unter Wahrung der gesetzlich vorgeschriebenen Form zur Verfügung gestellt wurde. Nur, wenn dies dem Unternehmer gelingt, obliegt es dem Verbraucher als Gläubiger des Schadensersatzanspruchs, die Unrichtigkeit dieser Darstellung des Unternehmers zu beweisen.[1071]

Eine Verletzung der den Unternehmer nach § 650j BGB i.V.m. Art. 249 EGBGB treffenden Pflicht ist auf verschiedene Weise denkbar.

– So kann zunächst die zeitliche Dimension der Baubeschreibungspflicht vom Unternehmer missachtet werden, indem dieser dem Verbraucher die Baubeschreibung nicht wie von Art. 249 § 1 EGBGB vorgeschrieben „rechtzeitig" vor Abgabe von dessen Vertragserklärung zur Verfügung stellt.

– Weiterhin kann die Baubeschreibung dem Verbraucher zwar rechtzeitig und in der vorgeschriebenen Form zur Verfügung gestellt werden, jedoch den inhaltlichen Mindestanforderungen nicht genügen.

1070 BGH, Urteil vom 24.01.2006 – XI ZR 320/04, NJW 2006, 1429 Rn. 14 m.w.N.
1071 BGH, Urteil vom 24.01.2006 – XI ZR 320/04, NJW 2006, 1429 Rn. 14; BGH, Urteil vom 05.02.1987 – IX ZR 65/86, NJW 1987, 1322, 1323.

– Außerdem kann der Unternehmer die Baubeschreibungspflicht verletzen, indem er die formalen Anforderungen an die Zurverfügungstellung der Baubeschreibung nicht erfüllt, dem Verbraucher die Baubeschreibung also nicht in der vorgeschriebenen Textform zur Verfügung stellt.

– Schließlich stellt es auch eine Verletzung der Baubeschreibungspflicht dar, wenn eine Baubeschreibung dem Verbraucher überhaupt nicht zur Verfügung gestellt wird; für einen eventuellen Schadensersatzanspruch des Verbrauchers ist dieses Szenario freilich nur dann relevant, wenn gleichwohl sämtliche *essentialia negotii* des Bauvertrages vorliegen, sodass ein Vertrag wirksam zustande gekommen ist und ein Schaden des Verbrauchers überhaupt denkbar ist.[1072]

In der Praxis werden Schadenersatzansprüche, die auf eine Verletzung von § 650j BGB gestützt werden, überwiegend die ersten beiden Fallkonstellationen betreffen.[1073]

Derlei stellt die Verletzung einer Nebenpflicht gemäß § 241 Abs. 2 BGB dar, welche gemäß § 280 Abs. 1 BGB zu einer Schadensersatzverpflichtung des Unternehmers führt. Nach den vorstehend dargestellten Grundsätzen wird eine solche Pflichtverletzung – wenn sie denn tatsächlich vorliegt – in der Praxis für den Verbraucher auch vergleichsweise einfach darzulegen und zu beweisen sein.

Es obliegt dann gemäß § 280 Abs. 1 S. 2 BGB dem Unternehmer, nachzuweisen, dass er diese Pflichtverletzung nicht zu vertreten hat. Dies dürfte ihm nur selten gelingen; er muss die für ihn geltenden gesetzlichen Vorgaben kennen.

3. Kausaler Schaden

Deutlich problematischer ist die Frage, ob und in welcher Höhe beim Verbraucher ein kausal durch diese Pflichtverletzung bedingter Schaden eingetreten ist. Hier stellen sich insbesondere im Hinblick auf die Beweislastverteilung und die Ermittlung der Schadenshöhe zahlreiche Einzelfragen.

1072 Hierzu s.o. E.III.5., S. 268.
1073 DLOPS/*Stretz*, § 5, Rn. 129.

a) Kausalität

Im Falle der Verletzung vorvertraglicher Informationspflichten – wozu auch die Baubeschreibungspflicht zählt – lassen sich in Bezug auf das Kausalverhältnis eines behaupteten Schadens zur behaupteten Pflichtverletzung im Wesentlichen drei verschiedene Konstellationen unterscheiden: Es wäre bei ordnungsgemäßer Information des Verbrauchers
1. zum Abschluss desselben,
2. zum Abschluss eines anderen, oder
3. überhaupt nicht zum Abschluss eines Vertrages
gekommen. Ein kausal durch die Pflichtverletzung verursachter Schaden kann denknotwendig nur in den letzten beiden Konstellationen vorliegen.

Es obliegt grundsätzlich im Rahmen eines Schadensersatzanspruchs nach § 280 Abs. 1 BGB dessen Gläubiger – hier also dem Verbraucher – nachzuweisen, dass ihm ein Schaden gerade durch die behauptete Pflichtverletzung des Vertragspartners entstanden ist. Eine Anwendung der allgemeinen Regeln in Bezug auf die Beweislast würde es mithin dem Verbraucher aufbürden zu beweisen, dass er im Falle eines hypothetischen Szenarios (rechtzeitiger Erhalt einer ordnungsgemäßen Baubeschreibung) statt der Entscheidung, die er tatsächlich getroffen hat, eine bestimmte andere Entscheidung getroffen und sich dadurch einen Vermögensnachteil erspart hätte.

Diesen Nachweis wird der Verbraucher regelmäßig nicht führen können, weil der Unternehmer behaupten wird, dass der Verbraucher sich bei ordnungsgemäßer Information nicht anders entschieden hätte.[1074] Eine solche Behauptung wird der Verbraucher nur schwer widerlegen können, da er kaum im Nachhinein einen hinreichenden Nachweis dafür führen kann, wie er sich in einem hypothetischen Szenario in der Vergangenheit bei Hinzudenken bestimmter Umstände entschieden hätte.[1075]

aa) Beweislastumkehr durch eine echte Kausalitätsvermutung

Die Rechtsprechung greift deshalb in Fällen der Informations- bzw. Aufklärungspflichtverletzung zur Anwendung einer „echten Kausalitätsvermu-

---

1074 BGH, Urteil vom 05.07.1973 – VII ZR 12/73, NJW 1973, 1688, 1689.
1075 BGH, Urteil vom 11.12.1990 – VI ZR 151/90, NJW 1991, 1543, 1544; BGH, Urteil vom 05.07.1973 – VII ZR 12/73, NJW 1973, 1688, 1689; *Roth*, ZHR 154 (1990), 513, 516; *Medicus*, in: FS Picker, S. 619, 620.

tung" zugunsten des aufzuklärenden Vertragsteils. Hiernach ist derjenige, der vertragliche oder vorvertragliche Aufklärungspflichten verletzt, darlegungs- und beweispflichtig dafür, dass der Schaden auch bei pflichtgemäßem Verhalten eingetreten wäre, der Geschädigte also den Hinweis unbeachtet gelassen und auch bei wahrheitsgemäßen Angaben den Vertrag so wie geschehen abgeschlossen hätte.[1076] Es wird mithin in derartigen Fällen zugunsten des aufzuklärenden Vertragsteils vermutet, dass der von ihm behauptete Schaden kausal aus der Aufklärungs- bzw. Informationspflichtverletzung des Aufklärungspflichtigen entstanden ist. Wenn insoweit Zweifel verbleiben, hat der Aufklärungspflichtige der ihm obliegenden Beweislast nicht genügt; es bleibt dann dabei, dass das Vorliegen der Kausalität zugunsten des aufzuklärenden Vertragsteils vermutet wird.[1077]

Die Problematik, dass im Nachhinein meist nicht mehr festgestellt werden kann, wie der Verbraucher sich bei ordnungsgemäßer Information bzw. Aufklärung verhalten hätte, wird auf diese Weise auf den Unternehmer abgewälzt. Hierbei handelt es sich nicht um eine bloße Beweiserleichterung in Form eines Anscheinsbeweises, sondern um eine zur Beweislastumkehr führende Vermutung, welche auch aus verfassungsrechtlicher Sicht keinen Bedenken begegnet.[1078] Zwar hatte der BGH teilweise auch vertreten, dass eine volle Beweislastumkehr nicht zu rechtfertigen sei und stattdessen lediglich ein Anscheinsbeweis zur Anwendung zu bringen sei[1079]; hierbei handelt es sich aber wohl nicht um eine „herrschende Ansicht"[1080] in Anbetracht der Tatsache, dass diesem Urteil zahlreiche gegenläufige und eindeutig von einer echten Beweislastumkehr ausgehende höchstrichterliche Urteile entgegenstehen.[1081]

1076 Erstmals BGH, Urteil vom 05.07.1973 – VII ZR 12/73, NJW 1973, 1688, 1688 f.; seitdem ständige Rechtsprechung, vgl. BGH, Urteil vom 06.04.2001 – V ZR 402/99, NJW 2001, 2021, 2022; BGH, Urteil vom 26.09.1997 – V ZR 29/96, NJW 1998, 302, 303; BGH, Urteil vom 11.03.1997 – XI ZR 92/96, NJW 1997, 2171, 2173; BGH, Urteil vom 30.10.1987 – V ZR 144/86, NJW-RR 1988, 348, 350 ; *Glöckner*, BauR 2014, 411, 427.

1077 BGH, Urteil vom 26.09.1997 – V ZR 29/96, NJW 1998, 302, 303.

1078 BVerfG, Beschluss vom 08.12.2011 – 1 BvR 2514/11, NJW 2012, 443 Rn. 20; BGH, Urteil vom 05.07.1973, – VII ZR 12/73, NJW 1973, 1688.

1079 BGH, Urteil vom 30.09.1993 – IX ZR 73/93, NJW 1993, 3259, 3259 f.

1080 So aber *Medicus*, in: FS Picker, S. 619, 621, Fn. 11.

1081 Tatsächlich wurde das einen Anscheinsbeweis annehmende Urteil des IX. Zivilsenats des BGH (Fn. 1079) bereits wenige Monate später durch den XI. Zivilsenat ausdrücklich relativiert und im Übrigen weiterhin von einer Beweislastumkehr ausgegangen, vgl. BGH, Urteil vom 16.11.1993 – XI ZR 214/92, NJW 1994, 512, 514; ausführlich hierzu *Canaris*, in: FS Hadding, S. 3, 9 ff.

Diese echte Beweislastumkehr ist auch zur Durchsetzung des hinter den Informations- und Aufklärungspflichten stehenden Zwecks erforderlich. Denn dieser kann nur erreicht werden, wenn Unklarheiten, die durch eine Aufklärungspflichtverletzung bedingt sind, zu Lasten des Aufklärungspflichtigen gehen, dieser also die Nichtursächlichkeit seiner Pflichtverletzung für den behaupteten Schaden zu beweisen hat.[1082] Ansonsten wäre die Durchsetzung von Schadenersatzansprüchen wegen der Verletzung von Informations- bzw. Aufklärungspflichten in der Praxis kaum möglich. Sie würde regelmäßig daran scheitern, dass der aufzuklärende Vertragsteil den Beweis dafür, wie er auf ein aufklärungsrichtiges Verhalten präzise reagiert hätte, nicht zur vollen richterlichen Überzeugung im Sinne des § 286 ZPO führen kann.[1083] Es bedarf daher dieser Beweislastumkehr in Form einer „echten Kausalitätsvermutung", um die Umsetzung des gesetzgeberischen Ziels von Aufklärungs- und Hinweispflichten sicherzustellen. Dies ist auch aus Wertungsgesichtspunkten nur billig und gerecht, war es doch der Unternehmer, der zuvor schuldhaft seine Informationspflicht verletzte. Durch seine Pflichtverletzung hat dieser das Unaufklärbarkeitsrisiko in Bezug auf die Kausalität ja gerade erst geschaffen, sodass es naheliegt, dass er dieses auch selbst zu tragen hat.[1084] Ansonsten würde der Aufklärungspflichtige für seine Pflichtverletzung auch noch damit belohnt, dass der andere Teil mit einem Nachweis belastet wird, den er regelmäßig nicht führen können wird. Dies hat derjenige, der eine Aufklärungspflicht verletzt hat, nicht verdient.[1085]

Dem aufzuklärenden Vertragsteil wird es jedenfalls dann nicht möglich sein, seine Entscheidung im Falle einer hypothetischen ordnungsgemäßen Aufklärung nachzuweisen, wenn diese Entscheidung auf unterschiedlichen Motiven beruht; auch dem Aufklärungspflichtigen wird der Nachweis, wie sich der aufzuklärende Vertragsteil im Falle ordnungsgemäßer Aufklärung verhalten hätte, kaum gelingen können.[1086]

Damit ergibt sich in aller Regel eine beweistechnische Pattsituation[1087], in der weder der aufzuklärende Vertragsteil noch der Aufklärungspflichtige einen Nachweis über das hypothetische Verhalten des Ersteren im Falle

---

1082 BGH, Urteil vom 16.11.1993 – XI ZR 214/92, NJW 1994, 512, 514 m.w.N.; BGH, Urteil vom 05.07.1973 – VII ZR 12/73, NJW 1973, 1688, 1689.
1083 *Medicus*, in: FS Picker, S. 619, 620.
1084 BGH, Urteil vom 05.07.1973 – VII ZR 12/73, NJW 1973, 1688, 1689; *Roth*, ZHR 154 (1990), 513, 532.
1085 *Canaris*, in: FS Hadding, S. 3, 24.
1086 *Medicus*, in: FS Picker, S. 619 f.
1087 *Roth*, ZHR 154 (1990), 513, 526.

ordnungsgemäßer Aufklärung führen können. Wenn man daher die Frage der Beweislastverteilung bezüglich der Kausalität der Verletzung einer Aufklärungspflicht für einen Schaden untersucht, ist vom Regelfall dieser Pattsituation auszugehen. Jene Situation führt letztlich zu dem, was der VII. Zivilsenat des BGH einst als *„Risiko der Unaufklärbarkeit"*[1088] beschrieb. Dieses Risiko muss aber aus den vorstehend dargelegten Gründen der Aufklärungspflichtige tragen.

Diese von der Rechtsprechung entwickelten Grundsätze einer echten Kausalitätsvermutung sind auch im Falle einer Verletzung der Baubeschreibungspflicht zugunsten des Verbrauchers anzuwenden. Dies gilt umso mehr, da die Beweisschwierigkeiten des Verbrauchers bei Verletzung der Baubeschreibungspflicht durch den Unternehmer in Bezug auf die Kausalität eines behaupteten Schadens besonders groß sind. Denn die Entscheidung für einen Bauvertrag ist sehr komplex und von zahlreichen Faktoren abhängig, sodass ein hypothetisches Alternativverhalten bei hinzugedachter ordnungsgemäßer Aufklärung für den Verbraucher – anders als bei einfach gelagerten Entscheidungen – kaum nachweisbar ist.

bb) Einschränkung der Beweislastumkehr im Falle eines Entscheidungskonflikts?

Der Anwendungsbereich dieser Kausalitätsvermutung wurde in Teilen der Rechtsprechung, insbesondere der früheren Rechtsprechung des V. und des XI. Zivilsenats, lediglich auf Fälle des *„aufklärungsrichtigen Verhaltens"* beschränkt.[1089] Dieser Begriff des *„aufklärungsrichtigen Verhaltens"* wurde erstmals in einer Entscheidung des VI. Zivilsenats zur ärztlichen Aufklärungspflicht verwendet[1090] und wurde danach von anderen Senaten aufgegriffen, wo er – insbesondere in den in der vorstehenden Fußnote zitierten Entscheidungen – unter dem Stichwort des *„echten Entscheidungskonflikts"* eine entscheidende Rolle spielt.[1091]

Nach dieser Rechtsprechung ist es für die Beweislastumkehr erforderlich, dass es für den aufzuklärenden Vertragsteil vernünftigerweise nur

---

1088 BGH, Urteil vom 05.07.1973 – VII ZR 12/73, NJW 1973, 1688, 1689.
1089 Vgl. BGH, Hinweisbeschluss vom 09.03.2011 – XI ZR 191/10, NJW 2011, 3227 Rn. 33 f.; BGH, Urteil vom 06.04.2001 – V ZR 402/99, NJW 2001, 2021, 2022; BGH, Urteil vom 10.05.1994 – XI ZR 115/93, NJW 1994, 2541, 2542; BGH, Urteil vom 16.11.1993 – XI ZR 214/92, NJW 1994, 512, 514.
1090 BGH, Urteil vom 28.03.1989 – VI ZR 157/88, NJW 1989, 2320, 2321.
1091 Ausführlich hierzu *Canaris*, in: FS Hadding, S. 3, 7 f.

eine bestimmte Möglichkeit der Reaktion auf die Aufklärung gegeben hätte und die Möglichkeit eines Entscheidungskonflikts ausscheidet. Sobald aber im hypothetischen Falle ordnungsgemäßer Aufklärung mehrere unterschiedliche Reaktionen des aufzuklärenden Vertragsteils vernünftigerweise möglich gewesen wären, mithin ein Entscheidungskonflikt bzw. -spielraum vorliegt, kann nach dieser Rechtsprechung die Kausalitätsvermutung zugunsten des aufzuklärenden Vertragsteils nicht mehr zur Anwendung kommen. Begründet wurde diese Einschränkung damit, dass sich nur auf diese Weise die Beweislastumkehr rechtfertigen lasse.

Ein solches einzig „richtiges", alternativloses Verhalten lässt sich jedoch bei einer Verletzung der Baubeschreibungspflicht nur sehr selten ausmachen; vielmehr wird der Verbraucher auch bei hinzugedachter ordnungsgemäßer Baubeschreibung typischerweise einem Entscheidungskonflikt unterliegen, an dessen Ausgang nicht nur eine einzige, sondern diverse mehr oder weniger gleich vernünftige, wirtschaftlich sinnvolle und (vermeintlich) logische Endentscheidungen stehen können. Der Verbraucher wird für den Fall einer ordnungsgemäßen Erfüllung der Baubeschreibungspflicht die Informationen zu Ausführungsart oder Gestaltung der Bauleistung und über die Eigenschaften von verschiedenen Baumaterialien oder -techniken in eine komplexe Abwägung einfließen lassen und unter Berücksichtigung der jeweiligen technischen, gesundheitlichen, ökologischen und ökonomischen Vorteile entscheiden, ob und mit welchem Inhalt er sich zum Abschluss eines Vertrags bereit erklärt. Es wird daher in aller Regel auch bei ordnungsgemäßer Information des Verbrauchers ein Entscheidungskonflikt gegeben sein.[1092]

Indessen sind im Hinblick auf den Abschluss eines Bauvertrags kaum Fälle denkbar, in denen nur eine einzige vernünftige Entscheidung verbleibt. Dies kommt lediglich in Ausnahmefällen in Betracht. So bildet *Glöckner* den anschaulichen Fall, dass ein Bauvertrag lediglich den Posten „Verputzen der Wände (innen)" vorsieht, aber keine weiteren Informationen zum verwendeten Putzmaterial (z. B. Gipsputz oder Kalkputz) enthält.[1093] Dies würde eine Verletzung der Baubeschreibungspflicht darstellen, da das Putzmaterial als wesentliche Eigenschaft des angebotenen Bauwerks im Sinne des Art. 249 § 2 Abs. 1 EGBGB zu qualifizieren ist.

Wenn der Unternehmer nun ohne weitere Absprache Gipsputz verwendet – was auch von Beginn an Basis seiner Kalkulation war –, der Verbraucher aber gegen bestimmte Inhaltsstoffe dieses Putzes allergisch ist, dürfte

---

1092 *Glöckner*, BauR 2014, 411, 426 f.; DLOPS/*Stretz*, § 5, Rn. 135.
1093 *Glöckner*, BauR 2014, 411, 426.

feststehen, dass der Verbraucher sich für den hypothetischen Fall ordnungsgemäßer vorvertraglicher Information vernünftigerweise für ein anderes Putzmaterial (Kalkputz), keinesfalls aber für Gipsputz entschieden hätte. Die Vermutung aufklärungsrichtigen Verhaltens käme in einem solchen Fall zum Tragen.[1094] Denn der Verbraucher unterläge hier keinem echten Entscheidungskonflikt, sondern könnte vernünftigerweise, gleichsam alternativlos, nur eine Entscheidung treffen, nämlich jene, die seiner Gesundheit nicht schadet. Lediglich in derartig klaren Fällen gälte die echte Kausalitätsvermutung zugunsten des Verbrauchers bei Verletzung der Baubeschreibungspflicht des § 650j BGB, wenn man am einschränkenden Kriterium des *„aufklärungsrichtigen Verhaltens"* festhalten wollte.

Wäre im genannten Beispielsfall der Verbraucher aber nicht allergisch, und hätte er nicht aus sonstigen Gründen ein erhebliches, nachweisliches Interesse gerade an der Verwendung eines anderen Putzmaterials gehabt, so wäre er im Falle ordnungsgemäßer Information vor der Entscheidung gestanden, für welches Material er sich entscheidet; wegen des Vorliegens eines Entscheidungskonflikts wäre dann nach der vorgenannten Rechtsprechung die Anwendung der Kausalitätsvermutung ausgeschlossen.[1095]

Anknüpfend an diese frühere Rechtsprechung des V. und XI. Zivilsenats geht ein nicht unerheblicher Teil der bisher zur Baubeschreibungspflicht veröffentlichten Literatur davon aus, dass auch für deren Verletzung am Kriterium des *„aufklärungsrichtigen Verhaltens"* festzuhalten ist mit der Folge, dass die Kausalitätsvermutung nur in seltenen, klar gelagerten Ausnahmefällen zur Anwendung käme, in denen nur eine einzige vernünftige Entscheidung bei Hinzudenken einer ordnungsgemäßen Baubeschreibung in Betracht kommt.[1096]

1094 *Glöckner*, BauR 2014, 411, 428.
1095 *Glöckner*, BauR 2014, 411, 428.
1096 DLOPS/*Stretz*, § 5, Rn. 135; *Pfenning*, RNotZ 2018, 585, 602; MüKo BGB/*Busche*, § 650j BGB, Rn. 18; für die allgemeine Informationspflicht im Hinblick auf Bauverträge genauso *Glöckner*, BauR 2014, 411, 428; unklar Messerschmidt/Voit/*Lenkeit*, § 650k BGB, Rn. 62 sowie BeckOGK/*Merkle*, § 650j BGB, Rn. 42 f., die sich zwar auf die Vermutung aufklärungsrichtigen Verhaltens beziehen, aber offenbar auch bei mehreren Handlungsalternativen eine Beweislastumkehr zugunsten des Verbrauchers zur Anwendung bringen wollen.

cc) Anwendung der echten Kausalitätsvermutung auch in Fällen eines Entscheidungskonflikts

Die „echte Kausalitätsvermutung" muss aber, wenn sie effektiv Wirkung entfalten soll, weit verstanden werden und auch in der den Regelfall darstellenden Situation, dass der Verbraucher sich im hypothetischen Falle einer ordnungsgemäßen Baubeschreibung in einem Entscheidungskonflikt befunden hätte, gelten. Es bleibt dem Unternehmer dann immer noch unbenommen, darzulegen und gegebenenfalls zu beweisen, dass der Verbraucher sich auch dann so entschieden hätte, wie er es tatsächlich getan hat, wenn er in ordnungsgemäßer Weise eine Baubeschreibung zur Verfügung gestellt bekommen hätte. Der Gefahr des Missbrauchs durch die Verbraucher lässt sich durch bestimmte Anforderungen an die Plausibilität und Glaubhaftigkeit der Darlegung des Kausalzusammenhangs begegnen.[1097]

Gegen ein Festhalten am einschränkenden Kriterium des aufklärungsrichtigen Verhaltens sprechen mehrere gewichtige Gründe:

(1) Aufgabe der Rechtsprechung zum einschränkenden Kriterium des aufklärungsrichtigen Verhaltens durch den V. und XI. Zivilsenat

Sowohl der V. als auch der der XI. Zivilsenat des BGH haben mittlerweile ihre Rechtsprechung ausdrücklich geändert und die „echte Kausalitätsvermutung" nicht mehr nur auf Fälle beschränkt, in denen der aufzuklärende Vertragsteil bei gehöriger Aufklärung vernünftigerweise nur eine einzige Handlungsalternative gehabt hätte.[1098]

Die dafür vorgebrachte Begründung trägt insbesondere dem Umstand Rechnung, dass das Abstellen auf das Fehlen eines Entscheidungskonflikts als entscheidendes Kriterium mit dem Schutzzweck der Beweislastumkehr nicht zu vereinbaren ist. Die Beweislastumkehr greift nach neuer Rechtsprechung bereits bei feststehender Aufklärungspflichtverletzung ein, ohne dass hierfür weitere Voraussetzungen erfüllt sein müssen.

Nur so kann letztlich der hinter der Beweislastumkehr stehende Gedanke effektiv umgesetzt werden, der bereits 1973 durch den VII. Zivilsenat geprägt wurde:

1097 Hierzu sogleich F.I.3.a) cc) (4), S. 302.
1098 BGH, Urteil vom 15.07.2016 – V ZR 168/15, NZG 2017, 542 Rn. 17 ff.; BGH, Urteil vom 08.05.2012 – XI ZR 262/10, NJW 2012, 2427 Rn. 30 ff.

*„Die besondere Interessenlage der beteiligten Vertragspartner erfordert [...],
dass in diesen Fällen derjenige, der die vertragliche Hinweispflicht verletzt,
auch das Risiko der Unaufklärbarkeit des Ursachenzusammenhangs zumindest insoweit trägt, als in Frage steht, wie der andere Teil gehandelt hätte,
wenn er pflichtgemäß ins Bild gesetzt worden wäre."* [1099]

Dieser – wie vorstehend gezeigt, konsequente und durch das Telos vorvertraglicher Aufklärungspflichten gebotene – Gedanke ist mit der früheren
Rechtsprechung des V. und XI. Zivilsenats hinsichtlich einer Einschränkung der Kausalitätsvermutung bei Vorliegen eines Entscheidungskonflikts nicht zu vereinbaren. Das Risiko der Unaufklärbarkeit gerade dieses
fiktiven Entscheidungsszenarios muss – um den mit der Aufklärungspflicht verfolgten Schutzzweck zu wahren – zu Lasten des Aufklärungspflichtigen gehen. Das gilt jedenfalls dann, wenn – wie bei der Verletzung
der Baubeschreibungspflicht der Fall – dieses (beweisrechtliche) Risiko typischerweise mit dem pflichtwidrig geschaffenen Verletzungsrisiko verbunden ist.[1100]

Der XI. Zivilsenat hat seine Rechtsprechung daher ausdrücklich geändert[1101] und trägt der Tatsache Rechnung, dass gerade, wenn sich für den
aufzuklärenden Vertragsteil mehrere Handlungsalternativen stellen, seine
Aufklärung und Beratung von besonderer Wichtigkeit ist, um seine Entscheidungsfreiheit zu wahren.[1102] Er stellt fest, dass *„das Abstellen auf das
Fehlen eines Entscheidungskonflikts mit dem Schutzzweck der Beweislastumkehr
nicht zu vereinbaren"* ist.[1103] Unter Berufung auf die ansonsten drohende
Verletzung des Schutzzwecks der Aufklärungspflichten schloss sich das
OLG Düsseldorf dieser Ansicht an.[1104] Auch der V. Zivilsenat hat seine
Rechtsprechung zum „aufklärungsrichtigen Verhalten" in diesem Sinne
geändert.[1105]

Diese Rechtsprechung entspricht auch derjenigen des II. Zivilsenats zur
Aufklärungspflichtverletzung in Kapitalanlagefällen. Danach ist jedenfalls
bei der Investition in (vermeintlich) werthaltige und seriöse Finanzpro-
dukte die Kausalitätsvermutung zulasten des Aufklärungspflichtigen nicht

---

1099 BGH, Urteil vom 05.07.1973 – VII ZR 12/73, NJW 1973, 1688, 1689.
1100 *Stoll*, in: FS Hippel, S. 516, 553.
1101 BGH, Urteil vom 08.05.2012 – XI ZR 262/10, NJW 2012, 2427 Rn. 30 ff.
1102 BGH, Urteil vom 08.05.2012 – XI ZR 262/10, NJW 2012, 2427 Rn. 36; *Canaris*,
      in: FS Hadding, S. 3, 23; *Roth*, ZHR 154 (1990), 513, 532.
1103 BGH, Urteil vom 08.05.2012 – XI ZR 262/10, NJW 2012, 2427 Rn. 33.
1104 OLG Düsseldorf, Urteil vom 19.04.2013 – I-4 U 151/11, BeckRS 2013, 9412.
1105 BGH, Urteil vom 15.07.2016 – V ZR 168/15, NZG 2017, 542 Rn. 17 ff.

bereits deshalb entkräftet, weil für den aufzuklärenden Vertragsteil auch bei gehöriger Aufklärung mehrere Handlungsalternativen in Frage gekommen wären, mithin ein Entscheidungskonflikt entstanden wäre. Anderes könne nur für von vornherein hochspekulative Geschäfte in Betracht kommen.[1106] Da es sich beim Abschluss eines Verbraucherbauvertrags nicht um ein bewusst riskantes Spekulationsgeschäft, sondern vielmehr um eine aus Sicht des Verbrauchers möglichst sichere, zukunftsträchtige und werthaltige Investition handelt, müssen insoweit dieselben Grundsätze gelten.

(2) Mangelnde Trennschärfe des Kriteriums des „aufklärungsrichtigen Verhaltens"

Diese Entwicklung in der Rechtsprechung ist schon wegen der mangelnden Trennschärfe des Kriteriums des „aufklärungsrichtigen Verhaltens" begrüßenswert. Bei der Begrenzung der Kausalitätsvermutung auf Fälle des „aufklärungsrichtigen Verhaltens" würde es in das Ermessen des erkennenden Gerichts gestellt, ob eine von mehreren theoretisch möglichen Entscheidungen noch „vernünftig", „alternativlos" oder „einzig richtig" ist. Dies ist insbesondere bei derart schwammigen und rein wertend geprägten Kriterien wie dem der „Vernünftigkeit" bedenklich.

So führt beispielsweise der IX. Zivilsenat aus, eine Beweislasterleichterung zugunsten des Aufklärungsbedürftigen komme *„nur zur Anwendung, wenn im Hinblick auf die Interessenlage oder andere objektive Umstände eine bestimmte Entschließung des zutreffend informierten [Vertragsteils] mit Wahrscheinlichkeit zu erwarten wäre."*[1107] Letztlich wird also auf das Wertungskriterium der Wahrscheinlichkeit abgestellt.[1108]

In Entscheidungen anderer Senate wird das Kriterium des aufklärungsrichtigen Verhaltens in knapperer Form schlicht dergestalt definiert, dass die Anwendung einer echten Kausalitätsvermutung voraussetzt, *„dass es für den anderen Teil vernünftigerweise nur eine bestimmte Reaktion auf die voll-*

1106 BGH, Urteil vom 31.05.2010 – II ZR 30/09, NJW 2010, 2506 Rn. 18; BGH, Urteil vom 22.03.2010 – II ZR 66/08, NJW-RR 2010, 952 Rn. 19; BGH, Urteil vom 02.03.2009 – II ZR 266/07, NJW-RR 2009, 689 Rn. 6.
1107 BGH, Urteil vom 30.09.1993 – IX ZR 73/93, NJW 1993, 3259.
1108 *Canaris*, in: FS Hadding, S. 3, 9.

ständige Aufklärung gibt und die Möglichkeit eines Entscheidungskonflikts ausscheidet".[1109]

Es bleibt demnach unklar, was die Voraussetzungen für ein „allein vorstellbares aufklärungsrichtiges Verhalten" sein sollen. Reicht es schon aus, wenn die vom Verbraucher behauptete Handlungsalternative nach allgemeiner Lebenserfahrung sehr wahrscheinlich gewesen wäre, oder ist es erforderlich, dass überhaupt nur diese einzige Handlungsalternative vernünftig gewesen wäre?

Auch hängt es vom Verständnis des jeweils erkennenden Gerichts ab, was es als „vernünftig" oder „nach der Lebenserfahrung sehr wahrscheinlich" beurteilt. Dies würde in der Praxis dazu führen, dass gerade jene subjektive Entscheidungsfreiheit des aufzuklärenden *Vertragsteils*, die durch die Aufklärungspflicht geschützt werden soll, im Zweifel letztlich vom erkennenden *Gericht* ausgeübt wird, indem dieses entscheidet, was es in der konkreten Situation bei hinzugedachter ordnungsgemäßer Aufklärung für vernünftig erachtet oder ob es sich in einem Entscheidungskonflikt gewähnt hätte.

Es widerspräche aber dem Schutzzweck von Aufklärungspflichten wie der des § 650j BGB, wenn eine Entscheidung, die ausschließlich vom aufzuklärenden Vertragsteil nach dessen subjektiven Wertemustern und Präferenzen getroffen werden kann, durch eine (auch an objektiven Kriterien wie der Wahrscheinlichkeit und der allgemeinen Lebenserfahrung orientierte) Entscheidung des erkennenden Gerichts ersetzt wird.[1110] Denn solche Vorschriften sollen gerade sicherstellen, dass der Aufklärungspflichtige selbst eine sachgerechte Vertragsentscheidung treffen kann. Dieser wird im Rahmen seiner schützenswerten subjektiven Entscheidungsfreiheit nicht immer zu der Entscheidung kommen, die möglicherweise der allgemeinen Lebenserfahrung entspricht, weil in derselben Situation eine Mehrheit von Menschen sich so entschieden hätte – wobei freilich vollkommen im Dunkeln bleibt, wie die Rechtsprechung die „Vergleichbarkeit" potentieller anderer Entscheider definiert.

So ist es nicht auszuschließen, dass der Verbraucher im Falle ordnungsgemäßer Information eine Entscheidung getroffen hätte, die aus rein öko-

---

1109 BGH, Urteil vom 06.04.2001 – V ZR 402/99, NJW 2001, 2021, 2022; BGH, Urteil vom 10.05.1994 – XI ZR 115/93, NJW 1994, 2541, 2542; BGH, Urteil vom 11.03.1997 – XI ZR 92/96, NJW 1997, 2171, 2173.

1110 Vgl. für die Aufklärungspflicht im Rahmen der Anlageberatung, BGH, Urteil vom 10.05.1994 – XI ZR 115/93, NJW 1994, 2541, 2542, in welchem der BGH genau jene Einschätzung für sich in Anspruch nimmt.

nomisch-rationaler Sicht nicht „vernünftig" im Sinne von „alternativlos" war. Übertragen auf den Bauvertrag: Wenn einem Verbraucher – oder gar Familienmitgliedern, die zwar nicht Vertragspartner werden, deren Vorlieben der Bauherr aber aus nachvollziehbaren Gründen beachtet haben will – aufgrund persönlicher Präferenzen ganz besonders an einer bestimmten Art der Bauausführung (beispielsweise Materialien, Farben, Design, (Marken-)Fabrikaten) gelegen ist, könnte die diesen Präferenzen entsprechende Art der Ausführung für ihn auch dann einzig vernünftig sein, wenn andere Entscheidungen nach „allgemeiner Lebenserfahrung" aus wirtschaftlicher Sicht genauso sinnvoll oder sogar sinnvoller gewesen wären.

Dies zeigt, dass das Kriterium des aufklärungsrichtigen Verhaltens jedenfalls für die Informationspflicht des § 650j BGB kein geeigneter Ansatz im Rahmen der Kausalitätsvermutung ist. Denn im Falle von Entscheidungen, die auf mehreren Faktoren beruhen, gerät die Vermutung aufklärungsrichtigen Verhaltens schnell an Grenzen.[1111] Ein Wahrscheinlichkeitsurteil lässt sich – jedenfalls in der verlangten Sicherheit – in Fällen der freien Entscheidung des Aufklärungsbedürftigen nicht treffen.[1112] Selbst wenn man daher annähme, dass für den Fall, dass sich eine Gewissheit nicht gewinnen lässt, auch eine Wahrscheinlichkeitsprognose zur richterlichen Überzeugung ausreichen kann[1113], so hälfe dies für den vorliegend zu untersuchenden Fall der Verletzung der Baubeschreibungspflicht nicht weiter.

(3) Telos: Der Schutzzweck vorvertraglicher Informationspflichten als Argument gegen zu hohe Anforderungen des „aufklärungsrichtigen Verhaltens"

Vor allem aber spricht der Schutzzweck des § 650j BGB dafür, eine Beweislastumkehr nicht nur in Fällen des nachgewiesenen „aufklärungsrichtigen Verhaltens" anzunehmen.[1114]

Der Zweck von vorvertraglichen Informationspflichten der Art des § 650j BGB liegt primär darin, dem Verbraucher eine tragfähige Grundlage

---

1111 So für die Kapitalanlage auch *Medicus*, in: FS Picker, S. 619 f.

1112 *Roth*, ZHR 154 (1990), 513, 525.

1113 *Medicus*, in: FS Picker, S. 619, 622.

1114 Diesen Ansatz als besonders wichtiges Argument herausstellend *Roth*, ZHR 154 (1990), 513, 531.

für seine Entscheidung über den Vertragsschluss zu ermöglichen.[1115] In der bereits im vorstehenden Unterkapitel in Bezug genommenen Entscheidung aus dem Jahr 1973 hat der BGH die „echte Kausalitätsvermutung" für Fälle unzulänglicher Information erstmals begründet – nämlich damit, dass es Zweck der Aufklärung sei, dem aufzuklärenden Vertragsteil eventuell *„drohende Gefahren vor Augen zu halten"* und ihm *„die Entscheidung zu ermöglichen, ob er das insoweit bestehende Risiko auf sich nehmen wolle"*.[1116]

Geht man hieran anknüpfend von der Entscheidungsfreiheit des aufzuklärenden Vertragsteils als primärem Schutzgut der Aufklärungspflicht aus, ist es genau betrachtet unter stringenter Anwendung der konkretisierenden Äquivalenztheorie sogar nur konsequent, wenn man – wie *Canaris* dies tut[1117] – die Kausalität auch dann bejaht, wenn sich der Verbraucher auch bei ordnungsgemäßer Information im Ergebnis gar nicht anders verhalten hätte (freilich wird es dann aber an einem ersatzfähigen Schaden fehlen); denn in jedem Fall war der dem Ergebnis zugrunde liegende Entscheidungsprozess und somit die Entscheidung in ihrer ganz konkreten Gestalt nicht dieselbe. Ob man so weit gehen können wird, kann an dieser Stelle jedenfalls für die Frage der Verletzung des § 650j BGB dahingestellt bleiben.

Die Anwendung einer „echten Kausalitätsvermutung" führt jedenfalls dazu, dass der Verbraucher mit guter Aussicht auf Erfolg darlegen kann, dass ihm allein wegen einer Verletzung der Baubeschreibungspflicht Schadenersatzansprüche zustehen. Würde man zusätzlich die Darlegung eines „aufklärungsrichtigen Verhaltens" fordern, würde die Kausalitätsvermutung nur auf Fälle begrenzt, in denen eine Entscheidungsfreiheit des aufzuklärenden Vertragsteils gar nicht mehr besteht; jene Kategorie von Aufklärungs- und Informationspflichten hingegen, die nur der Information zur freien Entscheidung des Aufklärungsbedürftigen dient, würde aus dem Anwendungsbereich der Beweislastumkehr faktisch herausgenommen.[1118]

Wenn die Sachlage derart eindeutig ist, dass ohnehin nur eine einzige Entscheidung vernünftigerweise in Betracht käme, bedarf der aufzuklärende Vertragsteil nicht des Schutzes über eine Beweislastumkehr. Das Gericht wird sich dann nämlich schon im Rahmen der Beweiswürdigung

---

1115 So auch *Medicus*, in: FS Picker, S. 619; *Roth*, ZHR 154 (1990), 513, 532; *Canaris*, in: FS Hadding, S. 3, 15 f.

1116 BGH, Urteil vom 05.07.1973 – VII ZR 12/73, NJW 1973, 1688, 1689.

1117 *Canaris*, in: FS Hadding, S. 3, 17.

1118 *Roth*, ZHR 154 (1990), S. 513, 528.

nach § 286 ZPO davon überzeugen können, dass die unterlassene Aufklärung kausal für den Schaden war.[1119]

In Beweisnot kommt der aufzuklärenden Vertragsteil hingegen gerade dann, wenn ihm bei ordnungsgemäßer Aufklärung mehrere Handlungsalternativen offen gestanden hätten. Eben weil es in diesen Fällen etwas zu überlegen und zu entscheiden gibt, wäre die Aufklärung dort von besonderer Wichtigkeit gewesen – oft, um ihm die Möglichkeit einer Entscheidung zwischen diesen unterschiedlichen Alternativen überhaupt erst bewusst zu machen.[1120] Gerade diese – im Falle der Baubeschreibungspflicht den Regelfall darstellenden – Fälle würden aber bei einer Beschränkung der Beweislastumkehr auf Fälle, in denen ein Entscheidungskonflikt nicht besteht, von der Anwendung der Kausalitätsvermutung ausgeschlossen. Der durch diese Vermutung erzeugte Schutz würde damit den „kritischen" Fällen vorenthalten, während er jenen zugute kommt, die ihn gar nicht zwingend benötigen würden.[1121] Dies zeigt, dass das Kriterium des aufklärungsrichtigen Verhaltens – jedenfalls für Informationspflichten wie § 650j BGB, die die Entscheidungsfreiheit des aufzuklärenden Informationsteils an sich schützen – in Widerspruch zum Schutzzweck solcher Vorschriften steht. Ein effektiver Schutz der Entscheidungsfreiheit des Verbrauchers wird nur durch eine echte Beweislastumkehr gewährleistet, die ohne die Einschränkung durch das Kriterium des aufklärungsrichtigen Verhaltens gilt.

(4) Einschränkendes Kriterium: Anforderungen an Plausibilität und Glaubhaftigkeit der Darlegung des Kausalzusammenhangs

So berechtigt es angesichts der vorstehend dargestellten Überlegungen ist, die Voraussetzungen für eine echte Beweislastumkehr bezüglich des Zusammenhangs zwischen behaupteter Pflichtverletzung und behauptetem Schaden nicht durch das Kriterium des Fehlens eines Entscheidungskonflikts zu überspannen, so wichtig ist es auch, einen Missbrauch dieser weitreichenden Vermutung zu unterbinden. Es muss verhindert werden, dass Verbraucher im Nachhinein – spätestens nach Erhalt einer Abschlagsrech-

---

1119 *Roth*, ZHR 154 (1990), S. 513, 529.
1120 *Canaris*, in: FS Hadding, S. 3, 23.
1121 *Canaris*, in: FS Hadding, S. 3, 23.

nung – dazu verleitet werden, Schadenersatzansprüche wegen angeblich unzulänglicher vorvertraglicher Information zu konstruieren.[1122]

Diese Gefahr ist durchaus groß, da die inhaltlichen Anforderungen an eine Baubeschreibung umfangreich und komplex sind. Viele Unternehmer werden ohne Beratung z. B. durch einen Architekten nicht imstande sein, eine diesen Anforderungen durchgehend genügende Beschreibung zu erstellen. Es besteht daher die Gefahr, dass auf diese Weise die „*dritte Säule zur Finanzierung eines Bauvorhabens*"[1123] – die sich jahrelang in Form der Suche nach Mängeln am Bauwerk, deren Beseitigungskosten dann fiktiv geltend gemacht wurden, großer Popularität erfreut hat und der schließlich durch den VII. Zivilsenat[1124] ein Ende gesetzt wurde – nun im Rahmen der Baubeschreibungspflicht wieder auflebt.

Um derlei zu verhindern, bedarf es eines Kriteriums, das eine Ausuferung der echten Kausalitätsvermutung verhindert und das Risiko einer missbräuchlichen Berufung auf diese Beweiserleichterung effektiv eindämmt. Allein das für den Verbraucher im Raum stehende Kostenrisiko (bei Rechtsschutzversicherungen sind in aller Regel Streitigkeiten im Zusammenhang mit Bauverträgen exkludiert) ist insoweit nicht ausreichend. Die Beschränkung der Kausalitätsvermutung nur auf Fälle des „aufklärungsrichtigen Verhaltens" ist als einschränkendes Kriterium aus den vorgenannten Gründen untauglich.

Anzusetzen ist vielmehr im Rahmen der Anforderungen, die an die Darlegung des Kausalitätszusammenhangs durch den Verbraucher zu stellen sind und diesem gegebenenfalls erst das Tor zur – dann ohne Einschränkung geltenden – Beweislastumkehr öffnen. Es ist deshalb für die Anwendung der Beweislastumkehr bei behaupteter Verletzung der Baubeschreibungspflicht vorauszusetzen, dass der Verbraucher seinerseits zunächst plausibel und glaubhaft darstellen muss, weshalb ihm aus der Verletzung der Baubeschreibungspflicht ein Schaden entstanden ist. Vermag er diesen Kausalzusammenhang nicht schlüssig vorzutragen, greift die echte Kausalitätsvermutung von vornherein nicht ein.[1125]

Die Anforderungen an diese Substantiierung müssen durchaus hoch angesetzt werden. Insbesondere ist zu fordern, dass der Verbraucher nicht

---

1122 Die Gefahr eines Missbrauchs bei Anwendung der echten Kausalitätsvermutung befürchtend *Medicus*, in: FS Picker, S. 619, 626.

1123 *Voit*, NJW 2018, 2166.

1124 BGH, Urteil vom 22.02.2018 – VII ZR 46/17, NJW 2018, 1463.

1125 *Canaris*, in: FS Hadding, S. 3, 19 f.; *Lorenz*, Der Schutz vor dem unerwünschten Vertrag, S. 77 f.

nur darzulegen hat, dass und weshalb er sich bei ordnungsgemäßer Aufklärung nicht zum konkret erfolgten Vertragsschluss entschieden hätte, sondern darüber hinaus auch die konkreten Gründe dafür substantiieren muss, aufgrund derer er sich zu einem konkret darzulegenden alternativen Handeln (gar kein Vertragsschluss bzw. Vertragsschluss mit anderem Inhalt) veranlasst gesehen hätte. Diese Gründe müssen erstens nach dem Maßstab des § 286 ZPO glaubhaft vorgetragen und zweitens plausibel sein.

Die Plausibilität des Vortrags darf jedoch nicht – wie dies bisweilen bei der Rechtsprechung zum „aufklärungsrichtigen Verhalten" geschah – anhand von objektiven Kriterien wie einer „Wahrscheinlichkeit" oder „allgemeinen Lebenserfahrung" beurteilt werden. Dies würde – wie vorstehend gezeigt – dem Schutzzweck des § 650j BGB nicht gerecht. Vielmehr hat der Verbraucher seine ganz persönlichen Beweggründe und Wertemuster darzulegen, auf die er seine Annahme, er hätte bei der ordnungsgemäßen Aufklärung in der behaupteten Weise gehandelt, stützt. Das erkennende Gericht hat sich dann in die Person des konkreten Verbrauchers, seine Motive und deren Hintergründe, hineinzuversetzen und anhand dieses Maßstabs die Plausibilität des Vortrags zu bewerten. Ist es nach einer solchen Prüfung nachvollziehbar (nicht aber zwingend „wahrscheinlich" oder „vernünftig"), dass sich der Verbraucher bei ordnungsgemäßer Aufklärung in der behaupteten Weise verhalten hätte, findet die echte Kausalitätsvermutung uneingeschränkt Anwendung. Fehlt es jedoch an einer solchen Plausibilität, verbleibt die Beweislast beim Verbraucher.

Ein Indiz für die Plausibilität des klägerischen Vortrags kann für den Fall, dass der Verbraucher behauptet, er hätte im Falle ordnungsgemäßer Aufklärung einen inhaltlich veränderten Vertrag mit dem Unternehmer geschlossen, darin zu finden sein, dass er seinen behaupteten Schaden tatsächlich „konkret" beseitigen lassen will, also ähnlich einer „Nacherfüllung" begehrt, dass der Unternehmer die Leistungen erbringt, die nach der Behauptung des Verbrauchers im Falle einer ordnungsgemäßen Baubeschreibung vereinbart worden wären. Hingegen stellt es ein gegen eine glaubhafte und plausible Darlegung des behaupteten Kausalzusammenhangs sprechendes Indiz dar, wenn der Verbraucher seinen Schaden „fiktiv" geltend macht[1126], also eine konkrete Beseitigung seines Schadens gar nicht wünscht, sondern nur eine Entschädigung in Geld dafür fordert. Denn es lässt seinen Vortrag, er hätte sich bei ordnungsgemäßer Baubeschreibung zu einem Vertrag mit anderem Inhalt entschieden, plausibler

---

1126 Hierzu im Einzelnen sogleich beim Schaden unter F.I.3.b) bb) (1) (b) (bb), S. 323 ff.

erscheinen, wenn er sich durch die tatsächlich ausgeführte Bauleistung so sehr gestört fühlt, dass er diese tatsächlich ändern lassen will (was häufig auch mit Einschränkungen und zusätzlichem Aufwand für den Verbraucher selbst verbunden ist, also ein gewisses „Opfer" erfordert). Will er aber seinen Schaden nur „fiktiv" geltend machen, kann er offenbar durchaus gut mit der tatsächlich ausgeführten Leistung leben, was die Glaubhaftigkeit seiner Darlegungen in Bezug auf die Kausalität zumindest schmälert. Gleichwohl ist die Frage, ob der Verbraucher seinen Schaden konkret oder fiktiv geltend macht, nicht allein entscheidend für die Beurteilung der Plausibilität seines Vortrags. Sie kann lediglich – neben anderen Parametern – als Anhaltspunkt für die Ernsthaftigkeit seines Vorbringens dienen.

Begehrt der Verbraucher demnach etwa wegen einer fehlenden Information in der Baubeschreibung über die Art des verbauten Parketts in einem einzelnen Raum die Rückgängigmachung des gesamten Vertrages nach § 249 BGB mit der Behauptung, dass er einen Bauvertrag mit dem Unternehmer überhaupt nicht abgeschlossen hätte, wenn er diesbezüglich vorvertraglich ordnungsgemäß informiert worden wäre, so kommt ihm mangels der Plausibilität eines solchen Sachvortrags die Kausalitätsvermutung nicht zugute; wegen einer solchen – in Relation zum Gesamtvorhaben betrachtet – „Kleinigkeit" die Entscheidung zum Vertragsschluss als solche in Frage zu stellen, ist nicht nachvollziehbar.[1127]

Schwieriger zu beurteilen, weil weniger eindeutig, ist die Frage der Plausibilität hingegen, wenn der Verbraucher in diesem Beispielsfall vorträgt, dass er bei ordnungsgemäßer Baubeschreibung (z. B.: Parkett aus Akazienholz) zwar nicht den tatsächlich abgeschlossenen, wohl aber einen anderen Vertrag mit dem Unternehmer vereinbart hätte, der einen sich vom tatsächlich verbauten Parkett (z. B. Esche) unterscheidenden Holzbelag zum Inhalt gehabt hätte. Hier kommt es nun darauf an, ob der Verbraucher nachvollziehbar darlegen kann, ob und aus welchen Gründen er einen anderen Vertrag mit gerade der behaupteten Parkettart geschlossen hätte.

Trägt er lediglich ohne nähere Begründung vor, dass er Akazienholz generell nicht möge, und macht er seinen behaupteten Schaden nur „fiktiv" geltend, wird dies nicht den vorstehend beschriebenen Anforderungen an eine plausible Darlegung genügen. Bringt er hingegen nachvollziehbar vor, dass er und seine Frau das gesamte Haus möglichst hell gestalten wollten und daher auch in sämtlichen anderen Räumen des Hauses große Fensterflächen und sehr helle Holzböden vorgesehen hatten, weshalb der dunkle Akazienholzboden optisch stört und nicht in das gestalterische Ge-

---

1127 In diese Richtung auch *Glöckner*, BauR 2014, 411, 429.

samtkonzept des Hauses passt, und will er deshalb auch tatsächlich den Akazienholzboden durch ein helleres Parkett ausgetauscht haben, ist dies sehr wohl plausibel und erlaubt die Anwendung der echten Kausalitätsvermutung.

(5) Zwischenergebnis

Die Kausalitätsvermutung zulasten des die Baubeschreibungspflicht verletzenden Unternehmers muss demnach bei Verbraucherbauverträgen auch dann gelten, wenn der Verbraucher bei ordnungsgemäßer Information mehrere mögliche Handlungsalternativen gehabt hätte.[1128] Der Verbraucher kann sich nach der hier vertretenen Ansicht in der Praxis darauf beschränken, nach den vorstehenden Maßstäben plausibel und glaubhaft darzulegen, dass und aus welchen Gründen er sich bei ordnungsgemäßer Information in einer bestimmten Weise anders verhalten hätte und den Vertrag dann entweder mit einem anderen Inhalt oder überhaupt nicht abgeschlossen hätte. Es obliegt dann dem Unternehmer, darzulegen und zu beweisen, dass der Verbraucher sich nicht in der behaupteten Weise verhalten hätte. Nur auf diese Weise kann dem Schutzzweck des § 650j BGB auch praktisch hinreichend Rechnung getragen werden.

Es ist auch bei diesem weiten Verständnis der Kausalitätsvermutung nicht zu befürchten, dass es durch die Verbraucher zu einem Missbrauch der Einwendung mangelnder Information oder zur Ausuferung der Geltendmachung hierauf gestützter Schadensersatzansprüche kommt. Denn in Missbrauchsfällen wird es für den Verbraucher bereits schwierig sein, plausibel darzulegen, weshalb er im Falle ordnungsgemäßer Information ernsthaft in Erwägung gezogen hätte, den Vertrag entweder gar nicht oder mit anderem Inhalt abzuschließen; dann kommt es schon gar nicht zu einer Kausalitätsvermutung.

Zudem besteht ein zusätzliches Korrektiv auf der Ebene des entstandenen Schadens (hierzu im Einzelnen sogleich); denn auch, wenn die Kausalität eines Schadens vermutet wird, wird es dem Verbraucher nicht leicht fallen, einen konkreten, ersatzfähigen Schaden darzulegen.

1128 So im Ergebnis auch jurisPK/*Segger-Piening*, § 650k BGB, Rn. 40; wohl auch Messerschmidt/ Voit/*Lenkeit*, § 650j BGB, Rn. 62; BeckOGK/*Merkle*, § 650j BGB, Rn. 42 f.

b) Schaden

Wenn nach Maßgabe der vorstehenden Ausführungen ein Schadenersatzanspruch dem Grunde nach besteht, ist dessen konkrete Gestalt und Höhe zu ermitteln – und zwar unter Zugrundelegung der sich aus § 249 Abs. 1 BGB ergebenden Prämisse, dass der Geschädigte so zu stellen ist, wie er ohne die schuldhafte Pflichtverletzung stünde.[1129]

Bisweilen wird formuliert, dass ein Schadensersatzanspruch aus c.i.c. „grundsätzlich" nur auf den Ersatz des negativen Interesses beschränkt sei.[1130] Indessen finden auch für solche Ansprüche schlicht die allgemeinen Grundsätze des Schadensrechts Anwendung, weshalb unter anderem § 249 BGB gilt.[1131] Dies kann dazu führen, dass auch bei einem Anspruch aus c.i.c. das Erfüllungsinteresse zu ersetzen ist.

aa) Vorliegen eines Schadens im Rechtssinne

Freilich bedarf es hierzu des Vorliegens eines Schadens im Rechtssinne; wie insbesondere § 253 BGB zeigt, stellt nicht jede vom Geschädigten als Benachteiligung empfundene Situation einen gemäß den Vorschriften der §§ 249 ff. BGB ersatzfähigen Schaden dar.

Unproblematisch ist das Vorliegen eines Schadens in diesem Sinne zu bejahen, wenn die Verletzung der Baubeschreibungspflicht durch den Unternehmer die Störung des objektiven Äquivalenzverhältnisses eines anschließend abgeschlossenen Bauvertrags zur Folge hatte, mithin also, wenn deshalb die vereinbarte Leistung den vereinbarten Werklohn objektiv nicht wert war. Der vom Verbraucher erlittene Schaden lässt sich dann durch einen Vermögensvergleich monetär konkret beziffern und – gegebenenfalls durch Sachverständigengutachten – der Höhe nach nachweisen. Dies ist etwa der Fall, wenn der Unternehmer die im Rahmen des Art. 249 § 2 Abs. 1 EGBGB gebotene Aufklärung über Unwägbarkeiten oder Risiken der angebotenen Leistung[1132] unterlässt und der Verbraucher in der Folge die Bauleistungen zu einem Preis beauftragt, bei welchem ein Abschlag für das immanente Risiko nicht vorgenommen wurde; er erleidet

---

1129 BeckOGK/*Herresthal*, § 311 BGB, Rn. 336 m.w.N.

1130 Statt vieler BGH, Urteil vom 24.06.1998 – XII ZR 126/96, NJW 1998, 2900, 2900 f.; konkret zur Baubeschreibungspflicht *Omlor*, NJW 2018, 817, 820 f.

1131 *Lorenz*, NJW 1999, 1001.

1132 Vgl. BT-Drs. 18/8486, S. 73.

dann einen Schaden in Höhe der Differenz zwischen dem Betrag, den die Bauleistung unter Berücksichtigung der hiermit einhergehenden Risiken wert gewesen wäre und dem Betrag, den er tatsächlich für die Bauleistung bezahlt hat.[1133]

(1) Allgemein: Schaden trotz objektiver Werthaltigkeit von Leistung und Gegenleistung

Im Falle einer Verletzung der Baubeschreibungspflicht wird der vom Verbraucher erlittene Nachteil aber weitaus häufiger nicht derart objektiv mess- und bezifferbar sein, sondern vielmehr darin bestehen, dass infolge der Verletzung der Baubeschreibungspflicht Leistungen beauftragt wurden, die zwar nicht nach objektiv-generellen Maßstäben, wohl aber nach den subjektiv-persönlichen Maßstäben des Verbrauchers minderwertig oder nur beschränkt bzw. gar nicht brauchbar sind.

Auch in diesen Fällen der objektiven Werthaltigkeit von Leistung und Gegenleistung kann ein Schaden im Rechtssinne vorliegen. Denn ein Schadensersatzanspruch dient letztlich dazu, den konkreten Nachteil des Geschädigten auszugleichen; er ist mithin im Ansatz subjektbezogen.[1134]

Allerdings liegt ein Schaden nicht schon allein deshalb vor, weil ein Verbraucher behauptet, er persönlich könne mit der vereinbarten (und objektiv vertragskonformen) Leistung nichts anfangen. Vielmehr ist es für einen Schadenersatzanspruch erforderlich, dass auch die allgemeine Verkehrsanschauung – wenn auch unter Berücksichtigung der konkreten Umstände einschließlich besonderer Vorlieben oder konkreter Lebenssituationen des Verbrauchers – den Vertragsschluss als aus dessen Sicht unvernünftig, seinen konkreten Vermögensinteressen nicht angemessen und damit nachteilig ansieht.[1135] Im Falle der Verletzung der Baubeschreibungspflicht liegt ein Schaden demnach dann vor, wenn ein durchschnittlich verständiger

---

1133 Näher sogleich unter F.I.3. b) bb) (1) (a), S. 315.
1134 BGH, Urteil vom 08.03.2005 – XI ZR 170/04, NJW 2005, 1579; BGH, Urteil vom 21.12.2004 – VI ZR 306/03, NJW 2005, 1579, 1580; BGH, Urteil vom 19.12.1997 – V ZR 112/96, NJW 1998, 898, 899; BGH, Urteil vom 26.09.1997 – V ZR 29/96, NJW 1998, 302, 304; OLG Naumburg, Urteil vom 27.11.2019 – 7 U 24/19, BeckRS 2019, 24547 Rn. 39; OLG Koblenz, Urteil vom 12.06.2019 – 5 U 1318/18, NZV 2019, 471 Rn. 66; OLG Düsseldorf, Urteil vom 19.04.2013 – 4 U 151/11, BeckRS 2013, 9412; *Glöckner*, BauR 2014, 411, 428 f. m.w.N.
1135 BGH, Urteil vom 26.09.1997 – V ZR 29/06, NJW 1998, 302, 304; *Glöckner*, BauR 2014, 411, 429 m.w.N.

Verbraucher in der Situation des konkreten, den Vertrag abschließenden Verbrauchers unter Berücksichtigung der Umstände, die aus dessen Sicht für den Vertragsschluss maßgeblich waren (Vorlieben, Entscheidungskriterien, Lebensumstände, mit dem Bauprojekt – auch ganz persönlich – verfolgte Ziele), den Vertragsschluss als wirtschaftlich unvernünftig ansähe.

Auf diese Weise können subjektive, einseitige Erwartungen des Verbrauchers, die nicht in das Leistungsprogramm des Vertrages eingegangen sind, die Rechtspflichten des Unternehmers beeinflussen. Dies ist letztlich nur konsequent, wenn man sich den Sinn und Zweck von Aufklärungs- und Informationspflichten im Allgemeinen und der Baubeschreibungspflicht im Besonderen vor Augen führt. Denn gerade die subjektive, freie Entscheidung des Verbrauchers vor dem Hintergrund der für ihn persönlich wichtigen Kriterien soll durch diese Pflicht geschützt werden. Es ist daher nur folgerichtig, auch diese subjektive Komponente des geschützten Entscheidungsprozesses bei der Schadensermittlung zu berücksichtigen.[1136] Insoweit besteht eine Vergleichbarkeit zwischen dem zivilrechtlichen Begriff des Vermögensschadens und der strafrechtlichen Figur des „subjektiven Schadenseinschlags" im Rahmen des Tatbestands des § 263 StGB.[1137] Auch dort kann ein Vermögensschaden als Folge einer Betrugshandlung trotz der objektiven Werthaltigkeit von Leistung und Gegenleistung vorliegen, wenn bei normativer Betrachtung die Leistung für das Opfer subjektiv keinen wirtschaftlich der Gegenleistung entsprechenden Wert hat.[1138]

Genau genommen liegt der durch eine Verletzung der Baubeschreibungspflicht entstandene Nachteil des Verbrauchers bereits in der hierdurch verursachten Vereitelung einer gut informierten, freien und alle – auch persönlich wichtigen – Faktoren einbeziehenden Vertragsentscheidung und besteht somit selbst dann, wenn der Verbraucher sich auch bei richtiger Information im Ergebnis nicht anders verhalten hätte.[1139] Allein der Nachteil des Verlusts eines freien, sachgerechten Entscheidungsprozesses stellt für sich genommen zwar – anders als z. B. im anglo-amerikani-

---

1136 Vgl. BGH, Urteil vom 26.09.1997 – V ZR 29/96, NJW 1998, 302, 304; ebenfalls auf dieses Telos abstellend BGH, Urteil vom 19.12.1997 – V ZR 112/96, NJW 1998, 898, 899.

1137 Diesen Vergleich ziehend auch BGH, Urteil vom 26.09.1997 – V ZR 29/06, NJW 1998, 302, 304.

1138 *Fischer*, § 263 StGB, Rn. 146 f.

1139 So auch *Lorenz*, Der Schutz vor dem unerwünschten Vertrag, S. 388 ff.; *Canaris*, in: FS Hadding, S. 3, 17.

schen Recht[1140] – keinen Vermögensschaden dar und verschafft dem Verbraucher keine Rechte. Gleichwohl lässt sich auch im deutschen Recht unter Berücksichtigung des im Ansatz subjektbezogenen Schadensbegriffs die infolge der Verletzung der Baubeschreibungspflicht erfolgte Beauftragung einer aus der persönlichen Sicht des konkreten, den Vertrag schließenden Verbrauchers wirtschaftlich sinnlosen oder unbrauchbaren Leistung selbst bei objektiver Werthaltigkeit als Schaden im Rechtssinne begreifen.

(2) Konkret: Schäden bei Verletzung der Baubeschreibungspflicht

Im Falle der Verletzung der Baubeschreibungspflicht bezüglich der Angaben in zeitlicher Hinsicht (Art. 249 § 2 Abs. 2 EGBGB) wird es häufig an einem Schaden fehlen. Zwar kann der Verbraucher theoretisch auch wegen einer Missachtung des Art. 249 § 2 Abs. 2 EGBGB durch den Unternehmer einen Schadensersatzanspruch erlangen.[1141] Dies wird jedoch angesichts der dann geltenden Verpflichtung des Unternehmers zum alsbaldigen Baubeginn sowie zur Fertigstellung des Bauwerks in einem angemessenen Zeitraum[1142] praktisch nur selten in Betracht kommen, da der so ermittelte Zeitpunkt nur selten zeitlich hinter demjenigen liegen wird, den ein Unternehmer im Rahmen der Baubeschreibung festgelegt hätte. Denkbar erscheint insoweit nur der Fall, dass der Verbraucher einen Schaden dadurch erleidet, dass er einen laufenden Mietvertrag zu spät kündigt, weil er das durch § 271 Abs. 1 BGB bestimmte Fälligkeitsdatum für die Fertigstellung nicht genau ermitteln konnte; dies wäre ihm möglich gewesen, wenn die Baubeschreibung die Angabe nach Art. 249 § 2 Abs. 2 EGBGB enthalten hätte.

Im Übrigen werden Schadensersatzansprüche wegen Verletzung der Baubeschreibungspflicht typischerweise eine Verletzung der Vorgaben des Art. 249 § 1, § 2 Abs. 1 EGBGB betreffen. Auch dann jedoch liegt ein Vermögensschaden im vorgenannten Sinne nicht ohne Weiteres vor. Dies verdeutlichen folgende Beispielsfälle:

Im von *Glöckner* gebildeten, bereits im Rahmen der Ausführungen zur Kausalität dargestellten Beispielsfall[1143] ist nicht ersichtlich, worin der Schaden des Verbrauchers liegen soll, wenn er infolge einer unzureichen-

---

1140 *Lorenz*, Der Schutz vor dem unerwünschten Vertrag, S. 388, Fn. 1025.
1141 *Omlor*, NJW 2018, 817, 820 f.
1142 Hierzu s.o., D.II.2.b) bb) (3), S. 199.
1143 *Glöckner*, BauR 2014, 411, 426.

den vorvertraglichen Information Gips- statt Kalkputz erhält, solange er nicht gegen Kalkputz allergisch ist oder sonstige in seiner Person liegende Gründe zur Folge haben, dass der Kalkputz für ihn nicht brauchbar ist. Damit ist ein Schadensersatzanspruch kaum denkbar, wenn der Verbraucher sich bei korrekter Information zwar aufgrund von persönlichen Präferenzen für ein anderes Bausoll entschieden hätte, die tatsächlich vereinbarte Leistung aber für ihn dennoch brauchbar ist.

Hingegen wird ein Vermögensschaden in folgendem Fall zu bejahen sein: Der Verbraucher möchte mit seiner Frau und seiner aufgrund einer Querschnittslähmung auf einen Rollstuhl angewiesenen Tochter in das vom Unternehmer zu errichtende Haus einziehen. Die Angaben in der Baubeschreibung bzw. den beigefügten Plänen genügen aber hinsichtlich des Treppenhauses nicht den Anforderungen des Art. 249 § 2 Abs. 1 EGBGB; der Verbraucher kann deshalb hieraus nicht ersehen, in welcher Breite und Steigung das Treppenhaus gebaut werden soll. Nach Fertigstellung stellt sich heraus, dass das Treppenhaus zu schmal konzipiert ist, um einen Treppenlift hierin anzubringen, auf welchen die querschnittsgelähmte Tochter des Verbrauchers aber für einen Wechsel des Stockwerks angewiesen ist. Hier ist die Brauchbarkeit der Leistung für den Verbraucher ersichtlich eingeschränkt. Denn er hat das Haus als Wohnhaus für seine ganze Familie bauen lassen; indessen kann ein Familienmitglied das Gebäude nur sehr eingeschränkt nutzen. Die angestrebte Nutzung als Eigenheim für die gesamte Familie ist damit nicht bzw. nur eingeschränkt umsetzbar. Hätte der Verbraucher aus der Baubeschreibung bzw. den beigefügten Plänen die Maße des Treppenhauses ersehen können, hätte er interveniert und die Planung so abgeändert, dass ein Treppenlift angebracht werden kann. Ein Vermögensschaden ist in diesem Beispiel also zu bejahen. Allerdings kommt eine (erhebliche) Kürzung des Schadensersatzanspruchs gemäß § 254 Abs. 2 BGB in Betracht, wenn der Verbraucher den Unternehmer vor Vertragsschluss nicht auf die Behinderung seiner Tochter und die damit verbundenen Anforderungen an das Haus hingewiesen hat.

Schwierig zu beurteilen ist auch im Hinblick auf das Vorliegen eines Vermögensschadens der schon im Rahmen der Kausalität gebildete Beispielsfall[1144], dass der Verbraucher – nachdem der Unternehmer in der Baubeschreibung keine hinreichenden Angaben zur Art des Parketts in einem einzelnen Zimmer gemacht hat – ein Parkett aus Eschen-Holz statt eines solchen aus Akazien-Holz will. Hier handelt es sich um einen Grenz-

---

1144 S.o., F.I.3.a) cc) (4), S. 305.

fall, bei welchem im Rahmen einer Einzelfallbetrachtung zu differenzieren ist.

Ist das gesamte Haus architektonisch hochwertig und stilistisch anspruchsvoll, und zeichnet sich dieser Stil gerade dadurch aus, dass eine besonders helle und transparente Wohnatmosphäre durch die Verwendung großer Glasflächen sowie durchgehend heller Fußböden geschaffen werden soll, mag – je nach Lage des Raums mit dunklem Akazienholz innerhalb des Hauses – die Brauchbarkeit des Gebäudes als stilistisch besonderes Objekt für den Verbraucher subjektiv eingeschränkt sein, sodass sich ein Schaden bejahen lässt. Denn die allgemeine Verkehrsanschauung würde den Vertragsschluss insoweit aus Sicht des konkreten Verbrauchers als unvernünftig, seinen konkreten Vermögensinteressen nicht angemessen und damit nachteilig ansehen. Dies gilt insbesondere, weil durch die gestörte Stilistik auch der Verkehrswert des Gebäudes negativ beeinträchtigt ist.

Ist das Haus jedoch stilistisch nicht von herausragender Qualität und auch nicht merklich einheitlich auf ein bestimmtes gestalterisches Ziel gerichtet und beruft sich der Verbraucher lediglich darauf, dass ihm der Akazienholz-Boden in dem betroffenen Zimmer nicht gefalle, reicht dies für die Annahme eines Vermögensschadens nicht aus.

(3) Zwischenergebnis

Es ginge daher zu weit, anzunehmen, dass bei Vorliegen der Kausalität einer Informationspflichtverletzung für die konkrete Entscheidung ein Schaden unmittelbar gefolgert oder *„nur schwerlich verneint"* werden könne.[1145] Eine solche Indizwirkung besteht nicht; vielmehr ist im Einzelfall anhand der oben dargelegten Grundsätze zu ermitteln, ob ein Schaden vorliegt oder nicht.

Zwar ist es damit nicht ausgeschlossen, dass der Verbraucher ein Bauwerk erhält, das er so gar nicht gewollt hat und das er bei richtiger vorvertraglicher Information auch in dieser konkreten Form nicht hätte bauen lassen, und dass er dies gegenüber dem Unternehmer nicht in Form eines Schadensersatzanspruchs „sanktionieren" kann. Dieses Risiko besteht aber generell bei der Teilnahme am Rechtsverkehr und kann nie vollständig

---

1145 So aber *Glöckner*, BauR 2014, 411, 429, der allerdings entgegen der hier vertretenen Ansicht auch von einer Beschränkung der echten Beweislastumkehr im Rahmen der Kausalität auf Fälle des „aufklärungsrichtigen Verhaltens" ausgeht.

ausgeschlossen werden; auch einem Verbraucher kann und darf zugemutet werden, eigenverantwortlich zu handeln und bestehende Unklarheiten zu hinterfragen, um eine Brauchbarkeit der vereinbarten Leistungen für ihn persönlich sicherzustellen – dies gilt auch und insbesondere bei einem derart wichtigen und finanziell weitreichenden Vertragsschluss wie dem eines Verbraucherbauvertrags.

Im Übrigen relativiert dieses Ergebnis die Schärfe und Sprengkraft der „echten Kausalitätsvermutung", wie sie nach dem im vorigen Unterkapitel entwickelten Verständnis für die Verletzung der Baubeschreibungspflicht zu gelten hat. Würde man in allen Fällen, in denen zwar die Information unzulänglich und damit die Entscheidungsfreiheit des Verbrauchers beeinträchtigt war, und in denen die erbrachte Leistung für ihn zwar durchaus brauchbar ist, aber nicht seinen persönlichen Präferenzen entspricht, dem Verbraucher einen Schadensersatzanspruch zubilligen, würde man missbräuchlichem Verhalten Tür und Tor öffnen.

Denn aufgrund der „echten Kausalitätsvermutung" könnte der Verbraucher – unter Umständen noch Jahre nach der Fertigstellung des Bauwerks – ganz einfach nur *behaupten*, er hätte sich bei richtiger Information für einen anderen Vertragsinhalt entschieden, um vom Unternehmer die Herstellung dieses anderen Vertragsinhalts im Wege der Naturalrestitution zu verlangen. Mehr noch: Er könnte statt der tatsächlichen Herstellung – vorausgesetzt, der Unternehmer kommt der auf eine solche gerichteten Aufforderung nicht innerhalb einer gesetzten, angemessenen Frist nach – auch „fiktiven" Schadensersatz in Geld fordern.[1146] Diese Gefahr eines Wiederauflebens der „dritten Säule" zur Finanzierung eines Bauvorhabens unter dem Deckmantel der Verletzung der Baubeschreibungspflicht muss gebannt werden. Neben erhöhten Anforderungen an die Darlegungslast des Verbrauchers als Voraussetzung für die Anwendung der echten Kausalitätsvermutung[1147] muss dies über die vorbeschriebenen Anforderungen an das Vorliegen eines Schadens erfolgen.

bb) Konkrete Ausgestaltung des Schadensersatzanspruchs

Schadensersatzansprüche wegen der Verletzung der Entscheidungsfreiheit – genauer: wegen nachteiliger Vermögensdispositionen als deren Folge – werden nur selten „alles-oder-nichts"-Konstellationen darstellen, bei denen

---

1146 Hierzu sogleich unter F.I.3.b) bb) (1) (b) (bb), S. 323 ff.
1147 S.o. F.I.3.a) cc) (4), S. 302.

im Streitfalle ein Gericht vor der Entscheidung steht, entweder eine vollumfängliche Rückabwicklung der erbrachten Bauleistungen und Zahlungen auszusprechen oder einen Anspruch komplett zu negieren[1148]; denn
kaum ein Schadensersatzanspruch, der sich auf die Verletzung der Baubeschreibungspflicht stützt, kann und wird auf eine Rückabwicklung des gesamten Vertrages gerichtet sein. Die Rechtsfolgen einer Haftung für c.i.c.
sind nicht starr. Vielmehr ist die Schutzrichtung der c.i.c. im jeweiligen
Einzelfall im Verhältnis zur verletzten Pflicht zu sehen, woran sich auch
die Rechtsfolge auszurichten hat, die damit auch bei entsprechender Kausalität nicht notwendig zur Vertragsaufhebung führen muss.[1149] Daher
werden Ansprüche wegen einer Verletzung der Baubeschreibungspflicht
in der Praxis regelmäßig auf bestimmte Arten der Schadensbeseitigung beschränkt und gar nicht auf die Rückabwicklung des gesamten Vertrages gerichtet sein.

Dies ergibt sich einerseits bereits aus Kausalitätserwägungen, da der Verbraucher nur in Extremfällen in plausibler Weise behaupten können wird,
dass er bei ordnungsgemäßer Erfüllung der Baubeschreibungspflicht einen
Vertrag mit dem Unternehmer überhaupt nicht abgeschlossen hätte; kann
eine solche Behauptung nicht plausibel vorgebracht werden, hilft dem
Verbraucher auch nicht die „echte Kausalitätsvermutung".[1150]

Andererseits hat der Verbraucher seiner Schadensminderungspflicht aus
§ 254 Abs. 2 BGB nachzukommen. Er hat demnach von mehreren Möglichkeiten, die zum Ersatz des ihm entstandenen Schadens führen, stets
diejenige zu wählen, die für den Unternehmer am wenigsten belastend ist.
Insoweit ist zwischen Fällen, in denen der Verbraucher am Vertrag festhalten will – was wohl der Regelfall sein wird – und Fällen, in denen der
Schadensersatzanspruch des Verbrauchers auf Rückabwicklung des gesamten Vertrages gerichtet ist, zu unterscheiden.

(1) Schadensersatz bei Festhalten am Vertrag

Behauptet der Verbraucher, er hätte bei ordnungsgemäßer Zurverfügungstellung der Baubeschreibung einen inhaltlich abgeänderten Vertrag mit
dem Unternehmer geschlossen, kommen zwei Konstellationen in Be-

---

1148 Dies befürchtend *Glöckner*, BauR 2014, 411, 428.
1149 BGH, Urteil vom 02.03.1988 – VIII ZR 380/86, NJW 1988, 2234, 2236; *Lorenz*,
Der Schutz vor dem unerwünschten Vertrag, S. 389.
1150 S.o., F.I.3.a) cc) (4), S. 302.

tracht: ein Vertragsabschluss mit demselben Bausoll zu einem geringeren Preis oder ein Vertragsschluss mit abgeändertem Bausoll.

(a) Vertragsschluss mit geringerem Preis: „Quasi-Minderung"

Es gibt zunächst die Fälle, in denen der Verbraucher am Vertrag mit dem vereinbarten Bausoll festhalten will, aber behauptet, er hätte den Vertrag bei ordnungsgemäßer Baubeschreibung nur zu einem geringeren Preis abgeschlossen. Dies kommt insbesondere in Betracht, wenn der Schaden darin liegt, dass die ausgeführte Leistung objektiv nicht werthaltig war.[1151]

In Bezug auf eine Verletzung der Baubeschreibungspflicht ist hierbei primär an Fälle zu denken, in denen der Unternehmer den Verbraucher nicht hinreichend über Unwägbarkeiten und Risiken der angebotenen Leistung aufklärt, wie es nach Art. 249 § 2 Abs. 1 EGBGB seine Pflicht ist[1152], und sich diese Unwägbarkeiten und Risiken später im Bauvorhaben realisieren oder der Verbraucher in anderer Weise auf deren Existenz aufmerksam wird. Hier dürfte es dem Verbraucher schwer fallen, in plausibler Weise darzulegen und glaubhaft zu machen, dass er dann, wenn der Unternehmer ihn hinreichend über Unwägbarkeiten und Risiken der angebotenen Leistung aufgeklärt hätte, einen Vertrag mit ihm überhaupt nicht geschlossen hätte[1153], sodass ein auf Rückabwicklung des Vertrags gerichtetes Begehren des Verbrauchers häufig schon am fehlenden Nachweis der Kausalität scheitern wird.

Es kommt hinzu, dass typischerweise in solchen Konstellationen dem Geschädigten mit einer Rückabwicklung des Vertrags gar nicht gedient ist[1154], sondern dass er vielmehr am Vertrag festhalten möchte. Dann besteht sein Schaden (nur) darin, dass er bei Kenntnis der ihm gesetzeswidrig vorenthaltenen Informationen den Bauvertrag nur zu einer geringeren, der Leistung angepassten Vergütung geschlossen hätte.

In diesen Fällen hat er einen Schadensersatzanspruch in Höhe des Betrages, um den die Vergütung für die vereinbarten Leistungen niedriger vereinbart worden wäre, als sie tatsächlich vereinbart wurde, mithin in Höhe der Differenz zwischen der tatsächlich vereinbarten Vergütung und derjenigen Vergütung, die die Leistung des Unternehmers objektiv wert

---

1151 *Glöckner*, BauR 2014, 411, 429.
1152 Vgl. BT-Drs. 18/8486, S. 73.
1153 Vgl. oben F.I.3.a) cc) (4), S. 302.
1154 *Stoll*, in: FS Caemmerer, S. 435, 466.

war.[1155] Letztere richtet sich nach 632 Abs. 2 BGB und lässt sich mit Hilfe eines Sachverständigen ermitteln bzw. notfalls vom Gericht gemäß § 287 ZPO schätzen.[1156] Auf diese Weise kann im Gewand des Schadensersatzanspruchs aus culpa in contrahendo also eine „Quasi-Minderung" der Vergütung erfolgen.[1157]

Derlei könnte praktisch z. B. dann in Betracht kommen, wenn der Unternehmer den Verbraucher unzureichend über mit dem Baugrund verbundene Risiken aufklärt. Liegt das Grundstück etwa auf einem Areal, in welchem ein erhöhtes Risiko für Hangrutsche besteht, kann sich dies auch dann preismindernd auswirken, wenn der Unternehmer das Grundstück durch Anker oder Pfähle gegen Rutschungen sichert; denn es verbleibt ein Restrisiko, welches sich insbesondere dann realisieren kann, wenn der Unternehmer die Sicherungsmaßnahmen mangelhaft ausgeführt hat. Der Verbraucher kann in solchen Fällen möglicherweise plausibel und glaubhaft vortragen, dass er dann, wenn er über das Hangrutschrisiko ordnungsgemäß aufgeklärt worden wäre, den Bauvertrag zwar grundsätzlich abgeschlossen hätte, jedoch nur zu einem verminderten, das Risiko ausreichend berücksichtigenden Preis.

Nach der einhelligen Rechtsprechung des BGH kommt es dabei *„auf den – hypothetischen und ohnehin kaum zu führenden – Nachweis [...], ob auch der [andere Vertragsteil] sich damals mit einem Vertragsschluss unter diesen Bedingungen einverstanden erklärt hätte"*, gar nicht an. Entscheidend ist insoweit nur, wie sich der Geschädigte bei Kenntnis der ihm verschwiegenen Umstände verhalten hätte.[1158]

Dem wird in der Literatur entgegengehalten, dass dies auf einen Kontrahierungszwang in Bezug auf die Vertragsentscheidung des Unternehmers hinauslaufe und dass daher bei einer solchen „Quasi-Minderung" der Geschädigte auch den Nachweis dafür führen müsse, dass der Schädiger den

---

1155 BGH, Urteil vom 19.05.2006 – V ZR 264/05, NJW 2006, 3139 Rn. 22; BGH, Urteil vom 06.04.2001 – V ZR 394/99, NJW 2001, 2875, 2876 f.; BGH, Urteil vom 08.12.1988 – VII ZR 83/88, NJW 1989, 1793, 1794; BGH, Urteil vom 02.06.1980 – VIII ZR 64/79, NJW 1980, 2408, 2410; BGH, Urteil vom 25.05.1977 – VIII ZR 186/75, NJW 1977, 1536, 1538; BeckOGK/ *Merkle*, § 650j BGB, Rn. 38.

1156 BGH, Urteil vom 02.06.1980 – VIII ZR 64/79, NJW 1980, 2408, 2410.

1157 Der BGH selbst spricht von einer „Minderungsrechtsprechung", vgl. BGH, Urteil vom 19.05.2006 – V ZR 264/05, NJW 2006, 3139 Rn. 6, 23; *Glöckner*, BauR 2014, 411, 429.

1158 BGH, Urteil vom 08.12.1988 – VII ZR 83/88, NJW 1989, 1793, 1794 m.w.N.

Vertrag auch bei Vereinbarung der geringeren Vergütung abgeschlossen hätte.[1159]

Es wäre aber in sich widersprüchlich, im Rahmen der Kausalität hinsichtlich des fiktiven Verlaufs bezüglich der „Vertragsentscheidung" *des Verbrauchers* bei unterstellt ordnungsgemäßer Aufklärung eine echte Vermutung gelten zu lassen, nur um dann einen Anspruch daran scheitern zu lassen, dass der Verbraucher den Nachweis, wie sich *der Unternehmer* in diesem hypothetischen Szenario verhalten hätte, nicht erbringen kann. Dieses Verständnis wird im Ergebnis auch von dem für das Werkvertragsrecht und somit künftig auch für den Verbraucherbauvertrag zuständigen VII. Zivilsenat geteilt, und zwar ausdrücklich auch im Rahmen von Werkverträgen.[1160] Zudem führt diese Auffassung – ganz unabhängig vom dogmatischen Standpunkt – auch zu sachgerechten Ergebnissen.[1161] Denn wenn der Verbraucher den Kausalitätsnachweis bezüglich des hypothetischen Verhaltens des Unternehmers führen müsste, liefe dies im Ergebnis darauf hinaus, dass dem Verbraucher häufig nur die Abstandnahme vom Vertrag mit der Folge von dessen Rückabwicklung bliebe. Damit wäre aber in der Praxis regelmäßig weder dem Willen des Verbrauchers noch dem des Unternehmers gedient.

Deshalb dürfte die Streitfrage in der Praxis keine nennenswerte Rolle spielen. Kaum ein Unternehmer wird abstreiten, dass er den Vertrag auch zu – jedenfalls moderat – anderen Bedingungen geschlossen hätte, wenn er befürchten müsste, dass der Verbraucher dann – wenn er einen entsprechenden Kausalitätsnachweis, was die Regel sein wird, nicht führen kann – zur Beseitigung seines Vertrauensschadens die Rückabwicklung des Vertrags verlangt. Vor diesem Hintergrund wird nachvollziehbar, weshalb *Glöckner* in auf Rückabwicklung des gesamten Vertrages gerichteten Schadensersatzansprüchen „großes Erpressungspotential" sieht.[1162]

1159 *Lorenz*, NJW 1999, 1001, 1002; BeckOGK/*Herresthal*, § 311 BGB, Rn. 346; ebenfalls kritisch *Larenz*, Lehrbuch des Schuldrechts Teil I, S. 113.

1160 BGH, Urteil vom 14.03.1991 – VII ZR 342/89, NJW 1991, 1819, 1820; BGH, Urteil vom 08.12.1988 – VII ZR 83/88, NJW 1989, 1793, 1794.

1161 Dies einräumend auch der hinsichtlich des dogmatischen Ansatzes der Rechtsprechung äußerst kritische *Larenz*, Lehrbuch des Schuldrechts, Band I, S. 113.

1162 *Glöckner*, BauR 2014, 411, 428.

(b) Vertragsschluss mit anderem Bausoll

Die andere Konstellation, in der der Verbraucher am Vertrag festhalten will, stellt die Behauptung dar, dass er bei ordnungsgemäßer Aufklärung den Vertrag mit anderem Inhalt geschlossen hätte. Im Rahmen dieser Fallgruppe kommen wiederum zwei unterschiedliche Alternativen der Geltendmachung des Schadens in Betracht: Konkret und fiktiv.

(aa) Konkrete Geltendmachung des Schadens: „Quasi-Nacherfüllung"

Die konkrete Geltendmachung des Schadens für den Verbraucher, der am Vertrag festhalten will, besteht darin, die Leistung zu verlangen, die er beauftragt hätte, wenn der Unternehmer seine Baubeschreibungspflicht ordnungsgemäß erfüllt hätte.

Dies betrifft insbesondere die Fälle des „subjektiven Schadenseinschlags", also der Einschränkung der Brauchbarkeit des Werks aus der persönlichen Sicht des Verbrauchers.[1163] Dafür will er in der Regel nicht durch eine „Quasi-Minderung" entschädigt werden; vielmehr wird er die Herstellung des Zustandes fordern, den er bei korrekter Beratung als Bausoll vereinbart hätte. Anknüpfend an den Begriff der „Quasi-Minderung" könnte diese Konstellation aufgrund ihrer Ähnlichkeit zum Nacherfüllungsanspruch im Falle eines Werkmangels auch als „Quasi-Nacherfüllung" bezeichnet werden.

Ein solcher Anspruch des Verbrauchers besteht aber nach Ansicht der Rechtsprechung – im Unterschied zur vorstehend ausgeführten Variante der „Quasi-Minderung" – nicht ohne Weiteres. Zwar wird ein Anspruch auf „Vertragsanpassung" nicht pauschal abgelehnt[1164]; im Gegenteil hat der BGH den Anspruch eines falsch aufgeklärten Versicherungsnehmers auf Anpassung seines Vertrags mit dem Versicherer auf Basis einer Haftung aus c.i.c. bejaht, wenn infolge einer Verletzung der Aufklärungspflicht des Versicherers der Versicherungsschutz für ein bestimmtes Szenario entfällt, welches bei richtiger Aufklärung in den Versicherungsvertrag

---

1163 *Glöckner*, BauR 2014, 411, 429.

1164 Insoweit ist der absolut formulierte erste Leitsatz des Urteils des BGH vom 19.05.2006 – V ZR 264/05, NJW 2006, 3139 irreführend, wie sich auch aus den dortigen Entscheidungsgründen (Rn. 23 a.a.O.) ergibt.

eingeschlossen worden wäre.[1165] Grundsätzlich kann ein Anspruch aus c.i.c. also durchaus auch auf Vertragsanpassung bzw. darauf, den Geschädigten so zu stellen, wie er bei Abschluss des von ihm behaupteten, inhaltlich abgeänderten Vertrags stünde, gerichtet sein.[1166] Nach der neueren höchstrichterlichen Rechtsprechung muss der Geschädigte dafür aber – anders als für eine „Quasi-Minderung" – nachweisen, dass auch der Unternehmer den Vertrag mit dem vom Verbraucher im Falle ordnungsgemäßer Aufklärung begehrten, abweichenden Vertragsinhalt geschlossen hätte.[1167]

Für diese Differenzierung ist aber kein objektiv nachvollziehbarer Grund ersichtlich.[1168] Es ist nicht nachvollziehbar (und wird auch vom BGH nicht begründet), weshalb diese unterschiedlichen Anforderungen in ein und derselben Entscheidung postuliert werden. So lehnt der V. Zivilsenat einen Anspruch auf Vertragsanpassung (in Bezug auf die Hauptleistung) mangels Kausalitätsnachweis ab, nur um im gleichen Zuge zu betonen, dass es dem Geschädigten unbenommen bleibe, dennoch an dem Vertrag festzuhalten und seinen verbliebenen Vertrauensschaden im Wege der vorstehend dargestellten „Quasi-Minderung" zu liquidieren, wobei er dann diesbezüglich den Nachweis, dass der Schädiger den Vertrag zu einer geringeren Gegenleistung geschlossen hätte, gar nicht führen müsse.[1169]

Auch diese Problematik dürfte freilich in der Praxis dadurch „entschärft" werden, dass der Unternehmer im Normalfall lieber die eine oder andere Bauleistung nachträglich neu oder in anderer, auch besserer, Qualität erbringt und so das Bausoll herstellt, das der Verbraucher bei ordnungsgemäßer Baubeschreibung von Anfang an beauftragt hätte, als das Risiko einer Rückabwicklung des gesamten Bauvertrags einzugehen; auch hier zeigt sich wieder das „Erpressungspotential"[1170] eines im Raum stehenden Anspruchs auf Rückabwicklung.

1165 So bereits BGH, Urteil vom 28.10.1963 – II ZR 193/62, NJW 1964, 244, 246; später BGH, Urteil vom 04.07.1989 – VI ZR 217/88, NJW 1989, 3095, 3096.

1166 Messerschmidt/Voit/*Lenkeit*, § 650j BGB, Rn. 48; MüKo BGB/*Busche*, § 650j BGB, Rn. 18; BeckOGK/*Herresthal*, § 311 BGB, Rn. 344; a.A. DLOPS/*Stretz*, § 5, Rn. 131.

1167 BGH, Urteil vom 19.05.2006 – V ZR 264/05, NJW 2006, 3139 Rn. 23; BGH, Urteil vom 24.06.1998 – XII ZR 126/96, NJW 1998, 2900, 2901; so bereits RG, Urteil vom 01.11.1921 – Rep. VI. 195/21, RGZ 103, 154, 159.

1168 Auf diesen Widerspruch kritisch hinweisend auch *Lorenz*, NJW 1999, 1001, 1002; BeckOGK/ *Herresthal*, § 311 BGB, Rn. 346.

1169 BGH, Urteil vom 19.05.2006 – V ZR 264/05, NJW 2006, 3139 Rn. 22.

1170 *Glöckner*, BauR 2014, 411, 428.

Eine Bereitschaft des Unternehmers, die Kausalität gar nicht erst zu bestreiten, wird erst recht dann bestehen, wenn der Unternehmer hinsichtlich der „neu", also in Abweichung vom ursprünglichen Vertrag erbrachten Leistung auch einen Anspruch auf Zahlung von Sowiesokosten hat.[1171] Das ist dann der Fall, wenn bei ordnungsgemäßer Baubeschreibung der Verbraucher eine teurere Leistung beauftragt hätte als die tatsächlich ausgeführte. In derartigen Konstellationen wiederum dürfte es dem Verbraucher gut möglich sein, den Nachweis dafür zu erbringen, dass der Unternehmer auch einen Vertrag mit anderem Inhalt abgeschlossen hätte.[1172] Denn anders als bei den Fällen der „Quasi-Minderung" wird hier der Vertragsinhalt nicht nachträglich einseitig zu Lasten des Unternehmers verändert. Vielmehr geht es schlicht um die Vereinbarung eines Aliud, das im hypothetischen Szenario des Vertragsschlusses bei ordnungsgemäßer Aufklärung nicht zwingend ein Nachteil für den Unternehmer hätte sein müssen; denn bei Vereinbarung eines höherwertigen Vertragsinhalts wäre auch eine höhere Vergütung vereinbart worden.

So ist nicht ersichtlich, welche plausiblen Gründe aus Sicht des Unternehmers im von *Glöckner* gebildeten Beispielsfall dagegen gesprochen hätten, die Anbringung eines Kalkputzes statt eines Gipsputzes bei Vertragsschluss zu vereinbaren, wenn die dafür anfallenden Mehrkosten auch bezahlt worden wären. Es dürfte dem Unternehmer schwer fallen, in solchen Konstellationen überhaupt schlüssig vorzutragen, weshalb er den vom Verbraucher gewünschten Vertrag nicht geschlossen hätte.

Problematisch bleibt daher bei praktischer Betrachtung allein die kleine Menge an Fällen, in denen der Unternehmer trotz einer im Raum stehenden kompletten Rückabwicklung bestreitet, dass er einen Vertrag auch mit dem vom Verbraucher behaupteten anderen Inhalt abgeschlossen hätte, und der Verbraucher einen diesbezüglichen Nachweis nicht führen kann. Dafür gibt es zwei Lösungsansätze:

Entweder man geht mit dem hier vertretenen Verständnis entgegen der Rechtsprechung davon aus, dass es auch für einen auf Vertragsanpassung gerichteten Anspruch aus c.i.c. nicht darauf ankommt, ob der Unternehmer einem Vertrag mit anderem Inhalt zugestimmt hätte – wie die Rechtsprechung das ja in den Fällen der Quasi-Minderung selbst annimmt.

Oder man lehnt man dies mit dem – durchaus stichhaltigen – Argument ab, dass derlei einem faktischen Kontrahierungszwang gleichkäme. Dies

---

1171 *Glöckner*, BauR 2014, 411, 430.
1172 Vgl. die Konstellation bei BGH, Urteil vom 24.06.1998 – XII ZR 126/96, NJW 1998, 2900.

bedeutet dann aber nicht zwingend, dass dem Verbraucher nur die Möglichkeit einer (möglicherweise gar nicht gewollten) Abstandnahme vom Vertrag bleibt. Denn es verbleibt stets noch die Möglichkeit, derartige Fälle über § 242 BGB aufzulösen. Dies erscheint sachgerecht, da auf diese Weise die Besonderheiten des Einzelfalls berücksichtigt werden können. Ein Verbraucher, der aufgrund einer Verletzung der Baubeschreibungspflicht eine für ihn nicht brauchbare Leistung erhalten hat, soll nicht dazu gezwungen werden, den gesamten Vertrag rückabzuwickeln, wenn ihm mit einer solchen Rückabwicklung gar nicht gedient und eine solche mit erheblichen Risiken verbunden ist.[1173] Ihm darf ein billiger Interessenausgleich auf der Grundlage eines bereits durchgeführten Vertrags nicht verweigert werden.[1174] Insbesondere, wenn der Bauvertrag also bereits ganz oder zu großen Teilen durchgeführt wurde, kann dem Verbraucher aus Billigkeitsgründen ein Anspruch auf Anpassung des Vertrags zustehen; auch hierbei sind zugunsten des Unternehmers eventuelle Sowiesokosten zu berücksichtigen. Kommt man daher im konkreten Fall zu dem Ergebnis, dass sich ein solcher Anspruch auf Anpassung nicht aus c.i.c. ergeben kann, so ist hierzu auf § 242 BGB zurückzugreifen.[1175]

Bietet der Unternehmer dem Verbraucher eine solche Abänderung seines Bausolls zur Schadensbeseitigung in der vorgenannten Weise an oder kann der Verbraucher das Bestehen eines solchen Anspruchs nachweisen, ist dessen Schadensersatzanspruch aufgrund der ihn treffenden Schadenminderungspflicht auf diese Art der Schadensbeseitigung begrenzt. Denn den Anforderungen des § 249 BGB ist damit Genüge getan; der Verbraucher erhält für die von ihm gezahlte Vergütung dann ein – auch und gerade für ihn selbst – vollumfänglich brauchbares Werk und ist durch die Verletzung der Baubeschreibungspflicht nicht (mehr) geschädigt. Er ist mithin so gestellt, wie er stünde, wenn sich diese Pflichtverletzung nie ereignet hätte. Für den Fall, dass im Rahmen einer „Quasi-Nacherfüllung" Sowiesokosten anfallen, darf der Unternehmer vom Verbraucher auch vorab die Stellung einer angemessenen Sicherheit verlangen, da er insoweit

---

1173 Hierzu sogleich unter F.I.3.b) bb) (2), S. 329.

1174 *Stoll*, in: FS Caemmerer, S. 435, 467.

1175 Generell für eine solche Lösung über § 242 BGB *Stoll*, in: FS Caemmerer, S. 435, 466 f.; vgl. auch BGH, Urteil vom 19.05.2006 – V ZR 264/05, NJW 2006, 3139 Rn. 27 ff., wonach bei Vorliegen besonderer Umstände eine Vertragsanpassung über § 242 BGB in Betracht kommt, wenn ein hierauf gerichteter Anspruch aus c.i.c. negiert wird.

nicht in Vorleistung gehen muss.[1176] Verweigert der Verbraucher sich einer solchen weniger belastenden Art des Schadensersatzes in Form einer Beseitigung der konkreten Schadensposition durch eine „Quasi-Nacherfüllung" und begehrt er stattdessen z. B. die Rückabwicklung des gesamten Vertrags, hat er die über die Kosten der „Quasi-Nacherfüllung" hinausgehenden Kosten nach § 254 Abs. 2 BGB selbst zu tragen.[1177]

Verweigert hingegen der Unternehmer die „Quasi-Nacherfüllung" und will der Verbraucher sich nicht mit einem bloßen Geldanspruch – welchen er gegebenenfalls erst gerichtlich durchsetzen muss, sodass er in der Zwischenzeit mit dem nur eingeschränkt brauchbaren Werk leben müsste – begnügen, darf der Verbraucher auch einen Dritten mit der Vornahme der zur Herstellung erforderlichen Leistungen beauftragen. Die hierfür getätigten Aufwendungen stellen dann den Schaden des Verbrauchers dar, den er vom Unternehmer ersetzt verlangen kann; denn diesen Vermögensschaden hätte er ohne die unzureichende Baubeschreibung nicht gehabt. Der Umstand, dass er die Aufwendungen freiwillig erbracht hat, steht dem nicht entgegen. Denn wenn der Verbraucher dem Unternehmer zur Erbringung der Leistungen eine angemessene Frist gesetzt hatte und diese fruchtlos ablief oder der Unternehmer die Leistungserbringung ernsthaft und endgültig verweigerte, darf der Verbraucher sich dazu herausgefordert fühlen, Aufwendungen zur Beseitigung des Schadens zu tätigen.[1178] Er muss entsprechend dem Gedanken der Naturalrestitution insoweit nicht einmal ein Vorleistung gehen und das Insolvenzrisiko des Unternehmers tragen, sondern kann gemäß § 249 Abs. 1 BGB auch die Herstellungskosten als (abrechnungspflichtigen) Vorschuss verlangen.[1179] Die im Rahmen der werkvertraglichen Mängelhaftung vom VII. Zivilsenat bejahte[1180] Frage, ob der Geschädigte auf einen Vorschussanspruch „zurückgehen" könne, wenn er zuvor bereits Schadensersatzansprüche geltend gemacht

---

1176 BGH, Urteil vom 22.03.1984 – VII ZR 50/82, NJW 1984, 1676; OLG Nürnberg, Urteil vom 09.10.1998 – 6 U 1414/97, BauR 2000, 273; näher Motzke/Bauer/Seewald/*Bauer/Bachmann*, Prozesse in Bausachen, § 5 B, Rn. 399 ff.

1177 *Glöckner*, BauR 2014, 411, 430.

1178 So für den Schadensersatz wegen Mängeln am Bauwerk BGH, Urteil vom 22.02.2018 – VII ZR 46/17, NJW 2018, 1463 Rn. 46; *Halfmeier*, BauR 2013, 320, 323 f.; *Knütel*, BauR 2004, 591, 593; allgemein: *Picker*, Die Naturalrestitution durch den Geschädigten, S. 232.

1179 *Halfmeier*, BauR 2013, 320, 324; *Knütel*, BauR 2004, 591, 593; für § 249 Abs. 2 BGB genauso *Picker*, Die Naturalrestitution durch den Geschädigten, S. 230 ff.

1180 BGH, Urteil vom 22.02.2018 – VII ZR 46/17, NJW 2018, 1463 Rn. 48 ff.

hat[1181], stellt sich im Rahmen der c.i.c.-Haftung mangels der Existenz eines gesetzlich geregelten Vorschussanspruchs gar nicht.

Auf diese Weise kann den Interessen beider Vertragsparteien Rechnung getragen werden. Der Verbraucher wird in aller Regel ohnehin daran interessiert sein, am Vertrag festzuhalten und nicht die mit einer Rückabwicklung verbundenen Risiken eingehen wollen. Verweigert der Unternehmer diese Art der Herstellung, kann der Verbraucher sie von einem Dritten auf Kosten des Unternehmers vornehmen lassen oder einen Vorschussanspruch geltend machen. Der Unternehmer indessen erhält die Gelegenheit, den von ihm verursachten Schaden zu beseitigen, was ihn wirtschaftlich sehr viel weniger belastet als eine Rückabwicklung des Vertrages.

(bb) Fiktive Geltendmachung des Schadens

Alternativ kann es auch dazu kommen, dass der Verbraucher im Falle der Behauptung, dass er bei ordnungsgemäßer Aufklärung mit dem Unternehmer einen Vertrag über ein anderes als das tatsächlich beauftrage Bausoll abgeschlossen hätte, den Ersatz seines Schadens nur „fiktiv" begehrt – nämlich dergestalt, dass er vom Unternehmer nicht die Herbeiführung des Bausolls fordert, welches seiner Behauptung nach im Falle einer ordnungsgemäßen Baubeschreibung vereinbart worden wäre, sondern vielmehr den durch die unzureichende Baubeschreibung verursachten Vermögensschaden in Geld ersetzt verlangt.

Der praktische Anwendungsbereich dieser Fälle ist jedoch vor dem Hintergrund der vorstehenden Ausführungen zu Kausalität und Schaden stark begrenzt. Denn zum einen ist es für den Verbraucher bei Geltendmachung seines Schadens nur auf fiktiver Basis zumindest erschwert, den Anforderungen an die Plausibilität und Glaubhaftigkeit der Darlegung des behaupteten Kausalzusammenhangs zu genügen, sodass die echte Kausalitätsvermutung zur Anwendung gelangt.[1182] Gelingt ihm dies nicht, wird sein Anspruch in der Regel schon auf der Ebene der Kausalität scheitern. Zum anderen wird sich der Verbraucher in den Fällen des „subjektiven Schadenseinschlags" – welche den Regelfall des Festhaltens am Vertrag unter Ände-

---

1181 Zurecht kritisch unter Hinweis auf den Grundsatz der Schadenseinheit *Voit*, NJW 2018, 2166, 2168.

1182 S.o. F.I.3.a) cc) (4), S. 302.

rung des Bausolls darstellen[1183] – nur selten mit einem Schadensersatzanspruch in Geld begnügen. Denn wenn die Brauchbarkeit des Werks für den Verbraucher dermaßen beeinträchtigt ist, dass nach den vorstehenden Darstellungen ein Vermögensschaden vorliegt, wird der Verbraucher in aller Regel ein starkes Interesse daran haben, den vorhandenen Schaden tatsächlich beseitigen zu lassen; er kann dann – anders, als dies häufig bei Baumängeln an nicht die Funktion beeinträchtigenden Bauteilen der Fall ist[1184] – mit seinem Schaden gerade nicht „gut leben".

Für die wenigen Fälle, in denen der Verbraucher trotzdem fiktiven Schadensersatz begehrt und die Kausalität des behaupteten Schadens auch plausibel darlegen kann, ist nun zu klären, unter welchen Voraussetzungen und in welcher Höhe ein solcher Geldanspruch besteht. Der VII. Zivilsenat des BGH hat für die Geltendmachung von „fiktivem Schadensersatz" wegen Werkmängeln, also *für den Anwendungsbereich des § 251 BGB*[1185], unter Aufgabe seiner vorigen Rechtsprechung entschieden, dass dieser nicht nach den fiktiven Mängelbeseitigungskosten zu bemessen ist. Vielmehr müsse die Bemessung dergestalt erfolgen, dass der Besteller im Wege einer Vermögensbilanz die Differenz zwischen dem hypothetischen Wert der im Eigentum des Bestellers stehenden Sache ohne Mangel und dem tatsächlichen Wert der Sache mit Mangel ermittelt. Hat der Besteller die durch das Werk geschaffene oder bearbeitete Sache veräußert, ohne dass eine Mängelbeseitigung vorgenommen wurde, könne er den Schaden nach dem konkreten Mindererlös wegen des Mangels der Sache bemessen.[1186]

Diese Entscheidung verdient Zustimmung, soweit sie die Bezifferung des Schadens nach den fiktiven Mangelbeseitigungskosten versagt.[1187] Sie ist insoweit sowohl dogmatisch konsequent als auch – und vor allem – hinsichtlich ihrer Folgen für die Praxis begrüßenswert; denn sie wird zur Eindämmung der Nutzung von nur optischen oder sonst nicht erheblich störenden Mängeln als „dritte Säule der Finanzierung des Bauvorhabens" durch unseriöse Bauherren führen. Durch die Zubilligung der fiktiven Mangelbeseitigungskosten würde der Besteller nämlich häufig besser gestellt, als er bei ordnungsgemäßer Erfüllung gestanden hätte. Denn oft übersteigen die Kosten, die für die Beseitigung des Mangels erforderlich

---

1183 *Glöckner*, BauR 2014, 411, 429.
1184 *Voit*, NJW 2018, 2166.
1185 *Halfmeier*, BauR 2013, 320, 321.
1186 BGH, Urteil vom 22.02.2018 – VII ZR 46/17, NJW 2018, 1463 Rn. 38 ff.
1187 So bereits *Knütel*, BauR 2004, 591 ff.; *Halfmeier*, BauR 2013, 320 ff.; *Fuchs*, IBR 2013, 130; zustimmend auch *Picker*, JZ 2018, 676 ff.; *Kniffka*, BauR 2018, Heft 5, Editorial; ablehnend *Thode*, jurisPR-PrivBauR 6/2018, Anm. 1.

sind, die mangelbedinge Minderung des Verkehrswerts erheblich.[1188] Dies widerspricht dem allgemeinen schadensrechtlichen Bereicherungsverbot. Zudem würde durch eine Ermittlung des Wertersatzes im Sinne des § 251 BGB anhand der fiktiven Mangelbeseitigungskosten der Unterschied zu § 249 Abs. 2 S. 1 BGB eingeebnet.[1189]

Dogmatischer Anknüpfungspunkt für die Geltendmachung von fiktivem Schadensersatz im Wege der c.i.c. wegen Verletzung der Baubeschreibungspflicht ist indessen *nicht § 251 BGB, sondern § 250 BGB.* Denn im Ursprung ist der Anspruch auf Schadensersatz aus c.i.c. wegen Verletzung der Baubeschreibungspflicht – anders als der Schadensersatzanspruch statt der Leistung wegen Werkmängeln, der vom Zeitpunkt seiner Entstehung an nicht auf die Herstellung des Werks, sondern ein Äquivalent in Geld („statt") gerichtet ist[1190] – auf die Naturalrestitution gemäß § 249 Abs. 1 BGB gerichtet.[1191] Ein unmittelbar auf Geldzahlung gerichteter Anspruch gemäß § 249 Abs. 2 S. 1 BGB scheidet aus, da die Verletzung der Baubeschreibungspflicht weder eine Verletzung der Person des Verbrauchers noch die Beschädigung einer Sache darstellt. Der Verbraucher kann den Unternehmer daher zunächst nur auffordern, den Zustand herzustellen, der – jedenfalls seiner Behauptung nach – bestünde, wenn ihm die Baubeschreibung ordnungsgemäß zur Verfügung gestellt worden wäre.

Nimmt er diese Aufforderung gemäß § 250 S. 1 BGB dergestalt vor, dass er dem Unternehmer für die Vornahme der zur Naturalrestitution erforderlichen Leistungen eine angemessene Frist setzt verbunden mit der Erklärung, dass er bei deren fruchtlosem Verstreichen die Herstellung ablehnt und erfolgt die Herstellung dann nicht innerhalb dieser Frist, kann der Verbraucher vom Unternehmer gemäß § 250 S. 2 BGB „den Ersatz in Geld verlangen".

Was ist nun der „Ersatz in Geld" im Sinne des § 250 S. 2 BGB? Es ist umstritten, ob damit das Integritätsinteresse (§ 249 Abs. 2 S. 1 BGB)[1192] oder

---

1188 *Picker*, JZ 2018, 676, 677 mit anschaulichem Beispiel.

1189 *Voit*, NJW 2018, 2166, 2167.

1190 *Halfmeier*, BauR 2013, 320, 321, mit zutreffendem Verweis auf § 281 Abs. 4 BGB.

1191 So allgemein für Ansprüche aus c.i.c. *Lorenz*, NJW 1999, 1001; siehe bereits oben F.I.3.b), S. 307.

1192 Hierfür in einem Nebensatz BGH, Beschluss vom 16.11.1953 – GSZ 5/53, NJW 1954, 345, 346; OLG Düsseldorf, Urteil vom 19.12.1997 – 22 U 83/97, NJW-RR 1998, 1716; MüKo BGB/*Oetker*, § 250 BGB, Rn. 12; BeckOGK/*Brand*, § 250 BGB, Rn. 4; Staudinger/*Schiemann*, § 250 BGB, Rn. 4; Palandt/*Grüneberg*, § 250 BGB, Rn. 3; *Frotz*, JZ 1963, 391, 394.

das Kompensations-/Wertinteresse (§ 251 BGB)[1193] gemeint ist. Diese Einordnung ist entscheidend für die Frage, ob der Verbraucher den zur Herstellung erforderlichen Geldbetrag ersetzt verlangen kann oder nur – soweit überhaupt vorhanden – den Minderwert des Bauwerks gegenüber der Ausführung bei ordnungsgemäßer Baubeschreibung.

Versteht man den „Ersatz in Geld" im Sinne des § 250 BGB als Wertersatz im Sinne des § 251 BGB, könnte der Verbraucher – gemäß der Rechtsprechung des BGH – bei der Geltendmachung von fiktivem Schadensersatz wegen Verletzung der Baubeschreibungspflicht nur den hierdurch kausal verursachten Minderwert des Bauwerks – abzüglich eventueller Mehrkosten für eine höherwertige Ausführung bei ordnungsgemäßer Baubeschreibung – geltend machen.

Bezöge man den „Ersatz in Geld" hingegen auf § 249 Abs. 2 S. 1 BGB, käme ein Anspruch in Höhe der Kosten, die für die Durchführung der Naturalrestitution anfallen würden, in Betracht, welcher erstens gemäß § 249 Abs. 2 S. 2 BGB um die Umsatzsteuer zu kürzen wäre, soweit diese nicht tatsächlich anfällt, und zweitens um eventuelle „fiktive Sowiesokosten", die bei ordnungsgemäßer Baubeschreibung und daraufhin folgender Beauftragung einer höherwertigen als der tatsächlich ausgeführten Leistung angefallen wären. Auch für § 249 Abs. 2 S. 1 BGB werden indessen die Stimmen lauter, die eine Begrenzung des fiktiven Schadensersatzes nach Maßgabe der vorstehend dargestellten Entscheidung des VII. Zivilsenats fordern.[1194]

Es spricht vieles dafür, den „Ersatz in Geld" im Sinne des § 250 BGB als Wertersatz im Sinne des § 251 BGB zu verstehen. Zwar ist der Wortlaut des § 250 S. 2 BGB selbst insoweit nicht eindeutig; „Ersatz in Geld" passt sowohl auf § 249 Abs. 2 S. 1 BGB wie auch auf § 251 BGB.[1195] Der Meinung von *Oetker*, diese Formulierung deute auf eine Nähe zu § 249 Abs. 2

1193 Hierfür sprach sich bereits das Reichsgericht aus, vgl. Urteil vom 23.11.1917 – Rep. III. 217/17, RGZ 91, 213, 217; Urteil vom 14.04.1917 – Rep. V. 26/17, RGZ 90, 154, 156; Urteil vom 07.06.1909 – Rep. I. 329/08, RGZ 71, 212, 214; *Toussaint*, Naturalherstellung und Geldentschädigung, S. 185 *Larenz*, Lehrbuch des Schuldrechts, Band I, S. 473, Fn. 15; *Berg*, JuS 1978, 672, Fn. 4; *Stoll*, JuS 1968, 504, 506, Rn. 16.

1194 So hat das LG Darmstadt unter Berufung auf den VII. Zivilsenat des BGH den Ersatz fiktiver Reparaturkosten bei Verkehrsunfällen versagt, LG Darmstadt, Urteil vom 05.09.2018 – 23 O 386/17, NZV 2019, 91 Rn. 45 ff.; für einen generellen Ausschluss der Schadensberechnung anhand der fiktiven Beseitigungskosten *Picker*, JZ 2018, 676, 680.

1195 Staudinger/*Schiemann*, § 250 BGB, Rn. 3; *Toussaint*, Naturalherstellung und Geldentschädigung, S. 182 f.; *Frotz*, JZ 1963, 391, 392.

S. 1 BGB hin, weil nicht der Begriff der „Entschädigung" aus § 251 BGB verwendet wird[1196], lässt sich entgegenhalten, dass auch § 249 Abs. 2 S. 1 BGB dem Geschädigten ganz konkret und eindeutig „statt der Herstellung den dazu erforderlichen Geldbetrag" zubilligt und damit genauso wenig von „Ersatz in Geld" spricht. Hinzu kommt, dass der Wortlaut des § 250 S. 2 Hs. 2 BGB (*„der Anspruch auf die Herstellung ist ausgeschlossen"*) impliziert, dass der Geschädigte dann, wenn er sich dazu entscheidet, die Herstellung nicht durchführen zu wollen, nur noch Kompensation verlangen kann.[1197] Indessen spricht die amtliche Überschrift des § 250 BGB (*„Schadensersatz in Geld nach Fristsetzung"*) stark für eine Nähe zu § 251 BGB (*„Schadensersatz in Geld ohne Fristsetzung"*).[1198] Der Wortlaut der Überschriften impliziert, dass der Unterschied zwischen § 250 BGB und § 251 BGB allein im Erfordernis der Fristsetzung, nicht aber in der Art der Berechnung des Geldanspruchs liegt.

Dieses Verständnis steht auch im Einklang mit der Systematik. Der Stellung des § 250 BGB vor § 251 BGB kann nicht entnommen werden, dass Ersterer auf § 249 Abs. 2 S. 1 BGB verweisen muss.[1199] Ein solcher Rückschluss wäre zwar dann zulässig, wenn § 250 BGB als dritter Absatz des § 249 BGB im Gesetz stünde.[1200] Dies ist jedoch gerade nicht der Fall. Vielmehr knüpft § 250 BGB – als eigenständige, außerhalb des § 249 BGB stehende Regelung – zwar an den zuvor geregelten Anspruch auf Naturalrestitution an; dies bedeutet jedoch systematisch nicht, dass der von ihm als Rechtsfolge beschriebene Geldanspruch den in § 249 Abs. 2 BGB geregelten Umfang haben muss.

In historischer Hinsicht ist erwähnenswert, dass sowohl in den Protokollen zum zweiten Entwurf des BGB als auch in der Denkschrift des Reichsjustizamts im Zusammenhang mit der Rechtsfolge von *„Entschädigung in Geld"* gesprochen wurde.[1201]

Ein solches Verständnis wird schließlich auch durch Sinn und Zweck des § 250 BGB gestützt. Die Einführung der Norm beruhte seinerzeit auf der Befürchtung, der Gläubiger eines Schadensersatzanspruchs könne bei

---

1196 MüKo BGB/*Oetker*, § 250 BGB, Rn. 12.
1197 *Stoll*, JuS 1968, 504, 506, Fn. 16.
1198 Hierauf hinweisend – wenn auch im Ergebnis der a.A. folgend – Prütting/Wegen/Weinreich/ *Luckey*, § 250 BGB, Rn. 2.
1199 So aber BeckOGK/*Brand*, § 250 BGB, Rn. 4.
1200 So bereits – obwohl im Ergebnis die Gegenansicht vertretend – *Frotz*, JZ 1963, 391, 392.
1201 *Frotz*, JZ 1963, 391, 392; *Toussaint*, Naturalherstellung und Geldentschädigung, S. 183 jeweils m.w.N.

der Zwangsvollstreckung seines Herstellungsanspruchs auf Schwierigkeiten stoßen. Daher sollte der Gläubiger stets zu einem Geldanspruch gelangen können, ohne ein rechtskräftiges Urteil erwirkt haben zu müssen.[1202] Letztlich war die Vorschrift damit originär eine Reaktion des Gesetzgebers auf die Kritik an der im ersten Entwurf des BGB vorzufindenden ungewöhnlich starken Bevorzugung des Herstellungsprinzips; es sollte daher der Kompensationsgedanke gestärkt werden.[1203]

Der Geschädigte darf vor diesem Hintergrund nicht durch § 250 BGB schlechter gestellt werden, als wenn es die Norm gar nicht gäbe und es allein beim Herstellungsanspruch verbliebe. Dann nämlich müsste der Geschädigte den Schädiger auf Vornahme der zur Schadensbeseitigung notwendigen Leistungen verklagen und ein so erstrittenes Urteil notfalls im Wege der Ersatzvornahme vollstrecken; die hierfür angefallenen Kosten könnte er dann dem Unternehmer gemäß §§ 887, 788 ZPO in Rechnung stellen. Gleichzeitig darf der Schädiger nicht davon profitieren, dass er die Herstellung verzögert oder gänzlich verweigert.[1204]

Allerdings darf der Geschädigte durch die Zubilligung des Geldanspruchs wegen des allgemeinen schadensrechtlichen Bereicherungsverbots auch nicht besser gestellt werden, als er ohne den Schadenseintritt stünde. Dafür, dass der Gläubiger durch § 250 BGB weiterreichend begünstigt werden soll als durch Gewährung eines auf Kompensation gerichteten Geldanspruchs, gibt es keinen tauglichen Anhaltspunkt.[1205] Genau dieser Fall träte aber ein, wenn man den „Ersatz in Geld" nach dem Maßstab des § 249 Abs. 2 BGB bemäße. Denn dann bekäme der Geschädigte die zur Beseitigung des Schadens erforderlichen Kosten ersetzt, ohne notwendigerweise auch in dieser Höhe tatsächlich einen Schaden erlitten zu haben. Insoweit sei auf die vorstehenden Ausführungen zur Gefahr der Überkompensation bei Ansetzung der fiktiven Mängelbeseitigungskosten verwiesen – diese besteht im Rahmen des § 250 BGB genauso wie bei § 251 BGB, wo der BGH sie zum Anlass einer grundlegenden Rechtsprechungsänderung nahm.

Das gilt insbesondere für die im Falle der Verletzung der Baubeschreibungspflicht häufig vorkommenden Fälle des „subjektiven Schadenseinschlags". Deutlich wird dies anhand des zuvor gebildeten Beispiels des Verbraucher-Bauherrn mit querschnittsgelähmter Tochter[1206]: Die Verbreite-

---

1202 Staudinger/*Schiemann*, § 250 BGB, Rn. 3.
1203 Näher *Toussaint*, Naturalherstellung und Geldentschädigung, S. 184 f. m.w.N.
1204 *Frotz*, JZ 1963, 391, 394.
1205 Staudinger/*Schiemann*, § 250 BGB, Rn. 3; so aber *Frotz*, JZ 1963, 391, 394.
1206 S.o. F.I.3.b) aa) (2), S. 311.

rung des für die Anbringung eines Treppenlifts nicht geeigneten Treppenhauses mag einen hohen vierstelligen oder gar fünfstelligen Euro-Betrag erfordern. Einen potentiellen Erwerber, für den ein rollstuhlgerechter Ausbau der Treppe gar nicht relevant ist, stört dies aber gar nicht, sodass sich die schmale Treppe auf den Kaufpreis kaum oder gar nicht auswirken wird. Der Verbraucher hätte dann im Falle des Weiterverkaufs des Hauses an der Verletzung der Baubeschreibungspflicht durch den Unternehmer „Gewinn" gemacht. Dies verstieße aber gegen allgemeine schadensrechtliche Grundsätze.

§ 250 BGB soll vor dem Hintergrund seines historischen und teleologischen Kontexts dem Geschädigten nicht die Möglichkeit zur Bereicherung, sondern nur die möglichst unkomplizierte Option bieten, einen durch eine nicht erfolgte Naturalrestitution erfolgten Schaden in Geld ersetzt zu verlangen. Erstattungsfähig ist dann aber konsequenterweise auch nur der konkret eingetretene Schaden, der häufig nicht identisch mit den fiktiven Wiederherstellungskosten ist[1207], sondern vielmehr allein im schadensbedingten Minderwert des Bauwerks liegt. Dies ist die Kompensation gemäß § 251 BGB – nur diese kann daher mit der Formulierung „Ersatz in Geld" gemeint sein.[1208] Damit besteht – als weiterer Vorteil dieser Lösung – auch ein Gleichlauf zwischen der Berechnung des „fiktiven Schadensersatzes" bei Werkmängeln und bei Verletzung der Baubeschreibungspflicht. Die – aus den eingangs dieses Unterkapitels genannten Gründen ohnehin nicht sehr große – Gefahr einer Resurrektion der dritten Säule der Finanzierung von Bauvorhaben im Mantel des Schadensersatzanspruchs wegen einer Verletzung der Baubeschreibungspflicht ist damit gebannt.

(2) Schadensersatz bei Abstandnahme vom Vertrag: Rückabwicklung aller erbrachten Leistungen

Lediglich in Extremfällen vorstellbar ist die Konstellation, dass der Verbraucher den Vertrag mit dem Unternehmer bei ordnungsgemäßer Erfüllung der Baubeschreibungspflicht überhaupt nicht abgeschlossen hätte – also auch nicht mit einer der vorstehend beschriebenen Modifikationen

---

1207 Wenngleich er dies im Einzelfall natürlich sein kann, vgl. das Beispiel bei *Picker*, JZ 2018, 676, 677.

1208 So im Ergebnis auch *Toussaint*, Naturalherstellung und Geldentschädigung, S. 185; *Larenz*, Lehrbuch des Schuldrechts, Band I, S. 473, Fn. 15; *Berg*, JuS 1978, 672, Fn. 4; *Stoll*, JuS 1968, 504, 506, Rn. 16.

bezüglich Vergütung oder Leistungssoll. Das kommt nur in Betracht, wenn der konkrete Schaden des Verbrauchers in der Belastung mit dem Vertrag an sich, mithin in der hierdurch verursachten Einschränkung seiner Dispositionsfreiheit, zu sehen ist und nicht nur im Zusammenhang mit einer einzelnen Leistung steht. Eine Schadensbeseitigung ist dann – wenn nicht eine den Unternehmer weniger belastende Art der Schadensbeseitigung in Betracht kommt und dem Verbraucher zumutbar ist[1209] – nur durch die Rückabwicklung des gesamten Vertrags möglich.

Damit er sich für ein solches Begehren auf die „echte Kausalitätsvermutung" berufen kann, muss der Verbraucher zunächst plausibel darlegen, dass er den Vertrag mit dem Unternehmer bei richtiger Information nicht nur nicht in der konkreten Gestalt, sondern überhaupt nicht abgeschlossen hätte. An die Glaubhaftigkeit eines solchen Vorbringens sind hohe Anforderungen zu stellen[1210]: Der Verbraucher muss den Richter davon überzeugen, dass er bei ordnungsgemäßer Zurverfügungstellung der Baubeschreibung mit dem Unternehmer überhaupt nicht kontrahiert hätte. Das wird ihm nur ausnahmsweise gelingen – eventuell dann, wenn er nachweisen kann, dass er bei korrekter Information einen ähnlichen Vertrag mit einem anderen Unternehmer abgeschlossen hätte oder dass der Unternehmer ihn unter Missachtung des Erfordernisses der Rechtzeitigkeit der Zurverfügungstellung unter Schaffung einer zeitlichen Drucksituation zu einem Vertragsschluss gedrängt hat, den er nach reiflicher Überlegung nicht getätigt hätte.

Gelingt ausnahmsweise eine solche überzeugende Darlegung, muss der Unternehmer nicht nur die bezahlte Vergütung für schon erbrachte Bauleistungen zurückzahlen, sondern obendrein diese bereits erbrachten Bauleistungen auf eigene Kosten rückbauen.[1211] Diese Folgen sind also für den Unternehmer überaus belastend; je nach wirtschaftlicher Lage des Unternehmers und Fortschritt des Bauvorhabens kann die Durchsetzung eines solchen Anspruchs auf Rückabwicklung für den Unternehmer existenzbedrohende Wirkung haben.[1212] Der Verbraucher wird sich also überlegen müssen, ob er die – auch für ihn wirtschaftlich nachteilige – Insolvenz seines Vertragspartners provozieren will. Gemäß § 650m Abs. 2 BGB muss der Unternehmer nämlich nur für fünf Prozent der Gesamtvergütung Si-

---

1209 Hierzu s.o. F.I.3.b) (bb) (1) (b) (aa), S. 322.
1210 Siehe auch F.I.3.a) cc) (4), S. 302.
1211 BeckOGK/*Merkle*, § 650j BGB, Rn. 37; DLOPS/*Stretz*, § 5, Rn. 131; *Glöckner*, BauR 2014, 411, 428.
1212 *Glöckner*, BauR 2014, 411, 428.

cherheit leisten; wenn ein Großteil der Vergütung oder gar die gesamte Vergütung bereits gezahlt ist und die Zahlungsfähigkeit des Unternehmers in Zweifel steht, wäre es jedenfalls aus praktischen Erwägungen wohl kaum sinnvoll, einen derartigen Anspruch geltend zu machen.

Die Abstandnahme vom Bauvertrag als Schadenersatz kann auch aus diesen Gründen nur als ultima ratio in Betracht kommen. Die Besorgnis, dass die Verbraucher die Verletzung der Aufklärungspflicht als Vorwand nutzen könnten, sich von einem nachträglich als unerwünscht empfundenen Vertrag zu lösen[1213], ist daher jedenfalls in Bezug auf die Baubeschreibungspflicht nicht begründet. Auf Rückabwicklung gerichtete Schadensersatzansprüche sind demnach zwar nach § 249 BGB denkbar, dürften aber aus rechtlichen und praktischen Gründen nur sehr selten geltend gemacht werden.

In der Praxis kommen derartige Ansprüche nahezu ausschließlich dann in Betracht, wenn die Baubeschreibungspflicht vom Unternehmer dadurch verletzt wird, dass er die Baubeschreibung dem Verbraucher nicht *„rechtzeitig vor Abgabe von dessen Vertragserklärung"* im Sinne des Art. 249 § 1 EGBGB zur Verfügung stellt.[1214] In diesen Fällen lässt sich womöglich schlüssig argumentieren, dass bei ausreichender Zeit zur Prüfung der Vertragsschluss überhaupt nicht getätigt worden wäre. Es ist hierzu nicht erforderlich, dass der Verbraucher wegen der zu spät oder unter Aufbau von zeitlichem Druck übergebenen Baubeschreibung gezwungen war, den Vertrag ohne Prüfphase zu schließen.[1215] Es ist vielmehr ausreichend, dass die Verletzung der Informations- oder Aufklärungspflicht kausal das Entstehen eines Schadens bewirkt; ein solches Kausalverhältnis erfordert keinen „Zwang" zu einem bestimmten Verhalten, sondern lediglich dessen ursächliche Herbeiführung. Das bestätigt ein Vergleich mit den Folgen der Verletzung von anderen Informations- und Aufklärungspflichten: Der unzureichend aufgeklärte Patient ist – vielfach – nicht gezwungen, sich für eine bestimmte Art der Behandlung zu entscheiden, und der vom Anlageberater nicht hinreichend informierte Kapitalanleger wurde auch von niemandem gezwungen, die konkrete Anlageentscheidung zu treffen.

Die Unternehmer werden also darauf achten müssen, insbesondere das Erfordernis der Rechtzeitigkeit der Vorlage der Baubeschreibung sehr ernst zu nehmen und ihre Vertragsangebote nicht zeitlich in einem Maße zu befristen, das die Dauer der Rechtzeitigkeit zu unterschreiten droht.

1213 *Medicus*, in: FS Picker, S. 619, 626.
1214 Hierzu ausführlich s.o. C.I., S. 111 ff.
1215 So aber *Kniffka/Retzlaff*, BauR 2017, 1747, 1834.

Dies ist ihnen auch zumutbar; denn während die inhaltliche Gestaltung von Baubeschreibungen nach den Vorgaben des Art. 249 § 2 EGBGB durchaus komplex ist und für den Unternehmer mit Schwierigkeiten verbunden sein mag, sind die zeitlichen Vorgaben des Art. 249 § 1 EGBGB ohne weiteres erkennbar und einzuhalten.

4. Verhältnis zu Gewährleistungs- und Widerrufsrechten

Ergibt sich nach Prüfung der Tatbestandsmerkmale unter Berücksichtigung der erarbeiteten Grundsätze ein Anspruch des Verbrauchers gegen den Unternehmer aus c.i.c., stellt sich die Frage, wie sich ein solcher Anspruch im Verhältnis zu anderen gegebenenfalls bestehenden Ansprüchen des Verbrauchers verhält, mithin, ob und inwieweit der Anspruch aus c.i.c. im Wege der Konkurrenz verdrängt wird.

a) Vorrang des Gewährleistungsrechts

Dies gilt insbesondere für den Fall, dass Gewährleistungsrechte des Verbrauchers wegen Mängeln an der Bauleistung bestehen. So kann Folge der Verletzung der Baubeschreibungspflicht insbesondere im Falle der Unklarheit oder Unvollständigkeit der Baubeschreibung gemäß § 650k Abs. 2 BGB (bzw. gemäß den allgemeinen Regeln der Auslegung[1216]) eine Anpassung der vertraglich vereinbarten Sollbeschaffenheit sein mit der Folge, dass der Unternehmer bereits im Wege der Mängelhaftung gemäß §§ 634 Nr. 1, 635 BGB zur Nachbesserung verpflichtet ist, wenn die von ihm erbrachten Leistungen von dieser Soll-Beschaffenheit (insbesondere negativ) abweichen. Gleichzeitig lägen wegen des Verstoßes gegen die Baubeschreibungspflicht die tatbestandlichen Voraussetzungen eines Anspruchs aus c.i.c. vor.

In einem solchen Fall gebührt dem Gewährleistungsrecht der Vorrang. Soweit der Regelungsbereich der §§ 633 ff. BGB eröffnet ist, sind Schadensersatzansprüche aus c.i.c. wegen des systematischen Vorrangs der Mängelhaftung grundsätzlich ausgeschlossen, wenn diese sich auf eine Aufklärungspflichtverletzung hinsichtlich der Beschaffenheit des Werks stützen,

---

1216 S.o., E.III.3.b), S. 260.

die letztlich zu dessen Mangelhaftigkeit führt.[1217] Denn das werkvertragliche System der Mängelgewährleistung würde unterlaufen, wenn daneben Ansprüche aus c.i.c. bestehen blieben.[1218] Diese Ausschlusswirkung gilt allerdings – wie auch im Kaufrecht[1219] – ausnahmsweise dann nicht, wenn die vorvertragliche Pflichtverletzung durch den Unternehmer vorsätzlich oder arglistig erfolgt, da ein vorsätzlich oder arglistig handelnder Unternehmer nicht schutzbedürftig ist.[1220]

Indessen werden Verletzungen der Baubeschreibungspflicht – insbesondere im Falle lückenhafter und unzureichender Informationserteilung – häufig nicht zu einem Mangel im werkvertraglichen Sinne führen, wohl aber zu anderweitigen Schäden des Verbrauchers.[1221] Dies betrifft insbesondere die Fälle der subjektiven Unbrauchbarkeit der Leistung für den Verbraucher. Wenn der durch die Verletzung der Baubeschreibungspflicht verursachte Schaden nicht in der Differenz zwischen vom Unternehmer erbrachter Ist- und vertraglich vereinbarter Soll-Beschaffenheit liegt, sondern vielmehr bereits im Zustandekommen eines Vertrags mit einer vom Verbraucher nicht gewollten und/oder für ihn unbrauchbaren Soll-Beschaffenheit zu finden ist, liegt insoweit kein Mangel im Sinne des § 633 BGB vor. Wohl aber besteht dann ein Anspruch des Verbrauchers auf Schadensersatz aus c.i.c., der mangels der Eröffnung des Anwendungsbereichs der §§ 633 ff. BGB auch nicht ausgeschlossen ist.[1222]

b) Kein Ausschluss eines auf Rückabwicklung gerichteten Schadensersatzanspruchs durch die Möglichkeit des Widerrufs

Soweit Schadensersatzansprüche des Verbrauchers aus c.i.c. auf Rückabwicklung des gesamten Vertrags gerichtet sind, stellt sich die Frage nach dem Verhältnis solcher Ansprüche zum Widerrufsrecht des § 650l BGB. Insoweit erfolgt allerdings keine Verdrängung des Anspruchs aus c.i.c. durch das Bestehen des Widerrufsrechts. Beides führt zwar letztlich zu einem

---

1217 MüKo BGB/*Busche*, § 634 BGB, Rn. 7; Palandt/*Sprau*, § 634 BGB, Rn. 9; BeckOGK/*Kober*, § 634 BGB, Rn. 119; für das Kaufrecht genauso BGH, Urteil vom 27.03.2009 – V ZR 30/08, NJW 2009, 2120 Rn. 19 ff.
1218 BeckOGK/*Kober*, § 634 BGB, Rn. 119.
1219 BGH, Urteil vom 27.03.2009 – V ZR 30/08, NJW 2009, 2120 Rn. 24.
1220 BeckOGK/*Kober*, § 634 BGB, Rn. 119; a.A. MüKo BGB/*Busche*, § 634 BGB, Rn. 7; Palandt/ *Sprau*, § 634 BGB, Rn. 9.
1221 *Glöckner*, BauR 2014, 411, 426; BeckOGK/*Kober*, § 634 BGB, Rn. 126.
1222 BeckOGK/*Kober*, § 634 BGB, Rn. 126.

Rückabwicklungsverhältnis; Widerrufsrecht und Schadensersatzanspruch haben aber eine völlig unterschiedliche Rechtsnatur und im Einzelnen auch unterschiedliche Rechtsfolgen.

Denn im Falle eines Widerrufs nach § 650l BGB steht der Verbraucher deutlich schlechter, als wenn eine Rückabwicklung des Vertrags auf Basis eines Schadensersatzanspruchs aus c.i.c. erfolgt. So ist im Falle eines Widerrufs zumindest fraglich, ob eine Rückbauverpflichtung des Unternehmers besteht oder ob diese den Verbraucher trifft und der Unternehmer nur die abgebauten Materialien abholen muss.[1223] Jedenfalls aber trifft den Verbraucher gemäß § 357d S. 1 BGB eine Wertersatzpflicht, soweit eine Rückgewähr der bis zum Widerruf erbrachten Leistungen des Unternehmers ihrer Natur nach ausgeschlossen ist, mithin also insbesondere, soweit bereits eingebaute, nicht trennbare Baustoffe nicht mehr ohne Beschädigung ausgebaut und dem Unternehmer herausgegeben werden können.[1224] Schließlich kommt die Möglichkeit eines Widerrufs gemäß § 355 Abs. 2 BGB bei ordnungsgemäßer Belehrung des Verbrauchers nach Art. 249 § 3 EGBGB nur für 14 Tage ab Vertragsschluss und selbst ohne eine solche gemäß § 356e S. 2 BGB maximal für ein Jahr und 14 Tage ab Vertragsschluss in Betracht.

Hingegen muss bei einer Rückabwicklung des Vertrages im Rahmen eines Schadenersatzanspruchs der Unternehmer bereits erbrachte Bauleistungen auf eigene Kosten rückbauen. Für nicht mehr in Natur herausgebbare Baumaterialien hat der Verbraucher auch keinen Wertersatz zu leisten; deren Beschädigung oder Zerstörung geht auf Kosten des Unternehmers. Schließlich unterliegt ein Schadensersatzanspruch nach c.i.c. der gegenüber der Frist des § 356e S. 2 BGB deutlich längeren Regelverjährung.

Ein auf Vertragsaufhebung gerichteter Anspruch aus c.i.c. wegen vorvertraglicher Informationspflichtverletzung und ein etwaiges Widerrufsrecht bestehen daher materiell-rechtlich unabhängig nebeneinander und verdrängen einander nicht[1225]; vielmehr bilden sie sogar im Prozess unterschiedliche Streitgegenstände[1226] – und zwar auch dann, wenn beide An-

---

1223 *Lenkeit*, BauR 2017, 615, 622.
1224 *Lenkeit*, BauR 2017, 615, 623.
1225 So im Ergebnis auch MüKo BGB/*Busche*, § 650j BGB, Rn. 18; Messerschmidt/ Voit/*Lenkeit*, § 650j BGB, Rn. 48.
1226 BGH, Urteil vom 05.07.2016 – XI ZR 254/15, NJW 2017, 61 Rn. 23 ff.; BeckOGK/*Herresthal*, § 311 BGB, Rn. 247.

sprüche auf dasselbe Ziel, mithin die Rückabwicklung des Vertrags, gerichtet sind.[1227]

Es steht dem Geschädigten aber frei zu entscheiden, ob und in welcher Reihenfolge er die Ansprüche geltend machen will. Er darf daher trotz des Bestehens eines Widerrufsrechts die Rückabwicklung des Vertrags auf der Grundlage eines Schadensersatzanspruchs aus c.i.c. verlangen. Es ist lediglich im Rahmen der Geltendmachung des Schadensersatzanspruchs zu berücksichtigen, wenn bereits *zuvor* eine Rückabwicklung im Rahmen eines Widerrufs stattgefunden hat.[1228]

5. Zwischenergebnis

Die effektive Durchsetzung der Baubeschreibungspflicht lässt sich über einen Schadensersatzanspruch aus c.i.c. in der Praxis gewährleisten. Dieser hat – auch unter Beachtung der vorstehend erläuterten nötigen Einschränkungen – einerseits genügend einschneidende Folgen, um die Unternehmer dazu anzuhalten, ihre Pflicht aus § 650j BGB ernst zu nehmen. Andererseits belastet er sie – jedenfalls unter Zugrundlegung der genannten Einschränkungen – nicht über Gebühr, da er bei auf Einzelpunkte begrenzten Unzulänglichkeiten der Baubeschreibung nicht auf die Rückabwicklung des gesamten Vertrags gerichtet sein kann. Durch die Übertragung der Rechtsprechung des VII. Zivilsenats zur Berechnung des fiktiven Schadens auf die Fälle der Verletzung der Baubeschreibungspflicht müssen die Unternehmer auch nicht befürchten, dass sie als „dritte Säule" zur Finanzierung des Bauvorhabens des Verbrauchers missbraucht werden.

Über die oftmals veranlasste Begrenzung des Schadensersatzanspruchs auf eine „Quasi-Minderung" oder auf eine Anpassung des Vertragsinhalts bei Festhalten am Vertrag wird den Interessen sowohl des Verbrauchers als auch des Unternehmers hinreichend Rechnung getragen. Durch die insofern bestehende Flexibilität eines Schadensersatzanspruchs aus c.i.c. kann die Baubeschreibungspflicht einen effektiven Verbraucherschutz gewährleisten, ohne hierbei die Unternehmer über Gebühr zu belasten.

1227 So ausdrücklich BGH, Urteil vom 05.07.2016 – XI ZR 254/15, NJW 2017, 61 Rn. 25.
1228 BGH, Urteil vom 05.07.2016 – XI ZR 254/15, NJW 2017, 61 Rn. 22; BeckOGK/ *Herresthal*, § 311 BGB, Rn. 247.

II. Sonstige Ansprüche

Neben dem Schadensersatzanspruch aus c.i.c. kommen im Falle der Verletzung der Baubeschreibungspflicht weitere Ansprüche nach den allgemeinen Regeln in Betracht.

So kann dem Verbraucher ein Rücktrittsrecht aus §§ 324, 241 Abs. 2 BGB zustehen, wenn ihm ein Festhalten am Vertrag aufgrund der Verletzung der Baubeschreibungspflicht nicht mehr zuzumuten ist.[1229]

Weiterhin kann in Ausnahmefällen eine Anfechtung nach § 123 BGB in Betracht kommen, insbesondere dann, wenn der Unternehmer in der Baubeschreibung nicht über Risiken und Unwägbarkeiten aufklärt, soweit er hierzu im Rahmen des § 650j BGB verpflichtet ist.[1230] Wenn der Anfechtungsgrund des § 123 BGB vorliegt, ist auch an einen Anspruch gemäß § 823 Abs. 2 BGB i.V.m. § 263 StGB zu denken.

Hinsichtlich dieser Ansprüche gelten in Bezug auf die Baubeschreibungspflicht keine Besonderheiten; spezifische Probleme wie im Rahmen des Schadensersatzanspruchs aus c.i.c. stellen sich hier nicht. Für die Zwecke dieser Untersuchung bedarf es daher insoweit keiner vertieften Darstellung.

Erwähnenswert sind schließlich noch Unterlassungsansprüche, die aus der Verletzung der Baubeschreibungspflicht resultieren können. Dabei handelt es sich allerdings nicht um Ansprüche des Verbrauchers selbst, sondern um wettbewerbsrechtliche Ansprüche Dritter.

Zum einen kann sich ein Unterlassungsanspruch aus § 2 Abs. 1 UKlaG ergeben[1231], nachdem der Gesetzgeber die Vorschrift des § 2 Abs. 2 S. 1 Nr. 1 f) UKlaG eigens zum Zwecke der Sanktionierung von Verstößen gegen die §§ 650i ff. BGB geschaffen hat.[1232] Davon unberührt bleibt die Möglichkeit eines Unterlassungsanspruchs nach § 1 UKlaG, soweit Inhalte einer Baubeschreibung, die den gesetzlichen Anforderungen des § 650j i.V.m. Art. 249 EGBGB nicht entsprechen, entweder durch Vereinbarung oder über § 650k Abs. 1 BGB zum Vertragsinhalt werden und als AGB zu qualifizieren sind.[1233] Diese Unterlassungsansprüche können gemäß §§ 3, 4 UKlaG nur von dort bestimmten anspruchsberechtigten Stellen und Ver-

---

1229 jurisPK/*Segger-Piening*, § 650k BGB, Rn. 41; a.A. DLOPS/*Stretz*, § 5, Rn. 136, die pauschal eine Unzumutbarkeit verneint.
1230 jurisPK/*Segger-Piening*, § 650k BGB, Rn. 38.
1231 LBD/*Rückert*, § 650j BGB, Rn. 13; Messerschmidt/Voit/*Lenkeit*, § 650j BGB, Rn. 53.
1232 BT-Drs. 18/8486, S. 74.
1233 Messerschmidt/Voit/*Lenkeit*, § 650j BGB, Rn. 53.

bänden geltend gemacht werden. Hierzu zählen insbesondere Verbraucherzentralen und -verbände; in Bezug auf die Verfolgung von Verstößen gegen die §§ 650i ff. BGB dürfte insbesondere dem *Bauherren-Schutzbund e.V.* und dem *Verband Privater Bauherren e.V.* einige Bedeutung zukommen, welche beide qualifizierte Einrichtungen im Sinne des § 3 Abs. 1 S. 1 Nr. 1 UKlaG sind.[1234]

Zum anderen kann der Unternehmer auch aus §§ 8 ff. UWG auf Unterlassung (und gegebenenfalls Schadensersatz, vgl. § 9 UWG) in Anspruch genommen werden, soweit die Verletzung der Baubeschreibungspflicht Auswirkungen auf den Wettbewerb hat, etwa bei irreführenden oder fehlenden Angaben zu wesentlichen Merkmalen der Bauleistung, die geeignet sind, Kunden zum Vertragsschluss zu bewegen.[1235] Dieser Anspruch steht gemäß § 8 Abs. 3 UWG nicht nur Einrichtungen im Sinne des § 4 UKlaG, sondern außerdem auch jedem Mitbewerber des gegen die Vorschriften der §§ 650i ff. BGB verstoßenden Unternehmers zu.

Auf diesem Wege kann die mit der Einführung des § 650j BGB vom Gesetzgeber unter anderem intendierte Förderung des Wettbewerbs[1236] effektiv umgesetzt werden; Unternehmer, die versuchen, Kapital aus einer Missachtung der §§ 650i ff. BGB zu schlagen, riskieren nicht nur eine Inanspruchnahme durch ihre Verbraucher-Vertragspartner, sondern auch empfindliche Sanktionen bei Geltendmachung von Ansprüchen durch Verbraucherverbände und/oder Mitbewerber. Auf diese Weise kommen die Unterlassungsansprüche mittelbar auch dem Verbraucher zugute.

G. Ergebnis

Zusammenfassend lässt sich festhalten, dass die Regelungen der §§ 650j, 650k BGB zur Baubeschreibungspflicht für Verbraucherbauverträge eine Verbesserung des Verbraucherschutzes zu gewährleisten vermögen.

Allerdings wäre es wünschenswert, dass der Gesetzgeber die von ihm richtigerweise getroffenen Wertungen konsequent zu Ende gedacht und im Gesetzeswortlaut ausreichend präzise implementiert hätte. Indessen finden sich in den §§ 650j, 650k BGB zahlreiche Formulierungen, die einen

---

1234 Vgl. Bundesamt für Justiz, Liste der qualifizierten Einrichtungen gemäß § 4 UKlaG.

1235 *Messerschmidt/Voit/Lenkeit*, § 650j BGB, Rn. 53; für § 312d BGB genauso MüKo BGB/ *Wendehorst*, § 312d BGB, Rn. 144.

1236 Vgl. BT-Drs. 18/8486, S. 62; ausführlich hierzu s.o. A.II., S. 96.

gewissen Auslegungsspielraum ermöglichen, auch zu Lasten des Verbrauchers. Insbesondere die Regelung zu den Angaben in zeitlicher Hinsicht überzeugt in ihrer Umsetzung nicht.

Alles in allem können die nach § 650j i.V.m. Art. 249 EGBGB erforderlichen Angaben aber dazu beitragen, dass Verbraucher beim Abschluss eines Verbraucherbauvertrags besser geschützt sind, als sie dies nach der alten Rechtslage waren. Insbesondere ist die Struktur des Art. 249 § 1 EGBGB als gelungen zu bewerten, die zwar gewisse Mindestparameter vorgibt, andererseits aber nicht zu eng gestaltet ist und so Spielraum für die individuelle Gestaltung der Baubeschreibungen lässt.

Auf der Rechtsfolgenseite stellt § 650k Abs. 1 BGB nach dem hier vertretenen Verständnis der Norm effektiv sicher, dass eine Abweichung von der Baubeschreibung im Vertragstext nicht möglich ist, solange nicht der Verbraucher davon auch Kenntnis nimmt und ihr aktiv zustimmt.

Auch die Auslegungsregel des § 650k Abs. 2 S. 2 BGB ist gelungen; sie stellt sicher, dass bei der nach Satz 1 gebotenen Auslegung des Vertrags verbleibende Zweifel im Hinblick auf das geschuldete Bausoll auch bei Individualvereinbarungen zu Lasten des Unternehmers gehen. Die Regelung wird ihren Beitrag dazu leisten, dass die aufgrund fehlender Erfahrung und Fachkenntnis häufig schwächere Position des Verbrauchers nicht – wie das vor Einführung der Baubeschreibungspflicht bisweilen der Fall war – durch unpräzise formulierte oder lückenhafte Baubeschreibungen oder durch versteckte Abweichungen im Vertragsinhalt vom Unternehmer zu dessen Gunsten ausgenutzt wird. Insoweit dürfte das Risiko von Streitigkeiten über die Auslegung von Vertragsinhalten während des laufenden Bauvorhabens durch die Einführung der §§ 650j, 650k BGB erheblich reduziert worden sein.

Allerdings besteht auch bei § 650k BGB Anlass zur Kritik. Diese gilt insbesondere dessen Abs. 2 S. 1, welcher keinerlei Mehrwert in Form von Erkenntnisgewinn oder Rechtssicherheit gegenüber der früheren Rechtslage mit sich bringt, wohl aber zu Verwirrung führen und sich so sogar zu Lasten des Verbrauchers auswirken kann. Diese Regelung war nicht nötig.

Zudem gilt bezüglich der Formulierung in § 650k Abs. 3 S. 1 BGB dieselbe Kritik wie für diejenige des Art. 249 § 2 Abs. 2 EGBGB.[1237] Es wäre hier wünschenswert gewesen, dass der Gesetzgeber mehr Klarheit schafft etwa durch eine Regelung, nach der die Angabe eines Ausführungszeitraums nur dann ausreichend ist, wenn diese im Zusammenhang mit einem konkret bestimmbaren Startzeitpunkt erfolgt.

1237 Siehe hierzu D.II.2.b) bb) (5), S. 205.

Über § 650k BGB hinaus wird die Verletzung der Baubeschreibungs-pflicht durch den Unternehmer auch durch diverse andere Rechtsfolgen sanktioniert. Insbesondere ein möglicher Schadensersatzanspruch des Verbrauchers aus c.i.c. ist – nicht zuletzt aufgrund seiner Flexibilität – zur Durchsetzung der Interessen des Verbrauchers geeignet und auch in prozessualer Hinsicht praktikabel, da zugunsten des Verbrauchers die echte Kausalitätsvermutung gilt.

Die Sanktionen einer Verletzung der Baubeschreibungspflicht führen einerseits zu einem angemessenen Ausgleich für den Verbraucher. Andererseits stellen sie für die Unternehmer einen Anreiz dar, die Baubeschreibungspflicht auch in der Praxis zu respektieren und umzusetzen, da sie ansonsten empfindliche Konsequenzen zu befürchten haben.

Teil 3: Die Baubeschreibungspflicht im „Bauvertrag mit Verbraucherbeteiligung"

Die vorstehenden Ausführungen gelten allein für die Baubeschreibungspflicht im Verbraucherbauvertrag nach § 650i BGB. Dieser ist freilich in seinem Anwendungsbereich eingeschränkt[1238]; die §§ 650i ff. BGB sind also keineswegs auf alle Bauverträge im Sinne des § 650a BGB anzuwenden, die zwischen einem Verbraucher und einem Unternehmer geschlossen werden, insbesondere nicht auf Bauverträge über einzelne Gewerke. Bauverträge im Sinne des § 650a BGB, die zwar zwischen einem Verbraucher und einem Unternehmer geschlossen werden, aber kein Verbraucherbauvertrag im Sinne des § 650i BGB sind, werden im Folgenden als „Bauverträge mit Verbraucherbeteiligung" bezeichnet.

Für diese Verträge stellen sich im Hinblick auf die Baubeschreibungspflicht und ihre Bedeutung für einen effektiven Verbraucherschutz vor allem zwei Kernfragen. Erstens: Inwiefern unterscheiden sich Informationsspektrum und Rechtsfolgen bei nicht ordnungsgemäßer Information zwischen Verbraucherbauvertrag und Bauvertrag mit Verbraucherbeteiligung? Und zweitens: Kann die Baubeschreibungspflicht auch für Bauverträge mit Verbraucherbeteiligung Wirkung entfalten?

A. Abgrenzung der Anwendungsbereiche von Verbraucherbauvertrag und Bauvertrag mit Verbraucherbeteiligung

Vorauszuschicken ist eine kurze Gegenüberstellung von Verbraucherbauverträgen und Bauverträgen mit Verbraucherbeteiligung unter Herausarbeitung der jeweiligen Gemeinsamkeiten und Unterschiede.

Beiden Vertragstypen ist gemein, dass sie auf Auftraggeberseite von einem Verbraucher und auf Auftragnehmerseite von einem Unternehmer abgeschlossen werden. Zudem handelt es sich ihrem Inhalt nach um Bauverträge im Sinne des § 650a BGB.

1238 S.o. Teil 1, A., S. 46 ff.

Die wesentlichen Unterschiede liegen in zwei Punkten:

Zum einen bestehen beim Verbraucherbauvertrag gemäß § 650i Abs. 1 BGB bestimmte Anforderungen an den Umfang der beauftragten Werkleistung. Der Verbraucher muss den Unternehmer zum Bau eines neuen Gebäudes oder zu erheblichen Umbaumaßnahmen an einem bestehenden Gebäude verpflichten. Bloße Reparaturmaßnahmen, kleinere Sanierungen und Ausführung einzelner, auch umfänglicher, Gewerke sind zwar von § 650a BGB umfasst, nicht aber von § 650i Abs. 1 BGB.

Zum anderen gilt für den Verbraucherbauvertrag das zusätzliche Erfordernis des Bauens aus einer Hand. Vergibt ein Verbraucher alle Leistungen für einen Neu- oder wesentlichen Umbau aufgeteilt nach Gewerken an verschiedene Unternehmer, ist keiner dieser Verträge ein Verbraucherbauvertrag. Ein Erfordernis des schlüsselfertigen Bauens besteht jedoch nicht.[1239] Einzelgewerksverträge, die zwischen einem Verbraucher und einem Unternehmer geschlossen werden, sind damit nur Bauverträge mit Verbraucherbeteiligung.

B. Unterschiede zur Baubeschreibungspflicht

Aufgrund seiner systematisch eindeutigen Positionierung im Gesetz gilt § 650j BGB i.V.m. Art. 249 EGBGB ausschließlich für Verbraucherbauverträge im Sinne des § 650i Abs. 1 BGB. Für Bauverträge mit Verbraucherbeteiligung gibt es also keine ausdrücklich gesetzlich normierte Baubeschreibungspflicht.

Für diese Verträge gelten lediglich die allgemeinen Informationspflichten des § 312a Abs. 2 BGB i.V.m. Art. 246 EGBGB.[1240] Zudem finden die Informationspflichten gemäß § 312d Abs. 1 BGB i.V.m. Art. 246a EGBGB Anwendung, wenn der Vertrag als Außergeschäftsraumvertrag oder im Wege des Fernabsatzes geschlossen wurde, was in der Praxis durchaus häufig geschieht.[1241]

Dies wirft die Frage auf, welche Unterschiede zwischen den verschiedenen Informationspflichten bestehen und wie sich dies auf den Schutz des Verbrauchers als Auftraggeber auswirkt.

1239 S.o. Teil 1, A.III.7., S. 75.
1240 *Glöckner*, BauR 2014, 411, 423 ff.
1241 *Lenkeit*, BauR 2017, 454; *Lenkeit*, PiG 106, S. 81, 86 f.; BeckOGK/*Merkle*, § 650i BGB, Rn. 8; vgl. bereits oben Einführung, C.I.3., S. 37.

I. Mindestinformationen

Die von Art. 246 Abs. 1 EGBGB und Art. 246a Abs. 1 S. 1 EGBGB geforderten Mindestinformationen differieren in einigen Punkten von denen des Art. 249 § 2 EGBGB. Diese Untersuchung beschränkt sich dabei auf die Darstellung derjenigen Unterschiede, die gerade für Bauverträge relevant sind.

1. „Wesentliche Eigenschaften" der Waren oder Dienstleistungen, Art. 246 Abs. 1 Nr. 1 EGBGB

So sieht Art. 246 Abs. 1 Nr. 1 EGBGB vor, dass der Unternehmer den Verbraucher über die *„wesentlichen Eigenschaften"* der Waren oder Dienstleistungen *„in dem für den Datenträger und die Waren oder Dienstleistungen angemessenen Umfang"* zu informieren hat.

Im Gegensatz zu Art. 249 § 2 Abs. 1 EGBGB legt Art. 246 Abs. 1 Nr. 1 EGBGB aber keine Definition eines Mindeststandards fest, anhand dessen sich präzisieren ließe, was als „wesentliche Eigenschaft" zu verstehen ist. Dies ist dem Umstand geschuldet, dass Art. 246 Abs. 1 Nr. 1 EGBGB für eine kaum zu überblickende Vielzahl von Vertragstypen gilt und daher – wie auch der zugrunde liegende Art. 5 Abs. 1 lit. a) VRRL – abstrakt gehalten ist, während Art. 249 § 2 Abs. 1 EGBGB nur für den speziellen Fall des Verbraucherbauvertrags (und des Bauträgervertrags) gilt und deshalb hinsichtlich der geforderten Mindestinformationen sehr viel präziser sein kann.

Im Falle eines Bauvertrags mit Verbraucherbeteiligung ist der Unternehmer also – wie auch im Verbraucherbauvertrag – verpflichtet, dem Verbraucher die wesentlichen Eigenschaften des Werks mitzuteilen; denn zum europarechtlichen Begriff der „Dienstleistung", den der deutsche Gesetzgeber in Art. 246 Abs. 1 Nr. 1 EGBGB wortlautgleich aus der VRRL entnommen hat, gehören auch „werkvertragliche" Leistungen im Sinne des deutschen Rechts.[1242] Es fehlt aber an einem „Gerüst" zur Ausfüllung des Begriffs der wesentlichen Eigenschaften, wie Art. 249 § 2 Abs. 1 S. 2 EGBGB dieses für den Verbraucherbauvertrag vorsieht, weshalb die insoweit geltenden Anforderungen letztlich nur abstrakt definiert werden können.

1242 Vgl. Art. 2 Nr. 6 VRRL; BGH, Urteil vom 07.07.2016 – I ZR 68/15, NJW-RR 2017, 368 Rn. 37; *Lenkeit*, BauR 2017, 454, 463.

Gemäß dem Zweck der Informationspflicht des Art 246 Abs. 1 Nr. 1 EGBGB muss der Verbraucher durch die zu erteilenden Informationen in die Lage versetzt werden, das Leistungsangebot des Unternehmers bewerten zu können.[1243] Es müssen deshalb zwar nicht zwingend alle Einzelheiten der Eigenschaften des Vertragsgegenstands angegeben werden.[1244] Sobald der Unternehmer jedoch davon ausgehen muss, dass ein verständiger Verbraucher eine bestimmte Information bei seiner Entscheidung über den Vertragsschluss als wesentlich berücksichtigen wird, hat er dieses Merkmal anzugeben.[1245] Dies gilt insbesondere hinsichtlich derjenigen Angaben, die für den Verbraucher die Vergleichbarkeit einer Ware oder Leistung mit einem Konkurrenzangebot ermöglichen.[1246] Zumindest muss der Verbraucher klar erkennen können, ob die angebotene Ware oder Dienstleistung seinen Bedürfnissen entspricht.[1247]

Der Begriff der „wesentlichen Eigenschaft" in Art. 246 Abs. 1 Nr. 1 EGBGB ist also dem in Art. 249 § 2 Abs. 1 S. 1 EGBGB – wortgleich – verwendeten auch inhaltlich sehr ähnlich. In beiden Fällen ist für die Frage der Wesentlichkeit primär und insbesondere der Maßstab und Entscheidungshorizont eines verständigen Verbrauchers maßgeblich. Der maßgebliche Unterschied besteht darin, dass der Begriff der wesentlichen Eigenschaft im Rahmen des Art. 249 EGBGB (auch) durch die katalogartige Aufzählung in Art. 249 § 2 Abs. 1 S. 2 EGBGB geprägt und somit spezifischer an den Besonderheiten des Bauvertrags orientiert ist als im Rahmen des Art. 246 Abs. 1 Nr. 1 EGBGB.

2. Information über den Gesamtpreis, Art. 246 Abs. 1 Nr. 3 EGBGB

An anderer Stelle geht die Informationspflicht des Art. 246 EGBGB inhaltlich über Art. 249 § 2 EGBGB hinaus. Während Letzterer kein verpflichtendes Erfordernis von Preisangaben vorsieht[1248], regelt Art. 246 Abs. 1 Nr. 3 EGBGB, dass der Verbraucher über den Gesamtpreis der Waren und Dienstleistungen – und zwar einschließlich der für den Verbraucher nicht

---

1243 MüKo BGB/*Wendehorst*, § 312a BGB, Rn. 18; Tamm/Tonner/Brönneke/*Schirmbacher*, Verbraucherrecht, § 9 Rn. 142.
1244 BT-Drs. 14/2658, S. 38 f.
1245 Tamm/Tonner/Brönneke/*Schirmbacher*, Verbraucherrecht, § 9 Rn. 142a.
1246 MüKo BGB/*Wendehorst*, § 312a BGB, Rn. 18.
1247 *Tamm*, VuR 2014, 9, 11.
1248 S.o. Teil 2, D.I.1.c), S. 157.

abzugsfähigen Mehrwertsteuer[1249] – zu informieren ist. Kann der Preis vernünftigerweise nicht im Voraus berechnet werden, so hat der Unternehmer gemäß Art. 246 Abs. 1 Nr. 3 Alt. 2 EGBGB wenigstens die Art der Preisberechnung mitzuteilen.[1250] Der Verbraucher ist insoweit also besser gestellt als im Falle eines Verbraucherbauvertrags.

3. Information über Zahlungs-, Liefer- und Leistungsbedingungen sowie den Liefertermin, Art. 246 Abs. 1 Nr. 4 EGBGB

Unterschiede zur Baubeschreibungspflicht bestehen auch hinsichtlich der gemäß Art. 246 Abs. 1 Nr. 4 EGBGB erforderlichen Informationen zu Zahlungs-, Liefer- und Leistungsbedingungen sowie zum Liefertermin. Kurz zusammengefasst lässt sich diese Information als „Wann und Wie von Zahlung und Lieferung" beschreiben.[1251] Näher eingegangen wird wegen der besonderen Relevanz für Bauverträge an dieser Stelle nur auf die Information zu den Zahlungsbedingungen und zum Liefertermin.

a) Zahlungsbedingungen

Im Gegensatz zu Art. 249 § 2 EGBGB sieht Art. 246 Abs. 1 Nr. 4 EGBGB eine Verpflichtung des Unternehmers vor, dem Verbraucher auch Informationen zu den Zahlungsbedingungen zur Verfügung zu stellen. Unter „Zahlungsbedingungen" sind Zahlungsziel und Zahlungsmodalitäten zu verstehen.[1252] Für Bauverträge ist in diesem Zusammenhang insbesondere die Information über Abschlagszahlungen wichtig.

Die jeweilige Höhe und der Zeitpunkt, in dem Abschlagszahlungen gestellt werden dürfen, sind für den Bauträgervertrag – vorbehaltlich einer Absicherung des Bauvorhabens durch eine Bürgschaft gemäß § 7 MaBV, welche bei Verbraucherverträgen in der Praxis nur sehr selten erfolgt – durch § 650v BGB i.V.m. Art. 244 EGBGB i.V.m. § 3 Abs. 2 MaBV festgelegt. Für Bauverträge fehlt eine derart konkrete Regelung; es ist innerhalb

---

1249 MüKo BGB/*Wendehorst*, § 312a BGB, Rn. 21; Tamm/Tonner/Brönneke/*Schirmbacher*, Verbraucherrecht, § 9 Rn. 123.

1250 BeckOGK/*Busch*, Art. 246 EGBGB, Rn. 25.

1251 Palandt/*Grüneberg*, Art. 246 EGBGB, Rn. 8.

1252 MüKo BGB/*Wendehorst*, § 312a BGB, Rn. 25; BeckOGK/*Busch*, Art. 246 EGBGB, Rn. 29.

der Grenzen der §§ 632a, 650c Abs. 3, 650m BGB in jedem Einzelfall dem Unternehmer überlassen, wann und in welcher Höhe er Abschlagsrechnungen stellt. Man wird Art. 246 Abs. 1 Nr. 4 EGBGB so zu verstehen haben, dass der Unternehmer den Verbraucher bei Bauverträgen über beides bei Vertragsschluss informieren muss. Für den „Zeitpunkt" kann dabei ein bestimmter Bautenstand maßgeblich – und anzugeben – sein, unter Umständen kombiniert mit einem Kalenderdatum oder einer Frist, die erreicht oder abgelaufen sein müssen, damit die Abschlagsrechnung gestellt werden darf, z. B.: *„Fertigstellung Kellerdecke, frühestens am... oder frühestens sechs Wochen nach Baubeginn"*. Die Höhe kann betragsmäßig angegeben werden oder prozentual in Relation zur Gesamtvertragssumme, sofern eine solche vereinbart ist.

Darüber hinaus ist der Verbraucher auch darüber zu informieren, auf welche Weise er die Zahlung(en) vorzunehmen hat (also beispielsweise Angabe eines konkreten Empfängerkontos (IBAN) für Überweisungen); hierbei müssen alle vom Unternehmer akzeptierten Zahlungsmethoden genannt werden.[1253]

Auch insoweit gehen die Informationspflichten bei Bauverträgen mit Verbraucherbeteiligung also über jene bei Verbraucherbauverträgen hinaus. Denn Art. 249 § 2 EGBGB sieht anders als Art. 246 EGBGB keine Verpflichtung des Unternehmers vor, den Verbraucher über die Zahlungsbedingungen zu informieren; dies, obwohl insbesondere im Hinblick auf die Finanzierung eines größeren Bauvorhabens eine Information über Zeitpunkt und Höhe der Abschlagszahlungen wichtig wäre.

b) Termin der Leistungserbringung

Im Hinblick auf die Information in zeitlicher Hinsicht bleibt die allgemeine Informationspflicht in ihren Anforderungen indessen hinter denen der Baubeschreibungspflicht zurück.

Zwar hat der Unternehmer den Verbraucher auch bei Bauverträgen mit Verbraucherbeteiligung gemäß Art. 246 Abs. 1 Nr. 4 EGBGB über den Termin zu informieren, zu welchem er die bestellten Waren liefert oder die beauftragte „Dienstleistung" – also seine Werkleistung – erbringt. Der Wortlaut verlangt hierbei eine konkrete Information über den Zeitpunkt,

---

1253 BeckOGK/*Busch*, Art. 246 EGBGB, Rn. 29; so bereits für § 2 Abs. 2 Nr. 7 FernAbsG LG Magdeburg, Urteil vom 29.08.2002 – 36 O 115/02, NJW-RR 2003, 409.

bis zu dem der Unternehmer die Waren liefern oder die Dienstleistungen erbringen muss.[1254]

Dabei wird als „Termin" nicht zwingend die Angabe eines konkreten Kalenderdatums gefordert. Vielmehr wird auch die Angabe eines Zeitraums, nach dessen Ablauf die geschuldete Leistung erbracht sein muss, als ausreichend angesehen.[1255] Analog zu den insoweit zu Art. 249 § 2 Abs. 2 EGBGB angestellten Überlegungen[1256] ist auch dann, wenn lediglich eine Zeitspanne ohne ausdrücklichen Anknüpfungszeitpunkt angegeben wird, letzterer im Baubeginn zu sehen.

Im Gegensatz zu Art. 249 § 2 Abs. 2 EGBGB wird es im Rahmen des Art. 246 Abs. 1 Nr. 4 EGBGB für zulässig erachtet, lediglich eine Zeitspanne als „Termin" der Leistungserbringung anzugeben.[1257] Der Zeitraum zwischen dem dabei genannten frühesten und spätesten Zeitpunkt darf nicht allzu groß sein, sondern muss sich in einem für den Verbraucher konkretisierbaren Rahmen bewegen. Unzulässig wäre demnach etwa die Angabe einer Zeitspanne „zwischen drei Tagen und drei Wochen ab Vertragsschluss".[1258] Je nachdem, wie umfangreich die vom Unternehmer zu erbringende Leistung ist, kann aber auch die Angabe einer Zeitspanne von mehreren Wochen als „Leistungstermin" zulässig sein.[1259] Ausreichend ist insoweit auch die Angabe eines „circa"-Termins, da auch dadurch der Verbraucher eine einigermaßen klare Vorstellung davon entwickeln kann, wann die vereinbarte Leistung erbracht wird.[1260]

Damit stellt Art. 246 Abs. 1 Nr. 4 EGBGB für Bauverträge mit Verbraucherbeteiligung etwas weniger strenge Vorgaben auf als Art. 249 § 2 Abs. 2 EGBGB für Verbraucherbauverträge. Während letzterer keine circa-Angaben oder Angaben von Zeitspannen erlaubt, sind diese – in einem angemessenen Rahmen – bei Art. 246 Abs. 1 Nr. 4 EGBGB grundsätzlich zulässig.

1254 Tamm/Tonner/Brönneke/*Schirmbacher*, Verbraucherrecht, § 9 Rn. 137d.

1255 *Schirmbacher/Schmidt*, CR 2014, 107, 109; Tamm/Tonner/Brönneke/*Schirmbacher*, Verbraucherrecht, § 9 Rn. 137e; MüKo BGB/*Wendehorst*, § 312a BGB, Rn. 26.

1256 Vgl. oben Teil 2, D.II.2.b) bb) (1), S. 196.

1257 MüKo BGB/*Wendehorst*, § 312a BGB, Rn. 26; Tamm/Tonner/Brönneke/*Schirmbacher*, Verbraucherrecht, § 9 Rn. 137f.

1258 Tamm/Tonner/Brönneke/*Schirmbacher*, Verbraucherrecht, § 9 Rn. 137f.

1259 Tamm/Tonner/Brönneke/*Schirmbacher*, Verbraucherrecht, § 9 Rn. 137f.

1260 OLG Frankfurt, Beschluss vom 27.07.2011 – 6 W 55/11, MMR 2011, 800; OLG Bremen, Beschluss vom 18.05.2009 – 2 U 42/09, MIR 2010, Dok. 029; Tamm/Tonner/Brönneke/*Schirmbacher*, Verbraucherrecht, § 9 Rn. 137f.

4. Weitere Informationen aus dem Katalog des Art. 246 Abs. 1 EGBGB

Über Art. 249 § 2 EGBGB hinausgehend und für Bauverträge relevant ist aus dem Katalog des Art. 246 Abs. 1 EGBGB schließlich noch die Verpflichtung des Unternehmers gemäß Art. 246 Abs. 1 Nr. 2 EGBGB, dem Verbraucher seine Identität und den Ort seiner Niederlassung – in Form einer ladungsfähigen Anschrift[1261] – und seine Telefonnummer zur Verfügung zu stellen. Auch wenn eine solche Pflicht in Art. 249 EGBGB für Verbraucherbauverträge nicht ausdrücklich normiert ist, werden sich diese Informationen häufig aus den Umständen, etwa aus dem Auftreten des Unternehmers im Geschäftsverkehr (z. B. durch einen diese Informationen enthaltenden Briefkopf) ergeben, sodass insoweit kein nennenswerter Unterschied im Niveau des Verbraucherschutzes besteht.

Die übrigen Informationspflichten aus dem Katalog des Art. 246 Abs. 1 EGBGB sind für Bauverträge nicht relevant bzw. anwendbar[1262], sodass auch insoweit keine Unterschiede zu den im Rahmen eines Verbraucherbauvertrags zu erteilenden Mindestinformationen bestehen und eine nähere Darstellung für diese Untersuchung nicht angezeigt ist. Insbesondere ist die Informationspflicht nach Art. 246 Abs. 1 Nr. 5 EGBGB, wonach der Unternehmer den Verbraucher über das Bestehen eines gesetzlichen Mängelhaftungsrechts zu informieren hat, für Bauverträge nicht anwendbar[1263]; sie betrifft ihrem unmissverständlichen Wortlaut nach allein *Waren* und nicht etwa Dienstleistungen. Selbiges gilt für die Information über Vertragslaufzeit und Kündigungsrechte gemäß Art. 246 Abs. 1 Nr. 6 EGBGB, da diese Regelung ausschließlich für unbefristete oder sich automatisch verlängernde Verträge gilt, die eine dauernde oder regelmäßig wiederkehrende Leistung zum Inhalt haben (wie Miete, Pacht, Leasing etc.) sowie für Verträge über regelmäßig wiederkehrende Leistungen (etwa Zeitschriftenabonnements).[1264] Bauverträge hingegen als auf die Erreichung eines vereinbarten Werkerfolgs abzielende Verträge sind nicht von Art. 246 Abs. 1 Nr. 6 EGBGB umfasst.[1265]

1261 BeckOGK/*Busch*, Art. 246 EGBGB, Rn. 23.
1262 Vgl. DLOPS/*Stretz*, § 5, Rn. 4.
1263 So im Ergebnis auch DLOPS/*Stretz*, § 5, Rn. 4.
1264 MüKo BGB/*Wendehorst*, § 312a BGB, Rn. 30.
1265 Von einer Anwendbarkeit fälschlicherweise ausgehend offenbar DLOPS/*Stretz*, § 5, Rn. 3, 78.

5. Weitere Informationspflichten aus § 312d Abs. 1 S. 1 BGB i.V.m.
   Art. 246a § 1 EGBGB

Weitere Unterschiede hinsichtlich der für Bauverträge mit Verbraucherbeteiligung geltenden Informationspflichten im Vergleich zu denjenigen im
Rahmen des Verbraucherbauvertrags ergeben sich, wenn ein Bauvertrag
mit Verbraucherbeteiligung außerhalb von Geschäftsräumen oder im Wege des Fernabsatzes geschlossen werden soll. Mit zunehmender Digitalisierung und IT-Affinität der Verbraucher wird letzteres vielleicht an Bedeutung gewinnen.[1266]
Dann nämlich gilt die Informationspflicht des § 312d Abs. 1 BGB und
damit der – teilweise über die allgemeine Informationspflicht des Art. 246
Abs. 1 EGBGB hinausgehende – Katalog des Art. 246a § 1 Abs. 1 S. 1
EGBGB. Ein Großteil der Mindestangaben dieses Katalogs ist – trotz punk-
tueller Abweichungen im Wortlaut – inhaltlich übereinstimmend mit denen des Art. 246 Abs. 1 EGBGB. So besteht inhaltliche Kongruenz von
Art. 246 Abs. 1 Nr. 1, 3, 4, 5, 6 EGBGB einerseits und Art. 246a § 1 Abs. 1
S. 1 Nr. 1, 4, 7, 8, 11 EGBGB andererseits[1267], wobei die Nummern sich je-
weils in der Reihenfolge ihrer Nennung in dieser Aufzählung entsprechen.
Insoweit bedarf es daher keiner weiteren Ausführungen; es gelten die vorstehenden Ausführungen zu Art. 246 Abs. 1 EGBGB.

a) Insbesondere: Information über die Stellung einer Bauhandwerkersicherung

Ein für Bauverträge relevanter Unterschied ergibt sich aber im Hinblick
auf die Mindestinformation des Art. 246a § 1 Abs. 1 S. 1 Nr. 13 EGBGB.
Danach muss der Unternehmer den Verbraucher darüber informieren,
wenn er von ihm die Stellung einer Kaution oder die Leistung anderer fi-
nanzieller Sicherheiten verlangen kann. Erfasst ist hierbei jegliche vom
Verbraucher zu entrichtende Kaution oder sonstige Sicherheit.[1268] Im Rahmen eines Bauvertrags mit Verbraucherbeteiligung, der als Außergeschäftsraumvertrag oder im Wege des Fernabsatzes geschlossen wird, hat der Unternehmer den Verbraucher demnach über die gemäß § 650f BGB zu stellende Bauhandwerkersicherung und die insoweit geltenden Beibringungs-

---

1266 S.o. Einführung, C.I.3., S. 38.
1267 Vgl. BeckOGK/*Busch*, Art. 246a § 1 EGBGB, Rn. 5, 15, 21, 22, 26.
1268 Spindler/Schuster/*Schirmbacher*, Art. 246a EGBGB, Rn. 97.

und Durchführungsmodalitäten aufzuklären. Eine solche Informationspflicht besteht im Rahmen des Art. 249 § 2 EGBGB nicht.

Sie besteht aber auch gemäß Art. 246a § 1 Abs. 1 S. 1 Nr. 13 EGBGB freilich nur, wenn nicht das „Verbraucherprivileg" gemäß § 650f Abs. 6 S. 1 Nr. 2 BGB eingreift und damit die Pflicht des Verbrauchers zur Stellung der Sicherheit entfällt. Ginge man indessen von einer teleologischen Extension des Wortlauts des Verbraucherprivilegs auch auf Einzelgewerksverträge, die im Zusammenhang mit einem in § 650i Abs. 1 BGB genannten Bauvorhaben abgeschlossen werden, aus[1269], sind auch unter solchen Umständen abgeschlossene Bauverträge mit Verbraucherbeteiligung vom „Verbraucherprivileg" umfasst und erfordern demnach keine Information über die zu stellende Sicherheit gemäß Art. 246a § 1 Abs. 1 S. 1 Nr. 13 EGBGB.

b) Einschränkung der Informationspflicht, Art. 246a §§ 2, 3 EGBGB

Art. 246a EGBGB sieht zwar in § 2 und § 3 zwei Tatbestände vor, bei deren Vorliegen die Informationspflichten des Unternehmers gegenüber dem Standard des Art. 246a § 1 EGBGB eingeschränkt werden. Diese sind aber für die hier untersuchten Bauverträge ohne (praktische) Bedeutung.

Art. 246a § 2 EGBGB sieht eine Erleichterung der Informationspflichten für Reparatur- und Instandhaltungsarbeiten vor, die
- erstens außerhalb von Geschäftsräumen geschlossen sind,
- zweitens eine sofortige Erfüllung der beiderseitigen Leistungen vorsehen,
- drittens eine vom Verbraucher zu leistende Vergütung von nicht mehr als 200 € vorsehen, und bei denen
- viertens der Verbraucher ausdrücklich die Dienste des Unternehmers angefordert hat.

Durch diesen überaus engen Anwendungsbereich[1270] kommt Art. 246a § 2 EGBGB kaum eine praktische Bedeutung zu. Eine Anwendung auf die hier untersuchten Bauverträge im Zusammenhang mit dem privaten Hausbau dürfte in aller Regel jedenfalls daran scheitern, dass eine Gesamtvergütung von 200 € auch bei Beauftragung nur einzelner Gewerke deutlich überschritten wird.

1269 Dies scheint durchaus überlegenswert, s.o. Teil 1, A.III.4.d) cc), S. 65.
1270 *Wendehorst* spricht in NJW 2014, 577, 581 gar von einem „lächerlich schmalen Anwendungsbereich".

Hinzu kommt, dass der Unternehmer dem Verbraucher selbst bei Vorliegen dieser engen Voraussetzungen gemäß Art. 246a § 2 Abs. 1 EGBGB jedenfalls Identität und Preis(-berechnung) vor Vertragsschluss auf einem dauerhaften Datenträger zur Verfügung stellen müsste, bevor er dann die restlichen Informationen gemäß Art. 246a § 4 Abs. 2 S. 2 EGBGB bei ausdrücklichem Einverständnis des Verbrauchers auch mündlich erteilen dürfte; ein solches Modell kann gerade in den durch den Anwendungsbereich des Art. 246a § 2 Abs. 1 EGBGB definierten Fällen, in denen es um Dienstleistungen mit geringem Umfang geht, die möglichst schnell und ohne bürokratischen Aufwand erbracht werden sollen, nur als lebensfern bezeichnet werden.[1271] Es handelt sich um *„von Vornherein totes Recht".*[1272]

Darüber hinaus sieht Art. 246a § 3 EGBGB eine Erleichterung der Informationspflichten für Fälle vor, in denen ein Fernabsatzvertrag seitens des Verbrauchers unter Verwendung eines Fernkommunikationsmittels geschlossen wird, welches nur begrenzten Raum oder begrenzte Zeit für die vom Unternehmer zu erteilenden Informationen bietet. Wenn also der Verbraucher den Vertrag z. B. per Smartphone (kleines Display, ergo begrenzter Raum) schließen will, stehen dem Unternehmer hinsichtlich bestimmter Einzelinformationen gemäß Art. 246a § 3 S. 2 EGBGB Formerleichterungen zu. Insbesondere darf er hinsichtlich der in Satz 2 genannten Informationen den Verbraucher auf ein anderes, übersichtlicheres Medium verweisen.[1273] Für Bauverträge sind diese Formerleichterungen nicht von großer Relevanz; diese werden in aller Regel nicht über ein Smartphone oder per Telefon abgeschlossen.

II. Form der Informationserteilung

Aber nicht nur im Hinblick auf die zur Verfügung zu stellenden Mindestinformationen ergeben sich bei Bauverträgen mit Verbraucherbeteiligung Unterschiede zur Baubeschreibungspflicht; solche bestehen auch im Hinblick auf die vorgeschriebene Form der Informationserteilung. Für Verbraucherbauverträge fordert Art. 249 § 1 EGBGB die Zurverfügungstellung der Baubeschreibung in Textform.

1271 MüKo BGB/*Wendehorst*, § 312d BGB, Rn. 53; *Wendehorst*, NJW 2014, 577, 581.

1272 MüKo BGB/*Wendehorst*, § 312d BGB, Rn. 60.

1273 BeckOGK/*Busch*, Art. 246a § 3 EGBGB, Rn. 11; MüKo BGB/*Wendehorst*, § 312d BGB, Rn. 68.

1. Formfreiheit für nach § 312a Abs. 2 BGB zu erteilende Informationen

Art. 246 EGBGB sieht demgegenüber überhaupt keine Formerfordernisse vor. Erforderlich ist allein, dass der Verbraucher die Möglichkeit hat, die Information zur Kenntnis zu nehmen[1274] – aber nicht, dass er das auch tatsächlich und vollständig tut.[1275] Somit ist es jedenfalls ausreichend, wenn der Unternehmer die Information mittels eines Werbeprospekts, eines Katalogs oder seiner Website erteilt. Denn auch, wenn sich die Information beispielsweise nur auf dem Internetauftritt des Unternehmers befindet und dem Verbraucher nicht explizit übermittelt wurde (z. B. per E-Mail oder per Post), mithin also die Textform nicht gewahrt wurde[1276], hat der Verbraucher die Möglichkeit, sie zur Kenntnis zu nehmen. Streng genommen genügt es also sogar, wenn die Informationserteilung durch den Unternehmer im Rahmen eines Telefonats erfolgt.[1277] Allerdings dürfte es ihm schwer fallen, derlei nachzuweisen.

Damit existiert zwar keine Pflicht des Unternehmers, dem Verbraucher die Informationen in einer bestimmten Form zur Verfügung zu stellen. Gerade im Hinblick auf Bauverträge kann es aber gravierende Auswirkungen haben, wenn der Unternehmer auf eine textliche Perpetuierung der Informationserteilung verzichtet. Einerseits ginge dies zu Lasten des Verbrauchers, da es diesem erschwert wird, das vereinbarte Bausoll nachzuweisen. Andererseits existiert bei nicht zumindest in Textform erteilten Angaben für den Unternehmer – vorbehaltlich möglicher Zeugen, die insoweit aber kein sonderlich verlässliches Beweismittel darstellen – keinerlei Beweis dafür, dass und in welchem Umfang er seinen Informationspflichten nachgekommen ist. Wenn der Verbraucher dann behauptet, nicht ordnungsgemäß informiert worden zu sein, wird es dem Unternehmer sehr schwer fallen, nachzuweisen, dass dies nicht zutrifft. Er wäre dann den Rechtsfolgen, die eine Verletzung der Informationspflicht nach sich zieht[1278], insbesondere also einem möglichen Anspruch des Verbrauchers aus c.i.c., ausgesetzt. Es liegt also auch (und insbesondere!) im Interesse des Unternehmers, die Informationen in Textform zur Verfügung zu

---

1274 Erman/*Koch*, § 312a BGB, Rn. 18; BeckOK BGB/*Martens* EGBGB Art. 246 Rn. 7.
1275 Palandt/*Grüneberg*, Art. 246 EGBGB, Rn. 2.
1276 BGH, Urteil vom 15.05.2014 – III ZR 368/13, NJW 2014, 2857 Rn. 19.
1277 So auch Palandt/*Grüneberg*, Art. 246 EGBGB, Rn. 2; a.A. BeckOK BGB/*Martens* EGBGB Art. 246 Rn. 7.
1278 Hierzu sogleich unter B.V., S. 356.

stellen, um später nachhalten zu können, dass er seinen Pflichten nachgekommen ist.

2. Formerfordernisse im Rahmen der Informationspflicht des § 312d Abs. 1 S. 1 BGB

Anders als Art. 246 EGBGB enthält der für Außergeschäftsraum- und Fernabsatzverträge geltende Art. 246a EGBGB bestimmte Formerfordernisse. Diese unterscheiden sich gemäß Art. 246a § 4 Abs. 2, Abs. 3 EGBGB für Außergeschäftsraumverträge und Fernabsatzgeschäfte.

a) Außergeschäftsraumverträge

In Bezug auf erstere ergibt sich kein nennenswerter Unterschied zum Formerfordernis im Rahmen der Baubeschreibungspflicht. Denn für Außergeschäftsraumverträge sieht Art. 246a § 4 Abs. 2 S. 1 EGBGB vor, dass der Unternehmer die Informationen dem Verbraucher im Regelfall auf Papier zur Verfügung zu stellen hat; nur, wenn der Verbraucher zustimmt, kommt die Erteilung der Informationen mittels eines anderen dauerhaften Datenträgers in Frage. Gemäß Art. 246a § 4 Abs. 2 S. 2, 3 EGBGB müssen die erteilten Informationen für den Verbraucher lesbar und die Person des vertragsschließenden Unternehmers genannt sein.

Im Ergebnis sieht Art. 246a § 4 Abs. 2 EGBGB somit also die Einhaltung der Voraussetzungen der Textform gemäß § 126b BGB vor.[1279] Die dort geregelte Form geht lediglich insoweit über die Textform hinaus, als das Medium der Information stets Papier sein muss; eine Information per E-Mail ist daher nicht zulässig, es sei denn, der Verbraucher stimmt einem solchen Vorgehen – ausdrücklich oder auch konkludent[1280] – zu. Da diese Zustimmung, solange sie nicht dokumentiert ist, vom Unternehmer kaum nachgewiesen werden kann, sollte er auch insoweit zur eigenen Absicherung auf die Textform zurückgreifen, um dem Verbraucher später dessen Zustimmung nachhalten zu können.

1279 MüKo BGB/*Wendehorst*, § 312d BGB, Rn. 74; BeckOGK/*Busch*, Art. 246 § 4 EGBGB, Rn. 17.
1280 BeckOGK/*Busch*, Art. 246 § 4 EGBGB, Rn. 16; ein bloßes Schweigen genügt jedoch nicht, Erman/*Koch*, § 312d BGB, Rn. 33.

Trotz ihrer durchaus erheblichen Bedeutung in der Praxis findet diese Regelung bisher oft keine Beachtung.[1281] Genau genommen hätte der ausführende Unternehmer vorab die Informationen nach Art. 246a § 1 Abs. 1 S. 1 EGBGB in Papierform vorzulegen. Gleichwohl werden solche Verträge regelmäßig nur mündlich geschlossen, ohne dass eine hinreichende Dokumentation der Informationspflichten erfolgt – wohl nicht zuletzt deshalb, weil eine Umsetzung der gesetzlichen Vorgaben die Unternehmer insbesondere bei weniger umfangreichen, „spontan" auf der Baustelle geschlossenen Verträgen überfordern würde.

b) Fernabsatzverträge

Für Fernabsatzverträge sieht Art. 246a § 4 Abs. 3 S. 1 EGBGB vor, dass dem Verbraucher die Informationen *„in einer den benutzten Fernkommunikationsmitteln angepassten Weise"* zur Verfügung gestellt werden müssen. Soweit sie auf einem dauerhaften Datenträger zur Verfügung gestellt werden, müssen sie gemäß Art. 246a § 4 Abs. 3 S. 2 EGBGB auch lesbar sein und die Person des erklärenden Unternehmers beinhalten.

Dieses als *„Gebot der mediengerechten Information"*[1282] bezeichnete Erfordernis, den Verbraucher in einer den benutzten Fernkommunikationsmitteln angepassten Weise zu informieren, soll der Tatsache Rechnung tragen, dass die Informationsanforderungen Einschränkungen unterliegen, die sich aus den Eigenheiten der jeweiligen Fernkommunikationsmittel ergeben.[1283]

Für Bauverträge mit Verbraucherbeteiligung, die im Wege des Fernabsatzes abgeschlossen werden, gilt demnach zwar ein Formerfordernis; dieses ist jedoch abhängig vom verwendeten Medium und kann theoretisch auch hinter der Textform zurückbleiben. Insoweit besteht also – genauso wie bei der allgemeinen Informationspflicht, welche überhaupt kein Formerfordernis kennt – ein niedrigeres Niveau des Verbraucherschutzes als bei Verbraucherbauverträgen.

Gleichwohl besteht auch insoweit für den Unternehmer im Falle einer behaupteten Verletzung der Informationspflicht das Risiko mangelnder Nachweisbarkeit, wenn er die Informationen nicht in Textform dokumen-

---

1281 Wie allgemein die §§ 312 ff. BGB bei Bauverträgen, vgl. *Pause*, in: FS Schulze, S. 485, 493.

1282 *Schirmbacher/Schmidt*, CR 2014, 107, 111.

1283 Tamm/Tonner/Brönneke/*Schirmbacher*, Verbraucherrecht, § 9, Rn. 87.

tiert. Auch bei Fernabsatzverträgen liegt es daher im Interesse beider Parteien, hinsichtlich der verwendeten Form über die gesetzlichen Mindestanforderungen hinauszugehen.

III. Zeitpunkt der Informationserteilung

In zeitlicher Hinsicht sehen sowohl Art. 246 Abs. 1 EGBGB als auch Art. 246a § 4 Abs. 1 EGBGB lediglich vor, dass die Informationen dem Verbraucher *„vor Abgabe von dessen Vertragserklärung"* zur Verfügung zu stellen sind – aber in beiden Fällen im Gegensatz zu dem noch bis zum 12.06.2014 geltenden Art. 246 § 1 Abs. 1 EGBGB a.F. und zum für die Baubeschreibung geltenden Art. 249 § 1 EGBGB nicht ausdrücklich *„rechtzeitig"* vor dem Vertragsschluss.[1284]

Dies ist die Folge der konsequenten Umsetzung von Art. 5 Abs. 1 VRRL bzw. Art. 6 Abs. 1 VRRL, welche ebenfalls lediglich regeln, dass der Verbraucher informiert werden muss, *„bevor"* er durch ein Vertragsangebot gebunden ist. Eine Mindestfrist lässt sich daher weder aus dem Gesetz noch aus der zugrunde liegenden VRRL ableiten.[1285] Bei extrem enger Interpretation des Wortlauts würde es demnach unabhängig von der Komplexität des Vertragsgegenstands sogar ausreichen, die Informationen erst unmittelbar vor Vertragsabschluss zur Verfügung zu stellen.

Da es jedoch Sinn und Zweck der Norm ist, dem Verbraucher vor Vertragsabschluss die Möglichkeit zu geben, ausreichend zu reflektieren und das Angebot des Unternehmers mit anderen Angeboten zu vergleichen[1286], müssen die Informationen nach einhelliger Auffassung dem Verbraucher trotzdem jedenfalls so rechtzeitig zur Verfügung gestellt werden, dass dieser sie vor Abgabe seiner Willenserklärung in zumutbarer Weise zur Kenntnis nehmen und eine informierte Vertragsentscheidung treffen kann.[1287] Darauf, ob der Verbraucher von dieser Möglichkeit dann auch Gebrauch macht und die Informationen tatsächlich zur Kenntnis nimmt, kommt es jedoch nicht an.[1288] Ein anderes Verständnis der Norm würde

---

1284 *Schirmbacher/Schmidt*, CR 2014, 107, 111.
1285 BeckOGK BGB/*Busch*, EGBGB Art. 246 Rn. 11.
1286 Vgl. Erwägungsgrund 34 der VRRL.
1287 Palandt/*Grüneberg*, Art. 246 EGBGB, Rn. 3; BeckOGK BGB/*Busch*, EGBGB Art. 246 Rn. 11; MüKoBGB/*Wendehorst*, § 312a BGB, Rn. 36.
1288 BeckOGK BGB/*Busch*, EGBGB Art. 246 Rn. 11.

den durch die Schaffung der VRRL verfolgten Motiven des europäischen Gesetzgebers zuwiderlaufen.

Insoweit gilt letztlich also nichts anderes als im Rahmen des Art. 249 § 1 EGBGB, wobei dieser das Erfordernis der Rechtzeitigkeit auch im Wortlaut vorsieht und daher noch rechtssicherer regelt. Gleichwohl muss das Erfordernis aus teleologischen Gründen auch im Rahmen der Informationspflichten nach Art. 246, Art. 246a EGBGB gelten; es kann daher auf die Ausführungen zu Art. 249 § 1 EGBGB verwiesen werden. Insbesondere ist es auch im Rahmen der Art. 246, 246a EGBGB unzulässig, Entscheidungsdruck auf den Verbraucher auszuüben.[1289]

IV. Darstellung der Informationen

Sowohl Art. 246 Abs. 1 EGBGB als auch Art. 246a § 4 Abs. 1 EGBGB fordern, dass die erforderlichen Informationen dem Verbraucher in klarer und verständlicher Weise erteilt werden. Dieses Erfordernis wurde wortlautgleich aus Art. 5 Abs. 1 VRRL bzw. Art. 6 Abs. 1 VRRL übernommen. Die im Rahmen des Art. 249 EGBGB sehr problematische Frage, ob trotz der dort ausschließlich erfolgten Regelung eines Klarheitsgebots ein Verständlichkeitsgebot „über die Hintertür" des Transparenzgebots nach § 307 Abs. 3 S. 2, Abs. 1 S. 2 BGB in die Vorschrift hineingelesen werden muss, stellt sich hier demnach nicht. Denn bereits nach dem Wortlaut der Art. 246 Abs. 1 EGBGB, Art. 246a § 4 Abs. 1 EGBGB sind die jeweiligen Informationen nicht nur in klarer, sondern auch in verständlicher Weise zu erteilen. Hinsichtlich der Darstellung der Informationen gehen die Informationspflichten des § 312a Abs. 2 BGB sowie des § 312d Abs. 1 S. 1 BGB also über die Anforderungen der Baubeschreibungspflicht bei Verbraucherbauverträgen hinaus.

Was zunächst unter Verbraucherschutzgesichtspunkten sehr begrüßenswert klingt, führt in der praktischen Anwendung auf Bauverträge mit Verbraucherbeteiligung aber zu erheblichen Problemen. Insbesondere bei Verträgen für größere Bauvorhaben, die nur deshalb nicht als Verbraucherbauvertrag zu qualifizieren sind, weil nicht „aus einer Hand gebaut" wird, ist es einem Unternehmer oft nicht möglich, alle für das von ihm auszuführende Gewerk relevanten Informationen in ihrer teilweisen technischen Komplexität und mitunter großen Anzahl so aufzubereiten, dass der „Durchschnittsverbraucher" im vorgenannten Sinne sie verstehen kann.

1289 *Schirmbacher/Schmidt*, CR 2014, 107, 111.

Selbst, wenn er dies versuchen wollte, liefe er Gefahr, dass durch „verbrauchergerechte Formulierungen" anerkannter technischer Standards und Parameter eine Divergenz zwischen gewolltem Vertragsinhalt und dem Verbraucher zur Verfügung gestellter Information entsteht. Diese Problematik war – wie dargestellt[1290] – der Grund dafür, dass der Gesetzgeber bei der Schaffung des Art. 249 § 2 Abs. 1 EGBGB auf das – zunächst im Referentenentwurf noch vorgesehene![1291] – Verständlichkeitsgebot verzichtete; die in der Gesetzesbegründung hierzu ausgeführte Argumentation[1292] verdient Zustimmung.

Für Bauverträge mit geringerem Umfang und unkompliziertem Leistungssoll, etwa über kleinere Reparaturmaßnahmen oder den Bau eines Carports, sind die Anforderungen der Art. 246 Abs. 1, 246a § 4 Abs. 1 EGBGB an die Darstellung der Pflichtinformationen deutlich einfacher und eher umsetzbar. Allerdings besteht auch hier die Gefahr, dass gerade kleinere Unternehmer mit rechtlichen und organisatorischen Pflichten über die Grenzen ihrer Leistungsfähigkeit hinaus belastet werden.

V. Rechtsfolgen unzulänglicher Informationen

Die gemäß § 312a Abs. 2 BGB i.V.m. Art. 246 EGBGB erteilten Informationen entfalten für den Inhalt eines anschließend abgeschlossenen Vertrags grundsätzlich keine Bindungswirkung. Eine dem § 650k Abs. 1 BGB vergleichbare Regelung existiert für sie nicht. Sie könnten trotzdem für den Vertragsinhalt relevant werden, wenn nach den allgemeinen Regeln derjenige Vertragsinhalt als vereinbart gilt, welcher Gegenstand der vorvertraglichen Information war.[1293] Teilt der Unternehmer daher beispielsweise in Erfüllung seiner Verpflichtung aus § 312a Abs. 2 S. 1 BGB i.V.m. Art. 246 Abs. 1 Nr. 4 EGBGB ohne weitere Relativierung dem Verbraucher einen Termin mit, zu welchem er die Bauleistung erbringen wird, und distanziert er sich auch in der Folge (das heißt spätestens bis zur Abgabe seiner auf Vertragsschluss gerichteten Willenserklärung) nicht von dieser Information, so wird eine auf den Vertragsschluss gerichtete Willenserklärung

---

1290 S.o. Teil 2, D.I.2.b) aa) (1), S. 165.
1291 RefE, S. 20.
1292 BT-Drs. 18/8486, S. 74.
1293 *Glöckner*, BauR 2014, 411, 425; MüKo BGB/*Wendehorst*, § 312a BGB, Rn. 38.

nach dem maßgeblichen objektiven Empfängerhorizont unter Einbeziehung dieser vorvertraglich erteilten Information auszulegen sein.[1294]

Gleichwohl vermag eine solche Art der Berücksichtigung der vorvertraglichen Informationen bei weitem nicht das Maß an Verbraucherschutz zu gewährleisten wie § 650k Abs. 1 BGB. Denn bei Anwendung der allgemeinen Regeln kann der Unternehmer vor oder bei Vertragsschluss jederzeit die vorvertragliche Angabe ändern, ohne dass es hierzu einer ausdrücklichen abweichenden Vereinbarung im Sinne des § 650k Abs. 1 Hs. 2 BGB bedarf. Der Unternehmer kann also – auch durch beim Vertragsschluss verwendete AGB – von den vorvertraglichen Angaben abweichen, ohne dass sichergestellt ist, dass der Verbraucher dies auch zur Kenntnis nimmt. Das Vertrauen des Verbrauchers in die vor Vertragsschluss erteilten Informationen ist daher nicht ansatzweise so gut geschützt wie im Rahmen des Verbraucherbauvertrags.

Zwar fehlt auch eine § 650k Abs. 2 BGB vergleichbare Vorschrift; allerdings werden lückenhafte und in sonstiger Weise unpräzise Baubeschreibungen gemäß §§ 133, 157 BGB ausgelegt, was zu keinem anderen Ergebnis führt als eine Auslegung nach § 650k Abs. 2 S. 1 BGB.[1295] Zudem gehen nach einer Auslegung verbleibende Zweifel bei der Bestimmung des Leistungssolls gemäß § 305c Abs. 2 BGB zu Lasten des Unternehmers, wenn die Baubeschreibung als AGB zu qualifizieren ist. Lediglich für den Fall, dass die Baubeschreibung individuell ausgehandelt ist, kommt es insoweit zu einer Schlechterstellung des Verbrauchers, da es an einer § 650k Abs. 2 S. 2 BGB vergleichbaren Vorschrift fehlt.

Im Übrigen verbleibt es bei den Rechtsfolgen nach den allgemeinen Regeln, welche aus der Verletzung der allgemeinen Informationspflicht entstehen. Insoweit sei auf die Ausführungen zu den Rechtsfolgen bei Verletzung des § 650j BGB, insbesondere auf die im Rahmen dessen detailliert erörterte Möglichkeit eines Schadensersatzanspruchs aus c.i.c. verwiesen, welche für Bauverträge mit Verbraucherbeteiligung gleichermaßen in Betracht kommt.[1296] Selbiges gilt für die anderen im Zusammenhang mit der Verletzung des § 650j BGB skizzierten Rechtsfolgen wie Rücktritt, Anfechtung und Unterlassungsansprüche.

1294 *Glöckner*, BauR 2014, 411, 425.
1295 S.o. Teil 2, E.III.3.c), S. 262.
1296 Ausführlich hierzu *Glöckner*, BauR 2014, 411, 426 ff.; allgemein zum Bestehen eines Anspruchs aus c.i.c. auch bei Verletzung der allgemeinen Informationspflicht MüKo BGB/*Wendehorst*, § 312a BGB, Rn. 38.

Sie alle gelten auch bei Verletzung der Informationspflicht des § 312d Abs. 1 S. 1 BGB i.V.m. Art. 246a EGBGB im Falle von Fernabsatzverträgen. Darüber hinaus ist § 312d Abs. 1 S. 2 BGB nicht nur zum Großteil im Wortlaut identisch mit § 650k Abs. 1 BGB, sondern sogar dessen gesetzgeberisches Vorbild. Inhaltlich kann daher hinsichtlich der Funktionsweise und der Anforderungen an eine ausdrückliche abweichende Vereinbarung auf die Ausführungen zu § 650k Abs. 1 BGB verwiesen werden[1297]; auch § 312d Abs. 1 S. 2 BGB stellt sicher, dass die vorvertraglich zur Verfügung gestellten Informationen grundsätzlich zum Vertragsinhalt werden. Insbesondere kann der Unternehmer nicht dem Verbraucher ohne dessen ausdrückliche Zustimmung Vertragsinhalte „unterschieben", die von den vorvertraglichen Informationen abweichen.

VI. Zwischenergebnis

Sowohl die Informationspflicht des § 312a Abs. 2 BGB i.V.m. Art. 246 EGBGB als auch jene des § 312d Abs. 1 BGB i.V.m. Art. 246a EGBGB bieten ein erhebliches Maß an Verbraucherschutz. Dieser bleibt zwar in manchen Aspekten hinter dem aus der Baubeschreibungspflicht resultierenden zurück, geht an anderen Stellen aber darüber hinaus. Gleichzeitig zeigt sich indessen, dass diese allgemeinen Informationspflichten für Bauverträge – insbesondere auf solche, die umfangreiche Bauleistungen zum Gegenstand haben – nicht zugeschnitten sind und mitunter zu erheblichen Problemen in der Praxis führen. Probleme entstehen insbesondere im Rahmen der Mindestinformationen des Art. 246 Abs. 1 Nr. 1 EGBGB bzw. des Art. 246a § 1 Abs. 1 S. 1 Nr. 1 BGB.[1298] Dieses Ergebnis ist angesichts der Tatsache, dass der europäische Gesetzgeber selbst im Rahmen der VRRL in Erwägungsgrund Nr. 26 ausführte, dass die in der VRRL enthaltenen Bestimmungen sich nicht für Bauverträge eignen, wenig überraschend.

Eine präzisere Regelung war angesichts der Vielzahl von Vertragstypen, für die diese Informationspflicht gilt (von den extrem unterschiedlichen Inhalten der davon erfassten Bauverträge gar nicht zu reden), aber nicht möglich. Zwar ist diese allgemein gehaltene Regelung für einfach strukturierte Verträge aller Arten ausreichend; sie ist aber nicht passend für die so unterschiedlichen und mitunter hoch komplizierten Bauverträge mit Verbraucherbeteiligung.

1297 S.o. Teil 2, E.II.2.a), S. 229 ff.
1298 *Pause*, in: FS Schulze, 485, 492.

Mit einer speziellen Vorschrift wie Art. 249 § 2 EGBGB hingegen kann den Besonderheiten des Bauvertrags Rechnung getragen werden. Insbesondere wird präzisiert, was gerade für diesen Vertragstypus als „wesentliche Eigenschaft" zu verstehen ist, wodurch nicht nur ein gewisser Mindestkatalog an Angaben sichergestellt, sondern auch zur Vereinheitlichung des Informationsumfangs verschiedener Unternehmer beigetragen wird. Dies vermögen derart allgemeine Informationspflichten wie § 312a Abs. 2 BGB i.V.m. Art. 246 EGBGB oder § 312d Abs. 1 BGB i.V.m. Art. 246a § 1 EGBGB nicht zu leisten; ihnen fehlt es am spezifischen Zugriff auf die zahlreichen und in ihren Auswirkungen teils erheblichen Besonderheiten des Bauvertrags.[1299] Sie vermögen aus diesen Gründen einen wirklich „maßgeschneiderten" Verbraucherschutz für Bauverträge mit Verbraucherbeteiligung nicht zu gewährleisten, was mit Risiken für den Verbraucher, aber aus den vorgenannten (beweistechnischen) Gründen in Verbindung mit den drohenden Rechtsfolgen auch für den Unternehmer einhergeht.

Die mangelnde Geeignetheit der Informationspflichten der § 312a Abs. 2 BGB i.V.m. Art. 246 EGBGB und § 312d Abs. 1 BGB i.V.m. Art. 246a EGBGB zur Anwendung auf – insbesondere umfangreiche – Bauverträge zeigt sich denn auch insbesondere bei den Anforderungen an die Darstellung der Informationen. Wo der Gesetzgeber im Rahmen der spezifisch bauvertragsbezogenen Vorschrift des Art. 249 § 2 Abs. 1 EGBGB ganz bewusst auf ein Verständlichkeitsgebot verzichtet hat, da es für die technisch komplexen Informationen eines Bauvorhabens kein sinnvoller Maßstab ist, gilt diese Vorgabe einer verständlichen Darstellung in den genannten allgemeineren Informationspflichten als Pflichtinhalt.

Hervorzuheben ist allerdings auch, dass das Spektrum der Pflichtinformationen bei Art. 246 Abs. 1 EGBGB und Art. 246a § 1 Abs. 1 S. 1 EGBGB bisweilen sogar weiter ist als jenes des Art. 249 § 2 EGBGB. Insbesondere die Angaben zu Gesamtpreis und Zahlungsbedingungen wären auch im Rahmen der Baubeschreibungspflicht sinnvolle Pflichtinformationen gewesen, die jedoch aus nicht nachvollziehbaren Gründen vom Gesetzgeber nicht übernommen wurden.

Es droht damit im Ergebnis eine Dualität der Informationspflichten innerhalb der Bauverträge[1300]: Für Verbraucherbauverträge gilt der spezifischere und passendere Schutz des § 650j BGB i.V.m. Art. 249 EGBGB, während für andere Bauverträge mit Verbraucherbeteiligung lediglich die all-

---

1299 *Motzke*, NZBau 2017, 515, 520.
1300 *Pause*, in: FS Schulze, S. 485, 492 spricht von einem *„Zwei-Klassen-Verbraucherschutz beim Bauen"*.

gemeinen Informationspflichten mit den vorstehend dargestellten Defiziten und Anwendungsproblemen gelten. Dies ist nicht zufriedenstellend und kann so vom Gesetzgeber auch kaum gewollt gewesen sein.

Diese Erkenntnis setzt sich bei Betrachtung der Rechtsfolgen weiter fort. Lediglich für die Informationspflicht bei im Wege des Fernabsatzes abgeschlossenen Bauverträgen mit Verbraucherbeteiligung ist durch § 312d Abs. 1 S. 2 BGB sichergestellt, dass die vorvertraglich zur Verfügung gestellten Informationen grundsätzlich auch zum Vertragsinhalt werden, solange der Verbraucher nicht aktiv und ausdrücklich etwas anderes erklärt. Für die – für Bauverträge mit Verbraucherbeteiligung praktisch deutlich relevantere – allgemeine Informationspflicht nach § 312a Abs. 2 BGB sowie im Falle von Außergeschäftsraumverträgen fehlt es aber an einer derartigen Rechtsfolge, sodass der Verbraucher hier in einem entscheidenden Punkt – nämlich an der Schnittstelle zwischen vorvertraglicher Information und Vertragsinhalt – deutlich weniger effektiv geschützt ist.

C. Lösungsansätze für einen einheitlichen Verbraucherschutz bei Bauverträgen

Der durch diese Dualität des Verbraucherschutzes bei Bauverträgen drohende *„Zwei-Klassen-Verbraucherschutz beim Bauen"*[1301] ist nicht zufriedenstellend. Dies gilt insbesondere für Bauverträge mit Verbraucherbeteiligung, die im Zusammenhang mit der Errichtung eines neuen Gebäudes oder erheblichen Umbaumaßnahmen an einem bestehenden Gebäude abgeschlossen, aber nicht „aus einer Hand" beauftragt werden, und die (allein) deshalb nicht unter § 650i Abs. 1 BGB fallen. Zum Zwecke besserer Lesbarkeit werden diese Verträge im Folgenden als „Teil-Verbraucherbauverträge" bezeichnet. In diesen Konstellationen ist die Interessenlage beider Vertragsparteien stark vergleichbar mit derjenigen bei Verbraucherbauverträgen; insbesondere ist der Verbraucher gleichermaßen schutzwürdig. Seine finanzielle Belastung bei gewerkeweiser Beauftragung der erforderlichen Bauleistungen ist nur unwesentlich geringer, als wenn er dieselben Leistungen „aus einer Hand" beauftragt. Der Vertrag zielt in beiden Fällen auf dasselbe Ergebnis ab, nämlich ein neu errichtetes Gebäude oder einen Umbau von einem Umfang, der einem Neubau gleichsteht.

Aber auch andere Bauverträge mit Verbraucherbeteiligung, die nicht im Zusammenhang mit den in § 650i Abs. 1 BGB genannten Vorhaben geschlossen werden, können in eine ähnliche finanzielle Größenordnung fal-

---

1301 *Pause*, in: FS Schulze, 485, 492.

len. Ein Verbraucher, der ein ihm gehörendes Mehrparteien-Mietshaus renovieren lässt (z. B. umfangreiche Fassadenarbeiten und Einbau einer neuen Heizungsanlage), ohne dass die beauftragten Maßnahmen als „erhebliche Umbaumaßnahme" im Sinne des § 650i Abs. 1 BGB anzusehen sind, muss hierfür auch einen hohen fünfstelligen oder gar sechsstelligen Euro-Betrag aufwenden. Auch insoweit ist es inakzeptabel, wenn die vorvertragliche Informationspflicht die Anforderungen der Baubeschreibungspflicht unterschreitet.

Es stellt sich daher die Frage nach einer Lösung der Problematik der Dualität des Verbraucherschutzes beim Bauen, also nach einer Möglichkeit, einen auf die Besonderheiten des Bauvertrages zugeschnittenen Verbraucherschutz auch für Bauverträge mit Verbraucherbeteiligung zu implementieren.

I. Teleologische Extension des § 650i BGB auf „Teil-Verbraucherbauverträge"

Zumindest für „Teil-Verbraucherbauverträge" liegt der Ansatz einer teleologischen Extension des Anwendungsbereichs des § 650i Abs. 1 BGB nahe.

Dies würde voraussetzen, dass nach dem Sinn und Zweck der Norm und dem gesetzgeberischen Willen Raum für eine solche über den Wortlaut hinausgehende Auslegung besteht. Wie bereits im ersten Teil dieser Untersuchung bei der Bestimmung des Anwendungsbereichs des § 650i Abs. 1 BGB gezeigt wurde, besteht ein solcher Spielraum bei dort nicht. Der Gesetzgeber wollte die Regelungen des Verbraucherbauvertrags ganz bewusst nur für das Bauen aus einer Hand schaffen. Auch würde bei einer Erweiterung ihres Anwendungsbereichs ein Verstoß gegen die VRRL und somit gegen übergeordnetes europäisches Recht drohen.

Hinzu kommt, dass bei einer Erstreckung des Anwendungsbereichs des § 650i Abs. 1 BGB auch auf „Teil-Verbraucherbauverträge" sämtliche Regelungen der §§ 650i ff. BGB auf diese Verträge Anwendung finden würden, was die Unternehmer über Gebühr belasten würde. Wäre eine solche Erweiterung lediglich in Bezug auf die Baubeschreibungspflicht aus teleologischer Sicht noch gut zu begründen, da die Unternehmer die von ihnen zu erbringenden Leistungen ohnehin ermitteln müssen, so ginge die Anwendung eines Widerrufsrechts auf jeden einzelnen, mit dem Bau eines neuen Gebäudes oder einer erheblichen Umbaumaßnahme im Zusammenhang stehenden Bauvertrag über ein Einzelgewerk zu weit.

Schließlich spricht § 650a BGB, der ausdrücklich („oder eines Teils davon") Teilarbeiten einbezieht und damit zeigt, dass der Gesetzgeber dieses Szenario an anderer Stelle explizit in den Anwendungsbereich inkludiert hat, gegen eine planwidrige Regelungslücke und somit gegen eine teleologische Extension des § 650i Abs. 1 BGB.[1302]

II. Analoge Anwendung der §§ 650j, 650k BGB auf „Teil-Verbraucherbauverträge"

Ein anderer dogmatischer Lösungsansatz läge in der analogen Anwendung der §§ 650j, 650k BGB auf „Teil-Verbraucherbauverträge".

1. Vergleichbare Interessenlage

Voraussetzung hierfür ist zunächst, dass zwischen solchen „Teil-Verbraucherbauverträgen" und Verbraucherbauverträgen im Sinne des § 650i Abs. 1 BGB eine vergleichbare Interessenlage besteht. Dass dies insbesondere im Hinblick auf die Schutzwürdigkeit des Verbrauchers der Fall ist, wurde bereits dargestellt.[1303]

2. Planwidrige Regelungslücke

Aber liegt auch eine *planwidrige* Regelungslücke vor?

Zwar kann man die Tatsache, dass für Einzelgewerksverträge selbst dann, wenn sie im Übrigen die Voraussetzungen des § 650i Abs. 1 BGB erfüllen, nur der allgemeine Verbraucherschutz gelten soll, als Regelungslücke ansehen, da auch insofern bauvertragsspezifischer Regelungsbedarf besteht, den die allgemeinen Vorschriften definitionsgemäß nicht erfüllen können.[1304]

Jedoch fehlt es jedenfalls an der Planwidrigkeit dieser Regelungslücke. Auch insoweit gilt das bereits zur teleologischen Extension des § 650i Abs. 1 BGB Ausgeführte: Der Gesetzgeber hat sich in dem vollen Bewusstsein, dass Einzelgewerksverträge nicht in den Anwendungsbereich des Ver-

---

1302 *Omlor*, NJW 2018, 817, 819; *Motzke*, NZBau 2017, 515, 519.
1303 S.o. Teil 1, A.III.4.b), S. 59.
1304 Ähnlich *Motzke*, NZBau 2017, 515, 519.

braucherbauvertrags fallen würden, zur Regelung der §§ 650i ff. BGB in ihrer jetzigen Form entschlossen. Dies spricht dafür, dass er auch die Baubeschreibungspflicht nur für das Bauen aus einer Hand schaffen wollte.

Schon die initiale Idee für eine gesetzlich geregelte Baubeschreibungspflicht, wie sie erstmals auf dem 1. Deutschen Baugerichtstag zur Diskussion gestellt wurde, bezog sich lediglich auf das „Bauen aus einer Hand".[1305] Diese Idee wurde anschließend von der Arbeitsgruppe Bauvertragsrecht beim BMJV weiterentwickelt und konkretisiert. Auch nach deren Abschlussbericht war stets klar, dass sich die Baubeschreibungspflicht nur auf das „Bauen aus einer Hand" beziehen sollte. Die Thesen des 5. Deutschen Baugerichtstags bezeichnen die Baubeschreibungspflicht als *„maßgeschneidert für das Bauen aus einer Hand"*; sie sollte daher auch nur auf derartige Verträge – zu denen auch Bauträgerverträge gehören – Anwendung finden.[1306]

Der Gesetzgeber muss sich also durchaus bewusst gewesen sein, welche Verträge er mit der Schaffung der §§ 650i ff. BGB in deren Schutzbereich einbeziehen würde und welche nicht. Von einer Planwidrigkeit kann daher nicht die Rede sein; schon an diesem Kriterium scheitert daher eine analoge Anwendung der §§ 650j, 650k BGB auf Bauverträge mit Verbraucherbeteiligung.

3. Die VRRL als Hindernis für eine Analogie

Darüber hinaus bestehen Zweifel an der Zulässigkeit einer solchen analogen Anwendung auch wegen der damit verbundenen Gefahr eines Verstoßes gegen die ranghöhere VRRL, namentlich deren in Art. 4 VRRL geregelten Grundsatz der Vollharmonisierung. Man wird – jedenfalls, solange der EuGH nichts Anderweitiges entscheidet – davon auszugehen haben, dass die in dieser Untersuchung als „Bauverträge mit Verbraucherbeteiligung" bezeichneten Kontrakte in den Anwendungsbereich der VRRL fallen.[1307] Eine Anwendung der teilweise einen höheren Verbraucherschutz vorsehenden Regelungen des Verbraucherbauvertrags auf diese Verträge bärge daher das erhebliche Risiko eines Verstoßes gegen höherrangiges Recht. Das Gebot einer möglichst gemeinschaftsrechtskonformen Rechtsanwendung spricht daher gegen eine solche Analogie.

1305 1. Deutscher Baugerichtstag, Empfehlungen des Arbeitskreises V, S. 2.
1306 *Glöckner*, 5. Deutscher Baugerichtstag, Thesenpapiere der Arbeitskreise, S. 31.
1307 S.o. Teil 1, A.III.5., S. 68 ff.

Zwar existiert mit Art. 5 Abs. 4 VRRL eine Öffnungsklausel, die es den Mitgliedsstaaten für Verträge, die in den Anwendungsbereich der VRRL fallen, in teilweiser Abweichung von Art. 4 VRRL erlaubt, gegenüber Art. 5 Abs. 1 VRRL zusätzliche Informationspflichten einzuführen oder aufrechtzuerhalten.

Zum einen gilt diese Öffnungsklausel aber nur für die allgemeine Informationspflicht des Art. 5 VRRL; für die Informationspflichten im Falle von Fernabsatz- und Außergeschäftsraumverträgen (Art. 6 VRRL) existiert eine solche Öffnungsklausel nicht. Insoweit fehlt es also an einer Möglichkeit, für Verträge im Anwendungsbereich der Richtlinie weitergehende Anforderungen an die hierfür geltenden Informationspflichten vorzusehen, ohne in Konflikt mit deren Vollharmonisierungsansatz zu geraten.

Zum anderen hilft diese Öffnungsklausel auch für die allgemeine Informationspflicht im Hinblick auf eine analoge Anwendung der §§ 650j, 650k BGB auf Verträge im Geltungsbereich der VRRL nicht effektiv weiter. Denn sie erlaubt es lediglich, *„zusätzliche vorvertragliche Informationspflichten einzuführen oder aufrechtzuerhalten"*.

Indessen bleiben die gemäß Art. 249 § 2 EGBGB zu erteilenden Mindestinformationen stellenweise hinter den Katalogen der Art. 246 Abs. 1, 246a § 1 Abs. 1 S. 1 EGBGB und somit hinter den verpflichtend vorgeschriebenen Mindestinformationen des Art. 5 Abs. 1, Art. 6 Abs. 1 VRRL zurück. Damit drohte nicht nur deshalb ein Verstoß gegen das Vollharmonisierungskonzept der VRRL, weil die Baubeschreibungspflicht über deren Vorgaben *hinausgeht*, sondern im Gegenteil deshalb, weil der durch die VRRL vorgeschriebene Mindeststandard an Information für Bauverträge mit Verbraucherbeteiligung dann teilweise *unterschritten* würde.

Weiterhin erlaubt Art. 5 Abs. 4 VRRL nur die Implementierung zusätzlicher *„Informationspflichten"*; die Öffnungsklausel erlaubt daher nicht die Übertragung des für die Baubeschreibung geregelten Textformerfordernisses sowie der Rechtsfolgen des § 650k BGB auf Verträge im Anwendungsbereich der Richtlinie, weil es sich hierbei nicht um „Informationspflichten" selbst, sondern nur um deren Modalitäten und die Konsequenzen von deren Verletzung handelt.[1308]

Die Möglichkeit der Nutzung der durch Art. 5 Abs. 4 VRRL eröffneten Spielräume beschränkt sich daher allein auf zusätzliche Mindestinformationen im Rahmen der allgemeinen Informationspflicht. Der Katalog des Art. 249 § 2 EGBGB sieht aber keine gegenüber Art. 246 Abs. 1 EGBGB zusätzlichen Informationspflichten vor, sondern regelt lediglich eine bauver-

---

1308   So für die Form der Informationserteilung auch *Unger*, ZEuP 2012, 270, 283.

tragsspezifische Ausgestaltung des Begriffs der wesentlichen Eigenschaften sowie der Pflichtinformationen in zeitlicher Hinsicht; die Verpflichtung zur Erteilung solcher Informationen ist, wenn auch in sehr viel allgemeinerer und weniger spezifischer Ausprägung, auch in Art. 246 Abs. 1 Nr. 1, Nr. 4 bzw. Art. 246a § 1 Abs. 1 S. 1 Nr. 1, Nr. 7 EGBGB vorgesehen. Art. 249 § 2 EGBGB regelt also gegenüber diesen Regelungen keine zusätzlichen, sondern lediglich spezifischere bzw. inhaltlich hiervon abweichende Informationspflichten, sodass auch insoweit Art. 5 Abs. 4 VRRL keine Wirkung entfalten kann.

Es bleibt daher dabei, dass eine analoge Anwendung der Baubeschreibungspflicht auch auf „Teil-Verbraucherbauverträge" das Risiko eines Verstoßes gegen höherrangiges Recht bärge; zusätzlich zu der Tatsache, dass es bereits an der Planwidrigkeit der Regelungslücke fehlt, spricht daher auch das Gebot einer europarechtskonformen Rechtsanwendung gegen eine solche Analogie.

4. Grundsätzliche Untauglichkeit einer Analogie für die Problemlösung

Unabhängig hiervon würde derlei ohnehin keinen zielführenden Lösungsansatz darstellen. Denn der Gesetzgeber will dem Verbraucher den durch die Baubeschreibungspflicht gewährten Schutz nur zugestehen, wenn dieser nicht seinerseits bereits Kenntnis von den Planungsvorgaben hat, typischerweise also einen Architekten eingeschaltet hat. Er hat daher durch die Schaffung des § 650j Hs. 2 BGB klargestellt, dass für diese Fälle eine Informationspflicht des Unternehmers nicht besteht.[1309]

Würde man nun § 650j BGB auf Bauverträge anwenden, die nicht in den Anwendungsbereich des § 650i Abs. 1 BGB fallen, würde dies auch eine Anwendung des § 650j Hs. 2 BGB auf diese Verträge bedeuten; denn – wie gezeigt – besteht für „Teil-Verbraucherbauverträge" eine vergleichbare Interessenlage wie für Verbraucherbauverträge im Sinne des § 650i Abs. 1 BGB. Es ist daher nicht ersichtlich, weshalb bei solchen Verträgen die gesetzgeberische Wertung, dass bei Stellung der Planungsvorgaben durch den Verbraucher die Baubeschreibungspflicht keine Anwendung finden solle, nicht gelten sollte.

Eine analoge Anwendung des § 650j Hs. 2 BGB auf Einzelgewerksverträge hätte zur Folge, dass der Unternehmer häufig überhaupt nicht zur Zurverfügungstellung einer Baubeschreibung verpflichtet ist. Bei einer Beauf-

---

1309 Im Einzelnen hierzu s.o., Teil 1, B., S. 82.

tragung von Einzelgewerken zum Zwecke der Errichtung eines Neubaus oder eines die Gebäudesubstanz wesentlich verändernden Umbaus ist es aber in der Regel zwingend notwendig, dass der Verbraucher vorab Planungsleistungen erbringt, typischerweise durch Beauftragung eines Architekten.[1310]

Die analoge Anwendung der §§ 650j, 650k BGB auf Einzelgewerksverträge hätte damit zur Folge, dass der Unternehmer gemäß § 650j Hs. 2 BGB in vielen Fällen überhaupt keine Baubeschreibung zur Verfügung stellen müsste. Der Verbraucher wäre dann im Hinblick auf die zu erteilenden Mindestinformationen keineswegs besser gestellt als bei der Anwendung der §§ 312 ff. BGB, sodass schon allein deshalb eine analoge Anwendung der Vorschriften zur Baubeschreibungspflicht vor dem Hintergrund der Zielsetzung eines effektiven Verbraucherschutzes gar nicht zu begründen ist.

Derlei ist also abzulehnen. Es fehlt bereits an der hierzu erforderlichen planwidrigen Regelungslücke. Zudem bestehen Bedenken im Hinblick auf die Vereinbarkeit mit höherrangigem Recht und erhebliche Zweifel, ob eine solche Analogie im Ergebnis überhaupt zu einer Verbesserung des Verbraucherschutzes beitragen könnte.

III. Auslegung der §§ 312 ff. BGB im Lichte der Baubeschreibungspflicht

Es ist daher zur Minimierung der durch die Dualität der Informationspflichten bedingten Folgen auf einen anderen Lösungsansatz zurückzugreifen, um dieser Problematik bestmöglich zu begegnen und dennoch in Bezug auf die vorvertraglichen Informationspflichten einen zielführenden, effektiven Verbraucherschutz für alle Bauverträge sicherzustellen.

1.

Da eine analoge Anwendung der §§ 650j, 650k BGB auf die Fälle der „Teil-Verbraucherbauverträge" ausscheidet, verbleibt es für diese Verträge – wie auch für alle anderen Bauverträge mit Verbraucherbeteiligung – bei einer Anwendung der Verbraucherschutzvorschriften der §§ 312 ff. BGB mit den dargestellten Unterschieden zur Baubeschreibungspflicht. Allerdings können diese Regelungen *„im Lichte der Baubeschreibungspflicht" ausgelegt* werden.

1310 BeckOK BGB/*Voit*, § 650i BGB, Rn. 4; jurisPK/*Segger-Piening*, § 650i BGB, Rn. 20.

Dies gilt insbesondere für den Begriff der „wesentlichen Eigenschaften" in Art. 246 Abs. 1 Nr. 1 bzw. Art. 246a § 1 Abs. 1 S. 1 Nr. 1 EGBGB. Hier ist es ein entscheidender Nachteil der allgemeinen Informationspflichten im Vergleich zur Baubeschreibungspflicht, dass jeder Bezug zu den Besonderheiten des Bauens fehlt. Dieser ließe sich aber dadurch kompensieren, dass der Begriff der „wesentlichen Eigenschaften" auch in Art. 246 Abs. 1 Nr. 1 EGBGB und in Art. 246a § 1 Abs. 1 S. 1 Nr. 1 EGBGB für Bauverträge mit Verbraucherbeteiligung so verstanden wird, wie dies durch Art. 249 § 2 Abs. 1 EGBGB definiert wird. Es liegt nahe, den Begriff der wesentlichen Eigenschaften, der vom Gesetzgeber speziell für Bauverträge mit Verbrauchern – typischerweise für den privaten Wohnungsbau – näher konkretisiert bzw. mit bestimmten Mindestvorgaben unterfüttert wurde, auch über die Grenzen des Art. 249 § 2 Abs. 1 EGBGB hinaus in der dort definierten Weise zu verstehen, soweit es um die Frage geht, was die „wesentlichen Eigenschaften" eines Bauwerks sind. Dadurch lassen sich die Mindestinformationen der verschiedenen – unterschiedlich konzipierten – Verbraucherschutzvorschriften ohne weiteres angleichen.

Zwar sind die Katalogangaben des Art. 249 § 2 Abs. 1 S. 2 EGBGB originär nur auf Bauverträge „aus einer Hand" ausgerichtet.[1311] Jedoch bieten die dort genannten Einzelangaben auch für sämtliche andere Bauverträge im Bereich des privaten Wohnungsbaus – und dies dürfte den absoluten Großteil aller Bauverträge mit Verbraucherbeteiligung betreffen – hilfreiche Orientierungspunkte und Präzisierungen. Es liegt also nahe, den Begriff der „wesentlichen Informationen" im Rahmen der §§ 312 ff. BGB für Bauverträge mit Verbraucherbeteiligung, die nicht unter den Anwendungsbereich des § 650i Abs. 1 BGB fallen, unter Heranziehung des Katalogs des Art. 249 § 2 Abs. 1 EGBGB auszulegen.

Im Rahmen dieser Auslegung muss der Tatsache, dass die Mindestangaben des Art. 249 § 2 Abs. 1 S. 2 EGBGB für das Bauen aus einer Hand konzipiert sind, Rechnung getragen werden; es sind die Besonderheiten des jeweiligen konkreten Vertrags zu berücksichtigen. Insbesondere sind deshalb nicht sämtliche Katalogziffern für jeden Bauvertrag mit Verbraucherbeteiligung als verpflichtender Mindestinhalt anzusehen und „abzuarbeiten" – auch nicht, soweit sie im Falle eines Verbraucherbauvertrags nicht nur „gegebenenfalls", sondern stets zu machen sind. Vielmehr sind für den konkreten Bauvertrag mit Verbraucherbeteiligung „wesentliche Eigenschaften" nur solche, die für das konkret beauftrage Bausoll relevant sind.

1311 Vgl. bereits *Glöckner*, 5. Deutscher Baugerichtstag, Thesenpapiere der Arbeitskreise, S. 31.

Die Katalogziffern des Art. 249 § 2 Abs. 1 S. 2 EGBGB können insoweit nur als Anhaltspunkt dienen und dürfen nicht Wortsinne verstanden werden.

Für das Gewerk „Estrich" muss der damit beauftragte Unternehmer daher nicht im Sinne des Art. 249 § 2 Abs. 1 S. 2 Nr. 1 EGBGB eine „allgemeine Beschreibung des herzustellenden Gebäudes" vornehmen; wohl aber ist – in Orientierung an dieser Mindestangabe – zu fordern, dass er die von ihm vorzunehmenden Arbeiten mit einem kurzen Oberbegriff wie „Ausführung der Estricharbeiten im Bauvorhaben Mustermann, Musterstraße 1, 12345 Musterstadt" überschreibt und insbesondere – entsprechend den Vorgaben des Art. 249 § 2 Abs. 1 S. 2 Nr. 2 EGBGB – die Schnittstellen zu anderen Gewerken, gegebenenfalls durch Negativkataloge[1312], detailliert und präzise abgrenzt.

Andere Katalogangaben können bei Einzelgewerksaufträgen mangels Relevanz für das konkrete Gewerk komplett entfallen. Der Parkettverleger braucht keine Angaben zur Ausbaustufe (Art. 249 § 2 Abs. 1 S. 2 Nr. 2 a.E. EGBGB) zu machen und der Elektriker keine Angaben zum Schallschutz (Art. 249 § 2 Abs. 1 S. 2 Nr. 4 EGBGB); diese Angaben sind in den genannten Beispielen nicht wesentlich, sondern höchstens irreführend und verwirrend. Aus dem Katalog sind daher nur diejenigen Angaben verpflichtender Mindestinhalt der vorvertraglichen Information bei einem Bauvertrag mit Verbraucherbeteiligung, die für diesen konkreten Vertrag auch relevant, das heißt für den Verbraucher zur Vornahme eines Preis-Leistungs-Vergleichs mit anderen Angeboten erforderlich und hilfreich sind.

Dieser Ansatz der „einzelfallbezogenen Selektion" ist letztlich bereits in Art. 249 § 2 Abs. 1 S. 2 EGBGB selbst angelegt, da dort zahlreiche Angaben nur „gegebenenfalls" – also im Falle von deren Relevanz für das konkrete Bauvorhaben – zu machen sind. Im Rahmen einer Auslegung der Art. 246 Abs. 1 Nr. 1, 246a § 1 Abs. 1 S. 1 Nr. 1 EGBGB ist dieser Gedanke dahingehend zu erweitern, dass sämtliche Katalogangaben mit einem fiktiv vorangestellten „gegebenenfalls" zu lesen sind.

Wie auch beim Verbraucherbauvertrag selbst sind die Katalogangaben nicht abschließend zu verstehen; dies muss auch und erst recht für die Auslegung des Begriffs der „wesentlichen Eigenschaften" in Art. 246 Abs. 1 Nr. 1 EGBGB und in Art. 246a § 1 Abs. 1 S. 1 Nr. 1 EGBGB gelten. Gleichwohl erlaubt eine Auslegung des Begriffs nach den vorstehenden Grundsätzen „im Lichte der Baubeschreibungspflicht" eine Berücksichtigung der Besonderheiten des Baus und somit eine Präzisierung des unbestimmten Rechtsbegriffs der „wesentlichen Eigenschaften" für Bauverträge mit Ver-

---

1312 Vgl. oben Teil 2, D.I.1.b) bb) (2), S. 135.

braucherbeteiligung. Hiervon profitieren Unternehmer und Verbraucher gleichermaßen. Insbesondere kann damit mehr Rechtssicherheit und eine bessere Vergleichbarkeit auch von „kleineren" Bauverträgen, die nicht unter § 650i Abs. 1 BGB fallen, erreicht werden.

2.

Genauso kann im Hinblick auf die Anforderungen an die Darstellung verfahren werden.

Der Gesetzgeber hat für die Baubeschreibungspflicht ausdrücklich ein Verständlichkeitsgebot abgelehnt wegen der technischen Komplexität der nötigen Angaben. Vor diesem Hintergrund sind auch die Anforderungen an die Darstellung für andere Bauverträge mit Verbraucherbeteiligung auszulegen, da sich die Problematik technisch komplexer Angaben dort gleichermaßen stellt. Eine (auch) verständliche Darstellung muss daher auch bei diesen Verträgen nur insoweit erfolgen, wie dem Unternehmer dies ohne Einschränkungen im Hinblick auf die Eindeutigkeit der zu erteilenden Informationen möglich ist.[1313]

Eine solche einschränkende Auslegung des Verständlichkeitsgebot steht nicht im Widerspruch zu den Anforderungen des Art. 5 Abs. 1 VRRL bzw. Art. 6 Abs. 1 VRRL. Zwar schreiben diese im Gegensatz zu Art. 249 § 2 Abs. 1 EGBGB ein Verständlichkeitsgebot ausdrücklich vor. Indessen gilt dieses Verständlichkeitsgebot nicht schlechthin absolut; vielmehr ist im Falle technisch-komplexer Informationen eine lediglich klare Darstellung ausreichend, da beim Versuch einer verständlichen Darstellung solcher Informationen ihr Informationsgehalt abstrahiert und damit verfälscht würde, was dem Zweck des Verbraucherschutzes widerspräche.[1314] Eine Einschränkung des Verständlichkeitsgebots bei technisch-komplexen Informationen, die praktisch nicht ohne Veränderung ihres Sinngehalts verständlich dargestellt werden können, verstößt daher nicht gegen zwingende gemeinschaftsrechtliche Vorgaben.

3.

Schließlich lassen sich mittels einer Auslegung der Art. 246, 246a EGBGB im Lichte der Baubeschreibungspflicht auch die Anforderungen an die Angaben in zeitlicher Hinsicht assimilieren. Art. 249 § 2 Abs. 2 EGBGB fordert insoweit ein konkret bestimmbares Datum, während im Rahmen des Art. 246 Abs. 1 Nr. 4 EGBGB bzw. Art. 246a § 1 Abs. 1 S. 1 Nr. 7 EGBGB

1313 S.o. Teil 2, D.I.2.b) aa) (2), S. 168 ff.
1314 S.o. Teil 2, D.I.2.b) bb) (3) (b), S. 176 ff.

bei der Angabe des Termins, *„bis zu dem sich der Unternehmer verpflichtet hat, die [...] Dienstleistungen zu erbringen"* grundsätzlich auch die Angabe von Zeiträumen oder bloßen circa-Angaben in einem gewissen Rahmen für zulässig erachtet wird.[1315]

Letztere Vorgabe ist für Bauverträge mit Verbraucherbeteiligung im Lichte der Baubeschreibungspflicht einschränkend dahingehend auszulegen, dass für die Angabe in zeitlicher Hinsicht auch im Rahmen der Informationspflichten der §§ 312a Abs. 2, 312d Abs. 1 BGB die präzisierenden, etwas engeren und speziell auf Bauverträge zugeschnittenen Vorgaben des Art. 249 § 2 Abs. 2 EGBGB gelten. Damit hat der Unternehmer auch für Bauverträge mit Verbraucherbeteiligung entweder ein konkretes Fertigstellungsdatum (nicht aber ein bloßes circa-Datum) oder eine konkrete Dauer der von ihm zu erbringenden Arbeiten – beginnend mit deren Beginn (nicht aber einen bloßen Zeitrahmen) – anzugeben.

Eine solche, gegenüber dem herrschenden Verständnis der Anforderungen an die Angaben in zeitlicher Hinsicht im Rahmen der allgemeinen Informationspflichten engere Auslegung interferiert auch nicht mit dem Vollharmonisierungsgrundsatz des Art. 4 VRRL. Denn sie bewegt sich innerhalb des Wortlauts des Art. 5 Abs. 1 lit. d) VRRL bzw. Art. 6 Abs. 1 lit. g) VRRL; hinzu kommt das ohnehin aus dem Zweck der Richtlinie resultierende Gebot einer möglichst verbrauchergünstigen Auslegung.

4.

Wenn die Auslegung der Art. 246, 246a EGBGB gemäß den vorstehenden Ausführungen im Lichte der Vorgaben des Art. 249 EGBGB erfolgt, unterscheiden sich die gegenüber Verbrauchern bestehenden Informationspflichten bei Verbraucherbauverträgen und sonstigen Bauverträgen mit Verbraucherbeteiligung nur in folgenden Punkten:

1. Im Falle der Baubeschreibungspflicht wird die vorvertraglich zur Verfügung gestellte Information gemäß § 650k Abs. 1 BGB regelmäßig zum Vertragsinhalt; im Falle der allgemeinen Verbraucherschutzvorschriften erfolgt dies gemäß § 312d Abs. 1 S. 2 BGB lediglich im Falle von Fernabsatzverträgen, nicht aber für alle Verträge, die bloß der allgemeinen Informationspflicht gemäß § 312a Abs. 2 BGB unterliegen und auch nicht für Außergeschäftsraumverträge.

2. Für die Auslegung von Vertragsinhalten, die nicht AGB sind, gilt gemäß § 650k Abs. 2 S. 2 BGB eine Zweifelsregelung zu Lasten des Unter-

---

1315 S.o., B.I.3.b), S. 345 f.

nehmers; eine solche Regelung existiert im Rahmen der §§ 312 ff. BGB nicht, dort bleibt es lediglich bei § 305c Abs. 2 BGB.

3. Für die Baubeschreibungspflicht gilt das Textformerfordernis, während die allgemeine Informationspflicht gar kein Formerfordernis statuiert und selbst bei Außergeschäftsraumverträgen die Textform nicht zwingend eingehalten werden muss. Allerdings sollten Unternehmer sie im wohlverstandenen Eigeninteresse wahren[1316], sodass in der Praxis auch insofern keine gravierenden Unterschiede bestehen werden.

4. Schließlich gehen einzelne Anforderungen aus den Katalogen der Art. 246 Abs. 1, 246a § 1 Abs. 1 S. 1 EGBGB über den des Art. 249 § 2 Abs. 1 S. 2 EGBGB hinaus. Dies betrifft insbesondere die Preisangabe nach Art. 246 Abs. 1 Nr. 3 bzw. Art. 246a § 1 Abs. 1 S. 1 Nr. 3 EGBGB, die Information über Abschlagszahlungen gemäß Art. 246 Abs. 1 Nr. 4 EGBGB bzw. Art. 246a § 1 Abs. 1 S. 1 Nr. 7 EGBGB und die Information über die Bauhandwerkersicherung nach Art. 246a § 1 Abs. 1 S. 1 Nr. 13 EGBGB.

Im Übrigen – das heißt insbesondere auf „Tatbestandsseite" – lässt sich mit der hier vorgeschlagenen Art der Auslegung weitestgehend ein Gleichlauf zwischen der allgemeinen vorvertraglichen Informationspflichten und der Baubeschreibungspflicht herstellen. Auf diese Weise kann den Besonderheiten der jeweiligen Konstellationen und der konkreten Situation der jeweils vertragsschließenden Parteien unter Berücksichtigung des geltenden Rechts bestmöglich Rechnung getragen werden.

Dieses Ergebnis lässt sich auch in der Praxis sehr gut umsetzen; es ermöglicht einen möglichst gleichlaufenden Verbraucherschutz bei allen von Verbrauchern abgeschlossenen Bauverträgen unter Berücksichtigung der – in der Tat gerade bei Bauverträgen sehr zahlreichen, weil für Werkverträge system-immanenten – Besonderheiten der Einzelfälle.

1316 S.o. B.II.1, S. 351 sowie B.II.2.b), S. 354.

Fazit

Insgesamt zeigt die Analyse der zum 01.01.2018 ins Gesetz eingeführten Regelungen zur Baubeschreibungspflicht viel Licht, aber auch noch Schatten. Die Vorschriften der §§ 650j, 650k BGB und des Art. 249 EGBGB sind teilweise nicht vollkommen zu Ende gedacht worden. Sie enthalten aber zahlreiche richtige Ansätze und setzen diese zum großen Teil auch effektiv um.

Ein Verbraucher, der einen Verbraucherbauvertrag nach § 650i Abs. 1 BGB abschließt, ist über die Baubeschreibungspflicht vor unliebsamen und im Extremfall existenzbedrohenden Überraschungen hinsichtlich des Leistungssolls und des zeitlichen Horizonts seines Bauprojekts deutlich besser und effektiver geschützt als nach alter Rechtslage. Die Gefahr, dass unredliche Unternehmer das mangelnde Fachwissen und die fehlende Erfahrung von Verbrauchern durch unzureichende Baubeschreibungen zur eigenen Gewinnmaximierung ausnutzen, wird zumindest erheblich reduziert. Dies gilt insbesondere, weil über den Schadensersatzanspruch aus c.i.c. eine hinreichend flexible und effiziente Sanktion für Verletzungen der Baubeschreibungspflicht parat steht.

Gleichwohl besteht bei einigen Regelungen Verbesserungs- bzw. Klarstellungsbedarf. Teilweise scheint der Gesetzgeber auch erhebliche Folgeprobleme übersehen zu haben; die Problematik der Geltung eines Verständlichkeitsgebots für die Baubeschreibung „über die Hintertür" des Transparenzgebots steht hierfür symbolisch. Im Rahmen der Evaluierung der ersten Erfahrungen mit dem neuen Bauvertragsrecht wird der Gesetzgeber sich daher mit der Möglichkeit der Optimierung der von ihm geschaffenen Vorschriften zu beschäftigen haben. Dabei sollte auch darüber nachgedacht werden, die gemäß Art. 249 § 2 EGBGB zur Verfügung zu stellenden Mindestinformationen um Angaben zum Preis der Bauleistung und zu Zeitpunkt und Umfang von Abschlagszahlungen zu ergänzen; dadurch könnten die allgemeine Informationspflicht für Bauverträge mit Verbraucherbeteiligung und die Informationspflicht für Verbraucherbauverträge weiter synchronisiert werden, was sowohl den Verbrauchern als auch der Einheitlichkeit der Rechtsordnung zugute käme.

Es bleibt zu abzuwarten, ob die Baubeschreibungspflicht – anders als die Informationspflichten der §§ 312 ff. BGB – auch in der bauvertraglichen Praxis angenommen wird oder womöglich sogar diesen Vorschriften zu einer größeren Akzeptanz in der bauwirtschaftlichen Praxis verhilft. Es war ein kühnes Vorhaben des Gesetzgebers, eine eigene bauspezifische vorvertragliche Informationspflicht einzuführen, obwohl nicht einmal die bisher existierenden allgemeinen Informationspflichten in der Praxis der Bauwirtschaft Beachtung gefunden hatten. Dieser Ansatz ist aber durchaus begrüßenswert, weil schon allein die systematische Positionierung der Baubeschreibungspflicht innerhalb des Bauvertragsrechts (und nicht innerhalb allgemeiner Verbraucherschutzvorschriften, wie bei der allgemeinen Informationspflicht) dazu führen sollte, dass in der Baubranche ein Bewusstsein für die Existenz insbesondere dieser vorvertraglichen Informationspflicht entsteht.

Insgesamt kann die im Titel dieser Untersuchung gestellte Frage, ob die Baubeschreibungspflicht eine effektive Verbesserung des Verbraucherschutzes bei Bauverträgen bewirkt, bejaht werden.

Dies insbesondere deshalb, weil Art. 249 § 2 Abs. 1 EGBGB auch für alle Verbraucher, die nicht aus einer Hand bauen lassen, über den Begriff der „wesentlichen Eigenschaften" in Art. 246 Abs. 1 Nr. 1 und Art. 246a § 1 Abs. 1 S. 1 Nr. 1 EGBGB große praktische Bedeutung erhalten kann und sie dadurch ähnlich hilfreiche und bauspezifische Informationen erhalten wie diejenigen, die explizit einen „Verbraucherbauvertrag" im Sinne des § 650i ff. BGB schließen.

Der durch den eingeschränkten Anwendungsbereich des § 650i Abs. 1 BGB drohenden Zweigleisigkeit des Verbraucherschutzes bei privaten Baumaßnahmen kann auf diese Weise – jedenfalls, was die vorvertraglichen Informationspflichten anbelangt – *de lege lata* effektiv entgegengewirkt werden. Einen „echten" Gleichlauf der Informationspflichten am Bau wird der Gesetzgeber *de lege ferenda* erst implementieren können, wenn das europäische Recht ihm hierzu die erforderlichen Freiheiten gewährt.

Literaturverzeichnis

Bamberger, Heinz Georg/Roth, Herbert/Hau, Wolfgang/Poseck, Roman (Hrsg.): Beck'scher Online-Kommentar BGB, 53. Edition, München, Stand 01.02.2020 (zitiert: BeckOK BGB/*Bearbeiter*).

Basty, Gregor: Baurechtsreform 2017 und Bauträgervertrag, MittBayNot 2017, 445-450.

Basty, Gregor: Der Bauträgervertrag, 9. Auflage, München 2017.

Basty, Gregor: Die Auswirkungen des neuen Bauvertragsrechts auf die notarielle Praxis, in: Bayer, Walter/Koch, Elisabeth (Hrsg.): Die Auswirkungen des neuen Bauvertragsrechts auf die notarielle Praxis, Schriften zum Notarrecht, Band 53, S. 77-107, Baden-Baden 2018.

Bauherren-Schutzbund e.V. (Hrsg.): Analyse von Bau- und Leistungsbeschreibungen von Hausanbietern für Ein- und Zweifamilienhäuser, Gemeinschaftsprojekt vom Bauherren-Schutzbund e.V. und dem Institut für Bauforschung e.V., Berlin 2016, abrufbar unter: https://www.bsb-ev.de/fileadmin/user_upload/1_Startseite/Poltitik_und_Presse/Analysen_und_Studien/20160615_Abschlussbericht_Bau-_und_Leistungsbeschreibungen_2016.pdf
(Stand 15.04.2020; zitiert: BSB/IfB, Analyse von Bau- und Leistungsbeschreibungen).

von Behr, Burchard/Pause, Hans-Egon/Vogel, Olrik: Schallschutz in Wohngebäuden, Eine Bestandsaufnahme in Technik und Recht, NJW 2009, 1385-1390.

Berg, Hans: Die teure Tierhalterhaftung, JuS 1978, 672-674.

Berger, Andreas: Klausel über die „Lieferzeit" unwirksam: Wann muss der Auftragnehmer leisten?, IBR 2018, 245.

Billen, Gerd: Vortrag des Staatssekretärs im Bundesministerium der Justiz und für Verbraucherschutz, Das neue gesetzliche Bauvertragsrecht, BauR 2016, 1537-1545.

Bittner, Silke/Clausnitzer, Jochen/Föhlisch, Carsten: Das neue Verbrauchervertragsrecht, Köln 2014.

Brönneke, Tobias/Schmidt, Fabian: Der Anwendungsbereich der Vorschriften über die besonderen Vertriebsformen nach Umsetzung der Verbraucherrechterichtlinie, VuR 2014, 3-7.

Bundesministerium für Ernährung, Landwirtschaft und Verbraucherschutz (Hrsg.): Pfeiffer, Thomas et al., Rechtsvergleichende Untersuchung zu Kernfragen des Privaten Bauvertragsrechts in Deutschland, England, Frankreich, den Niederlanden und der Schweiz, in: Schriftenreihe des BMELV, Reihe A: Angewandte Wissenschaft, Heft 520, Filderstadt 2008 (zitiert: *Bearbeiter*, in: BMELV, Angewandte Wissenschaft, Heft 520).

Bundesministerium für Verkehr, Bau und Stadtentwicklung (Hrsg.): Mindestanforderungen an Bau- und Leistungsbeschreibungen für Ein- und Zweifamilienhäuser, Berlin 2007, abrufbar unter: https://www.bbsr.bund.de/BBSR/DE/Veroeffentlich ungen/ministerien/BMVBS/KostenguenstigQualitaetsbewusstBauen/Downloads /Mindestanforderungen.pdf?__ blob=publicationFile&v=2 (Stand 15.04.2020; zitiert: BMVBS, Mindestanforderungen an Bau- und Leistungsbeschreibungen für Ein- und Zweifamilienhäuser).

Bundesverband Deutscher Fertigbau (Hrsg.): Moderne Fertighäuser – Das große Bauherren-Handbuch, Bad Honnef 2011.

Burk, Peter: Verbraucherzentrale NRW (Hrsg.), Kauf eines Reihen- oder Doppelhauses, Schlüsselfertig vom Bauträger, Düsseldorf 2011.

Canaris, Claus-Wilhelm: Die Vermutung „aufklärungsrichtigen Verhaltens" und ihre Grundlagen, in: Häuser, Franz et al. (Hrsg.), Festschrift für Walther Hadding zum 80. Geburtstag am 8. Mai 2004, S. 3-24, Berlin 2004 (zitiert: *Canaris,* in: FS Hadding).

Damm, Matthias: Anmerkung zu BGH, Urteil vom 06.11.2015 – V ZR 78/14, BWNotZ 2016, 58-61.

Dammert, Bernd/Lenkeit, Olaf/Oberhauser, Iris/Pause, Hans-Egon/Stretz, Anna: Das neue Bauvertragsrecht, München 2017 (zitiert: DLOPS/*Bearbeiter*).

Deckers, Stefan: Unwirksame VOB/B-Klauseln im Verbrauchervertrag, NZBau 2008, 627-632.

Deutsches Notarinstitut: DNotI-Gutachten: Neues Bauvertragsrecht: Auswirkungen auf Bauträgerverträge; Anforderungen an Baubeschreibung; Übersendung der Baubeschreibung; Fertigstellungszeitpunkt; Abschlagszahlungen; Kündigung, DNotI-Report 2017, 137-141.

Dietz, Rolf: Anspruchskonkurrenz bei Vertragsverletzung und Delikt, Bonn/Köln 1934.

Ehrl, Jennifer: Das neue Bauvertragsrecht im Überblick, DStR 2017, 2395-2401.

Erman, Walter (Begr.): Bürgerliches Gesetzbuch, Handkommentar, Band I, 15. Auflage 2017 (zitiert: Erman/*Bearbeiter*).

Fischer, Thomas: Strafgesetzbuch mit Nebengesetzen, 67. Auflage, München 2020.

Frotz, Gerhard: Der „Ersatz in Geld" nach § 250 S. 2 BGB, JZ 1963, 391-394.

Fuchs, Heiko: Ohne Mängelbeseitigung kein Schadensersatz in Höhe der Mängelbeseitigungskosten!, IBR 2013, 130.

Fuchs, Heiko/Berger, Andreas/Seifert, Werner (Hrsg.): Beck´scher HOAI- und Architektenrechts-Kommentar, Honorarordnung für Architekten und Ingenieure mit systematischen Darstellungen zum Architektenrecht, München 2016 (zitiert: Fuchs/Berger/Seifert/*Bearbeiter*, HOAI).

Ganten, Hans/Jansen, Günther/Voit, Wolfgang (Hrsg.): Beck´scher VOB-Kommentar, Vergabe- und Vertragsordnung für Bauleistungen Teil B, 3. Auflage, München 2013 (zitiert: Ganten/Jansen/Voit/*Bearbeiter*).

Glöckner, Jochen: Bauträgervertrag und Transparenz, in: Kniffka, Rolf/Locher, Ulrich (Hrsg.), Festschrift für Wolfgang Koeble zum 65. Geburtstag, S. 271-295, München 2010 (zitiert: *Glöckner,* in: FS Koeble).

Glöckner, Jochen: BGB-Novelle zur Reform des Bauvertragsrechts als Grundlage effektiven Verbraucherschutzes – Teil 1, VuR 2016, S. 123-132.

Glöckner, Jochen: BGB-Novelle zur Reform des Bauvertragsrechts als Grundlage effektiven Verbraucherschutzes – Teil 2, VuR 2016, S. 163-169.

Glöckner, Jochen: Die Folgen der Verbraucherrechterichtlinie und ihre Umsetzung für Bauverträge, BauR 2014, 411-431.

Gräf, Stefan: Die Verkäuferhaftung aufgrund öffentlicher Äußerungen im richtlinienüberschießenden Anwendungsbereich des § 434 Abs. 1 S. 3 BGB, ZfPW 2017, 286-324.

Gsell, Beate/Krüger, Wolfgang/Lorenz, Stephan/Reymann, Christoph (Hrsg.): Beck 'scher Online-Großkommentar Zivilrecht, Stand 01.01.2020, München 2020 (zitiert: BeckOGK/*Bearbeiter*).

Halfmeier, Claus: Grundstrukturen des bauvertraglichen Schadensersatzes, BauR 2013, 320-325.

Härting, Niko: Fernabsatzgesetz, Köln 2000.

Hebel, Peter: Das neue BGB-Bauvertragsrecht, Köln 2018.

Herberger, Maximilian/Martinek, Michael/Rüßmann, Helmut/Weth, Stephan/Würdinger, Markus (Hrsg.): Juris Praxiskommentar BGB, 9. Auflage, Saarbrücken 2020 (zitiert: jurisPK/*Bearbeiter*).

Herrler, Sebastian: Gefahr unbemerkter Beschaffenheitsvereinbarungen im Immobilienkaufvertrag, NJW 2016, 1767-1770.

Hertel, Christian: Werkvertrag und Bauträgervertrag nach der Schuldrechtsreform, DNotZ 2002, 6-23.

Hilbig-Lugani, Katharina: Neuerungen im Außergeschäftsraum- und Fernabsatzwiderrufsrecht – Teil 1, ZJS 2013, 441-452.

Hödl, Marcus: Das neue Bauvertragsrecht, München 2018.

Illmer, Martin: Warum nur Bauverträge?, ZRP 2017, 122-124.

Ingenstau, Heinz; Korbion, Hermann (Begr.): VOB Teile A und B, 21. Auflage, Köln 2020 (zitiert: Ingenstau/Korbion/*Bearbeiter*).

Institut Privater Bauherren (Hrsg.): Schlüsselfertig Bauen, Die Bauverträge mit privaten Bauherren in der Praxis, Berlin 2012 (zitiert: *Bearbeiter*, in: IPB, Schlüsselfertig Bauen).

Jurgeleit, Andreas: Beschaffenheitsvereinbarungen beim Erwerb vom Bauträger – Ein Dissens in der Rechtsprechung des V. und VII. Zivilsenats des BGH?, NJW 2019, 2649-2655.

Kalte, Peter/Wiesner, Michael: Wann muss ein Planer leisten?, DIB 10/2012, 50-51.

Kapellmann, Klaus/Messerschmidt, Burkhard (Hrsg.): VOB Teile A und B, Vergabe- und Vertragsordnung für Bauleistungen mit Vergabeverordnung (VgV), 7. Auflage, München 2020 (zitiert: Kapellmann/Messerschmidt/*Bearbeiter*).

Karczewski, Thomas: Der neue alte Bauträgervertrag, NZBau 2018, 328-338.

Kniffka, Rolf (Hrsg.): ibr-online-Kommentar Bauvertragsrecht, letzte Aktualisierung: 28.10.2019 (zitiert: ibr-OK BauvertrR/*Bearbeiter*).

Kniffka, Rolf: Lange überfällig: Kein Schadensersatz in Höhe der fiktiven Mängelbeseitigungskosten, BauR 2018, Heft 5, Editorial/S. I.

Kniffka, Rolf/Koeble, Wolfgang/Jurgeleit, Andreas/Sacher, Dagmar: Kompendium des Baurechts, Privates Baurecht und Bauprozess, 5. Auflage, München 2020.

Kniffka, Rolf/Retzlaff, Björn: Das neue Recht nach dem Gesetz zur Reform des Bauvertragsrechts, zur Änderung der kaufrechtlichen Mängelhaftung und zur Stärkung des zivilprozessualen Rechtsschutzes (BauVG), BauR 2017, 1747-1900.

Knütel, Christian: Wider die Ersatzfähigkeit „fiktiver" Mängelbeseitigungskosten, BauR 2004, 591-596.

Kramme, Malte: Der Referentenentwurf zum Bauvertragsrecht und zur Änderung der kaufrechtlichen Mängelhaftung – ein Überblick, ZfIR 2016, 81-88.

Kramme, Malte: Die Einbeziehung von Pflichtinformationen in Fernabsatz- und Außergeschäftsraumverträge, NJW 2015, 279-284.

Krick, Rainer/Sagmeister, Holger: Die Baubeschreibung in Bauträgerverträgen, MittBayNot 2014, 205-211.

Kübler, Bernhard: Die DIN 4109, die allgemein anerkannten Regeln der Technik und der zivilrechtlich geschuldete Schallschutz im Wohnungsbau, IBR 2012, 1108.

Langen, Werner/Berger, Andreas/Dauner-Lieb, Barbara (Hrsg.): Kommentar zum neuen Bauvertragsrecht, Köln 2018 (zitiert: LBD/*Bearbeiter*).

Larenz, Karl: Lehrbuch des Schuldrechts, Erster Band, Allgemeiner Teil, 14. Auflage, München 1987.

Larenz, Karl: Methodenlehre der Rechtswissenschaft, 6. Auflage, Berlin/Heidelberg, 1991.

Leinemann, Ralf/Kues, Jarl-Hendrick (Hrsg.): BGB-Bauvertragsrecht, München 2018 (zitiert: Leinemann/Kues/*Bearbeiter*).

Lenkeit, Olaf: Das neue Widerrufsrecht für Verbraucher bei Verträgen am Bau – Teil 1, BauR 2017, 454-468.

Lenkeit, Olaf: Das neue Widerrufsrecht für Verbraucher bei Verträgen am Bau – Teil 2, BauR 2017, 615-629.

Lenkeit, Olaf: Verbraucherbauvertrag – Alles klar geregelt?, in: eid – Evangelischer Immobilienverband Deutschland (Hrsg.), Reform des Bauvertragsrechts, Partner im Gespräch, Band 106, S. 81-108, München 2018 (zitiert: *Lenkeit*, PiG 106).

Leupertz, Stefan/Preussner, Mathias/Sienz, Christian (Hrsg.): Beck´scher Online-Kommentar Bauvertragsrecht mit Kommentierungen zum BGB, EGBGB, 8. Edition, Stand 31.01.2020 (zitiert: BeckOK BauvertrR/*Bearbeiter*).

Lorenz, Stefan: Der Schutz vor dem unerwünschten Vertrag, Eine Untersuchung von Möglichkeiten und Grenzen der Abschlusskontrolle im geltenden Recht, München 1997.

Lorenz, Stefan: Haftungsausfüllung bei der culpa in contrahendo: Ende der „Minderung durch c.i.c."?, NJW 1999, 1001-1002.

Maume, Philipp: Der umgekehrte Verbrauchervertrag, NJW 2016, 1041-1045.

Medicus, Dieter: Aufklärungsrichtiges Verhalten, in: Lobinger, Thomas/Richardi, Reinhard/Wilhelm, Jan (Hrsg.), Festschrift für Eduard Picker zum 70. Geburtstag am 3. November 2010, S. 619-627, Tübingen 2010 (zitiert: *Medicus*, in: FS Picker).

Messerschmidt, Burkhard/Voit, Wolfgang (Hrsg.): Privates Baurecht, 3. Auflage, München 2018 (zitiert: Messerschmidt/Voit/*Bearbeiter*).

Micklitz, Hans-Wolfgang: The Targeted Full Harmonisation Approach: Looking Behind the Curtain, in: Howells, Geraint/Schulze, Reiner (Hrsg.), Modernising and Harmonising Consumer Contract Law, S. 47-83, Köln 2009.

Mittwoch, Anne-Christin: Vollharmonisierung und europäisches Privatrecht, Berlin 2013.

Möllers, Thomas: Juristische Methodenlehre, 2. Auflage, München 2019.

Motzke, Gerd: Hintergründe und Rechtsfolgen zweier unterschiedlicher Bauvertrag-Legaldefinitionen, NZBau 2017, 515-521.

Motzke, Gerd/Bauer, Günter/Seewald, Thomas (Hrsg.): Prozesse in Bausachen, 3. Auflage, Baden-Baden 2018 (zitiert: Motzke/Bauer/Seewald/*Bearbeiter*).

Omlor, Sebastian: Der neue Verbraucherbauvertrag, NJW 2018, 817-822.

Omlor, Sebastian: Fortgeschrittenenhausarbeit – Zivilrecht: Bauvertrag – Trennendes beim Doppelhaus, JuS 2018, 42-51.

Orlowski, Matthias: Das gesetzliche Bauvertragsrecht – Übersicht und Stellungnahme zum Gesetzesentwurf der Bundesregierung, ZfBR 2016, 419-439.

Oswald, Reiner/Abel, Ruth/Oswald, Martin/Spilker, Ralf/Wilmes, Klaus/Zöller, Mathias: Bauteilbeschreibungen im Bauträgervertrag. Empfehlungen zur Formulierung einer Baubeschreibung, Stuttgart 2015 (zitiert: *Oswald* et al., Bauteilbeschreibungen im Bauträgervertrag).

Palandt, Otto (Begr.): Bürgerliches Gesetzbuch, 79. Auflage, München 2020.

Pauly, Holger: Zur Problematik unklarer Baubeschreibungen in Bauträgerverträgen, ZMR 2016, 513-516.

Pauly, Holger: Die Baubeschreibung in Bauträgerverträgen, Hauptprobleme in der Praxis, MDR 2016, 997-1000.

Pause, Hans-Egon: Bauträgerkauf und Baumodelle, 6. Auflage, München 2018.

Pause, Hans-Egon: Bauträgerverträge – Strukturelle Probleme und unzulässige Klauseln, ZfIR 2014, 127-134.

Pause, Hans-Egon: Intransparente Baubeschreibungen im Bauträgervertrag, in: Kniffka, Rolf et al. (Hrsg.), Festschrift für Reinhold Thode zum 65. Geburtstag, S. 275-288, München 2005 (zitiert: *Pause*, in: FS Thode).

Pause, Hans-Egon: Verbraucherbaurecht und Bauträgerrecht – zugleich ein Ausblick auf weitere Entwicklungen im Gesetzgebungsverfahren, BauR 2017, 430-442.

Pause, Hans-Egon: Verbraucherschutz im neuen Bauvertragsrecht - gut gemeint, kompliziert gemacht, in: Dreier, Thomas/Pfeifer, Karl-Nikolaus/Specht, Louisa (Hrsg.), Anwalt des Urheberrechts, Festschrift für Gernot Schulze, S. 485 – 494, München 2017 (zitiert: *Pause*, in: FS Schulze).

Pause, Hans-Egon/Vogel, Olrik: Vorschläge zum Verbraucherbau- und zum Bauträgervertrag, NZBau 2015, 667-675.

Pfenning, Jörn: Die Baubeschreibung in der notariellen Praxis unter besonderer Berücksichtigung des neuen Bauvertragsrechts, RNotZ 2018, 585-604.

Picker, Ulrike: Anmerkung zu BGH, Urteil vom 22.02.2018 – VII ZR 46/17, JZ 2018, 676-680.

Picker, Ulrike: Die Naturalrestitution durch den Geschädigten, Tübingen 2003.

von Proff, Maximilian Freiherr: Neue Vorgaben für Bauträgerverträge und Verbraucherbauverträge: Auswirkungen des Gesetzes zur Reform des Bauvertragsrechts, ZfIR 2017, 589-600.

Prütting, Hanns/Wegen, Gerhard/Weinreich, Gerd (Hrsg.): BGB – Kommentar, 14. Auflage, Köln 2019 (zitiert: Prütting/Wegen/Weinreich/*Bearbeiter*).

Ring, Gerhard: Das neue Bauvertragsrecht in der anwaltlichen Praxis, Bonn 2018.

Röder, Marco: Flächenabweichung bei Altbausanierung: In welcher Höhe kann gemindert werden?, IBR 2012, 457.

Roth, Herbert: Beweismaß und Beweislast bei der Verletzung von bankvertraglichen Aufklärungs- und Beratungspflichten, ZHR 154 (1990), 513-534.

Rüthers, Bernd/Fischer, Christian/Birk, Axel: Rechtstheorie mit Juristischer Methodenlehre, 11. Auflage, München 2020.

Säcker, Franz Jürgen/Rixecker, Roland/Oetker, Hartmut/Limperg, Bettina (Hrsg.): Münchener Kommentar zum Bürgerlichen Gesetzbuch, Band 3, 8. Auflage, München 2019 (zitiert: MüKo BGB/*Bearbeiter*).

Säcker, Franz Jürgen/Rixecker, Roland/Oetker, Hartmut/Limperg, Bettina (Hrsg.): Münchener Kommentar zum Bürgerlichen Gesetzbuch, Band 6, 8. Auflage, München 2020 (zitiert: MüKo BGB/*Bearbeiter*).

Schirmbacher, Martin/Schmidt, Stephanie: Verbraucherrecht 2014 - Handlungsbedarf für den E-Commerce, Eine komprimierte Darstellung der wesentlichen Neuregelungen, CR 2014, 107-119.

Schmid, Mathias: Das neue gesetzliche Bauvertragsrecht, Baden-Baden 2017.

Schmidt-Kessel, Martin: Zum Stand der Beratungen der Horizontalrichtlinie Verbraucherschutz – Meilensteine auf dem Weg zum legistischen Desaster, GPR 2010, 129-137.

Simon, Alfons/Busse, Jürgen (Begr.): Bayerische Bauordnung, Kommentar, Loseblattsammlung, Stand der 135. Ergänzungslieferung, München 2019 (zitiert: Simon/Busse/*Bearbeiter*).

Spindler, Gerald/Schuster, Fabian (Hrsg.): Recht der elektronischen Medien, 4. Auflage, München 2019 (zitiert: Spindler/Schuster/*Bearbeiter*).

von Staudinger, Julius (Begr.): Kommentar zum Bürgerlichen Gesetzbuch mit Einführungsgesetz und Nebengesetzen, Buch 2: Recht der Schuldverhältnisse: §§ 249-254; Neubearbeitung, Berlin 2017 (zitiert: Staudinger/*Bearbeiter*).

von Staudinger, Julius (Begr.): Kommentar zum Bürgerlichen Gesetzbuch mit Einführungsgesetz und Nebengesetzen, Buch 2: Recht der Schuldverhältnisse: §§ 255-304, Neubearbeitung, Berlin 2014 (zitiert: Staudinger/*Bearbeiter*).

von Staudinger, Julius (Begr.): Kommentar zum Bürgerlichen Gesetzbuch mit Einführungsgesetz und Nebengesetzen, Buch 2: Recht der Schuldverhältnisse: §§ 305-310; UKlaG, Neubearbeitung, Berlin 2013 (zitiert: Staudinger/*Bearbeiter*).

von Staudinger, Julius (Begr.): Kommentar zum Bürgerlichen Gesetzbuch mit Einführungsgesetz und Nebengesetzen, Buch 2: Recht der Schuldverhältnisse: §§ 311b, 311c, Neubearbeitung, Berlin 2006 (zitiert: Staudinger/*Bearbeiter*).

von Staudinger, Julius (Begr.): Kommentar zum Bürgerlichen Gesetzbuch mit Einführungsgesetz und Nebengesetzen, Buch 2: Recht der Schuldverhältnisse: §§ 491-512, Neubearbeitung, Berlin 2012 (zitiert: Staudinger/*Bearbeiter*).

Stoll, Hans: Abstrakte Nutzungsentschädigung bei Beschädigung eines Kraftfahrzeugs?, JuS 1968, 504-513.

Stoll, Hans: Die Beweislastverteilung bei Positiven Vertragsverletzungen, in: Esser, Josef/Thieme, Hans (Hrsg.), Festschrift für Fritz von Hippel zum 70. Geburtstag, S. 517-559, Tübingen 1967 (zitiert: *Stoll*, in: FS Hippel).

Stoll, Hans: Tatbestände und Funktionen der Haftung für culpa in contrahendo, in: Ficker, Hans Claudius et al. (Hrsg.), Festschrift für Ernst von Caemmerer zum 70. Geburtstag, S. 435-474, Tübingen 1978 (zitiert: *Stoll*, in: FS Caemmerer).

Stretz, Anna: Die Baubeschreibungspflicht: unklar, unverständlich, unvollständig und ihre Auslegungsregel nach § 650k Abs. 2 BGB, in: Motzke, Gerd/Englert, Klaus/Neumeister, Achim (Hrsg.), Baurecht – eine anspruchsvolle Realwissenschaft, Festschrift für Dieter Kainz, S. 619-639, Köln 2019 (zitiert: *Stretz*, in: FS Kainz).

Tamm, Marina: Informationspflichten nach dem Umsetzungsgesetz zur Verbraucherrechterichtlinie, VuR 2014, 9-18.

Tamm, Marina: Verbraucherschutzrecht, Europäisierung und Materialisierung des deutschen Zivilrechts und die Herausbildung eines Verbraucherschutzprinzips, Tübingen 2011 (zitiert: *Tamm*, Verbraucherschutzrecht).

Tamm, Marina/Tonner, Klaus/Brönneke, Tobias (Hrsg.): Verbraucherrecht – Rechtliches Umfeld, Vertragstypen, Rechtsdurchsetzung, 3. Auflage, Baden-Baden 2020 (zitiert: Tamm/Tonner/Brönneke/*Bearbeiter*, Verbraucherrecht).

Thode, Reinhold: Aufgabe der bisherigen Rechtsprechung: Keine Schadensbemessung nach den fiktiven Mängelbeseitigungskosten im Rahmen eines Schadensersatzanspruchs statt der Leistung (kleiner Schadensersatz), jurisPR-PrivBauR 6/2018, Anmerkung 1.

Touissant, Guido: Naturalherstellung und Geldentschädigung, Diss. jur., Berlin 1992.

Ulmer, Peter/Brandner, Hans-Erich/Hensen, Horst-Diether (Hrsg.): AGB-Recht, Kommentar zu den §§ 305 – 310 BGB und zum UKlaG, 12. Auflage, Köln 2016 (zitiert: Ulmer/Brandner/Hensen/*Bearbeiter*).

Unger, Oliver: Die Richtlinie über die Rechte der Verbraucher – Eine systematische Einführung, ZEuP 2012, 270-304.

Vels, Martina: Anmerkung zu OLG Stuttgart, Urteil vom 17.07.2018 – 10 U 143/17, NJW 2018, 3397.

Verbraucherzentrale Nordrhein-Westfalen e.V. (Hrsg.): Die Muster-Baubeschreibung, Hausangebote richtig vergleichen, 4. Auflage, Düsseldorf 2016 (zitiert: *Verbraucherzentrale NRW,* Die Muster-Baubeschreibung).

Vogel, Olrik: Der Bauträgervertrag als haftungsrechtliche Grundlage, in: Evangelischer Bundesverband für Immobilienwesen in Wissenschaft und Praxis (Hrsg.), Bauträgerhaftung – Konsequenzen der aktuellen Rechtsprechung, Partner im Gespräch, Band 104, S. 1-16, München 2017 (zitiert: *Vogel,* PiG 104).

Vogel, Olrik: Der neue Vertragstyp „Bauträgervertrag" als haftungsrechtliche Grundlage, NZM 2017, 681-688.

Voit, Wolfgang: Die neue Berechnung des Schadensersatzanspruchs bei Werkmängeln – Das Ende der „dritten Säule" zur Finanzierung eines Bauvorhabens?, NJW 2018, 2166-2168.

Völker, Stefan: Preisangabenrecht, Recht der Preisangaben und Preiswerbung, 2. Auflage, München 2002.

Vygen, Klaus (Begr.): Bauvertragsrecht Praxiswissen, 8. Auflage, Köln 2018 (zitiert: Vygen/*Bearbeiter*).

Wagner, Klaus: Bauverträge mit Verbrauchern, BauR 2013, 393-397.

Weber, Johannes: Die Auswirkungen des neuen Bauvertragsrechts auf das Bauträgerrecht, notar 2017, 379-389.

Weber, Johannes: Zwischen Form und Haftung: Beschaffenheitsangaben des Verkäufers im Vorfeld von Grundstückskaufverträgen – zugleich Besprechung von BGH, Urteil vom 06.11.2015 – V ZR 78/14 und BGH, Urteil vom 22.04.2016 – V ZR 23/15, RNotZ 2016, 650-657.

Weise, Stefan: Der Bauträgervertrag nach der Baurechtsreform, NJW-Spezial 2018, 44-45.

Wellensiek, Tobias: Der „neue" Bauvertrag als eigenständiger Vertragstyp, BauR 2018, 314-327.

Wendehorst, Christiane: Das neue Gesetz zur Umsetzung der Verbraucherrechterichtlinie, NJW 2014, 577-584.

Wendelstein, Christoph/Zander, Georg: Das neue Verbraucherrecht nach der Umsetzung der Verbraucherrechterichtlinie, JURA 2014, 1191-1208.

Wessel, Markus/Schwenker, Christian: Verbraucherbauvertrag und Bauträgervertrag, Die Neuregelungen durch die Reform des Bauvertragsrechts 2018, MDR 2017, 1218-1222.

von Westphalen, Friedrich Graf: AGB-Recht ins BGB – Eine erste „Bestandsaufnahme", NJW 2002, 12-25.

Wormuth, Rüdiger/Schneider, Klaus: Baulexikon, Erläuterung wichtiger Begriffe des Bauwesens, 3. Auflage, Berlin 2016.

Zander, Sebastian: Die Reform des Bauvertragsrechts und ihre Auswirkung auf die notarielle Praxis, BWNotZ 2017, 115-126.

Sonstige Materialien

ARGE Baurecht: Baubegleitende Planung erhöht Kosten um bis zu 30 Prozent, Pressemitteilung vom 19.06.2012, abrufbar unter: https://www.reguvis.de/baurecht-und-hoai/nachrichten/nachrichten-detail/artikel/arge-baurecht-baubegleitende-planung-erhoeht-kosten-um-bis-zu-30-prozent-7058.html (Stand 15.04.2020; zitiert: ARGE Baurecht, Pressemitteilung vom 19.06.2012).

Bauherren-Schutzbund e.V.: Stellungnahme des Bauherren-Schutzbunds e.V. zum Entwurf eines Gesetzes zur Reform des Bauvertragsrechts und zur Änderung der kaufrechtlichen Mängelhaftung (Referentenentwurf), abrufbar unter: https://www.bmjv.de/SharedDocs/Gesetzgebungsverfahren/Stellungnahmen/2015/Downloads/11202015_Stellungnahme_BSB_RefE_Bauvertragsrecht.pdf?__blob=publicationFile&v=1 (Stand 15.04.2020; zitiert: BSB, Stellungnahme zum RefE).

Bauherren-Schutzbund e.V.: Stellungnahme des Bauherren-Schutzbunds e.V. zum Entwurf eines Gesetzes zur Reform des Bauvertragsrechts und zur Änderung der kaufrechtlichen Mängelhaftung (Regierungsentwurf), abrufbar unter: https://www.bsb-ev.de/fileadmin/user_upload/1_Startseite/Politik_und_Presse/Positionen_und_Stellungnahmen/2016-06-06_Stellungnahme_BSB_zum_RegE.pdf (Stand 15.04.2020; zitiert: BSB, Stellungnahme zum RegE).

Bundesamt für Justiz: Liste qualifizierter Einrichtungen gemäß § 4 des Unterlassungsklagengesetzes (UKlaG), abrufbar unter: https://www.bundesjustizamt.de/DE/SharedDocs/Publikationen/Verbraucherschutz/Liste_qualifizierter_Einrichtungen.html (Stand 15.04.2020).

Bundesverband freier Immobilien- und Wohnungsunternehmen e.V.: Stellungnahme zum Referentenentwurf zur Reform des Bauvertragsrechts und zur Änderung der kaufrechtlichen Mängelhaftung, abrufbar unter: https://www.bmjv.de/SharedDocs/Gesetzgebungsverfahren/Stellungnahmen/2015/Downloads/11252015_Stellungnahme_BFW_RefE_Bauvertragsrecht.pdf?__blob=publicationFile&v=1 (Stand 15.04.2020; zitiert: BFW, Stellungnahme zum RefE).

Deutscher Anwaltverein e.V.: Stellungnahme des Deutschen Anwaltvereins durch die Ausschüsse Privates Bau- und Architektenrecht sowie Anwaltsnotariat zum Gesetzesentwurf der Bundesregierung eines Gesetzes zur Reform des Bauvertragsrechts und zur Änderung der kaufrechtlichen Mängelhaftung, BT-Drs. 18/8486 vom 18.05.2016, abrufbar unter: https://anwaltverein.de/de/newsroom/sn-28-16-regierungsentwurf-zur-reform-des-bauvertragsrechts?scope=modal&target=modal_reader_24&file=files/anwaltverein.de/downloads/newsroom/stellungnahmen/2016/DAV-SN_28-16.pdf (Stand 15.04.2020; zitiert: DAV, Stellungnahme zum RegE).

Deutscher Baugerichtstag e.V.: 1. Deutscher Baugerichtstag, Empfehlungen und Thesen des Arbeitskreises V, abrufbar unter: http://www.heimann-partner.com/dbgt/images/akV-neu.pdf (Stand 15.04.2020; zitiert: *Referent*, 1. Deutscher Baugerichtstag, Empfehlungen und Thesen des Arbeitskreises V).

Deutscher Baugerichtstag e.V.: 5. Deutscher Baugerichtstag, Thesenpapiere der Arbeitskreise, abrufbar unter: https://baugerichtstag.de/wp-content/uploads/2019/0 3/5ak-t_alle.pdf (Stand 15.04.2020; zitiert: *Referent*, 5. Deutscher Baugerichtstag, Thesenpapiere der Arbeitskreise).

Deutscher Baugerichtstag e.V.: Stellungnahme des Deutschen Baugerichtstags e.V. zum Referentenentwurf eines Gesetzes zur Reform des Bauvertragsrechts und zur Änderung der kaufrechtlichen Mängelhaftung, abrufbar unter: https://www. bmjv.de/SharedDocs/Gesetzgebungsverfahren/Stellungnahmen/2015/Download s/11202015_Stellungnahme_Baugerichtstag_RefE_Bauvertragsrecht.pdf?__blob= publicationFile&v=1 (Stand 15.04.2020; zitiert: Deutscher Baugerichtstag, Stellungnahme zum RefE).

Deutscher Notarverein e.V.: Stellungnahme des Deutschen Notarvereins e.V. zum Referentenentwurf eines Gesetzes zur Reform des Bauvertragsrechts und zur Änderung der kaufrechtlichen Mängelhaftung vom 10.09.2015, abrufbar unter: https://www.bmjv.de/SharedDocs/Gesetzgebungsverfahren/Stellungnahmen/20 15/Downloads/11122015_Stellungnahme_DNotV_RefE_Bauvertragsrecht.pdf?_ _blob=publicationFile&v=2 (Stand 15.04.2020; zitiert: DNotV, Stellungnahme zum RefE).

Deutscher Richterbund e.V.: Stellungnahme des Deutschen Richterbunds zum Referentenentwurf eines Gesetzes zur Reform des Bauvertragsrechts und zur Änderung der kaufrechtlichen Mängelhaftung, abrufbar unter: https://www.bmjv.de/ SharedDocs/Gesetzgebungsverfahren/Stellungnahmen/2015/Downloads/110120 15_Stellungnahme_DRB_RefE_Bauvertragsrecht.pdf?__blob=publicationFile&v =1 (Stand 15.04.2020; zitiert: Deutscher Richterbund, Stellungnahme zum RefE).

GdW Bundesverband deutscher Wohnungs- und Immobilienunternehmen e.V.: Stellungnahme zum Entwurf eines Gesetzes zur Reform des Bauvertragsrechts und zur Änderung der kaufrechtlichen Mängelhaftung, abrufbar unter: https://www.bmj v.de/SharedDocs/Gesetzgebungsverfahren/Stellungnahmen/2015/Downloads/11 012015_Stellungnahme_GdW_RefE_Bauvertragsrecht.pdf?__blob=publicationF ile&v=1 (Stand 15.04.2020, zitiert: GdW, Stellungnahme zum RefE).

Institut für Baurecht Freiburg im Breisgau e.V.: Stellungnahme des Instituts für Baurecht Freiburg e.V. zum Referentenentwurf eines Gesetzes zur Reform des Bauvertragsrechts und zur Änderung der kaufrechtlichen Mängelhaftung, abrufbar unter: https://www.bmjv.de/SharedDocs/Gesetzgebungsverfahren/Stellungnahm en/2015/Downloads/11252015_Stellungnahme_IfBF_RefE_Bauvertragsrecht.pdf ?__blob=publicationFile&v=1 (Stand 15.04.2020; zitiert: IfBF, Stellungnahme zum RefE).

Statistisches Bundesamt: Immobilienbesitz: 31 % der Privathaushalte besaßen 2018 ein Einfamilienhaus, Pressemitteilung Nr. 150 vom 16. April 2019, abrufbar unter: https://www.destatis.de/DE/Presse/Pressemitteilungen/2019/04/PD19_150_639.h tml (Stand 15.04.2020; zitiert: Statistisches Bundesamt, Pressemitteilung Nr. 150 vom 16.04.2019).

Verband Privater Bauherren e.V.: Baufirmen hebeln neue Verbraucherrechte aus – VPB legt Ratgeber zur Baubeschreibung vor, Pressemitteilung vom 18.04.2018, abrufbar unter: https://www.vpb.de/presse494_180418.html (Stand 15.04.2020; zitiert: VPB, Pressemitteilung vom 18.04.2018).

Verband Privater Bauherren e.V.: Stellungnahme des Verbands Privater Bauherren e.V. zum Referentenentwurf eines Gesetzes zur Reform des Bauvertragsrechts und zur Änderung der kaufrechtlichen Mängelhaftung, abrufbar unter: https://www.bmjv.de/SharedDocs/Gesetzgebungsverfahren/Stellungnahmen/2015/Downloads/11012015_Stellungnahme_VPB_RefE_Bauvertragsrecht.pdf?__blob=publicationFile&v=1 (Stand 15.04.2020; zitiert: VPB, Stellungnahme zum RefE).

Verband Privater Bauherren e.V.: VPB-Sommerserie (6): Erste Erfahrungen mit dem neuen Bauvertragsrecht, VPB rät: Bauverträge auch auf Sicherheitsleistungen hin prüfen lassen, Pressemitteilung vom 12.09.2018, abrufbar unter: https://www.vpb.de/presse508_120918.html (Stand 15.04.2020; zitiert: VPB, Pressemitteilung vom 12.09.2018).

Zentralverband des Deutschen Baugewerbes e.V.: Einfamilienhaus/Schlüsselfertigbauvertrag, Verbraucherbauvertrag, abrufbar unter: *https://www.zdb.de/fileadmin/publikationen/Bauvertraege/HuG-ZDB_Schluesselfertigbauvertrag_2020.pdf* (Stand 15.04.2020; zitiert: ZDB, Muster-Verbraucherbauvertrag).

Zentralverband des Deutschen Handwerks e.V.: Stellungnahme zum Entwurf eines Gesetzes zur Reform des Bauvertragsrechts und zur Änderung der kaufrechtlichen Mängelhaftung – Die Reform des Bauvertragsrechts, abrufbar unter: https://www.bmjv.de/SharedDocs/Gesetzgebungsverfahren/Stellungnahmen/2015/Downloads/11012015_Stellungnahme_ZDH_RefE_Bauvertragsrecht.pdf?__blob=publicationFile&v=3 (Stand 15.04.2020; zitiert: ZDH, Stellungnahme zum RefE).

Zentralverband des Deutschen Handwerks e.V./Zentralverband des Deutschen Baugewerbes e.V./Hauptverband der Deutschen Bauindustrie e.V.: Gemeinsame Stellungnahme der Auftragnehmervertreter vom Juni 2013 zum Entwurf eines Abschlussberichts der Arbeitsgruppe Bauvertragsrecht beim Bundesministerium der Justiz, abrufbar unter: https://www.biv-kaelte.de/fileadmin/user_upload/News/20_zdh.pdf (Stand 15.04.2020; zitiert: ZDH/ZDB/Hauptverband der Deutschen Bauindustrie, Gemeinsame Stellungnahme zum Abschlussbericht der Arbeitsgruppe Bauvertragsrecht beim BMJV).

385